Studies in Talmudic Logic
Volume 13

Partition Problems in Talmudic Reasoning

This book deals with a problem that has been discussed quite a lot, both in the academic and the halachic literature, the problem of partitioning. The fundamental and well-known partition problem in the Talmud is the partition of lost property ("Two hold a garment") found in Baba Metzia 2a, and its generalisation ("n hold a garment"). The Talmud also deals with the problem of division of the estate of a deceased among creditors in Ketubot 93a.

Our aim is to organise previous work, give a complete picture of the domain and add our original work. We specify what the basic assumptions are, similarities and dissimilarities between the problems and the various approaches to their solution. We give general case algorithms for these solutions. Where necessary we also prove the existence and uniqueness of the solutions.

Talmudic Deontic Logic
Michael Abraham, Dov Gabbay and Uri Schild

Michael Abraham, Israel Belfer, Dov Gabbay and Uri Schild

Michael Abraham, Dov Gabbay and Uri Schild

Talmudic Logic

Delegation in Talmudic Logic
Michael Abraham, Israel Belfer, Dov Gabbay and Uri Schild

Synthesis of Concepts in Talmudic Logic
Michael Abraham, Israel Belfer, Dov Gabbay and Uri Schild

Michael Abraham, Israel Belfer, Dov Gabbay and Uri Schild

Principles of Talmudic Logic
Michael Abraham, Dov Gabbay and Uri Schild

Michael Abraham, Israel Belfer, Dov Gabbay and Uri Schild

Michael Abraham, Israel Belfer, Dov Gabbay and Uri Schild

Partition Problems in Talmudic Reasoning
Michael Abraham, Israel Belfer, Dov Gabbay and Uri Schild

Studies in Talmudic Logic Series Editors
Michael Abraham, Dov Gabbay and Uri Schild dov.gabbay@kcl.ac.uk

Partition Problems in Talmudic Reasoning

Michael Abraham*

Israel Belfer*

Dov Gabbay

Uri J. Schild

Ashkelon Academic College
*Bar Ilan University

ISBN 978-1-84890-200-8

College Publications
Scientific Director: Dov Gabbay
Managing Director: Jane Spurr

http://www.collegepublications.co.uk

Original cover design by Laraine Welch
Printed by Lightning Source, Milton Keynes, UK

---

1. Introduction

This is the thirteenth book in the "Talmudic Logic" series. The previous twelve books were based on research at the "Center for Talmudic Logic", under the auspices of Bar Ilan University. The Center is now at Ashkelon Academic College, and this is the first book in the series based on research at the college. As before, our research integrates tools of Logic and classical Talmudic studies. This enables us to understand and descend to the foundations of logic as found in the Talmud.

The aim of the series is twofold: 1. Import. This means the application of modern tools of logic in the Talmudic domain, in order to analyse and model unclear Talmudic and Halachic questions and clarify them. 2. Export. This means the transfer of logical insights from the Talmud, their exposition in a broader logical environment attempting to enrich general Logic, and even solve some of its problems.

This book is exceptional in the series, as it deals with the partition/division problem that has been discussed before in both the academic and the halachic literature. Our object here is to first introduce some order, a general point of view, showing a complete picture of the topic and its various branches. We also answer some questions: What are the assumptions of each partition problem? What are the similarities and differences among the various partition problems? What are the various approaches to their solution? We also develop some applicable algorithms. We hope the book will be of help to both academics in the field and to students of the Talmud.

In order to outline the framework of our deliberations, we shall here give a chronological description and bibliography of previous work. For the benefit of the readers all previous papers are included in an appendix in the Hebrew part of the book. We thank the authors and publishers for allowing us to re-publish these papers in the book.

1

2. Bibliographic Survey

The basic and well-known partition problem in the Talmud is the partition of a find (שניים אוחזים בטלית) - disputed right, disputed ownership, tractate Bava Metzia 2a:1). The Mishnah there discusses the problem of two finders of a garment, but Maharil Diskin (Rabbi Yehoshua Yehuda Leib Diskin, 1818–1898) extended the problem to a case where three finders are holding fast the found garment (with the respective claims of the entire, half and half of the garment). He suggested a solution to that particular problem, and based on that solution it is possible to develop a general solution for n finders. The solution appears in his responsa "Torat haOhel" 3b, together with innovations (chidushim) by his father, Rabbi Benyamin. However, his pupil Rabbi Yaakov Orenstein in "Torah meZion" 1(1) (5647-1887) paragraph 32 brings the solution as if it was Maharil's own work (see also "Ozar Mefarshey haTalmud" on tractate Baba Metzia, p.9 and footnote 62).

Two papers discuss cases where the garment is picked up in special ways: Avraham Aharon Halevy "The Jerusalemite" in "Torah meZion" (5647-1887) and Eliezer Zvi Revel in "Hedenu", Yeshiva University, NY (5696-1936), p.158-163. See also "Pri Yitzchak", Jerusalem (5669-1909), which brings parts of the innovations of Rabbi Yitzchak Prag Oplatka. We shall not deal any further with these cases.

The Talmud in tractate Ketubot 93a deals with the problem of partitioning an inheritance: A deceased person left three wives, each of them demanding her Ketuba (prenuptial agreement). The Mishnah there suggests a partition, where the general algorithm is not quite understandable. The Gemara and the Rishonim deal in detail with the problem without reaching reasonable solutions. In the conclusion the Gemara (there) determines that the Mishnah was said according to Rabbi Nathan, but Rabbi disagrees with him, and defines a different technique of partitioning the inheritance. The Rishonim found different explanations to the partition algorithms. But the complications of the problem are so great that two of the Geonim (Rabbi Saadiya Gaon and Rabbi Hai Gaon) suggested interpretations of the Mishnah contradicting the way the Gemara interprets it.

In any case, both the Gemara and the Rishonim agree that there is no connection between the problem of partitioning a found object and the problem of partitioning an inheritance. The two kinds of partition are carried out in different manners, and are based on different assumptions.

In 1985 R.J. Aumann and M. Maschler published a paper: Game-theoretic Analysis of a Bancrupcy Problem (J. Economic Theory 36, 1985, p.195-213). The authors discuss both of the above problems, and suggest a way to interpret the Mishnah in tractate Ketubot and the inheritance partition problem in order to obtain compatibility with the Mishnah in tractate Baba Metzia relating to the finding of a garment. Fifteen years later R.J. Aumann published a paper ("Moriah", 22(3-4) (5759-1999), p.98-107). In this paper he explains the main principles of his theory so that a reader with a Torah background can understand it, even without knowledge of advanced Mathematics. Yet another paper by Aumann was published several years later (see below).

Aumann and Maschler propose an interpretation of the Mishnah in tractate Ketubot, which may be understood as contradicting the Gemara there, and certainly contradicts most of the Rishonim dealing with the problem. However, in his follow-up papers Aumann makes it clear that this is not the case. It is possible to adapt the method to correspond to the Gemara and even some of the Rishonim.

The next step in the development is the publication of two papers reacting to Aumann's papers. The first one was by Rabbi Shalom Mordechai haLevy Segal ("Beit Aharon veYisrael", 127(1) (5707-2007), p.48). The second was by Rabbi Nathan Perlman ("Beit Aharon veYisrael", 128(3) (5707-2007, p.119). Both authors strongly attack Aumann on account of his supposedly deviant interpretation of the Mishnah differently from the Gemara. They do not accept his assumptions and propose other solutions to the partition problems.

About a year later Rabbi Yaakov Laufer published two articles in the Shabbat supplement of the "haModia" newspaper (2008). Rabbi Eliyahu Soloveitchik (see below)

mentions that there were many responses to those articles, but it seems they were never published.

R.L. Aumann replies to the papers of Segal and Perlman in "haMaayan", 50(2) (5770-2010, p.3, where he clarifies some points of his proposal. Neither "Moriya" nor "Beit Aharon veYisrael" were prepared to publish this article.

After Aumann's second paper two more responses appeared in the same periodical. The first, by Rabbi Eliyahu Soloveitchik mentioned above ("haMaayan", 50(4) (5770-2010), p.31-37). A prior version was published electronically in "Datche", 38, (5770-2010), p.1-4. The second response was by Rabbi Yaakov Laufer ("haMaayan", 50(4) (5770-2010), p.38-48). Both authors propose different explanations to the problem in tractate Ketubot, and criticise Aumann's proposals. R. Laufer introduces for the first time the idea of coalitions of heirs to an inheritance.

In the same issue of "haMaayan" Aumann published a third article as a continuation of his previous article, and relating to the criticisms of Soloveitchik and Laufer ("haMaayan", 50(4) (5770-2010), p.49-68). Aumann also explains the ideas behind his proposal. A prior version was published electronically in "Datche", 88, (5770-2010), p.4-8.

In the same year Amos and Netanel Altschuler published an article in "Badad", 22 (5770-2010), p.19-30. Their paper is not concerned with the dispute itself, but develops mathematical formalisations relating to the disagreement between Rabbi and Rabbi Nathan.

3. Summary

In this book we have endeavoured to do several things: We explain the two problems (partition of a find and partition of an inheritance). We propose various interpretations including their advantages and disadvantages. We consider the commentaries and observations that arose during the discussions of the problems, and propose our own solution. For each problem we present the most general algorithm, and

show the existence and uniqueness of our solution where necessary. In addition to that, we also discuss other issues of partitions in the Talmud.

Let us observe that each discussion takes place at two levels: The partition algorithm on one hand, and the halachic and theoretical rationale for the algorithm on the other hand. Each level and their connection must be analysed, and we do indeed accomplish that.

We finish the book by considering the aspects of coalitions, which has gone almost untouched until now. In this framework we need a concept from Cooperative Game Theory: The Shapley Value, and we investigate its application to our Talmudic problems. This appears to be a new use of Shapley's theory, which raises questions involving mathematical concepts like fixed-points and attractors. The fourth part of the book includes material of mathematical content.

7
JOURNAL OF ECONOMIC THEORY **36**, 195–213 (1985)

Game Theoretic Analysis of a Bankruptcy Problem from the Talmud*

ROBERT J. AUMANN AND MICHAEL MASCHLER

The Hebrew University, 91904 Jerusalem, Israel

Received August 27, 1984; revised February 4, 1985

DEDICATED TO THE MEMORY OF SHLOMO AUMANN, TALMUDIC SCHOLAR AND MAN OF THE WORLD, KILLED IN ACTION NEAR KHUSH-E-DNEIBA, LEBANON, ON THE EVE OF THE NINETEENTH OF SIVAN, 5742 (JUNE 9, 1982).

For three different bankruptcy problems, the 2000-year old Babylonian Talmud prescribes solutions that equal precisely the nucleoli of the corresponding coalitional games. A rationale for these solutions that is independent of game theory is given in terms of the Talmudic principle of equal division of the contested amount; this rationale leads to a unique solution for all bankruptcy problems, which always coincides with the nucleolus. Two other rationales for the same rule are suggested, in terms of other Talmudic principles. (Needless to say, the rule in question is not proportional division). *Journal of Economic Literature Classification Numbers*: 022, 026, 031, 043, 213. © 1985 Academic Press. Inc.

1. INTRODUCTION

A man dies, leaving debts $d_1,..., d_n$ totalling more than his estate E. How should the estate be divided among the creditors?

A frequent solution in modern law is proportional division. The rationale is that each dollar of debt should be treated in the same way; one looks at dollars rather than people. Yet it is by no means obvious that this is the only equitable or reasonable system. For example, if the estate does not exceed the smallest debt, equal division among the creditors makes good sense. Any amount of debt to one person that goes beyond the entire estate might well be considered irrelevant; you cannot get more than there is.

A fascinating discussion of bankruptcy occurs in the Babylonian

* This work was supported by National Science Foundation Grant SES 83-20453 at the Institute for Mathematical Studies in the Social Sciences, Stanford University, and by the Institute for Mathematics and its Applications at the University of Minnesota.

TABLE I

Estate	Debt		
	100	200	300
100	$33\frac{1}{3}$	$33\frac{1}{3}$	$33\frac{1}{3}$
200	50	75	75
300	50	100	150

Talmud[1] (Kethubot 93a). There are three creditors; the debts are 100, 200, and 300. Three cases are considered, corresponding to estates of 100, 200, and 300. The *Mishna*[2] stipulates the divisions shown in Table I.

The reader is invited to study Table I. When $E = 100$, the estate equals the smallest debt; as pointed out above, equal division then makes good sense. The case $E = 300$ appears based on the different—and inconsistent—principle of proportional division. The figures for $E = 200$ look mysterious; but whatever they may mean, they do not fit any obvious extension of either equal *or* proportional division. A common rationale for all three cases is not apparent.

Over two millenia, this Mishna[3] has spawned a large literature. Many authorities disagree with it outright. Others attribute the figures to special circumstances, not made explicit in the Mishna. A few have attempted direct rationalizations of the figures as such, mostly with little success. One modern scholar, exasperated by his inability to make sense of the text, suggested errors in transcription.[4] In brief, the passage is notoriously difficult.

This paper presents a game-theoretic analysis of the general bankruptcy problem, for arbitrary $d_1,..., d_n$ and E. We obtain (Sect. 6) an explicit characterization of the nucleolus of the coalitional game that is naturally associated with this problem. For the three cases considered in the Talmud,

---

[1] A 2,000-year old document that forms the basis for Jewish civil, criminal, and religious law.

[2] The basic text that forms the starting point for the discussions recorded in the Talmud.

[3] The word "Mishna" is used both for the entire text on which the Talmud is based, and for specific portions of it dealing with particular issues. Similar ambiguities occur in many languages. One may say "My son studied law" as well as "Yesterday Congress passed a law."

[4] Lewy [7, p. 106], near the end of the long footnote.

the nucleolus prescribes precisely the numbers of Table I—those in the Mishna.

Of course, it is unlikely that the sages of the Mishna were familiar with the general notion of a coalitional game, to say nothing of the nucleolus. In Sections 3, 4, and 5, we present three different justifications of the solution to the bankruptcy problem that the nucleolus prescribes, in terms that are independent of each other and of game theory, and that were well within the reach of the sages of the Mishna. The justifications also fit in well with other Talmudic principles, a consideration that is no less significant than innate reasonableness in explaining the text.

To emphasize the independence from game theory, we start with the non-game theoretic analysis. In the research process, however, the order was reversed. Only after realizing that the numbers in the Mishna correspond to the nucleolus did we find independent rationales. Without the game theory, it is unlikely that we would have hit on the analysis presented in Sections 2 through 5.

This paper addresses two related but distinct questions, "what" and "why." The Mishna explicitly gives only three numerical examples; the first, most basic question is, *what* general rule did it have in mind, what awards would it actually assign to the creditors in an arbitrary bankruptcy problem? The second question is *why* did it choose the rule that it chose, what reasoning guided Rabbi Nathan (the author of this particular Mishna)? We have three different answers to the "why" question, all of them leading to the same answer to the "what" question. And while we cannot be sure that any particular one of our answers to the "why" question really represents Rabbi Nathan's thinking, all of them together leave little doubt that our answer to the "what" question is the correct one.

It is hoped that the research reported here will be of interest in two spheres—in the study of the Talmud, and in game theory. In this paper we concentrate on the mathematical, game-theoretic side. For motivation we will, when appropriate, present and explain underlying Talmudic principles; but there will be no careful textual analysis of Talmudic passages, no lengthy citation of authorities.[5] An analysis of the latter kind—concentrating on the validity of our explanation from the source viewpoint, but skimping on the mathematics—is being planned by one of us for publication elsewhere.

---

[5] In particular, this article should on no account be used as a source for Talmudic law. In citing Talmudic dicta, we mention only those of their aspects that are directly relevant to the matter at hand; additional conditions and circumstances are omitted. For more information the reader should refer to the sources, which we have been at pains to cite explicitly.

AUMANN AND MASCHLER

2. The Contested Garment

A famous Mishna (Baba Metzia 2a) states: "Two hold a garment; one claims it all, the other claims half. Then the one is awarded $\frac{3}{4}$, the other $\frac{1}{4}$."

The principle is clear. The lesser claimant concedes half the garment to the greater one. It is only the remaining half that is at issue; this remaining half is therefore divided equally.[6] Note that this is quite different from proportional division.

Let us transpose this principle to the 2-creditor bankruptcy problem with estate E and claims d_1, d_2. The amount that each claimant i concedes to the other claimant j is $(E - d_i)_+$, where

$$\theta_+ = \max(\theta, 0).$$

The amount at issue is therefore

$$E - (E - d_1)_+ - (E - d_2)_+ ;$$

it is shared equally between the two claimants, and, in addition, each claimant receives the amount conceded to her by the other one. Thus the total amount awarded to i is

$$x_i = \frac{E - (E - d_1)_+ - (E - d_2)_+}{2} + (E - d_j)_+ . \qquad (2.1)$$

We will say that this division (of E for claims d_1, d_2) is prescribed by the CG (contested garment) principle.[7,8]

If one views the solution as a function of E, one obtains the following process. Let $d_1 \leqslant d_2$. When E is small, it is divided equally. This continues until each claimant has received $d_1/2$. Each additional dollar goes to the greater claimant, until each claimant has received all but $d_1/2$ of her claim. Beyond that, each additional dollar is again divided equally. Note that the principle is *monotonic*, in the sense that for fixed claims d_1 and d_2, each of the two awards is a monotonic function of the estate E.

---

[6] This explanation is explicit in the eleventh century commentary of Rabbi Shlomo Yitzhaki (Rashi). Alternatively, one could say that the claims total $1\frac{1}{2}$, whereas the worth of the garment is only 1; the loss is shared equally.

[7] An additional instance of this rule may be found in the Tosefta to the first chapter of Baba Metzia, where $E = d_1 = 1$, $d_2 = \frac{1}{3}$. (The Tosefta is a secondary source that is contemporaneous with the Mishna.)

[8] Alternatively, one may argue that neither claimant i can ask for more than $\min(E, d_i)$. If each claimant is awarded this amount, the total payment may exceed the estate; the excess is deducted in equal shares from the claimants' awards. This procedure leads to the same payoff as (2.1).

The legal circumstances of the contested garment are somewhat different from those of bankruptcy. In the garment case, there is uncertainty about the validity of the claims; they cannot both be justified. In the bankruptcy problem, all claims are definitely valid; there simply is not enough money to go around. Therefore, some authorities have held that the Mishna in Baba Metzia (about the garment) is not relevant to the bankruptcy problem.

While this certainly constitutes an important difference between the cases, it is not clear why it would make the principle of equal division of the contested amount inapplicable. Indeed, the early medieval authority Rabbi Hai Gaon (10th century) did express the opinion[9] that the Mishna in Kethubot (about bankruptcy) should be explained on the basis of that in Baba Metzia. He did not, however, make an explicit connection, and in subsequent years, this line of attack was abandoned.

3. CONSISTENCY

A *bankruptcy problem* is defined as a pair $(E; d)$, where $d = (d_1,..., d_n)$, $0 \leqslant d_1 \leqslant \cdots \leqslant d_n$ and $0 \leqslant E \leqslant d_1 + \cdots + d_n$. A *solution* to such a problem is an n-tuple $x = (x_1,..., x_n)$ of real numbers with

$$x_1 + \cdots + x_n = E$$

(x_i is the amount assigned to claimant i). A solution is called *CG-consistent*, or simply *consistent*, if for all $i \neq j$, the division of $x_i + x_j$ prescribed by the contested garment principle for claims d_i, d_j is (x_i, x_j).

Intuitively, a solution is consistent if any two claimants i, j use the contested garment principle to divide between them the total amount $x_i + x_j$ awarded to them by the solution. It may be verified that the solutions in Table I are consistent.

THEOREM A. *Each bankruptcy problem has a unique consistent solution.*

Proof. First we prove that there is at most one consistent solution. If there were more, we could find consistent solutions x and y, and creditors i and j, with $y_i > x_i$, $y_j < x_j$, and $y_i + y_j \geqslant x_i + x_j$. Consistency implies that if just i and j are involved, the CG principle awards y_j to j when the total estate is $y_i + y_j$, and x_j when it is $x_i + x_j$. Since $y_i + y_j \geqslant x_i + x_j$, the

---

[9] Quoted by Rabbi Isaac Alfasi (1013–1103) in his commentary on our Mishna in Kethubot.

monotonicity of the CG principle then implies $y_j \geqslant x_j$, contradicting[10] $y_j < x_j$.

To show that there is at least one consistent solution, we exhibit it as a function of the estate E (for fixed debts $d_1, ..., d_n$). Let us think of the estate as gradually growing. When it is small, all n claimants divide it equally. This continues until 1 has received $d_1/2$; for the time being she[11] then stops receiving payments, and each additional dollar is divided equally between the remaining $n - 1$ claimants. This, in turn, continues until 2 has received $d_2/2$, at which point *she* stops receiving payments for the time being, and each additional dollar is divided equally between the remaining $n - 2$ claimants. The process continues until each claimant has received half her claim. This happens when $E = D/2$, where

$$D := d_1 + \cdots + d_n = \text{the total debt.}$$

When $E \geqslant D/2$, the process is the mirror image of the above. Instead of thinking in terms of i's award x_i, one thinks in terms of her loss $d_i - x_i$, the amount by which her award falls short of her claim. When the total loss $D - E$ is small, it is shared equally between all creditors, so that creditor i receives her claim d_i less $(D - E)/n$. The creditors continue sharing each additional dollar of total loss equally, until 1 has lost $d_1/2$ (which is the same as receiving $d_1/2$). For the time being she then stops losing, and each additional dollar of total loss is divided equally between the remaining $n - 1$ claimants. This, in turn, continues until 2 has lost $d_2/2$ (= received $d_2/2$), at which point *she* stops losing for the time being, and each additional dollar is divided equally between the remaining $n - 2$ claimants. The process continues until each claimant has lost half her claim, which happens when $E = D/2$. This is precisely to where we got in describing the first part of the procedure; we have dug the tunnel form both its ends, and have met in the middle.

It will be useful to give an alternative description of the procedure, in terms of increasing award. Recall that when E was slightly less than $D/2$, claimant n was receiving all of each additional dollar of the estate. She continues to do so as E passes $D/2$, until she has received a total of $d_n - (d_{n-1}/2)$, i.e., all but $d_{n-1}/2$ of her claim. At this point, $n - 1$ reenters the picture, and each additional dollar is shared equally between n and

---

[10] This part of the proof was generated at a seminar presentation at the IMA in Minneapolis; it replaces a more devious proof that we previously had. Mainly responsible are Y. Kannai and D. Kleitman.

[11] While we are sympathetic with the feminist movement, the reader should not conclude from our use of "she" that we write half our papers in the feminine gender. Much of the Talmud is couched in terms of case law; and while the passage under discussion does form the basis of bankruptcy law in general, the creditors in this particular case were women.

$n-1$. This continues until n and $n-1$ have each received all but $d_{n-2}/2$ of their claims (which happens at the same instant). At this point $n-2$ reenters the picture, and so on. Creditor 1 reenters the picture when *all* creditors have received all but $d_1/2$ of their claims; each additional dollar of estate is shared equally between all creditors.

Consider now two claimants i and j, where $d_i \leqslant d_j$. When E is small, they receive equal amounts. This continues until i has received $d_i/2$. Beyond that, i leaves the picture for the time being, and only j may receive any part of each additional dollar; that is, each additional dollar received by both together goes to j. This continues until j has received all but $d_j/2$ of her claim; beyond that, i and j again receive equal shares of each additional dollar. But this is precisely the verbal description of the CG solution given in the previous section. This shows that the solution we have exhibited is indeed consistent, and completes the proof of Theorem A.

Define a *rule* as a function that assigns a solution to each bankruptcy problem. The *CG-consistent* (or simply *consistent*) rule is the one that assigns the CG-consistent solution to each bankruptcy problem. A rule f is called *self-consistent* if

$$f(E; d) = x \qquad \text{implies} \quad f(x(S); d|S) = x|S$$

for each set S of creditors, where $x|S$ means "x restricted to S," and $x(S)$ is short for $\sum_{i \in S} x_i$. In words, *any* subset S of the set of all creditors (not only a 2-person subset) uses the rule f to divide among its members the total amount $x(S)$ that it gets when the rule f is applied to the original bankruptcy problem.

COROLLARY 3.1.   *The CG-consistent rule is self-consistent.*

Proof. Let $(E; d)$ be a bankruptcy problem, x its CG-consistent solution, g the function that assigns to each 2-person bankruptcy problem its CG solution, and S a set of creditors. For *any* i, j, the CG-consistency of x yields $(x_i, x_j) = g(x_i + x_j; d_i, d_j)$; in particular, this is so for $i, j \in S$. But that means that $x|S$ is the CG-consistent solution of $(x(S); d|S)$.   Q.E.D.

Self-consistency and CG-consistency are totally different kinds of concepts. Self-consistency applies to *rules*, CG-consistency to *individual solutions*. If three creditors come to a judge and ask him to divide an estate between them, and he does so in some specific way, then they cannot complain that he is not self-consistent; to do that they would have to know what he would have decided in other situations. But CG-consistency can be checked directly for each proposed solution of each case separately. If one thinks of the principle of CG-consistency as "just," then one can complain about the injustice of one particular decision; the corresponding statement cannot be made for self-consistency.

The CG-consistent rule is by no means the only self-consistent one. Others include division in proportion to the claims, and the constrained equal division solutions in the next section; these rules also play an important role in the Talmudic discussion of bankruptcy.

Various consistency conditions that are similar in spirit to those discussed here play an important role in game theory and bargaining theory. For examples, see Sections 6 and 7 below.

4. Self Duality and Constrained Equal Division

Define the *dual* f^* of a rule f by

$$f^*(E; d) := d - f(D - E; d);$$

f^* assigns awards in the same way that f assigns losses. A *self-dual* rule is one with $f^* = f$; such a rule treats losses and awards in the same way.

Two prominent features of the consistent rule, both of which follow from the explicit characterization in the proof of Theorem A, are its self-duality, and the qualitative change in the rule that occurs at $E = D/2$. In this section we discuss these features and show that they are strongly rooted in the Talmudic literature. We end the section with an alternative characterization (Theorem B) of the consistent rule in terms of these features, a characterization not directly related to the CG principle.

The basic idea behind duality is that there are certain types of division problem in which it is natural to think in terms of dividing the award (amount received, gain), and other problems in which it is more natural to think in terms of dividing the loss. All other things being equal, it seems appropriate to apply dual solution rules to these problems. In still other problems, it is equally natural to think in terms of losses or of gains; in such cases a self-dual rule is called for.

We start by illustrating the notion of duality with some rules other than the consistent one. A *constrained equal award* (CEA) solution of a bankruptcy problem $(E; \boldsymbol{d})$ is one of the form $(\alpha \wedge d_1,..., \alpha \wedge d_n)$, where $a \wedge b := \min(a, b)$. In words, this means that all claimants get the same award α, except that those who claim less than α get their claims. Note that

$$\text{each bankruptcy problem has a unique CEA solution.} \qquad (4.1)$$

Indeed, $\sum_{i=1}^{n} \alpha \wedge d_i$ is a continuous strictly increasing function of α on the interval $[0, d_n]$, and maps this interval onto $[0, D]$; hence every point in $[0, D]$ is attained precisely once, proving (4.1).

In our Mishna, the CEA rule prescribes equal awards to all creditors up to $E = 300$; it prescribes $(100, 150, 150)$ for $E = 400$, and $(100, 200, 200)$ for

$E = 500$. The rule, which divides each additional dollar equally between those claimants who still have an outstanding claim, seems natural enough; it has been adopted as law by most major codifiers, including Maimonides[12] (1135–1204).

Maimonides's great intellectual adversary, Rabad,[13] adopted a different rule. This provides equal awards for all creditors when $E \leqslant d_1$. When E passes d_1, 1 leaves the picture, and each additional dollar is divided equally among the remaining $n - 1$ creditors. When E passes d_2, also 2 leaves the picture, and each additional dollar is divided equally among the remaining $n - 2$ creditors; and so on. The rule is not defined beyond $E = d_n$. This, too, seems quite natural; when $E \leqslant d_n$ one might say that all creditors have a claim on the first d_1 dollars, only 2,..., n on the next $d_2 - d_1$ dollars, and so on.[14]

We would not discuss these rules in such detail if it were not for the remarkable fact that their duals also make an explicit appearance in the Talmud (Erakhin 27b).[15] At an auction there are n bidders, who bid $b_1 < b_2 < \cdots < b_n$. If n reneges, the object is acquired by $n - 1$, and the seller sustains a loss of $b_n - b_{n-1}$; this loss must be paid by n, as the price of being allowed out of his contract. Suppose now that all n bidders renege, and that for one reason or another the object cannot be sold to anyone else; then the loss to the seller is b_n, and this must somehow be shared among the bidders. How?

In this case Maimonides says that the loss is divided equally among all bidders, subject, of course, to no bidder paying more than his bid.[16] Rabad,[17] on the other hand, divides the loss into the n successive increments b_1, $b_2 - b_1$, $b_3 - b_2$,..., $b_n - b_{n-1}$. The first increment is paid by all bidders in equal shares, the second in equal shares by all except 1, and

[12] *The Laws of Lending and Borrowing*, Chapter 20, Section 4.

[13] Acronym for Rabbi Abraham ben David (1125–1198).

[14] This rule is implicit already in the Babylonian Talmud's discussion of our Mishna, and so goes back at least to the third or fourth century. It first appears explicitly in Alfasi (op. cit.), and is also mentioned by Rashi and many other medieval commentators. Only Rabad, though, seems to have adopted it as law; see his gloss on Alfasi (op. cit.). The rule is also mentioned by the mathematician Abraham Ibn Ezra in connection with certain types of inheritance problem [3, p. 60ff.]; cf. Rabinovitch [16, p. 162] and O'Neill [13]. In modern times it has surfaced again as the solution to the airport landing problem [8]; it is closely connected with the Shapley value [18], a game-theoretic solution concept that is conceptually quite different from the nucleolus.

[15] We are grateful to Y. Aumann for bringing this reference to our attention.

[16] *The Laws of Appraisal*, Chapter 8, Section 4. Unlike for bankruptcy, Maimonides here gives no clear general rule; for the specific numerical example treated in the Talmud (and by Maimonides), his division is equal. But it is difficult to imagine that Maimonides would ever require a reneging bidder to pay more than his bid.

[17] See his gloss on Maimonides, op. cit.

204   AUMANN AND MASCHLER

so on. These rules are the exact duals of the rules adopted by these same
authorities for bankruptcy.

It is apparent that these authorities had precise ideas on how to deal
with division problems, and that they applied them to the award or the loss
according to whether the funds were to be received (as in bankruptcy) or
paid (as in the auction). But one can also approach the problem not so
much from the technical viewpoint of the direction in which money flows at
the specific time of the court decision, but from the more substantive view-
point of whether the protagonists themselves consider the transaction an
award or a loss. In bankruptcy, for example, the creditors will in the end
receive checks as a result of the court proceedings. Nevertheless, they are
worse off than before making the loan, and they may well conceive of the
transaction as a loss rather than an award.

This suggests a rule in which (i) awards and losses are treated dually,
and (ii) it makes no difference whether we think of the outcome as an
award or a loss.[18] Together, (i) and (ii) call for a self-dual rule.

Self-duality was just one of the two prominent features of the consistent
rule mentioned at the beginning of this section. The other was the
qualitative change in the rule that occurs at the "halfway point," $E = D/2$.
This, too, is strongly rooted in the Talmud; there are dozens—perhaps
hundreds—of discussions hinging on the principle that "more than half[19] is
like the whole" (Hulin 27a). For example, kosher slaughter of an animal
calls for cutting through the windpipe and the foodpipe; but as long as
more than half of each pipe is cut, the meat is still kosher (op. cit.).

Another example is based on the Talmudic principle that in general, a
lender automatically has a lien on the borrower's real property. But when
his entire property is worth less than half the loan, the borrower may in
certain cases dispose of it "free and clear" (Erakhin 23b). Rashi explains
that when the property is worth more than half the loan, the lien is of con-
siderable importance, and the lender relies on it as a guarantee. But when it
is worth less than half the loan, the lien will not help very much anyway;
the loan was presumably made "on trust," and we are not justified in
repossessing the property from the bona fide recipient.

Again, the principle involved here is "more than half is like the whole;"
property amounting to more than half the loan is conceptually close to
covering it all, and cannot be ignored. Less than half is like nothing;
property covering less than half the loan is inconsiderable, need not be
taken into account. This is not merely a legal convention, but is explicitly
based on a psychological presumption. In the "less-than-half" case, the len-

---

[18] Specifically, whether we think of the outcome to Creditor i as an award of x_i or a loss of
$d_i - x_i$.
[19] "Rov."

der is presumed not to rely on the lien, to lend "on trust." Psychological presumptions of this kind often play an important role in Talmudic law.[20]

In the bankruptcy problem, too, the half-way point is a psychological watershed. If you get more than half your claim, your mind focusses on the full debt, and your concern is with the size of your loss. If you get less than half, your mind writes off the debt entirely, and is "happy" with whatever it can get; your concern is with your award. Moreover, it is socially unjust for different creditors to be on opposite sides of this watershed; for one creditor to get most of his claim, while another one loses most of his. Subject to this constraint, therefore, the losses are divided equally when $E \geqslant D/2$, the awards when $E \leqslant D/2$. In brief, we have

THEOREM B. *The consistent rule is the unique self-dual rule that, when $E \leqslant D/2$, assigns to $(E; d)$ the constrained equal award solution of $(E; d/2)$.*

Mathematically, this theorem is simply a concise expression of the explicit construction in the proof of Theorem A. Conceptually, though, it provides an additional, independent characterization of the consistent rule.

We end this section by mentioning two properties of the consistent rule that will be useful in the sequel. Call a rule f *monotonic* if $f_i(E; d)$ is a non-decreasing function of E when i and d are held fixed; that is, no claimant loses from an increase in the estate. Call a solution x to a bankruptcy problem $(E; d)$ *order-preserving* if

$$0 \leqslant x_1 \leqslant x_2 \leqslant \cdots \leqslant x_n \quad \text{and} \quad 0 \leqslant d_1 - x_1 \leqslant \cdots \leqslant d_n - x_n.$$

That is, a person with a higher claim than another gets an award that is no smaller and suffers a loss that is no smaller;[21] ordinally, one might say, both the award and the loss are scaled to the claim. As we have said, the consistent rule is monotonic and yields order-preserving solutions. So are the other rules we have considered here: Division in proportion to the claims, the CEA rule, its dual, and the solution adopted by Rabad (insofar as it is defined).

---

[20] E.g., the finder's right to found property depends on whether the loser can be presumed to have "despaired" of regaining it (Baba Metzia 21a ff.).

[21] Also, awards are non-negative and do not exceed the claims; but this statement follows from the other if we include outsiders, whose claim is 0.

5. COALITION FORMATION AND THE JERUSALEM TALMUD

In discussing our Mishna, the Jerusalem Talmud[22] says as follows: "Samuel says, the Mishna takes it that the creditors empower each other; specifically, that the third empowers the second to deal with the first. She may say to her, 'Your claim is 100, right? Take 50 and go.'"

Samuel is obviously referring to the cases $E = 200$ and $E = 300$. The second and third creditors (whose claims are 200 and 300, respectively) form a coalition "against" the first (whose claim is 100). This leaves two effective protagonists, with claims of 500 and 100, respectively; applying the contested garment rule yields the first creditor 50, with the remainder going to the coalition. If the coalition again applies the contested garment rule to divide its award among its members, the numbers in the Mishna result.

If applied to the case $E = 100$, this procedure would lead to the payoff vector (50, 25, 25), which is not order-preserving: 1's award is larger than that of 2 or of 3. It begins yielding order-preserving results at $E = 150$; as E rises, it continues to do so until $E = 450$. Beyond that, order preservation again fails, this time on the loss side. At $E = 500$, for example, we obtain (50, 175, 275), so that 1's loss is larger than that of 2 or of 3.

We may proceed in the same way in any problem with three creditors. First 2 and 3 pool their claims and act as a single agent vis-a-vis 1. The CG solution of the resulting problem yields awards to 1, and to the coalition of 2 and 3; to divide its award among its members, the coalition again applies the CG principle. The result is order preserving if and only if $3d_1/2 \leqslant E \leqslant D - (3d_1/2)$. If one divides the awards equally when $E \leqslant 3d_1/2$, and the losses equally when $E \geqslant D - (3d_1/2)$, one obtains precisely the consistent solution over the entire range $0 \leqslant E \leqslant D$.

By using induction, one may generalize this in a natural way to arbitrary n. Suppose we already know the solution for $(n-1)$-person problems. Depending on the values of E and d, we treat a given n-person problem in one of the following three ways:

(i) Divide E between $\{1\}$ and $\{2,..., n\}$ in accordance with the CG solution of the 2-person problem $(E; d_1, d_2 + \cdots + d_n)$, and then use the $(n-1)$-person rule, which we know by induction, to divide the amount assigned to the coalition $\{2,..., n\}$ between its members.

(ii) Assign equal awards to all creditors.

(iii) Assign equal losses to all creditors.

[22] The Jerusalem Talmud is based on the same source (the Mishna) as the Babylonian Talmud, and is contemporaneous with it. Although considered less authoritative, it is valued as an independent parallel source, which often sheds light on obscure passages in the Babylonian Talmud. We are very grateful to Yehonatan Aumann for calling to our attention the remarkable passage that forms the basis for this section.

Specifically, (i) is applied whenever it yields an order-preserving result, which is precisely when $nd_1/2 \leqslant E \leqslant D - (nd_1/2)$. We apply (ii) when $E \leqslant nd_1/2$, and (iii) when $E \geqslant D - (nd_1/2)$. This is called the *coalitional procedure*.

For example, let $n = 5$, $d_i = 100\, i$, $E = 510$. At the first step of the induction, the coalition $\{2, 3, 4, 5\}$ forms; its joint claim is 1400, while 1's claim is 100. Applying the CG rule yields 50 to 1, and 460 to the coalition. To divide the 460 between 2, 3, 4, and 5, one splits $\{2, 3, 4, 5\}$ into 2 and $\{3, 4, 5\}$, and again applies the CG rule. This yields 100 to 2, and 360 to $\{3, 4, 5\}$. If one were again to split $\{3, 4, 5\}$ into 3 and $\{4, 5\}$, then 3 would be awarded 150, leaving 4 and 5 only 210 to divide between them. At least one of them would therefore receive $\leqslant 105$, so that the result would not be order-preserving. At this point, therefore, the 360 are split equally between 3, 4, and 5. The final result is (50, 100, 120, 120, 120), which *is* order-preserving.

Note that this is the consistent solution of the above problem. More generally, it may be verified that

THEOREM C. *The coalitional procedure yields the consistent solution for all bankruptcy problems.*

Theorem A and C both use the CG principle to characterize the same rule; but the two characterizations are conceptually totally different. Theorem A applies the CG principle to pairs of *individuals* only, and it is applied to all $\binom{n}{2}$ such pairs. The $\binom{n}{2}$ resulting conditions are desiderata of a solution, but they do not tell us directly how we should arrive at one; it is not a priori clear that they have any simultaneous solution at all, or that they do not have more than one. Theorem C applies the CG principle to pairs of *coalitions*; and it describes an orderly step-by-step process, which by its very definition must lead to a unique result. But it uses only certain carefully selected pairs of coalitions, not all such pairs.[23]

6. THE NUCLEOLUS AND THE KERNEL

It will be recalled that a (*coalitional*) *game* is a function v that associates a real number $v(S)$ with each subset S of a finite set N. The members of N

---

[23] As described—with the coalitions $\{1\}$ and $\{2,..., n\}$—the coalitional procedure yields a monotonic rule and order-preserving solutions. Moreover, it appears that they are the *only* such coalitions, though we have no satisfactory formulation and proof of such a result. Also, it appears that if the creditors may form coalitions as they wish, then for $E \leqslant D/2$, the incentives lead to the coalitions suggested by the coalitional procedure. These matters call for further study.

are called *players*, the sets S *coalitions*. Intuitively, $v(S)$ represents the total amount of payoff that the coalition S can get by itself, without the help of other players; it is called the *worth* of S. By convention, $v(\varnothing) = 0$. A *payoff vector* is a vector x with components indexed by the players; x_i represents the payoff to i.

Solution concepts associate payoff vectors with games; each such concept represents a specific notion of stability, expected outcome, or the like. In many cases a solution concept associates several payoff vectors with a game, or none at all. Only two of the better known solution concepts associate a unique payoff vector with each game; they are the value [18] and the nucleolus [17].

As it stands, the bankruptcy problem considered here is not a game; coalitions do not appear explicitly in its formulation. A natural way to associate a game with a bankruptcy problem $(E; d)$ is to take the worth of a coalition S to be what it can get without going to court; i.e., by accepting either nothing, or what is left of the estate E after each member i of the complementary coalition $N \backslash S$ is paid his complete claim d_i. Thus we define the *(bankruptcy) game* $v_{E;d}$ *corresponding* to the bankruptcy problem $(E; d)$ by

$$v_{E;d}(S) := (E - d(N \backslash S))_+ \tag{6.1}$$

THEOREM D. *The consistent solution of a bankruptcy problem is the nucleolus of the corresponding game.*

The proof of Theorem D makes use of several concepts and results of cooperative game theory. Let v be a game, S a coalition, x a payoff vector. The *reduced game* $v^{S,x}$ is defined [1, 19, 9, 14] on the player space S as follows:

$$v^{S,x}(T) = x(T) \qquad\qquad\qquad \text{if} \quad T = S \text{ or } T = \varnothing,$$
$$= \max\{v(Q \cup T) - x(Q) : Q \subset N \backslash S\} \quad \text{if} \quad \varnothing \subsetneqq T \subsetneqq S.$$

In the reduced game, the players of S consider how to divide the total amount assigned to them by x under the assumption that players i outside S get exactly x_i. Together, all the players of S get $x(S)$; as always, the empty set gets nothing. If a non-empty proper subcoalition T of S chooses a set Q of "partners" outside S, it will have total worth $v(Q \cup T)$; but to keep the partners satisfied, it will have to pay them the total $x(Q)$ assigned to them by x. Thus T will choose its partners Q to maximize the amount $v(Q \cup T) - x(Q)$ left for it after paying off the partners.

LEMMA 6.2. *Let x be a solution of the bankruptcy problem $(E; d)$, such that $0 \leqslant x_i \leqslant d_i$ for all i. Then for any coalition S,*

$$v^{S,x}_{E;d} = v_{x(S);d|S}. \tag{6.2}$$

(In words, the reduced bankruptcy game is the game corresponding to the "reduced bankruptcy problem.")

Proof. Set $v := v_{E;d}$ and $v^S := v_{E;d}^{S,x}$. First let $\emptyset \subsetneq T \subsetneq S$, and let the maximum in the definition of $v^S(T)$ be attained at Q. Since $x_i \geqslant 0$ and $a_+ - b_+ \leqslant (a-b)_+$ for all a and b, we have

$$v^S(T) = v(T \cup Q) - x(Q) = (E - d(N\backslash(Q \cup T)))_+ - (x(Q))_+$$
$$\leqslant (x(N) - d(N\backslash(Q \cup T)) - x(Q))_+$$
$$= [x(S) - d(S\backslash T) - (d-x)(N\backslash(S \cup Q))]_+$$
$$\leqslant (x(S) - d(S\backslash T))_+, \tag{6.3}$$

where the last inequality follows from $x_i \leqslant d_i$. On the other hand, setting $Q = N\backslash S$ yields

$$v^S(T) \geqslant v(T \cup (N\backslash S)) - x(N\backslash S)$$
$$= (E - d(N\backslash(T \cup (N\backslash S))))_+ - (x(N) - x(S))$$
$$\geqslant (E - d(S\backslash T)) - (E - x(S)) = x(S) - d(S\backslash T); \tag{6.4}$$

and setting $Q = \emptyset$ yields

$$v^S(T) \geqslant v(T \cup \emptyset) - x(\emptyset) = v(T) = (E - d(N\backslash T))_+ \geqslant 0. \tag{6.5}$$

Formulas (6.4) and (6.5) together yield

$$v^S(T) \geqslant (x(S) - d(S\backslash T))_+;$$

together with (6.3), this yields

$$v^S(T) = (x(S) - d(S\backslash T))_+ = v_{x(S);d\backslash S}(T). \tag{6.6}$$

When $T = \emptyset$ or $T = S$, formula (6.6) is immediate, so the proof of the lemma is complete.

We also make use of the solution concepts called kernel [1] and pre-kernel [9]. Let v be a game. For each payoff vector x and players i, j, define

$$s_{ij}(x) = \max\{v(S) - x(S): S \text{ contains } i \text{ but not } j\}.$$

The *pre-kernel* of v is the set of all payoff vectors x with $x(N) = v(N)$ and $s_{ij}(x) = s_{ji}(x)$ for all i and j. The *kernel* of v is the set of all payoff vectors x with $x(N) = v(N)$, $x_i \geqslant v(i)$ for[24] all i, and for all i and j,

$$s_{ij}(x) > s_{ji}(x) \qquad \text{implies} \quad x_j = v(j).$$

[24] We do not distinguish between i and $\{i\}$.

AUMANN AND MASCHLER

One more definition is required. The *standard solution* of a 2-person game v with player set $\{1, 2\}$ is given by

$$x_i = \frac{v(12) - v(1) - v(2)}{2} + v(i). \tag{6.7}$$

Note that this is equivalent to $x_1 + x_2 = v(12)$, $x_1 - x_2 = v(1) - v(2)$. In words, the standard solution gives each player i the amount $v(i)$ that he can assure himself, and divides the remainder equally between the two players. The nucleolus and kernel,[25] the pre-kernel and the Shapley value of a 2-person game all coincide with its standard solution; so do most of the better-known bargaining solutions [12, 4, 11]. Indeed, the standard solution constitutes the only symmetric and efficient point-valued solution concept for 2-person games that is covariant under strategic equivalence.[26]

LEMMA 6.8. *Let x be in the pre-kernel of a game v, and let S be a coalition with exactly two players. Then $x|S$ is the standard solution of $v^{S,x}$.*

Proof. Let $S = \{i, j\}$. Then

$$s_{ij}(x) = \max_{Q \subset N \backslash S} (v(Q \cup i) - x(Q \cup i))$$

$$= \max_{Q \subset N \backslash S} (v(Q \cup i) - x(Q)) - x_i = v^{S,x}(i) - x_i;$$

similarly $s_{ji}(x) = v^{S,x}(j) - x_j$. Since by the definition of pre-kernel, $s_{ij}(x) = s_{ji}(x)$, it follows that $v^{S,x}(i) - x_i = v^{S,x}(j) - x_j$. Hence

$$x_i - x_j = v^{S,x}(i) - v^{S,x}(j)$$

and

$$x_i + x_j = x(i,j) = v^{S,x}(i, j),$$

which proves the lemma.[27]

Remark. The converse of this lemma is also true; i.e., if $x(N) = v(N)$ and $x|S$ is the standard solution of $v^{S,x}$ for all 2-person coalitions S, then x is in the pre-kernel of v. From this it follows that if $|N| \geqslant 3$, then x is in the pre-kernel of v if and only if $x(N) = v(N)$ and $x|S$ is in the pre-kernel of $v^{S,x}$ for all coalitions $S \subsetneq N$ [14].

---

[25] When they are non-empty, which is the case whenever there is at least one payoff vector x that is both individually rational ($x_i \geqslant v(i)$ for all i) and efficient ($x(N) = v(N)$).

[26] A similar remark is made in [14]. Rules such as proportional division or the CEA rule are not covariant in terms of the game v.

[27] This lemma is a special case of Lemma 7.1 in [1].

LEMMA 6.9. *The contested garment solution of 2-person bankruptcy problem is the standard solution of the corresponding game.*

Proof. Follows from (2.1), (6.1), and (6.7).

PROPOSITION 6.10. *The kernel of a bankruptcy game $v_{E;d}$ consists of a single point, namely the consistent solution of the problem $(E; d)$.*

Proof. Set $v = v_{E;d}$, and let x be in its kernel. By its definition (6.1), v is superadditive $(S \cap T = \varnothing \Rightarrow v(S) + v(T) \leqslant v(S \cup T))$ and hence 0-monotonic $(S \subset T \Rightarrow v(S) + \sum_{i \in T \setminus S} v(i) \leqslant v(T))$. In 0-monotonic games, the kernel coincides with the pre-kernel [10]. Hence x is in the pre-kernel of v.

Now let S be an arbitrary 2-person coalition. By Lemma 6.8, $x|S$ is the standard solution of $v^{S,x}$, and hence by Lemma 6.2, of $v_{x(S),d|S}$. Hence by Lemma 6.9, $x|S$ is the CG-solution of $(x(S); d|S)$; but that means that x is the consistent solution of $(E; d)$.   Q.E.D.

Theorem D follows from Proposition 6.10, since the nucleolus is always in the kernel [17].[28]

We stated Theorem D in terms of the nucleolus because it is better known than the kernel and conceptually simpler (it is point valued). In fact, though, the idea of CG-consistency is more closely related to the kernel than it is to the nucleolus.[29] We have already noted that the contested garment solution is in fact simply the standard solution of 2-person games. Thus an appropriate generalization of the notion of a consistent solution to an arbitrary game v is a payoff vector x such that whenever S is a 2-person coalition, $x|S$ is the standard solution of the reduced game $v^{S,x}$. Lemma 6.8, together with the theorem of Peleg cited in the succeeding remark, show that with this definition, the set of all consistent solutions of an arbitrary game is precisely its pre-kernel; and as we have noted, this coincides with the kernel for 0-monotonic games.

7. HISTORICAL NOTES

In the Talmudic bankruptcy literature, the rule that is perhaps closest to ours was proposed by Piniles [15, p. 64]; it coincides with ours for $E \leqslant D/2$, but beyond that they differ. Evidently, Piniles was unaware of the connection with the contested garment, since even for the CG Mishna itself

---

[28] Since this is the only property of the nucleolus that we require, we will not cite its definition here. The interested reader may consult the original article [17], or any one of several equivalent characterizations [5, 6, 19].

[29] The nucleolus has more to do with self-consistent rules (Sect. 3) than with CG-consistent solutions. See [19].

212 AUMANN AND MASCHLER

(where $E = 1 > \frac{3}{4} = D/2$), his rule gives $(\frac{5}{8}, \frac{3}{8})$ rather than $(\frac{3}{4}, \frac{1}{4})$. We owe the reference to Erakhin 23b (see Sect. 4) to Piniles.

In bargaining theory, the idea of consistency first appeared in [2, p. 328], where Harsanyi characterized the product maximization solution to an n-person bargaining problem as the unique solution x at which each two players i, j use the Nash solution [12] to divide between them what remains if every other player k gets x_k.

In the context of apportionment, self-consistency is discussed in Balinski and Young's "Fair Representation" (Yale University Press, 1982, 43–45 and 141–149). Alexander Hamilton's apportionment method, vetoed by George Washington but nevertheless used in the U.S. from 1852 until 1901 (and in many countries until today), is not self-consistent. Just before Oklahoma became a state in 1907, the House of Representatives had 386 seats. Oklahoma was allocated 5, bringing the total to 391. Nothing else changed, so presumably the apportionment among the old states should have remained the same. Yet under Hamilton's method, Oklahoma's joining meant New York losing a seat to Maine!

Others who have recently used ideas related to consistency include H. Moulin and W. Thomson. A particularly striking result, as yet unpublished, is by T. Lensberg, who showed that Nash's bargaining solution [12] can be characterized by a set of axioms in which the Independence of Irrelevant Alternatives is replaced by a self-consistency axiom.

8. ACKNOWLEDGMENTS

Particular thanks are due to Y. Aumann, Y. Kannai, D. Kleitman, and B. Peleg, both for the specific contributions acknowledged in the text and footnotes, and for lengthy discussions on various other aspects of this research. We have also benefitted from discussions with many other individuals. What started us on this research was reading B. O'Neill's beautiful paper [13], and then being led to the Mishna in Kethubot 93a as the result of a correspondence on the subject of O'Neill's paper with the late S. Aumann.

REFERENCES

Note. Items from the ancient and medieval Talmudic literature are not listed here; citations of this literature in the text and footnotes use the commonly accepted style.

1. M. DAVIS AND M. MASCHLER, The kernel of a cooperative game, *Naval Res. Logist. Quart.* **12** (1965), 223–259.
2. J. HARSANYI, A bargaining model for the cooperative n-person game, in "Contributions to the Theory of Games IV," pp. 325–355, Annals of Mathematics Studies Vol. 40, Princeton Univ. Press, Princeton, N.J., 1959.

3. A. IBN EZRA, "Sefer Hamispar" ("The Book of the Number"), Verona, 1146; German translation by M. Silberberg, Kauffmann, Frankfurt a.m., 1895. [Hebrew]

4. E. KALAI AND M. SMORODINSKI, Other solutions to Nash's bargaining problem, *Econometrica* **43** (1975), 513–518.

5. E. KOHLBERG, On the nucleolus of a characteristic function game, *SIAM J. Appl. Math.* **20** (1971), 62–66.

6. E. KOHLBERG, The nucleolus as a solution to a minimization problem, *SIAM J. Appl. Math.* **23** (1972), 34–39.

7. I. LEWY, Interpretation des IV. Abschnittes des palast. Talmud-Traktats Nesikin (Commentary on the Fourth Chapter of the Tractate Nezikin of the Jerusalem Talmud), *Jahr. Judischen Theologischen Sem. Breslau* (1908), 101–131. [Hebrew]

8. S. C. LITTLECHILD AND G. OWEN, A simple expression for the Shapley value in a special case, *Manage. Sci.* **20** (1973), 370–372.

9. M. MASCHLER, B. PELEG, AND L. S. SHAPLEY, The kernel and bargaining set for convex games, *Int. J. Game Theory* **1** (1972), 73–93.

10. M. MASCHLER, B. PELEG, AND L. S. SHAPLEY, Geometric properties of the kernel, nucleolus, and related solution concepts, *Math. Oper. Res.* **4** (1979), 303–338.

11. M. MASCHLER AND M. PERLES, The super-additive solution for the Nash bargaining game, *Int. J. Game Theory* **10** (1981), 163–193.

12. J. F. NASH, The bargaining problem, *Econometrica* **18** (1950), 155–162.

13. B. O'NEILL, A problem of rights arbitration from the Talmud, *Math. Soc. Sci.* **2** (1982), 345–371.

14. B. PELEG, On the reduced game property and its converse, *Int. J. Game Theory*, to appear.

15. H. M. PINILES, "Darkah shel Torah" ("The Way of the Law"), Forster, Vienna, 1861. [Hebrew]

16. N. L. RABINOVITCH, "Probability and Statistical Inference in Ancient and Medieval Jewish Literature," Univ. Toronto Press, Toronto Buffalo, 1973.

17. D. SCHMEIDLER, The nucleolus of a characteristic function game, *SIAM J. Appl. Math.* **17** (1969), 1163–1170.

18. L. S. SHAPLEY, A value for *n*-person games, *in* "Contributions to the Theory of Games II," pp. 307–312, Annals of Mathematics Studies Vol. 28, Princeton Univ. Press, Princeton, 1953.

19. A. I. SOBOLEV, Xaraketrizatziya Trintixitof Optimalinosti v Kooprativnix Itrax Posredstvom Funktzionalnix Uqavneniyi (Characterization of the Principle of Optimality for Cooperative Games through Functional Equations), *in* "Matematicheskie Metody v Socialnix Naukax" (N. N. Vorobiev, Ed.), pp. 94–151, Vipusk 6, Vilnius, 1975. [Russian]

מחקרים בלוגיקה תלמודית
כרך יג

בעיות חלוקה בחשיבה התלמודית

מיכאל אברהם, ישראל בלפר, דב גבאי, אורי שילד

ספר זה הינו השלושה עשר בסדרת "מחקרים בלוגיקה התלמודית". שנים עשר הספרים הראשונים היו מבוססים על מחקר במרכז ללוגיקה תלמודית באוניברסיטת בר אילן. המרכז שוכן עכשיו במכללה האקדמית אשקלון, וזה הספר הראשון המבוסס על מחקר במכללה זו.

ספר זה עוסק בבעיה שנדונה כבר לא מעט בספרות האקדמית וההלכתית כאחד, והיא בעיית החלוקה. בעיית החלוקה היסודית והידועה ביותר בתלמוד היא חלוקה של מציאה (שניים אוחזים בטלית), שנדונה בתחילת מסכת ב"מ, והכללתה לבעיה כללית (n אוחזים בטלית). בתלמוד ישנה גם סוגיא שעוסקת בחלוקת עיזבון, במסכת כתובות צג ע"א.

נפרש את שתי הסוגיות (חלוקת מציאה בתחילת ב"מ וחלוקת עיזבון בכתובות), כאשר מטרתנו היא בעיקר לעשות סדר ולנסות להציג תמונה מלאה של התחום הזה לענפיו השונים, וגם להוסיף משהו משלנו. נתאר מה ההנחות בכל בעיית חלוקה, מה הדומה והשונה בין הבעיות השונות ובין הגישות השונות לפתרונן, והצגת אלגוריתמים ליישום.

בכל שיטה נציג את האלגוריתם למקרה הכללי ביותר, ואם יהיה צורך נביא הוכחה לקיום ויחידות של פתרון. לאחר מכן נעבור לדון בהקשרים נוספים של חלוקה בתלמוד.

לוגיקה של זמן בתלמוד
מיכאל אברהם, ישראל בלפר, דב גבאי ואורי שילד

מיכאל אברהם, דב גבאי ואורי שילד

לוגיקה תלמודית באנגלית

מיכאל אברהם, ישראל בלפר, דב גבאי ואורי שילד

מיכאל אברהם, ישראל בלפר, דב גבאי ואורי שילד

מיכאל אברהם, ישראל בלפר, דב גבאי ואורי שילד

מיכאל אברהם, דב גבאי ואורי שילד

מיכאל אברהם, ישראל בלפר, דב גבאי ואורי שילד

מיכאל אברהם, ישראל בלפר, דב גבאי ואורי שילד

בעיות חלוקה בחשיבה התלמודית
מיכאל אברהם, ישראל בלפר, דב גבאי ואורי שילד

מחקרים בלוגיקה תלמודית
עורכי הסדרה:
מיכאל אברהם, דב גבאי ואורי שילד
dov.gabbay@kcl.ac.uk

בעיות חלוקה בחשיבה התלמודית

מיכאל אברהם*

ישראל בלפר*

דב גבאי

אורי שילד

המכללה האקדמית אשקלון

אוניברסיטה בר אילן*

978-1-84890-200-8

College Publications
Scientific Director: Dov Gabbay
Managing Director: Jane Spurr

http://www.collegepublications.co.uk

Printed by Lightning Source, Milton Keynes, UK

הקדמה כללית

ספר זה הוא השלושה-עשר בסדרה 'מחקרים בלוגיקה תלמודית', שמבוססת על מחקרים שבוצעו במסגרת קבוצת הלוגיקה התלמודית באוניברסיטת בר-אילן. מחקרים אלו משלבים כלים לוגיים ותלמודיים קלאסיים בכדי לרדת לשורש התובנות הלוגיות שמצויות בתלמוד.

כפי שכבר כתבנו גם בספרים הקודמים, המטרה של הסדרה כולה היא כפולה: 1. יבוא – כלומר שימוש בכלים לוגיים מודרניים, והבאתם לשדה התלמודי, בכדי לנתח סוגיות תלמודיות והלכתיות עמומות ולהבהיר אותן. 2. יצוא – העברת תובנות מהעיון הלוגי בתלמוד, והוצאתן אל ההקשרים הלוגיים הרחבים יותר, תוך ניסיון להעשיר באמצעותם את הלוגיקה הכללית, וגם לפתור בעיות שונות שקיימות בה.

ספר זה הוא חריג בסדרה שלנו, שכן הוא עוסק בבעיה שנדונה כבר לא מעט בספרות האקדמית וההלכתית כאחד. מטרתנו כאן היא בעיקר לעשות סדר ולנסות להציג תמונה מלאה של התחום הזה לענפיו השונים, וגם להוסיף משהו משלנו. מה ההנחות בכל בעיית חלוקה, מה הדומה והשונה בין הבעיות השונות ובין הגישות השונות לפתרונן, והצגת אלגוריתמים ליישום. תקוותנו שהדברים יועילו גם לאנשי אקדמיה שעוסקים בתחום וגם ללומדי תלמוד.

כדי להבהיר את מסגרת הדיון, נקדים כאן תיאור כרונולוגי של ההשתלשלות שלו, ונשלב בו את הביבליוגרפיה שקדמה לנו. נציין שכל אחד מהמאמרים שמצוינים כאן מקבל כינוי לצורך הפנייה אליו במהלך דברינו במהלך הספר, ולתועלת המעיינים כולם מופיעים כנספחים בסופו. תודתנו למחברים ולכתבי העת שהתירו לנו את ההדפסה מחדש של המאמרים בספרנו.

בעיית החלוקה היסודית והידועה ביותר בתלמוד היא חלוקה של מציאה (שניים אוחזים בטלית), שנדונה בתחילת מסכת ב״מ. אמנם במשנה שם נדונה בעיה של שני תובעים, אך מהרי״ל דיסקין הרחיב את הבעיה לדוגמה שבה יש שלושה אוחזים בטלית (כולה-חציה-חציה), והציע פתרון משלו לבעיה המסוימת ההיא. דרך הפתרון שהוא הציע, ניתן לראות כיוון פתרון גם לבעיה הכללית (n אוחזים בטלית). הדברים מופיעים בסוף השו״ת שלו, בחלק ״תורת האוהל״ דף ג ע״ב, במדור של חידושי אביו רבי בנימין. אמנם בקובץ **תורה מציון** שנה א חוברת א סי׳ לב, ירושלים תרמ״ז, מביא הרב יעקב אורנשטיין (תלמידו של מהרי״ל) את אותם דברים כלשונם בשמו של מהרי״ל עצמו (ראה גם **אוצר מפרשי התלמוד** לב״מ עמ׳ ט ובהערה 62 שם). בשני מאמרים נוספים יש דיון על מקרים שבהם הטלית מורמת בצורות שונות: אברהם אהרן הלוי איש ירושלמי, בקובץ **תורה מציון** תרמ״ז, חוברת ב סי׳ יב (להלן: איש ירושלמי). וכן אליעזר צבי רבל, שלשה אוחזים בטלית, ספר היובל **הדנו**, ישיבה אוניברסיטה, ניו יורק תרצ״ו, עמ׳ 158-163 (להלן: רבל). ראה גם בספר **פרי יצחק**, ירושלים תרסט, שמביא שיירים מחידושי רבי יצחק פראג אופלטקה (סב סבתו של הסופר א״ב יהושע). במקרים אלו לא נעסוק כאן.

בתלמוד ישנה גם סוגיא שעוסקת בחלוקת עיזבון, במסכת כתובות צג ע״א. מדובר שם באדם שמת והותיר שלוש נשים שכל אחת תובעת את כתובתה מתוך העיזבון. המשנה שם קובעת חלוקה לא מובנת בין התובעות, והגמרא והראשונים שם עוסקים בזה בפירוט רב ולא מגיעים לפתרונות סבירים. במסקנת הסוגיא שם הגמרא קובעת שהמשנה נאמרה בשיטת רבי נתן, אך רבי חולק עליו ומציע טכניקה שונה לחלוקה של העיזבון. גם בשיטת רבי נתן וגם בשיטת רבי הוצעו כמה הבנות בראשונים, שכל אחד מציע הסבר אחר לאלגוריתם החלוקה. המבוכה בסוגיא שם רבה עד כדי כך שיש מהגאונים (רס״ג ורב האי גאון) שהציעו לפרש את המשנה בניגוד לדרכה של הגמרא. בכל אופן, על פניו נראה שגם הגמרא וגם הראשונים מסכימים שאין קשר בין

חלוקת מציאה (שניים אוחזים) לבין חלוקת עיזבון. החלוקות הללו מתנהלות בצורות שונות ועל פי הנחות שונות.

והנה, בשנת 1985 למניינם, פרסם פרופ׳ ישראל אומן, לימים זוכה פרס נובל לכלכלה (שנת 2005), מאמר עם עמיתו פרופ׳ מיכאל משלר, Game-Theoretic Analysis of a Bankruptcy Problem from the Talmud, Journal of Economic Theory 36, 1985, PP. 195-213 (להלן: אומן-משלר). במאמר זה דנים אומן ומשלר בשתי הסוגיות ומציעים דרך לפרש את משנת כתובות ואת חלוקת העיזבון באופן שיהלום את דרכה של המשנה בב״מ לגבי חלוקת מציאות (הם מכנים זאת ״חלוקה תואמת שניים אוחזים״, ובראשי תיבות תש״א).

כחמש-עשרה שנה לאחר מכן פרסם אומן מאמר תורני, בענין מי שהיה נשוי שלוש נשים, **מוריה**, שנה כב גיליון ג-ד (רנה-רנו), טבת תשנט, עמ׳ צח-קז (להלן: אומן1). במאמר זה הוא מתאר את עיקרי שיטתו ללומד התורני, באופן שלא זוקק ידע מתמטי מתקדם. בתחילת המאמר הוא אומר שמדובר במאמר ראשון מתוך שניים.

בין היתר, אומן ומשלר במאמרם מציעים פירוש למשנת כתובות, שיכול להתפרש כאילו הוא עומד בניגוד לגמרא שם, ובוודאי בניגוד לרוב ככל הראשונים על הסוגיא. אומן מבהיר גם במאמרי ההמשך שלא כן הוא, וניתן להכניס את שיטתם למהלך הגמרא, ואף לחלק מהראשונים.

בכל אופן, בשלב הבא של ההשתלשלות, כשמונה שנים לאחר מכן, מופיעים שני מאמרי תגובה למאמרו של אומן, שניהם בביטאון **בית אהרן וישראל**: הראשון של הרב שלום מרדכי הלוי סגל, בבירור אופן חלוקת בעלי חובות ובדין שלושה אוחזין בטלית, בתוך חוברת קכז, שנה כב גל׳ א, תשסז, עמ׳ מח והלאה (להלן: סגל). השני של הרב נתן פערלמאן, בענין כתובתה של זו מנה ושל זו מאתיים ושל זו שלוש מאות, בתוך חוברת קכט, שנה כב גל׳ ג, תשסז, עמ׳ קיט והלאה (להלן: פרלמן). סגל ופרלמן במאמריהם תוקפים את אומן בחריפות על כך שההין לפרש את המשנה בניגוד לגמרא, ודוחים את טענותיו

כאילו יש לכך תקדימים. בתוך הדברים הם גם מקשים וחולקים על הנחותיו לגופן ומציעים פרשנויות אחרות לסוגיות הנדונות.

שנה לאחר מכן, סביב לימוד הדף היומי בסוגיית כתובות, מפרסם הרב יעקב לויפר סדרה של שני מאמרים במוסף שבת של עיתון **המודיע**, פ׳ מקץ ופ׳ ויגש, תשסח. הרב אליהו סולובייצ׳יק בהערה בתחילת מאמרו (ראה להלן) כותב שהתקבלו הרבה תגובות למאמרו של לויפר, וגם הן עתידות להתפרסם. ככל הידוע לנו, הן לא פורסמו בסופו של דבר.

אומן בתורו מגיב לדברי סגל ופערלמאן במאמרו: תגובה בענין מי שהיה נשוי שלוש נשים, **המעין** טבת תשי״ע (נ, ב), עמ׳ 3 והלאה (להלן: אומן2). הוא מבהיר שם כמה נקודות נוספות בהצעתו. נציין שכתבי העת **מוריה** ו**בית אהרן וישראל** מסיבה כלשהי לא הסכימו לפרסם את התגובה הזאת.

לאחר מאמרו השני של אומן, הופיעו עוד שתי תגובות באותו כתב עת: הראשונה של הרב אליהו סולובייצ׳יק, שלוש נשים – מאמר תגובה, **המעין** תמוז תשי״ע (נ, ד), עמ׳ 31-37 (להלן: סולובייצ׳יק). גרסה מוקדמת של מאמר זה פורסמה בכתב העת האלקטרוני **דאצ׳ה**, גליון 38, י כסלו תשע, עמ׳ 1-4. התגובה השנייה של הרב יעקב לויפר, חלוקת שלוש הכתובות תגובה, שם, עמ׳ 38-48 (להלן: לויפר). שניהם מציעים פירושים אלטרנטיביים לסוגיית כתובות ומקשים על הצעותיו של אומן. לויפר גם מכניס לדיון לראשונה שיקולים של קואליציות.

בסוף אותו גיליון, מתפרסם מאמר עברי שלישי של אומן, שכולל התייחסות לשתי התגובות האחרונות (סולובייצ׳יק ולויפר) ובתוכו גם ההמשך השני והמובטח של המאמר ב**מוריה** (אומן1): בענין מי שהיה נשוי שלוש נשים: חלק שני ותשובה למשיבים, ישראל אומן, **המעין** תמוז תשע (נ, ד), עמ׳ 49-68 (להלן: אומן3). אומן מציג שם גם את ההסברים הרעיוניים להצעתו. גרסה מוקדמת של תגובתו לדברי סולובייצ׳יק, התפרסמה בכתב העת האלקטרוני **דאצ׳ה**, גליון 88, יא ניסן תשע, עמ׳ 4-8.

בטבת של אותה שנה, תש״ע, מתפרסם מאמר נוסף של עמוס ונתנאל אלטשולר, טור גיאומטרי אינסופי חבוי במשנת הראב״ד, **בד״ד** 22, טבת תש״ע, עמ׳ 30-19 (להלן: אלטשולר). מאמר זה לא נוגע בוויכוח, אלא מוצגת בו פורמליזציה מתמטית לשיטתו של הראב״ד בדעת רבי והבנת הרי״ף בדעת רבי נתן בפירושם לסוגיית כתובות, והוכחה לטענה אחת שלהם לגבי התכנסות של טור גיאומטרי אינסופי.

בספרנו נפרש את שתי הסוגיות (חלוקת מציאה בתחילת ב״מ וחלוקת עיזבון בכתובות), נציע את הפירושים השונים, כולל יתרונותיהם ומגרעותיהם, תוך התחשבות בכל ההערות שעלו בויכוח והיבטים נוספים, וגם נוסיף הצעות פתרון משלנו. בכל שיטה נציג את האלגוריתם למקרה הכללי ביותר, ואם יהיה צורך נביא הוכחה לקיום ויחידות של פתרון. לאחר מכן נעבור לדון בהקשרים נוספים של חלוקה בתלמוד.

יש לציין שכל דיון כזה מורכב משני מישורים: א. אלגוריתם החלוקה. ב. הרציונל ההלכתי והעיוני שלו. כל אחד מהמישורים כמו גם היחס בין שניהם דורשים בירור, ואנחנו נראה זאת בדברינו.

אנו מסיימים את הספר בבירור היבטים של שיקולי קואליציה שמיטב ידיעתנו כמעט לא נדונו ביחס לסוגיות אלו. אנו נזקקים במסגרת זו למתודה שקרויה בתורת המשחקים ״ערך שפלי״, ובודקים את יישומיה בסוגיות התלמודיות הללו. למיטב ידיעתנו יש כאן יישום חדש בסוגו לתורתו של שפלי, מה שמוליך אותנו לשאלות שקשורות למושגים מתמטיים נוספים, נקודת שבת ומושך (אטרקטור). שלא כמו בספרים הקודמים, בחלק הרביעי של הספר מופיעים כמה דיונים מתמטיים יותר.

7

תוכן העניינים

_____

[1] תודתנו למחברי המאמרים ולמערכות כתבי העת על הרשות להדפיס את
המאמרים מחדש בספרנו.

חלק ראשון:
חלוקת מציאה

פרק ראשון

סוגיית שניים אוחזים בטלית

מבוא

בפרק זה נעסוק בסוגיית שניים אוחזים שהיא היסוד לדיון על חלוקת מציאה. המשנה בתחילת ב״מ עוסקת בחלוקת אבדה בין שני תובעים. בפרקים הבאים נראה צורות הכללה שונות למצבים מורכבים יותר (n תובעים).

שניים אוחזים בטלית

המשנה בתחילת ב״מ קובעת:

> ***שנים אוחזין בטלית, זה אומר: אני מצאתיה, וזה אומר: אני מצאתיה. זה אומר: כולה שלי, וזה אומר: כולה שלי. זה ישבע שאין לו בה פחות מחציה, וזה ישבע שאין לו בה פחות מחציה, ויחלוקו.***

רש״י כאן כותב:

> ***שנים אוחזין בטלית - דוקא אוחזין, דשניהם מוחזקים בה ואין לזה כח בה יותר מזה, שאילו היתה ביד אחד לבדו, הוי אידך המוציא מחבירו, ועליו להביא ראיה בעדים שהיא שלו, ואינו נאמן זה ליטול בשבועה.***

הוא מסביר שבכל המקרים במשנה מדובר ששניהם אוחזים בה, ולכן אף אחד משניהם לא נחשב כמוחזק יותר מחברו. נראה שכוונתו שבמצב של מוחזקות כפולה אין לאף אחד משניהם דין מוחזק (ראה גם רש״י ח ע״א, ד״ה ׳ממשנה יתירה׳, וכך הבינו האחרונים בדבריו). אבל אם רק אחד מהם מחזיק אותה הוא יקבל את כולה, והשני יהיה בבחינת המוציא מחברו.

במקרה של טענות זהות (שניהם אומרים ״כולה שלי״) הדין הוא ברור: חולקים. יש מהראשונים שהבינו שהחלוקה היא שיקוף של המוחזקויות (כל

אחד מקבל את מה שהוא מוחזק בו). אחרים הבינו שהמוחזקות מתבטלת והחלוקה היא מדין ממון המוטל בספק חולקים. בכל אופן, משיקולי סימטריה עולה שאין לאף אחד מהם עדיפות על חברו.

המקרה הבא במשנה הוא מסובך יותר:

זה אומר: כולה שלי, וזה אומר: חציה שלי. האומר כולה שלי –
ישבע שאין לו בה פחות משלשה חלקים, והאומר חציה שלי – ישבע
שאין לו בה פחות מרביע, זה נוטל שלשה חלקים, וזה נוטל רביע.

כאן כבר הטענות לא סימטריות: ראובן טוען לבעלות על כולה, ואילו שמעון טוען לבעלות על חציה. המפרשים מסבירים שהויכוח נוצר מכך שראובן טוען שהוא זה שמצא את הטלית ושמעון תפס אותה ממנו, ואילו שמעון טוען שהם הרימו אותה יחד.

מדוע החלוקה במקרה זה היא ביחס של 3:1? רש"י כאן מסביר:

וזה אומר חציה שלי – מודה הוא שהחצי של חבירו, ואין דנין אלא
על חציה, הלכך, זה האומר כולה שלי ישבע כו' כמשפט הראשון,
מה שהן דנין – עליו נשבעין שניהם שאין לכל אחד בו פחות מחציו,
ונוטל כל אחד חציו.

הוא מסביר ששמעון מודה לראובן על חצי מהטלית, ולכן החצי הזה הולך לראובן. על החצי השני הם מתווכחים וכל אחד טוען שכולו שלו. אם כן, על החצי השני חל הדין ברישא של המשנה, שחולקים. לכן ראובן מקבל 3/4 ושמעון מקבל 1/4.

נציין שבתוספתא ב"מ (ליברמן, פ"א ה"ב) מופיע מקרה נוסף:

זה אומ' כולה שלי וזה אומ' שלשה שלי האומ' כולה שלי ישבע
שאין לו בה פחות מחמשה חלקין האומ' שלישה שלי ישבע שאין לו
בה פחות משתות כללו של דבר אין נשבע אלא על חצי מה שטוען.

גם כאן העיקרון הוא חלוקה שווה של החלק שבמחלוקת. 2/3 מוסכם ולכן הוא ניתן לתובע, וה-1/3 הנותר מתחלק בשווה בין שניהם. התוצאה היא 1/6 ו-5/6, כלומר חלוקה ביחס של 5:1.

ובירושלמי ב״מ פ״א סוה״א אנו מוצאים לכאורה מקרה שלישי:

זה אומר חצייה שלי וזה אומר שלישה שלי האומר חצייה שלי ישבע שאין לו בה פחות מרביע והאומר שלישה שלי ישבע שאין לו בה פחות משתות. כללו של דבר אינו נשבע אלא על חצי שהודה:

לכאורה יש כאן מקרה של חציה-שלישה, אבל הדין מאד מוזר. נראה מכאן שהירושלמי פוסק שהחלוקה במקרה כזה היא רבע-שישית, בעוד שהיה צריך להיות שכל אחד מקבל את מלוא תביעתו. ואמנם רבל במאמרו מניח שזהו המקרה בו מדובר. אבל המפרשים על אתר (ראה **פני משה**, **מראה הפנים** ועוד) מסבירים שלא זו כוונת הירושלמי, אלא שהוא מדבר על שני המקרים שראינו (כולה-חציה וכולה-שלישה) יחד, וקובע שבמקרה הראשון התובע חצי מקבל רבע ובמקרה השני התובע שלישי מקבל שישית. אם כן, אין כאן מקרה נוסף.

ניתוח טבלאי

לצורך ההמשך נציג את הניתוח הזה בצורה של טבלאות. נקודת המוצא היא טבלת תביעות. כל שורה בטבלה מבטאת את התמונה שצריכה להתקבל לפי אחד התובעים.

במקרה של כולה-חציה נקבל:

תובע/מקבל	ראובן	שמעון
ראובן	1	0
שמעון	1/2	1/2

טבלה 1.1: טבלת תביעות עבור שניים אוחזים במקרה של כולה-חציה.

(הסכום על כל שורה בטבלת תביעות צריך להיות 1).

כעת אנחנו עוברים על כל עמודה, ובודקים את מצבו של כל מקבל. מה שהוא תובע לעצמו לא רלוונטי. מה שחשוב הוא מה שהאחרים מודים לו. ובמקרה שלנו, הטור של ראובן מראה ששמעון מודה לו על 1/2, ולכן הוא צובר כבר כעת את ה-1/2 הזה. הטור השני מלמד אותנו שראובן לא מוותר לשמעון על כלום. לכן בינתיים שמעון לא צבר מאומה.

השלב הבא הוא לבנות טבלת ביניים של הצבירות המוסכמות. הטבלה מייצגת את מה שקיבל כל מקבל מכל תובע שהודה לו (מעצמו הוא כמובן לא מקבל מאומה, כי תביעה לא אומרת כלום. רק הודאה נותנת משהו למי שמודים לו). במקרה שלנו הטבלה הזאת היא הבאה:

שמעון	ראובן	מודה/מקבל
0	1/2	ראובן
0	0	שמעון

טבלה 1.2 : טבלת ביניים של צבירות מוסכמות עבור שניים אוחזים במקרה של כולה-חציה.

בשלב הבא מסכמים את השורות בטבלה (להלן, כשנפתור מקרים מסובכים יותר, יתבהר מדוע מסכמים דווקא את השורות ולא את העמודות) כדי לראות כמה צבר כל מקבל: במקרה זה ראובן צבר 1/2 ושמעון לא צבר מאומה.

עד עתה חילקנו 1/2 מהטלית. את ה-1/2 השני שלגביו שני התובעים תובעים את כולו, מחלקים בשווה בין שניהם, וכך נוסף לכל אחד עוד 1/4. כך קיבלנו חלוקה של 3/4 ו-1/4.

מה יקרה במקרה של התוספתא? כאן טבלת התביעות היא:

תובע/מקבל	ראובן	שמעון
ראובן	1	0
שמעון	2/3	1/3

טבלה 1.3: טבלת תביעות עבור שניים אוחזים במקרה של כולה-שלישה.

בשלב הבא יוצרים טבלת ביניים של צבירות מוסכמות:

מקבל/מודה	ראובן	שמעון
ראובן	2/3	0
שמעון	0	0

טבלה 1.4: טבלת ביניים של צבירות מוסכמות עבור שניים אוחזים במקרה של כולה-שלישה.

כעת מסכמים את השורות ורואים שמה שחולק בינתיים הוא 2/3 מהטלית. מחלקים את ה-1/3 הנותר, וכך כל אחד מקבל עוד 1/6. התוצאה הסופית היא 5/6 ו-1/6.

שאלת המוחזקויות

בתוד"ה 'ויחלוקו', מקשה:

ויחלוקו - תימה דמאי שנא מההיא דארבא דאמר כל דאלים גבר פרק חזקת הבתים (ב"ב דף לד: ושם).

הוא משווה זאת למקרה של ארבה בים שיש ויכוח בין שני בעלי דין שטוענים לבעלות עליה. שם הדין הוא "כל דאלים גבר", כלומר שבית הדין לא מתערב. תוס' כאן מקשה מדוע לא פוסקים גם כאן כל דאלים גבר, אלא יחלוקו? והוא מתרץ:

וי"ל דאוחזין שאני דחשיב כאילו כל אחד יש לו בה בודאי החצי דאנן סהדי דמאי דתפיס האי דידיה הוא

הוא מסביר שהמקרה של טלית הוא שונה בגלל שבניגוד למקרה של הארבה כאן שניהם מחזיקים בטלית, ואנו עדים שמה שכל אחד מחזיק הוא שלו. משמע מדבריו שכששני בעלי הדין באים לפנינו המצב הוא שכל אחד משניהם נחשב כמוחזק בחצי מהטלית.

לעומת זאת, בתוד"ה 'וזה נוטל', כאן, הקשו על המקרה השני:

וזה נוטל רביע - וא"ת יהא נאמן דחציו שלו מיגו דאי בעי אמר כולה שלי כדאמרי' בגמ' (לקמן דף ח.) האי מיגו גופיה לפטרו משבועה אי לא משום דאיערומי קמערים.

למה שההוא שטוען חציה שלי לא יהיה נאמן במיגו שאם הוא משקר הוא יכול היה לשקר טוב יותר ולטעון שכולה שלו?

תוס' עונה:

ומפרש ריב"ם דמיגו להוציא לא אמרי' דבחציו השני מוחזק זה כמו זה.

הכלל בהלכה הוא שמיגו לא מועיל להוציא ממון ממוחזק. תוס' טוען שכאן אותו שטוען שחציה שלו רוצה להשתמש במיגו כדי להוציא מהמוחזק (עוד רבע, מעבר לרבע שהוא מקבל), וזה לא אפשרי.

אם הנחת התוס' היתה שכל אחד מהם מוחזק בחצי מהטלית, אזי המחזיק שטוען חציה שלי לא רוצה להוציא משהו מתוך מה שהשני מוחזק בו. עוד רבע בנוסף לרבע שהוא מקבל לא חורג מהחצי שהוא עצמו מוחזק בו. נראה מכאן שלפי תוס' כל אחד מהמחזיקים נחשב כמוחזק בכל הטלית, וזאת בניגוד למה שהוא כותב למעלה על המקרה הראשון, שכל אחד, גם אם הוא טוען "כולה שלי", מוחזק רק בחציה.

ובאמת כמה מהראשונים (ראה **בשטמ"ק** בשם גליון התוס') העירו שלפי תפיסת התוס' הראשון, שכל אחד מוחזק בחצי, היה צריך להיות הדין שכל

אחד גם מקבל חצי. אם כל אחד מוחזק בחצי אזי זה שטוען כולה שלי רוצה להוציא ממנו חלק מהטלית בטענות בלבד (בלי ראיות), וזה לא אפשרי.

אמנם יש שדחו את הטענה הזאת (ראה תוס' רי״ד וחידושי הר״ן כאן), וכתבו שבמקום בו שניהם מוחזקים יכול אחד מהם ״להוציא״ מהשני בטענות בלבד. הוצאה ממוחזק דורשת ראיות גם במקום שהתובע אינו מוחזק. אבל כששניהם מוחזקים אין צורך בראיות.

ובחידושי רבי שמעון שקאפ ב״מ, סי' ד, דחה את הטענה הזאת באופן אחר. הוא מסביר שהחלוקה של הטלית יסודה בסברא ״אנן סהדי דמאי דתפיס האי דידיה הוא״ (ראה ב״מ ג ע״א). כלומר אנו עדים שמה שכל אחד תופס הוא שלו, ולכן נותנים לו את מה שהוא תפוס בו. הוא מסביר שלפי זה הבעלות נקבעת לא רק על פי המוחזקות, אלא על פי האנן סהדי. וזה נקבע על פי המוחזקות והטענות גם יחד (ראה שם את ראיותיו). לכן כשהם טוענים כולה וחציה, אזי גם האנן סהדי שנוצר מחלק את הטלית ביניהם ביחס של 3/4 ו-1/4, ולכן זה גם הפסק במקרה זה.

סיכום ביניים: שותפות בתביעות, במוחזקויות ובבעלויות

עד כאן ראינו שלוש תפיסות לגבי המוחזקות בטלית לפני החלוקה: רש״י – אין מוחזק כלל (כלום-כלום). תוס' הראשון – כל אחד מוחזק בחצי (חצי-חצי). תוס' השני – כל אחד מוחזק בכל (הכל-הכל).

עוד ראינו שהמוחזקות משקפת שותפות כלשהי בטלית מבחינת המצב הראשוני של בעלי הדין בעומדם לפני הבי״ד. אבל השותפות הזאת לא תמיד באה לידי ביטוי פשוט בחלוקה שעושים בפסק הדין, כלומר בבעלות. למשל במקרה של כולה וחציה, המוחזקויות עדיין נראות אותו דבר (שהרי הטענות לא משנות את המוחזקויות, אלא לכל היותר את הפסק), כלומר חצי-חצי, הכל-הכל, או כלום-כלום, ובכל זאת הפסק לגבי הבעלות מחולק אחרת (לא חצי-חצי אלא 3/4 ו-1/4).

המסקנה היא שבמקרים אלו יש לנו שלוש רמות התייחסות:

1. התביעות (מה כל אחד תובע שהוא מגיע לדיון). כאן ודאי לא מדובר בשותפות, שהרי סך התביעות עולה על 1 (אחרת הבעיה לא מתעוררת).
2. המוחזקויות (המצב המשפטי של כל אחד לפני פתיחת הדיון). כאן ראינו שיש גישות שונות. לפחות לפי חלק מהגישות (כמו כולה-כולה, או כלום-כלום) לא מדובר בשותפות, שהרי גם כאן סכום המוחזקויות אינו 1.
3. הבעלויות (התוצאה שנקבעת על ידי פסק הדין). כאן כמובן מדובר בשותפות, שכן סך הבעלויות מסתכם ל-1.

בהמשך נראה את המשמעות של הדיון הזה לגבי מקרים אחרים.

הבעיה הכללית: n אוחזים בטלית

כעת יכולה לעלות שאלה מה הדין אם ישנם יותר אוחזים בטלית, וטוענים טענות שונות לבעלות עליה. כמובן שמדובר במקרה בו סך התביעות הוא מעבר לערכה של הטלית, אחרת אין כאן קונפליקט. כל אחד מקבל את מה שהוא תובע ואין כלל בעיה של חלוקה.

הבעיה הכללית מתנסחת כך: n אוחזים בטלית, וכל אחד טוען p_i שלי (i=1…n), כאשר מתקיים $\sum_{i=1}^{n} p_i > 1$.

גם כאן כמו במקרים שבמשנה יש את שני הרבדים הנוספים שפגשנו כאן למעלה: המוחזקות וההכרעה לגבי הבעלות. במוחזקות שוב יחזרו כאן העמדות שראינו: כלום-כלום (אף אחד מהתובעים אינו מוחזק בשום חלק בטלית), הכל-הכל (כל אחד מהתובעים מוחזק בכל הטלית), או 1/n-1/n (כל אחד מהתובעים מוחזק ב-1/n מהטלית). השאלה שמעניינת אותנו כאן היא מה פסק הדין, כלומר כיצד מתחלקת השותפות בבעלות.

נסמן את החלק שמקבל התובע i ב-q_i. ברור שקיים $p_i \leq q_i$, שהרי אף תובע לא מקבל יותר ממה שתבע. כמו כן, צריך להתקיים $\sum_{i=1}^{n} q_i = 1$, שכן יש כאן שותפות בכל הטלית. השאלה אותה עלינו לפתור היא מה ערכם של אותם q_i? איך מחשבים אותם?

די ברור שזו אמורה להיות הכללה של הפתרונות לשני המקרים שפגשנו במשנה. בעצם מה שאנחנו מחפשים הוא את q_i כפונקציה של p_i. כל רכיב של הווקטור q תלוי כמובן בכל הווקטור p. כלומר יש לנו כאן סדרת פונקציות $\{q_i(p_1;p_2;p_3 \cdots p_n)\}_{i=1 \ldots n}$ שאותן אנחנו מחפשים.

מכאן והלאה עלינו להניח הנחות על הפתרון, שכן לא ברור שיש הכללה פשוטה אחת למקרים של המשנה. ואכן ניתן להציע הנחות שונות שכפי שנראה בפרקים הבאים יניבו פתרונות שונים לבעיה.

חישוב הנתחים לבעיית שניים אוחזים

בפרקים בהמשך נעסוק בבעיה של n אוחזים בטלית, וכפי שנראה אנחנו נשתמש שם בתוצאות לגבי שניים אוחזים. לכן לצורך ההמשך עלינו להשלים את התמונה ולדון במקרים של שניים אוחזים ולחשב במפורש את הפתרון לכל סוג תביעות. כלומר לפתור את הבעיה הכללית עבור n=2.

מה יקרה כאשר ראובן טוען 1/4 ושמעון טוען 1/3? לכאורה ראובן מודה לשמעון על 3/4 ושמעון מודה לראובן על 2/3. אלא שסך ההודאות כאן עולה על טלית שלימה, ולכן אי אפשר לתת לשניהם את מה שהאחר מודה עליו. מאידך, במחשבה שנייה מצב כזה לא מעורר בעיה בכלל, שהרי סך התביעות קטן מטלית אחת. לכן כל אחד יכול לקבל את מה שהוא תובע, ולא נוצר שום קונפליקט בין התביעות. במצב כזה אל לנו להתערב. ראובן יקבל את ה-1/4

שהוא תבע, ושמעון יקבל את ה-1/3. השאר יישאר הפקר, וכל מי שרוצה יוכל לזכות בו.

מה יקרה אם ראובן יתבע 1/2 ושמעון יתבע 3/4? במצב כזה אי אפשר לתת לשניהם את מה שהם רוצים, שהרי זה עולה על טלית שלימה. לכן נוצר כאן קונפליקט ועלינו לפתור את הבעיה. כפי שראינו בניתוח המשנה למעלה, במקרה זה שמעון יקבל את ה-1/2 שראובן מודה לו, וראובן יקבל את ה-1/4 ששמעון מודה לו. את ה-1/4 הנותר הם יחלקו בשווה. התוצאה המתקבלת היא: 5/8 ו-3/8.

המסקנה היא שאם סכום התביעות של ראובן (p_1) ושמעון (p_2) נמוך מטלית אחת, אין בכלל קונפליקט. כל אחד יקבל את מה שהוא תובע. ואם סכום התביעות של שניהם עולה על טלית שלימה ($p_1+p_2\geq 1$), אז בהכרח יש פתרון מהסוג שראינו בסעיפים הקודמים, כפי שנוכיח ונחשב כעת.

במצב כזה סכום הנתחים שעליהם כל אחד מודה לחברו קטן מ-1:

$$(1-p_1)+(1-p_2)=2-(p_1+p_2)\leq 1 \qquad (1.1)$$

אם כך כל אחד יכול לקבל את מה שחברו מודה לו עליו, ובשאר הם מתחלקים.

אמנם צריך לבדוק האם יכול גם להיווצר מצב שבו על השארית שנותרת אחרי חלוקת ההודאות המוסכמות יש לאחד מהם תביעה לא מלאה. במצב כזה החלוקה על השארית אינה שווה ודורשת הכרעה וחישוב נוסף. אבל קל לראות שמצב כזה לא יכול להיווצר.

מה שנותר מהטלית לחלוקה אחרי העברת ההודאות הוא:

$$1-[2-(p_1+p_2)]=p_1+p_2-1 \qquad (1.2)$$

מה שראובן קיבל בינתיים הוא: ($1-p_2$), ולכן מה שנותר לו לתבוע הוא: $p_1-(1-p_2)$. באותה צורה, מה שנותר לשמעון לתבוע הוא: $p_2-(1-p_1)$. כלומר מה שנותר לכל אחד מהם לתבוע הוא אותו דבר בדיוק: p_1+p_2-1. אבל למרבה הפלא זוהי בדיוק השארית הכללית שנותרה לחלוקה (ראה נוסחה

(1.2)). קיבלנו תוצאה מעניינת: בכל בעיית שניים אוחזים שנוצר בה קונפליקט (כלומר שסך התביעות עולה על טלית שלימה), לעולם אחרי חלוקת ההודאות המוסכמות נותרת שארית שכל אחד מהם תובע בדיוק את כולה. לכן לעולם השארית מתחלקת בשווה בין שניהם.

אם נסכם, הפתרון לבעיית שניים אוחזים מתחלק לשני מקרים:

א. כשאין קונפליקט: $p_1 + p_2 \leq 1$. במצב כזה כל אחד מקבל בדיוק את סך התביעה שלו:

$$q_1 = p_1 \quad ; \quad q_2 = p_2 \qquad (1.3)$$

כאשר q_1 הוא הנתח שמקבל ראובן, ו-q_2 הוא הנתח שמקבל שמעון.

ב. כשיש קונפליקט: $p_1 + p_2 \geq 1$. במצב כזה הנתח שראובן מקבל (q_1) הוא ההודאה של שמעון ($1-p_2$) בנוסף לחצי מהשארית שכתובה בנוסחה (2) למעלה. כך גם מחושב הנתח של שמעון (q_2). מה שמתקבל הוא:

$$q_1 = \frac{1 + p_1 - p_2}{2} \quad ; \quad q_2 = \frac{1 + p_2 - p_1}{2} \qquad (1.4)$$

לצורך ההמשך, נחשב גם את היחס וההפרש בין הנתחים שבפתרון.

ההפרש בין הנתחים בשני המקרים נותן לנו בדיוק את הפרש התביעות בהתאמה:

$$q_1 - q_2 = p_1 - p_2 \qquad (1.5)$$

היחס בין הנתחים הוא:

$$a(p_1, p_2) = q_1 / q_2 = p_1 / p_2 \qquad (1.6)$$

ובמקרה ב היחס הוא:

$$a(p_1, p_2) = \frac{1 + p_1 - p_2}{1 + p_2 - p_1} \qquad (1.7)$$

במקרה של כולה-חציה, אנחנו מקבלים יחס של 3 :1. היחסים a שחושבו כאן ישמשו אותנו בהמשך.

יישום למקרה הכללי

המקרה המעניין הוא כשיש קונפליקט, ובמקרה כזה נוסחה (1.4) היא ליניארית. אם גם במקרה הכללי של n אוחזים בטלית היחסים עדיין ליניאריים, כי אז במקום אוסף הפונקציות:

$\{q_i(p_1;p_2;p_3\cdots p_n)\}_{i=1\ldots n}$ שהוגדרו למעלה, יש לנו יחס ליניארי מטריציאלי, שקושר את וקטור התביעות עם וקטור הנתחים שבפתרון:

$$q = Ap + B \qquad (1.8)$$

כאשר A ו-B הן מטריצות של מקדמים קבועים, q הוא וקטור הנתחים (הפתרון), ו-p הוא וקטור התביעות.

מודל שפותר את הבעיה אמור לתת לנו את המטריצות A ו-B. בהינתן שתי אלו, אנחנו יכולים לחשב את הנתחים בפתרון מתוך כל וקטור תביעות נתון. כיצד מחשבים את המטריצות הללו? האם בכלל כנון שגם במקרה הכללי מדובר ביחס ליניארי? הדבר תלוי במודלים השונים לפתרון בעיית n אוחזים בטלית, שאותם נסקור בפרקים הבאים.

פרק שני

חלוקה לפי הודאות הדדיות: מהרי״ל דיסקין

מבוא

כפי שהזכרנו בהקדמה לספר, מי שעסק בשאלה זו לראשונה היה מהרי״ל
דיסקין, בשו״ת **תורת אוהל משה** ח״א. בסוף הספר, בחלק שנקרא **תורת
האהל** (דף ב ע״ב – ג ע״א), הוא מביא בשם אביו (רבי בנימין דיסקין) דיון
במקרה של שלושה שאוחזים בטלית, ראובן טוען כולה שלי ושמעון ולוי כל
אחד טוען חציה שלי.[2] כאמור, באופן עקרוני הפתרון אמור להיות הרחבה של
מה שראינו לגבי המקרים שבמשנה. כיצד עושים זאת?

בפרק זה נציג את הפתרון של מהרי״ל דיסקין לשלושה תובעים, ולאחר מכן
ננסה להכליל אותו לכל סוגי התביעות ולכל מספר של תובעים. אבל נפתח
בשתי הצעות שמהרי״ל דוחה. חשיבותן היא בכך שהן נותנות לנו תובנות
אפריוריות חשובות שהפתרון הנכון צריך לקיים.

שלושה אוחזים בטלית: שיטת מהרי״ל דיסקין – הצעה ראשונה

בהתחלה מהרי״ל מעלה שם את האפשרות לחלק לפי פרופורציית התביעות:
חצי, רבע ורבע. אך כפי שהוא עצמו מסביר זו ודאי לא ההרחבה המתבקשת
לדין המשנה, שהרי במקרה השני במשנה החלוקה היא לא לפי פרופורציית
התביעות. יתר על כן, אם נחלק כך ייצא שאם יש שני טוענים, כולה וחציה,

---

[2] אפשר להתלבט כיצד נוצרות טענות כאלה. ברור שראובן טוען שהרים את הטלית לבדו.
אבל שמעון טוען שהוא הרים אותה עם עוד מישהו, שהרי לשיטתו יש לו רק חצי ממנה. אבל
האם לטענתו השני היה לוי, או ראובן, או אולי שניהם יחד (אבל אז למה לשניהם מגיע פחות
ממנו?). אם הוא טוען שהרים עם לוי אז לשיטתו עליו להתחלק רק איתו. כפי שנראה מייד,
לא זו ההנחה של מהרי״ל דיסקין. הוא מניח שהטענות סימטריות. בינתיים אנחנו עוסקים
כאן בבעיה ברמה המופשטת בלבד.

שאז ראובן מקבל 3/4 ושמעון 1/4, וכעת נוסף לוי שטוען גם הוא חציה שלי, הרי ראובן הוא שנותן לו רבע משלו ושמעון נשאר עם אותו רבע שהיה לו קודם. לא סביר שההיענות לתביעה הנוספת באה כולה רק על חשבון אחד משני הטוענים הראשונים.

נכליל זאת לצורך ההמשך :

<u>דרישה מקדמית על הפתרון</u>: אם נתייחס לתובעים בזה אחר זה, לא נקבל מצב שבו הנתח של התובע האחרון לא מתקבל על חשבון כל קודמיו. כל פתרון בהמשך צריך לקיים את הדרישה הזאת, וזו יכולה להיות בדיקה ראשונית לסבירות שלו.

חשוב להבין שהבעיה מתעוררת רק בגלל שבמשנה עצמה החלוקה אינה לפי פרופורציית התביעות. אם היינו מחלקים גם במקרה של כולה-חציה במשנה לפי הפרופורציה, התוצאה היתה (1/3,2/3), ואז כשנוסף עוד תובע של חציה התוצאה לפי מודל הפרופורציה היא (1/4,1/4,1/2), והדרישה המקדמית מתקיימת. כלומר הבעיה עם מודל הפרופורציה היא לא הדרישה המקדמית אלא זה שהיא לא מתאימה לפתרון של המשנה במקרה של כולה-חציה. ובכל זאת, הדרישה המקדמית נראית אילוץ נכון מסברא, ולכן בהמשך נניח שהפתרון צריך לקיים אותו.

שלושה אוחזים בטלית: שיטת מהרי"ל דיסקין – הצעה שנייה

לאחר מכן מהרי"ל מציע פתרון שנראה כהרחבה מתבקשת לשני המקרים במשנה: ראובן ייטול חצי שעליו כולם מודים לו, ועל החצי הנותר כולם (כולל ראובן) טוענים "כולה שלי", ולכן לגביו יתחלקו שלושתם בשווה (כל אחד יקבל 1/6). אבל הוא דוחה גם את ההצעה הזאת, שכן לא נכון ששמעון ולוי מסכימים שחצי הוא של ראובן. שמעון מודה שהחצי השני הוא של ראובן ולוי יחד, וגם לוי מודה שהחצי השני הוא של ראובן ושמעון יחד. אין כאן הודאה מוסכמת על החצי שהוא של ראובן.

בניסוח אחר: הויכוח בין שני התובעים הקטנים הוא לא בהכרח על אותו חצי. להלן נראה שהניסוח הזה נותן לנו תנאי חשוב לפתרון, וקריטריון להבחין בין פתרונות שונים.

<u>הנחה מקדמית על הפתרון:</u> מי שתובע חלק מהטלית, תביעתו מתייחסת לכל חלק בטלית בשווה (ולא לחלק מסוים בה). הוא מתווכח עם כל יריביו.

שלושה אוחזים בטלית: שיטת מהרי"ל דיסקין – הצעה שלישית

לכן מהרי"ל מציע את האלגוריתם הבא:

> ***ע"כ נראה עפ"י יסוד המשנה דבעל הכ"ש נוטל חצי ושליש מרביעית הטלית וכ"א מהח"ש נוטל חצי רבע ושליש רבע באופן דבעל הכ"ש נוטל י"ד חלקי כ"ד וכ"א מהח"ש ה' חלקי כ"ד.***

הפתרון שלו הוא שראובן מקבל 14/24 מהטלית, ושני האחרים 5/24 ממנה. מייד אחר כך הוא מפרט איך הוא הגיע לזה:

> ***והטעם דכ"א מהח"ש מודה דהחצי השני של שניהם דהיינו של הכ"ש והח"ש דהיינו רביעית לבעל הכ"ש ורביעית לבעל הח"ש השני נמצא דיש לבעל הכ"ש הודאה גמורה משני בעל הח"ש לרבע הטלית ולא יותר והרי הוא נוטל מקודם רבע בלא שום דו"ד כ"א ע"י הודאת שניהם.***

כפי שראינו למעלה, שמעון ולוי כל אחד מודה שיש חצי ששייך לעמיתו ולראובן. מבחינת כל אחד מהם צריך החצי הזה להתחלק בשווה בין שני האחרים (שהרי שניהם טוענים עליו "כולו שלי"). לכן שמעון מודה שמבחינתו יש רבע ללוי ורבע לראובן, ולוי מודה שמבחינתו יש רבע לשמעון ורבע לראובן. אם כן, יוצא ששניהם מודים שיש רבע לראובן, ולכן קודם כל ראובן לוקח את הרבע הזה בלי ויכוח.

אבל על הרבע ששמעון הודה שיש ללוי, כמו גם על הרבע שלוי הודה שהוא של שמעון, ראובן לא מסכים. לכן החלוקה ממשיכה כך:

וכ״א הטוען ח״ש יש לו הודאה מבעל ח״ש השני ג״כ לרבע ומה״ד
יטול רבע עפ״י הודאת חבירו אולם בעל הכ״ש אינו מודה לו על אותו
רבע דהרי הוא טוען כ״ש וא״כ הרי הוא חולק עמו על אותו רבע
ונוטל ממנו חצי הרביעית וכן מבעל ח״ש השני נוטל חצי הרביעית
הרי יש לבעל הכ״ש החצי ולכל א׳ מהח״ש חצי רבע שלא בתורת
חלוקה כ״א היוצא מהודאתם.

ראובן חולק כל רבע כזה עם מי שהשלישי הודה לו עליו, וכך הוא מקבל עוד
שתי שמיניות, כלומר עוד רבע. כך גם כל אחד משני האחרים מקבל שמינית
(חלקו ברבע שהתחלק עם ראובן). כך שבינתיים יש לראובן חצי ולכל אחד
משני האחרים שמינית. מה שנותר מהטלית לחלוקה הוא רבע. מה עושים
איתו?

הוא מסביר:

ואח״כ ברבע הרביעית הרי כולם טוענים עליו כ״ש וחולקים בשוה.

הרבע הנותר מתחלק בשווה בין כולם. כל אחד מקבל 1/12 נוספים.

אם מצרפים זאת לסכומים שהצטברו קודם ומסכמים, מקבלים:

הרי החשבון מבואר דלבעל הכ״ש חצי ושליש רבע ולכ״א מהח״ש
חצי רבע ושליש רבע. ודו״ק.

לראובן יש 1/2 ועוד 1/12, ולשני האחרים יש 1/8 ועוד 1/12. כך קיבלנו את
החלוקה: 14/24, 5/24, 5/24.

ניתוח טבלאי

כדי להתקדם לכיוון של אלגוריתם כללי, נסכם את הדברים בצורה של טבלת
תביעות (שפגשנו בפרק הקודם) שבה כל שורה מייצגת את התמונה מנקודת
מבטו של אחד התובעים:

תובע/מקבל	ראובן	שמעון	לוי
ראובן	1	0	0
שמעון	1/4	1/2	1/4
לוי	1/4	1/4	1/2

טבלה 2.1 : טבלת תביעות עבור שלושה אוחזים במקרה של כולה-חציה-חציה.

ברור שכל שורה בטבלת התביעות מסתכמת ל-1.

כעת מתבוננים בטור של ראובן, ורואים בשתי המשבצות התחתונות שמוסכם על שני עמיתיו שמגיע לו 1/4. עוד רואים מהתבוננות במשבצת העליונה שזה לא מעבר למה שראובן תובע לעצמו. ולכן התוצאה בינתיים היא שראובן מקבל 1/4 מכוח הודאת עמיתיו.

כעת עוברים לטור של שמעון ורואים ששם אין הסכמה של שני עמיתיו על שום חלק של הטלית. ב-1/4 שלוי מודה לשמעון ראובן לא מסכים ולכן צריך להתחלק איתו. לכן מתוך ה-1/4 הזה שמעון מקבל 1/8 וראובן מקבל 1/8. כאשר שוב בדקנו כאן שהנתח הזה לא עולה על התביעה של ראובן ושמעון עצמם.

כעת עוברים לטור של לוי ורואים שגם שם אין הסכמה על כולם. ושוב, על ה-1/4 ששמעון מודה לו, ראובן מתחלק איתו. לכן גם כאן לוי מקבל 1/8 וראובן מקבל 1/8.

אם נרצה להציג כעת את התוצאות בטבלת ביניים של צבירות מוסכמות, נקבל :

תובע/מקבל	ראובן	שמעון	לוי
ראובן	1/4	1/8 (מה שראובן מקבל מההודאה של לוי לשמעון)	1/8 (מה שראובן מקבל מההודאה של שמעון ללוי)
שמעון	0	1/8 (מה ששמעון מקבל מההודאה של לוי אליו)	0
לוי	0	0	1/8 (מה שלוי מקבל מההודאה של שמעון אליו)

טבלה 2.2: טבלת ביניים של צבירות מוסכמות עבור שלושה אוחזים במקרה של כולה-חציה-חציה.

את תוצאת הביניים בשלב הזה מקבלים מסיכום על השורות (בטבלה הזאת התובעים שבשורות הופכים למקבלים). בינתיים לראובן יש 4/8, לשמעון יש 1/8 וללוי יש עוד 1/8.

הגענו עד עתה לצבירה של 3/4 מהטלית. נותר לנו עוד 1/4 ממנה שכולם רוצים את כולו, ולכן הוא מתחלק בשווה בין שלושתם. אם כן, כל אחד מקבל 1/12 נוספים מהטלית.

התוצאה הסופית היא:

ראובן: 4/8+1/12 = 14/24.

שמעון: 1/8+1/12 = 5/24.

לוי: 1/8+1/12 = 5/24.

נשים לב שפתרון זה מבוסס על ההנחה המקדמית שהובאה למעלה, ומקיים את הדרישה המקדמית שהוצגה שם שכן הנתח של התובע השלישי בא על חשבון שני קודמיו (14/24 קטן מ-3/4, ו-5/24 קטן מ-1/4).

שתי הערות

ראשית, יש לדעת שהדינים האמורים כאן עוסקים במצב בו כולם הגביהו יחד. אבל אם יש יחסי הגבהה ותביעה מסובכים יותר (כולל קואליציות, כגון ששניים טוענים שהגביהו יחד והשלישי לא הגביה איתם כלל), ראה במאמריהם של איש ירושלמי, רבל ופרלמן (מאות ד והלאה). אנו לא נעסוק בכך כאן.

ועוד נקודה שקשורה לזו הקודמת, בשלושה אוחזים בטלית בעצם יכולות להיות רק סיטואציות שמכילות תביעות של 1, 1/2 או 1/3. הסיבה לכך היא שטענה שהטלית כולה שלי משמעותה שהרמתי אותה לבדי (אני טוען שהאחרים תפסו בה מאוחר יותר כשהיתה כבר בידי). טענת חציה שלי משמעותה שהרמתי עם עוד מישהו (לא זוכר עם מי. אם כן זוכרים, זה מחזיר אותנו להערה הקודמת). טענת שלישה שלי פירושה שהרמנו כולנו יחד. לכן מבנה של טענות: כולה-חציה-שלישה, משמעותה שראובן טוען שהרים לבדו, שמעון טוען שהרים עם עוד מישהו ואינו זוכר מי, ולוי טוען שכולם הרימו יחד. מסיבה זו, רבל, במאמרו שעוסק רק במקרים של שלושה אוחזים, מטפל אך ורק בתביעות שבהן מופיעים שלושת הסכומים הללו. כמה מקרים כאלה ישנם? יש 10 שלשות,[3] ואלו עוד מתפצלות למקרים שונים שבהם אחד התובעים טוען להרמה עם תובע ספציפי אחר וכדומה.

לצורך ההמשך (בו נשווה את הדברים לסיטואציות שבהן התביעה אינה בגלל אחיזה במציאה) אנחנו מתעלמים מהמגבלה הזאת ומתייחסים לבעיה הכללית: n אוחזים בטלית עם ווקטור תביעות כללי p_i.

---

[3] אם לא מתחשבים בסדר: (111), (112), (113), (122), (133), (123), (222), (223), (233), (333).

n אוחזים בטלית: שיטת מהרי"ל דיסקין

איך מכלילים את הפתרון הזה ל-n אוחזים בטלית? הבעייה כאן מסתבכת מאד. לכאורה הדרך הפשוטה לעשות זאת, היא באינדוקציה. נניח שאנחנו יודעים לפתור את כל הבעיות של שניים אוחזים (ראה פתרון בסוף הפרק הקודם, בנוסחה (1.4)). מתוך כך נוכל לפתור את שלושה אוחזים, על ידי המתודה שתוארה בסעיף הקודם: מנקודת מבטו של כל אחד מהשלושה אנחנו מציגים בעיה של שניים אוחזים, וכעת סוקרים את שלושת התמונות (משלוש נקודות המבט). את מה שכולם מודים נותנים לכל אחד מהם, ולאחר מכן מחלקים את הנותר לפי מספר התובעים שיש עליו.

נניח כעת שאנחנו יודעים לפתור את כל הבעיות של שלושה אוחזים בטלית (כמתואר בפסקה הקודמת), וכעת יש לנו בעיה של ארבעה אוחזים בטלית. מנקודת מבטו של כל אחד מהם, יש בעיית שלושה אוחזים בטלית שאותה אנחנו יודעים לפתור. מתבוננים על הפתרונות מכל נקודות המבט, ונותנים לכל אחד את מה שמודים לו עליו. את השאר מחלקים בין התובעים לפי התביעות השונות על כל חלק. וכן הלאה עד ל-n אוחזים בטלית.

הפרוצדורה נראית הרחבה טבעית של המתודה של המהרי"ל, אבל ביצועה בפועל הוא קשה מאד. כדי להתרשם, נבצע בפועל את החלוקה למקרה של ארבעה תובעים (ראובן, שמעון, לוי ויהודה) בבעיה הבאה: חצי-חצי-כולה-כולה. זהו מקרה קל יחסית שכן הפירוק שלו משתמש בתוצאה שהוצגה בסעיף הקודם, אבל לא נראה שיש לו ייחודיות מעבר לזה.

- מבחינת ראובן התמונה היא הבאה: הוא מודה שיש חצי לכל שאר השלושה. לגבי החצי ההוא, כל השלושה תובעים את כולו, ולכן הוא מתחלק בשווה בין שלושתם. מבחינתו הפתרון הוא: (1/2, 1/6, 1/6, 1/6).

- מבחינת שמעון זו אותה תמונה: הוא מודה שיש חצי לשאר השלושה, ושוב הם מתחלקים בו בשווה. מבחינתו הפתרון הוא: (1/6, 1/2, 1/6, 1/6).
- מבחינת לוי התמונה היא הבאה: הכל שלו ומאומה של השאר. מבחינתו הפתרון הוא: (0, 0, 1, 0).
- מבחינת יהודה התמונה דומה: (0, 0, 0, 1).

נציג כעת את טבלת התביעות:

תובע/מקבל	ראובן	שמעון	לוי	יהודה
ראובן	1/2	1/6	1/6	1/6
שמעון	1/6	1/2	1/6	1/6
לוי	0	0	1	0
יהודה	0	0	0	1

טבלה 2.3: טבלת תביעות עבור ארבעה אוחזים במקרה של כולה-כולה-חציה-חציה.

הצעד הבא הוא לבנות את טבלת הביניים של צבירות מוסכמות. ראינו שעושים זאת על ידי מעבר על כל טור בטבלה וחילוק של כל נתח שאינו מוסכם בין כל אלו שתובעים אותו.

לאף אחד מהתובעים אין שום חלק שכל האחרים מסכימים שהוא שייך לו (שהרי שני האחרונים טוענים שלא מגיע לראובן כלום). כך גם לגבי שמעון, לוי ויהודה (בשני האחרונים רק אחד לא מסכים). אז איך מחלקים זאת?

נתבונן על הטור של ראובן. על ה-1/6 ששמעון מודה לו חולקים לוי ויהודה (שהרי במשבצות שלהם בטור הזה יש 0). לכן ה-1/6 הזאת מתחלקת בין ראובן, לוי ויהודה: כל אחד מקבל 1/18.

בטור של שמעון, על ה-1/6 שראובן מודה לו מתחלקים שמעון לוי ויהודה: שוב כל אחד מקבל 1/18.

בטור של לוי, על ה-1/6 שראובן מודה לו, שמעון מסכים. לכן עליו להתחלק רק עם יהודה, וכל אחד משניהם מקבל: 1/12.

בטור של יהודה, על ה-1/6 שראובן מודה לו שמעון מסכים, ולכן עליו להתחלק רק עם לוי, וכל אחד משניהם מקבל 1/12.

כעת נוכל להציג את טבלת הביניים של הצבירות המוסכמות:

יהודה	לוי	שמעון	ראובן	תובע/מקבל
0	0	0	1/18	ראובן
0	0	1/18	0	שמעון
1/12	1/12	1/18	1/18	לוי
1/12	1/12	1/18	1/18	יהודה

טבלה 2.4: טבלת ביניים של צבירות מוסכמות עבור ארבעה אוחזים במקרה של כולה-כולה-חציה-חציה.

את תוצאת הביניים מקבלים מסיכום על השורות. בינתיים לראובן ולשמעון יש 1/18 לכל אחד, וללוי וליהודה יש 5/18 לכל אחד. סה"כ הגענו לחלוקה של 12/18 מהטלית. החלק הנותר הוא שליש מהטלית, וכל אחד מהתובעים דורש את כולו, ולכן הוא מתחלק בשווה בין כולם. לכל אחד נוסף עוד 1/12. הפתרון שקיבלנו הוא:

ראובן: 1/18+1/12 = 5/36.

שמעון: 1/18+1/12 = 5/36.

לוי: 5/18+1/12 = 13/36.

יהודה: 5/18+1/12 = 13/36.

חשוב לשים לב שהחלוקה הזאת מקיימת את הדרישה המקדמית של מהרי"ל דיסקין. אם נתייחס לזה כבעיה של כולה-חציה-חציה, נפתור, ואח"כ נוסיף עוד טוען כולה, נקבל שהנתח של הטוען האחרון בא מכל הטוענים האחרים.

כלומר כל אחד מהם מקבל מעט פחות מהבעיה הקודמת. בבעיה של כולה-חציה-חציה הפתרון הוא 14/24, 5/24, 5/24. ואילו כאן הפתרון הוא 13/36 (קטן מ-14/24), 5/36 (קטן מ-5/24), 5/36 (קטן מ-5/24), ו-13/36. הנתח של האחרון בא מכל קודמיו שהנתח שלהם פחת.

סיכום: האלגוריתם הכללי של מהרי״ל דיסקין

יש לשים לב מהדוגמאות שפתרנו, שהאינדוקציה למקרה של n תובעים אינה פשוטה. תהליך האינדוקציה נעשה רק בשלב בו בונים את טבלת התביעות. כל שורה בה היא פתרון של בעיה של n-1 תובעים. לאחר מכן יש לבצע את האלגוריתם הבא:

א. בונים טבלת תביעות, כשכל שורה נבנית על סמך מקרים של n-1 תובעים.

ב. בונים טבלת צבירות מוסכמות. עוברים עמודה עמודה ובכל אחת מהן עושים את הדברים הבאים:

1. רואים אם יש נתח שכולם מודים לגביו לבעל העמודה. אם התביעה של בעל העמודה גדולה מהנתח הזה, נותנים לו אותו, ורושמים זאת במשבצת שלו בעמודה הזאת. אם לא – נותנים לו את התביעה שלו והוא יוצא מהמשחק.
2. בכל משבצת שבה יש נתח שלא כולם מודים לגביו, הוא מתחלק בין כל התובעים באותה עמודה שהודאתם קטנה ממנו. מה שמתחלק הוא ההפרש בין ההודאות. השאר ניתן לבעל העמודה. למשל, אם בעמודה של לוי שמעון מודה ללוי על 1/4, אבל יהודה מודה ללוי רק על 1/8, אזי 1/8 מתוך ה-1/4 שהודה שמעון מתחלקת בין לוי לבין יהודה, וה-1/8 האחרת ניתנת ללוי. אם ראובן מודה על 0 באותה עמודה, אז 1/8 מתחלקת לשלושה, ועוד 1/8 מתחלקת לשניים

בהתאמה. כל תוצאה כזאת נרשמת בשורה של המקבל בעמודה של לוי. אם יהודה מקבל שני נתחים (מהודאת ראובן ללוי ומהודאת שמעון ללוי), מסכמים אותם במשבצת שלו (הרביעית) בעמודה של לוי.

ג. כעת מסכמים את השורות, ומקבלים את הצבירות המוסכמות של כל התובעים.

ד. מסכמים את כלל הצבירות ורואים אם כוסתה כל הטלית. אם לא – ההפרש מתחלק בין כל התובעים בצורה הבאה:

1. לכל אחד מהם מחשבים את ההפרש בין תביעתו לבין מה שנצבר לטובתו בינתיים. זו תביעתו החדשה (לגבי ההפרש).

2. מתחילים את האלגוריתם מחדש, כאשר ההפרש הוא הטלית המתחלקת, והתביעות הן התביעות החדשות (שחושבו כאן בסעיף 1).

ה. חוזרים על התהליך עד שכל הטלית חולקה (כלומר שסכום הצבירות בכל השלבים הוא 1).

נעיר שלא הוכחנו כאן שבאמת יש פתרון לכל בעיה (התהליך עוצר, או אינסופי מתכנס). כמו כן, לא הוכחנו שבהכרח הפתרון מקיים את הדרישה המקדמית. בגלל שהאלגוריתם הזה נבנה היוריסטית – לא הוכחנו שהוא מכסה את כל המקרים (כלומר שהוא מורה לנו מה לעשות בכל מצב שיכול להיווצר).

פרק שלישי

מהרי״ל על פי סגל: חלוקה לפי תביעות

מבוא

בפרק זה נציג הצעה אחרת להכליל את פתרונו של מהרי״ל דיסקין, שעלתה במאמרו של הרב סגל. אנו נראה שעל אף הדמיון יש שוני בין הצעתו לבין דברי מהרי״ל, אבל נשאיר את המודל של סגל בארגז הכלים שלנו לשימוש במקרים אחרים.

הצעתו של סגל: חישוב לפי תביעות

סגל במאמרו באות י מציע הסבר אחר לשיטת החלוקה של מהרי״ל שלטענתו נותן בדיוק את אותה תוצאה. מהרי״ל עשה את החישוב לפי ההודאות ההדדיות (כל אחד מקבל מה שהאחרים מודים לו), וכך גם אנחנו הרחבנו את שיטתו למקרה של n תובעים. ואילו סגל מסביר זאת לפי התביעות:

ולענ״ד יש לבאר הדבר בסגנון אחר דכיון דאין המחציות מסוימות הרי אין לנו מקום לקבוע האם הג׳ תובע אותה מחצית שהב׳ תובע או שתביעתו על המחצית האחרת וכיון שאין הדבר מבורר הרי הדין נותן שנחלק את תביעת הג׳ בין אותה מחצית שתובע גם הב׳ לבין המחצית האחרת דאז החלוקה מאוזנת בין שניהם ולכן ברביע אחד הוא מתחלק יחד עם הב׳ וברביע שני הוא מתחלק לבד עם הא׳.

הוא מסביר שבמקרה של כולה-חציה-חציה שמעון תובע חציה ולוי תובע גם הוא חצי, אבל לא בהכרח את אותו חצי. לכן יש לחלק את תביעתו של לוי כאילו חצי ממנה נסוב על החצי של שמעון וחצי ממנה נסוב על החצי האחר (מול ראובן לבדו). ומכאן שרבע אחד מקבל ראובן, ברבע אחד מתחלק שמעון עם ראובן, ברבע אחד מתחלק לוי עם ראובן, וברבע אחד מתחלקים שלושתם.

התוצאה היא בדיוק כמו זו של מהרי״ל, אבל לא מתוך חשבון של הודאות מזוויות הסתכלות של כל תובע, אלא בחשבון של חלוקה שווה בין תביעות. ניתן להציג זאת גרפית באופן הבא:

ראובן			ראובן	ראובן	
לוי	ראובן		ראובן+לוי		
שמעון	ראובן		ראובן + שמעון	ראובן + שמעון	
לוי	שמעון	ראובן	ראובן+שמעון+לוי		

טבלה 3.1: טבלה למקרה כולה-חציה-חציה בשיטת הרב סגל.

בעמודה הימנית מופיעים שני חצאים. זהו המצב כשיש רק שני תובעים, ראובן (כולה) ושמעון (חציה). התחתון מייצג את החצי שגם שמעון תובע, והעליון את החצי שרק ראובן תובע. כעת בא לוי ותובע גם הוא חצי. איזה חצי? כפי שאומר סגל בקטע שלמעלה, זה יכול להיות כל אחד משניהם. לכן הוא בעצם תובע רבע מהחצי התחתון ורבע מהחצי העליון. זה מה שמוצג בעמודה האמצעית. בכל משבצת בעמודה זו רשומים כל התובעים שדורשים אותה. בעמודה השמאלית חילקנו כל רבע כזה בשווה בין כל התובעים אותה (שהרי על כל רבע כזה יש מכל אחד מהם תביעת כולה שלי).

נסכם כעת את הנתחים שכל תובע מקבל: לוי מקבל 5/24=1/8+1/12. שמעון מקבל: 5/24=1/8+1/12. וראובן מקבל: 14/24=1/12+2/8+1/4.

באופן די מפתיע, למרות השינוי בשיטת ההסתכלות והחישוב זוהי בדיוק התוצאה של מהרי״ל דיסקין. האם באמת יש זהות בין שתי השיטות? האם

ההודאות לא מהותיות לשיטת החישוב של מהר״ל? ואולי מדובר רק במקרה מוצלח? כדי לבחון זאת, נחשב את הפתרון עבור עוד מקרה.
מייד אחר כך סגל עובר שם לחשב את התוצאה עבור ווקטור התביעות (1,2/3,1/3):

ועד״ז יש לדון גם כשראובן אומר כולה שלי ושמעון אומר שני שליש שלי ולוי אומר שליש שלי דלהאמור הדין נותן דהשליש של לוי מתחלק לג׳ חלקים ב׳ מהם הוא חולק יחד עם שמעון וראובן וחלק השלישי של השליש הוא חולק לבד עם ראובן דכיון דאין להכריע באיזה שליש תובע לוי הרי זה מתחלק בצורה שוה בין כל הג׳ שלישיות והיינו שמחלקין כל שליש לשלוש ויש בידינו ט׳ חלקים וראובן נוטל תחילה ב׳ חלקים דהיינו ב׳ שלישי השליש ובשני חלקים נוספים חולקים כל הג׳ יחד ובעוד ד׳ חלקים חולקים ראובן עם שמעון ובחלק א׳ חולק לוי עם ראובן לבד ונמצא דראובן נוטל 31/54 ושמעון 16/54 ולוי 7/54.

זוהי הכללה של המקרה הקודם. הוא מסביר שה-1/3 של לוי מתחלק לשלושה חלקים, אחד מהם נופל על השליש הראשון של שמעון והשני על השליש השני שלו, והשלישי על השליש הנותר מול ראובן. וכך אנחנו מקבלים שחלק אחד הוא חולק עם ראובן (כל אחד משניהם מקבל 1/18) ושני האחרים הוא חולק עם ראובן ושמעון (2/27 לכל אחד).
ניתן להציג זאת בצורה הבאה:

ראובן	ראובן	ראובן		
	ראובן	ראובן		
	ראובן+לוי	ראובן	לוי	
ראובן + שמעון	ראובן+שמעון	ראובן	שמעון	
	ראובן+שמעון	ראובן	שמעון	
	ראובן+שמעון+לוי	ראובן	שמעון	לוי
ראובן + שמעון	ראובן+שמעון	ראובן	שמעון	
	ראובן+שמעון	ראובן	שמעון	
	ראובן+שמעון+לוי	ראובן	שמעון	לוי

טבלה 3.2 : בעמודה הימנית מופיעים שלושה שלישים, כששני התחתונים מייצגים את מה ששמעון תובע. ראובן תובע את כולם. תביעתו של לוי היא על שליש אחד, אבל היא לא מתייחסת דווקא לאחד מהם. לכן עלינו לחלק אותה לשלושה חלקים של 1/9, שכל אחד מהם מתייחס לשליש אחר. לשם כך מחלקים כל שליש בעמודה הימנית לשלושה שלישים, כמתואר בעמודה האמצעית. בעמודה השמאלית פיצלנו כל תא מתוך התשעה לפי מספר התובעים שעליו.

התוצאה היא שלוי מקבל: 7/54=1/18+2/27. שמעון מקבל: 16/54=2/27+4/18. וראובן מקבל: 31/54 =1/18+2/9++2/27+4/18. סה״כ: 54/54. כעת נותר לנו לבדוק האם זוהי גם התוצאה שמתקבלת לי שיטת ההודאות ההדדיות.

חישוב לפי הודאות למקרה (1/3,2/3,1)

ראינו שבמקרה של כולה-חציה-חציה מקבלים בשתי השיטות את אותה תוצאה. האם גם במקרה השני מקבלים זאת?

בשיטת ההודאות אנחנו מתחילים בבניית טבלת תביעות למקרה זה:

תובע/מקבל	ראובן	שמעון	לוי
ראובן	1	0	0
שמעון	1/6	2/3	1/6
לוי	1/3	1/3	1/3

טבלה 3.3 : טבלת תביעות עבור שלושה אוחזים במקרה של כולה-שני שלישים-שליש.

השלב הבא הוא בניית טבלת ביניים של צבירות מוסכמות :

תובע/מקבל	ראובן	שמעון	לוי
ראובן	1/6+1/12	1/6	1/12
שמעון	1/12	1/6	0
לוי	0	0	1/12

טבלה 3.4 : טבלת ביניים של צבירות מוסכמות עבור שלושה אוחזים במקרה של כולה-שני שלישים-שליש.

החישוב במקרה זה הולך כך : התבוננות על הטור הימני של טבלת התביעות 3.3 מעלה ששמעון ולוי מסכימים שיש לתת לראובן 1/6. אמנם לפי לוי מגיעה לו עוד 1/6, אלא ששמעון לא מסכים לכך, ולכן הוא מתחלק בו עם ראובן לכן כל אחד משניהם מקבל עוד 1/12, כפי שנכתב בטור הימני של טבלה 3.4. על ה-1/3 שלוי מודה לשמעון וה-1/6 ששמעון מודה ללוי פועלים בדיוק כמו מהרי״ל, כלומר ההודאה הזאת מתחלקת עם ראובן שרוצה חצי ממנה. זה מה שנכתב בטורים של שמעון ולוי בטבלה 3.4.

השלב הבא הוא סיכום על השורות, שנותן לנו את הצבירות עד כאן :

ראובן – 1/2=1/12+1/6+1/6+1/12

שמעון – 1/4= 1/12+1/6

לוי – 1/12

כשמחברים את שלוש המנות שנצברו בינתיים, מתקבל שבינתיים חולק 10/12 מהטלית, ולכן נותרה עוד 1/6 לחלק. מחישוב התביעות שנותרו לכל אחד עולה שכל אחת מהן היא מעל 1/6, ולכן ה-1/6 הזאת מתחלקת בשווה בין שלושתם (כי כולם טוענים לגביה "כולה שלי"), ולכן בשלב השלישי לכל אחד נוסף עוד 1/18. התוצאה הסופית היא: (5/36,11/36,20/36).

אנו מקבלים שיש הבדל בין התוצאה הזאת לבין התוצאות שמתקבלות בשיטתו של סגל, (7/54,16/54,31/54). ההבדל קטן מאד במקרה זה (+1/108 אצל שמעון ולוי ואצל ראובן 1/54-).

הערה בסוגריים: החישוב של פרלמן

פרלמן במאמרו (באות ג) עומד גם הוא על כך שסגל מתעלם משאלת ההודאות, וטוען שהחישוב לפי מהר"ל צריך להיעשות לפי תביעות. הוא עושה את החישוב לפי מהר"ל דיסקין למקרה של (1,2/3,1/3), ומגיע לתוצאה אחרת משלנו (וגם מסגל): (13/24,7/24,4/24).

הוא מציג את אותה טבלת התביעות שהבאנו כאן למעלה (3.3), אבל את החישוב הוא עושה בצורה שונה משלנו. הרי ציטוט דבריו:

ב. ולהאומר ש"ש דינו של האומר שש"ש ג"כ ליטול שליש, אך באותו השליש חולק עמו הכ"ש, והרי שכ"א מהם נוטל הציה, דהיינו ששית. והרי כבר יש להכ"ש ששית ועוד ששית שהם שליש.

ג. ולהאומר שש"ש הרי דינו של האומר ש"ש ליטול ששית, אך באותו הששית חולק עמו הכ"ש והרי שכ"א מהם נוטל חציה, דהיינו חלק י"ב. הרי שיש כבר להכ"ש שליש ועוד חלק י"ב.

ה. אך מכיון שהאומר ש"ש כבר נטל חלק י"ב, נמצא שאיננו תובע מתוך אותו השליש חלק מן י"ב בהטלית כולה, דהיינו רבע מהשליש, וכל טענתו היא רק על רבע מהטלית כולה. ונוטל כ"א שליש מאותו רבע, דהיינו חלק י"ב. הרי שיש כבר להכ"ש מחצית הטלית.

ו. אותו החלק י"ב שאין האומר ש"ש תובע הריהו מתחלק בין הכ"ש והאומר שש"ש ונוטל כ"א מהם חציה, דהיינו חלק כ"ד.

ז. נמצא דהכ"ש נוטל י"ג חלקי כ"ד, והאומר שש"ש ז' חלקי כ"ד, והאומר ש"ש ד' חלקי כ"ד דהיינו ששית.

שלישה	שני שלישה	כולה	חלוקה טענה
-	-	1	כולה
1/6	2/3	1/6	שני שלישה
1/3	1/3	1/3	שלישה
1/12, 1/12	1/12, 1/6 1/24	1/12, 1/6, 1/6 1/24, 1/12	חלוקה
4/24	13/24	13/24	סה"כ

טבלה 3.5 : טבלת תביעות וחישובו של פרלמן בשיטת מהרי"ל דיסקין, למקרה של
.(1,2/3,1/3)

יש בחישוב הזה כמה שגיאות. ראשית, הוא מתחשב רק בחלק המשותף
שעליו מודים גם שמעון וגם לוי לראובן, כלומר 1/6. אבל הוא מתעלם
מההודאה העודפת של לוי לראובן (הנתון התחתון בטור הימני). כפי שראינו
בחישוב שלנו, יש 1/6 נוספת שעליה מודה לוי לראובן והיא צריכה להתחלק
בין ראובן לשמעון. פרלמן מתעלם מחלק זה לגמרי.

שגיאה נוספת היא הכנסת תוצאות קודמות בחישוב והתחשבות בהן כבר
במהלך אותו שלב. הקדימה כאן נובעת אך ורק מהסדר בו הוא עצמו בחר
לערוך את החישוב. יש לשמור על כל שלב בנפרד, ולקחת בחשבון רק את
התוצאות של החישוב אחרי גמר השלב. כפי שראינו למעלה, החישוב של סגל
די קרוב לפתרון הנכון. של פרלמן רחוק מאד.

המסקנה היא שהמתודה של מהרי"ל דיסקין היא בדיוק כפי שהוצגה בפרק
הקודם. החישוב הנכון למקרה של (1,2/3,1/3) לפי שיטת מהרי"ל מוצג כאן
למעלה.

מסקנות

באופן לא מפתיע, למרות שבמקרה של מהרי״ל (כולה-חציה-חציה) מתקבלת אותה תוצאה בשתי השיטות, במקרה השני התוצאות בשיטת ההודאות ובשיטת התביעות הן שונות. זה לא מפתיע מפני שההנחות של החלוקה הן שונות, ודווקא הזהות במקרה של מהרי״ל היתה מפתיעה. השוויון שהתקבל במקרה של מהרי״ל היה מקרי. פשוט מפני שבשני המקרים החישוב דומה: רבע שהלך לראובן ועוד רבע שהתחלק בינו לבין שמעון ועוד רבע בינו לבין לוי ועוד רבע בין שלושתם. מבט פשוט מעלה שכך גם יהיה כששני התובעים הקטנים יתבעו מנה שווה אחרת (למשל 1/3). אבל במקרה הכללי אין זהות בין שתי השיטות.

די ברור שההכללה הנכונה לאלגוריתם של מהרי״ל היא זו שלנו. גם סגל מציג את שיטתו כאנקדוטה שמוסברת בדמיון בחישוב. אבל כפי שראינו מדובר בדמיון מקרי וספציפי שלא מבטא זהות במודל עצמו. אמנם נראה שהאלגוריתם של סגל בוא בעל היגיון פנימי סביר בהחלט, והוא בהחלט עשוי להיות רלוונטי באחד משני אופנים:

1. למצבים אחרים, כלומר לחלוקות שאינן מכוח תביעות על הגבהה משותפת של מציאה (שבהן מה שקובע הוא ההודאות ההדדיות). אנו נפגוש מצבים שונים להלן, ונצטרך לבחון האם ניתן ליישם לגביהם את המודל של סגל.
2. אם גם לגבי טלית נחליט שהוא צודק ולא מהרי״ל דיסקין. המקרים במשנה של שני תובעים מצייתים לשני המודלים הללו, ולכן גישתו בהחלט יכולה להיחשב כהסבר לגיטימי למקרים במשנה ולכן גם כהרחבה לגיטימית לבעיית n אוחזים בטלית.

הערה על צורת המיצוע

למעשה, דרך מדויקת יותר לבטא את תפיסתו של סגל, היא לבחון את האפשרויות השונות לפזר את הנתחים של התובעים על פני הטלית כולה. למשל, אם ווקטור התביעות הוא (1/2,1/2,1), אזי עלינו לקחת בחשבון את כל האפשרויות של התביעות ביחס לטלית.

ניטול מקרה של שני תובעים. כבר ראינו שכשיש שני תובעים, כולה-חציה, אזי בלי הגבלת הכלליות ניתן להניח ששניהם תובעים את החצי התחתון, וראובן תובע גם את העליון, כמתואר בציור הבא:

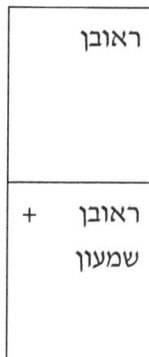

ציור 3.1 : מקרה של כולה-חציה בשיטת סגל.

אבל במתודה מדויקת יותר עלינו להתחשב בכל המצבים האפשריים. כלומר במקרה הכללי ביותר שמתואר בציור הבא:

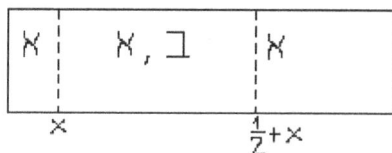

ציור 3.2 : מקרה כללי של כולה-חציה בשיטת סגל.

כדי לחשב את הנתח שמקבל כל אחד עלינו לעשות מיצוע על פני כל
האפשרויות, כלומר כאשר x נע בין 0 ל-1. בהינתן המצב המתואר בציור,

חלקו של ראובן הוא $f_1(x) = \frac{1}{2}x + \frac{1}{2} \bullet \frac{1}{2} + \frac{1}{2} \bullet (1-x) = \frac{3}{4}$. ואילו חלקו

של שמעון הוא $f_2(x) = \frac{1}{2} \bullet \frac{1}{2} = \frac{1}{4}$. כעת עלינו לעשות מיצוע על פני כל

הטלית, כאשר x נע בין 0 ל-1/2. מכיון שבכל המצבים מקבלים את אותה
תוצאה, ברור שהממוצע שמתקבל כאן הוא בדיוק מה שהיה מתקבל במקרה
שמתואר בציור 3.1.

המצב מעט סבוך יותר במקרה של שלושה תובעים. ניטול כדוגמה את המקרה
של כולה-חציה-חציה. הציור הכללי ביותר במקרה זה הוא הבא :

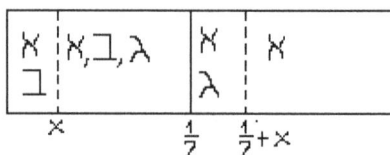

ציור 3.3 : מקרה כללי של כולה-חציה-חציה בשיטת סגל.

במקרה זה כבר הנחנו את המצב שמתואר בציור 1 עבור שני התובעים
הראשונים. לאחר מכן הוספנו את התובע השלישי, במקום שרירותי כלשהו
(בין x ל-(x+1/2)). כעת עלינו לחשב את חלקו של כל אחד מהתובעים
כשההנחה היא שהם מתחלקים בשווה בכל נתח שכולם תובעים.
התוצאה שמתקבלת עבור המקרה שמתואר בציור 3.3 היא הבאה :

$$f_1(x) = \frac{1}{2}x + \frac{1}{2}x + \frac{1}{3} \bullet (\frac{1}{2} - x) = \frac{2}{3} - \frac{1}{3}x$$

$$f_2(x) = \frac{1}{2}x + \frac{1}{3} \bullet (\frac{1}{2} - x) = \frac{1}{6} + \frac{1}{6}x$$

$$f_3(x)=\frac{1}{2}x+\frac{1}{3}\bullet(\frac{1}{2}-x)=\frac{1}{6}+\frac{1}{6}x$$

כדי לחשב את הנתח הסופי שמקבל כל תובע, עלינו לבצע אינטגרציה של x על פני הקטע (0,1/2), שכן זה עובר על כל האפשרויות של היחס ההדדי בין שלוש התביעות.

התוצאות שמתקבלות הן:

$$<f_1>=2\int_0^{\frac{1}{2}}(\frac{2}{3}-\frac{1}{3}x)dx=\frac{7}{12}$$

$$<f_2>=<f_3>=2\int_0^{\frac{1}{2}}(\frac{1}{6}+\frac{1}{6}x)dx=\frac{5}{24}$$

קיבלנו בדיוק את אותה תוצאה כמו זו של מהרי"ל דיסקין ושל סגל, וזאת למרות שיש הבדל בין שתי צורות החישוב. סגל מניח במובלע שתביעתו של התובע השלישי (לוי) מתחלקת בשווה בין כל סוגי החלקים של הטלית (ובמקרה שלנו, בין החלק שתובעים ראובן ושמעון לבין החלק שאותו תובע ראובן לבדו). זוהי בעצם הנחה של שדה ממוצע (mean field). כשמתחשבים בכל האפשרויות לפרוס את תביעתו של לוי ורק אז עושים את החישוב של המנות המתקבלות, זהו החישוב המדויק, ורואים שהתוצאה יוצאת זהה.

הסיבה לכך היא שאלגוריתם החלוקה f(x) הוא ליניארי ב-x, ולכן מיצוע על השדה נותן את תוצאת המיצוע על התוצאה, כלומר: $<f(x)>=f(<x>)$. מסיבה זו אין צורך לעשות חישובים על מקרים נוספים, שכן התלות היא לעולם ליניארית, ולכן תוצאת החישוב של סגל תצא תמיד מדויקת. באלגוריתמים אחרים, אם הם לא ליניאריים, כי אז המצב יהיה שונה כמובן.

פתרון למקרה כללי

לסיום הפרק נראה שיטת חישוב של שדה ממוצע שהיא פשוטה וכללית יותר מהאלגוריתם של סגל. נקדים ששיטת החלוקה החוזרת שלו לא תפעל אם יש תביעה אחת בסכום רציונלי ולפחות אחת בסכום לא רציונלי, כגון מצב בו ראובן תובע את כולה ושמעון תובע $\frac{1}{\pi}$ מהטלית. במצב כזה לא ניתן לחלק את הטלית לחלקים שלמים לפי גורם משותף בין התובעים כפי שעושה סגל. לכאורה כאן נידרש להפעיל את החישוב המדויק (עם המיצוע האינטגרלי שראינו כאן למעלה). אבל כפי שנראה כעת גם במקרה הזה אין צורך בכך. נתחיל עם מקרה של תובע אחד, ראובן. אם הטלית היא הרצועה ששוכבת בציור כאן למטה, התביעה של ראובן מוצגת כך :

p_1	$1-p_1$

טבלה 3.6 : מקרה של תובע אחד בשיטת סגל.

זהו כמובן מקרה טריביאלי, שכן בלי קונפליקט ראובן מקבל את מלוא תביעתו.

מה קורה כשיש שני תובעים, שכל אחד תובע p_i (i=1,2)? אנחנו מוסיפים את התובע השני (שמעון) בכל אחד מחלקי הטבלה של תובע אחד (3.6), כאשר כל חלק כזה מתחלק באופן פרופורציוני לתביעתו של שמעון. הציור שמתקבל הוא הבא :

p_1p_2	$p_1(1-p_2)$	$(1-p_1)p_2$	$(1-p_1)(1-p_2)$

טבלה 3.7 : מקרה של שני תובעים בשיטת סגל.

הביטוי שכתוב בתוך כל משבצת מתאר את גודלה (השבר שלה מתוך הטלית).
כמה יקבל כל תובע? בחלק הימני של הטבלה אין נתח לאף אחד משניהם.
בחלק שלשמאלו מקבל רק שמעון, כלומר הוא מקבל את מלוא השבר. בחלק
שלשמאלו מקבל רק ראובן. ובחלק השמאלי ביותר מתחלקים שניהם, כלומר
כל אחד משניהם מקבל חצי מהשבר הזה. מה שיוצא הוא התוצאה הבאה:

$$\text{ראובן}: \frac{p_1 p_2}{2} + p_1(1 - p_2)$$

$$\text{שמעון}: \frac{p_1 p_2}{2} + p_2(1 - p_1)$$

בדוגמה של כולה-חציה (1,1/2) מקבלים את התוצאה: (3/4,1/4). בדוגמה של
(1,1/3) מקבלים את התוצאה: (5/6,1/6). כלומר זה עובד. יש לשים לב
שקיבלנו את התוצאות הנכונות תוך שימוש באלגוריתם של תביעות ולא של
הודאות, ובכל זאת מתקבלת אותה תוצאה שראינו בפרק הראשון במשנה
ובתוספתא ב"מ.

מה קורה כשיש שלושה תובעים? אנחנו ממשיכים לחלק את הטלית באותו
אופן, כאשר כל משבצת בטבלה 3.7 מתחלקת לפי הפרופורציה של לוי. כעת
כבר אין צורך לצייר את מה שמתקבל, שכן ההרחבה יכולה להיעשות
אלגברית. כל אחד מארבעת החלקים בטבלה 3.7 מתפצל לשניים, ולכן יש לנו
8 חלקים. גודלו של כל חלק כזה הוא כגודל החלק בטבלה 3.6 כפול ב-p_3 וב-
$(1-p_3)$ בהתאמה.
מתקבלות כאן שמונה משבצות, שגודלן בהתאמה:

$$p_1 p_2 p_3, \, p_1 p_2(1 - p_3), \, p_1(1 - p_2)p_3, \, p_1(1 - p_2)(1 - p_3), \, (1 - p_1)p_2 p_3,$$
$$(1 - p_1)p_2(1 - p_3), \, (1 - p_1)(1 - p_2)p_3, \, (1 - p_1)(1 - p_2)(1 - p_3)$$

כל משבצת כזאת מתחלקת בשווה בין כל התובעים שתביעתם מופיעה בה בלי
סוגריים (לאחרים אין שם חלק). למשל, המשבצת הימנית ביותר לא

מתחלקת לאף אחד. זו שלפניה ניתנת לתובע לוי בלבד. השמאלית ביותר
מחולקת בין שלושת התובעים. וזו שלימינה מתחלקת בין ראובן לשמעון.
התוצאה עבור כל תובע למקרה זה היא [4]:

$$\text{ראובן}: \frac{p_1 p_2 p_3}{3} + \frac{p_1 p_2 (1-p_3)}{2} + \frac{p_1 (1-p_2) p_3}{2} + p_1 (1-p_2)(1-p_3)$$

$$\text{שמעון}: \frac{p_1 p_2 p_3}{3} + \frac{p_1 p_2 (1-p_3)}{2} + \frac{p_2 (1-p_1) p_3}{2} + p_2 (1-p_1)(1-p_3)$$

$$\text{לוי}: \frac{p_1 p_2 p_3}{3} + \frac{p_3 p_2 (1-p_1)}{2} + \frac{p_1 (1-p_2) p_3}{2} + p_3 (1-p_2)(1-p_1)$$

במקרה של כולה-חציה-חציה אנחנו מקבלים את התוצאות שחושבו למעלה.
כעת ניתן להציג את התוצאה הכללית : כשיש n תובעים, אזי הנתח של התובע
i מחושב באופן הבא : זהו סכום על כל הביטויים שבהם מופיע p_i (יש 2^{n-1}
כאלו), כשבכל ביטוי כזה p_i מוכפל בעוד $(n-1)$ גורמים שבהם מופיעים רק
התובעים האחרים (עם או בלי סוגריים). כל האפשרויות יופיעו כאן) מהטיפוס
שראינו כאן. במכנה של כל אחד מהביטויים הללו יושב מספר הגורמים
שמופיעים בו ללא סוגריים (זה מספר התובעים שמתחלקים בנתח הזה).
ניתן לייצג כל ביטוי כזה בצורה של וקטור בינארי באורך n. כל 0 בווקטור
מייצג גורם מהטיפוס $(1-p)$ וכל 1 מייצג p. למשל, במקרה של 6 תובעים,
הווקטור $(1,0,0,1,0,1)$ מייצג את הביטוי: $p_1(1-p_2)(1-p_3)p_4(1-p_5)p_6$. בנתח
הזה מתחלקים התובעים 1, 4 ו-6, ולכן בחישוב החלק של כל אחד מהם יש
לחלק אותו ב-3 (מספר הרכיבים 1 בווקטור).

_____

[4] בחישוב עבור כל תובע יש ארבעה ביטויים מתוך השמונה. אלו אותם ביטויים שבהם הוא
מופיע בלי סוגריים.

במקרה הכללי של n תובעים, הנתח של התובע i, מחושב כסכום על כל הווקטורים שבהם במקום ה-i מופיע 1 (כלומר הגורם p_i במכפלה מופיע בלי סוגריים). אם נסמן את הווקטור הבינארי באורך n ב-b, כאשר רכיביו הם: b_i (i=1…n). לצורך הנוחיות נסמן את ווקטור היחידה בכיוון j (כלומר הווקטור שיש לו 1 רק במקום j) כ-$b^{(j)}$.

נגדיר אופרטור שיוצר את האיבר שהווקטור b מייצג כך:

$$F(b) = \prod_{i=1}^{n}[b_i p_i + (1-b_i)(1-p_i)] \qquad (3.1)$$

הביטוי שבתוך הסוגריים המרובעים נותן לנו את p_i אם הרכיב המתאים לו בווקטור b הוא: $b_i=1$, ואת $(1-p_i)$ אם הרכיב המתאים לו הוא $b_i=0$.

כעת נוכל לרשום את הנתח של התובע j באופן הבא:

$$q_j = \sum_b F(b)\frac{b \bullet b^{(j)}}{b \bullet b} \qquad (3.2)$$

הסכום עובר על כל (2^n-1) הווקטורים הבינאריים באורך n (פרט לווקטור ה-0). המכפלה הסקלרית במונה של השבר מורידה מהסכום את כל הווקטורים b שיש להם 0 במקום ה-j (כי בגורמים הללו התובע j לא מקבל שום חלק). המכפלה הסקלרית במכנה של השבר מחלקת במספר התובעים שמשתתפים בנתח הזה (כלומר במספר רכיבי ה-1 בווקטור b).

אין צורך לציין שצורת החלוקה הזאת פועלת גם במצב של תביעות בסכומים לא רציונליים, שכן כאן אין צורך לחלק את הטלית לגורמים משותפים כפי שעשה סגל.

הערה על מקרים בהם אין תביעה מלאה

כעת אפשר כבר לראות מדוע הצעתו של סגל לא יכולה להיות הפתרון הנכון. כאשר אין אף תובע שתובע את כל הטלית, אזי בצורת החלוקה שהוא מציע לעולם יוצא שיש חלק מהטלית שלא יינתן לאף תובע. לכן בעצם לא כל הטלית מחולקת בשיטה זו. יש לזכור שאנחנו עוסקים במקרה בו סך התביעות הוא מעבר לטלית כולה, ולכן היא כן היתה אמורה להתחלק בצורה כלשהי בין כולם. אין היגיון להותיר חלק לא מחולק במצב שהתובעים לא קיבלו את מלוא תביעתם.

ניטול כדוגמה פשוטה מצב של שני תובעים. ראינו למעלה שבמצבים כאלה יש התאמה בין הצעתו של סגל למהר״ל דיסקין ולמשנה. אבל זה לא מדויק. אם נבחן מקרה שבו אף תובע לא תובע את כל הטלית, למשל (3/4,1/2). הפתרון של המשנה ושל מהר״ל דיסקין למקרה זה הוא: (5/8,3/8).

לעומת זאת, בשיטה של סגל נקבל כאן את הנתחים הבאים:

ראובן: $\frac{p_1 p_2}{2} + p_1(1-p_2) = 3/16+3/8 = 9/16$

שמעון: $\frac{p_1 p_2}{2} + p_2(1-p_1) = 3/16+1/8 = 5/16$

התוצאה היא שונה ממה שקיבלנו, ונותרת כאן שמינית מהטלית שלא חולקה בשלב זה.

אפשר להציע המשך למתודה של סגל, ולפיו אם נותר חלק נוסף לחלוקה, מחלקים אותו באותה שיטה, כלומר מגדירים בעיית חלוקה חדשה על החלק הנותר עם התביעות שנותרו ופותרים את הבעיה הזאת. כך ממשיכים עד שמגיעים לחלוקה של כל הטלית.

במקרה שבדקנו כאן, אחרי השלב הראשון של החלוקה לכל אחד משני התובעים נותרת תביעה שהיא מעל 1/8, ולכן החלק הנותר (1/8) מתחלק ביניהם בשווה. התוצאה שמתקבלת היא: (5/8,3/8), וזוהי בדיוק התוצאה הנכונה.

אבל נראה שגם כאן זו התאמה מקרית לתוצאה של מהרי"ל. במקרה של שלושה תובעים שבדקנו למעלה התוצאה יצאה שונה מזו של מהרי"ל. כעת אפשר גם להבין את הסיבה להבדל הזה. עצם קיומה של משבצת מהטלית שלא מחולקת ויש לחלקה בשווה, אומר לנו שהמתודה הזאת לא יכולה להיות מתאימה לגמרי למהרי"ל. המקרה של כולה-חציה-חציה יוצא מתאים רק במקרה.

אך כפי שהערנו למעלה, שיטתו של סגל יכולה להוות הצעה אלטרנטיבית להכליל את החלוקות שבמשנה, כל עוד במקרים של שני תובעים היא נותנת את התוצאה הנכונה. בחלק הבא נראה שלפחות במקרים מסוימים יש למתודה הזאת משמעות בהקשרים הלכתיים אחרים.

סיום החלוקה

נמשיך את האלגוריתם של סגל שתואר למעלה כדי לסיים את החלוקה. במונחי החישוב שהוצג למעלה, החלק מהטלית שנותר לא מחולק הוא הגורם שנוצר מווקטור ה-0 (כלומר הגורם שבו כל התובעים מופיעים בתוך סוגריים, כלומר לא מקבלים חלק): $F(0)=\prod_{i=1}^{n}(1-p_i)$. לא בכדי הווקטור הזה לא נכנס לסכום שהוגדר בנוסחה (3.2). מייד רואים שאם אחד התובעים דורש את כל הטלית (p=1) אזי חלק כזה לא קיים.

אם אין תובע כזה, כלומר אם נותר חלק מהטלית שלא חולק, נגדיר את F(0) כטלית חדשה. הטלית הזאת מתחלקת מחדש לפי הנוסחאות (3.1-2), כאשר ווקטור התביעות החדש מוגדר כמה שנותר מתביעתו של כל תובע אחרי שמורידים את מה שהוא כבר קיבל (הנתח הקודם): $p_i^{(1)}=p_i^{(0)}-q_i^{(0)}$. על הטלית החדשה והווקטור החדש מפעילים את נוסחאות (3.1-2), ומקבלים ווקטור פתרונות נוסף $q_i^{(1)}$. אם גם כעת לא סיימנו, חוזרים על התהליך שוב ושוב, עד שמחלקים את כל הטלית.

הנתח של כל תובע הוא סכום הנתחים שהוא מקבל בכל השלבים:

$$q_i = \sum_{j=0}^{\infty} q_i^{(j)}.$$

פרק רביעי
האלגוריתם של אומן ומשלר

מבוא

בפרק זה נציג את הפתרון של אומן ומשלר לבעיה הכללית של n תובעים, ותוך כדי הדברים נשווה אותה למתודה של מהרי"ל דיסקין ולתובנות שעולות ממנה.

ההנחות בשיטת אומן ומשלר[5]

כפי שתיארנו במבוא לספר, צמד מתמטיקאים ישראלים, ישראל אומן (חתן פרס נובל לכלכלה בשנת 2005) ועמיתו מיכאל משלר, כתבו מאמר מתמטי על פשיטת רגל (סוגיית "מי שהיה נשוי שלוש נשים", כתובות צג ע"א) שבתוכו יש גם דיון על החלוקות של שניים אוחזים וסוגיות מקבילות אחרות (ראה להלן בחלק הבא). לאחר מכן אומן פרסם את שיטתו בעוד שלושה מאמרים בעברית בעלי אוריינטציה תלמודית יותר, שמיועדים לקהל הרחב.

אומן ומשלר מציעים שהפתרון לבעיה הכללית צריך להיות "תואם שניים אוחזים" (להלן: תש"א). הוי אומר, בהינתן ווקטור התביעות p_i, הפתרון הכללי שבו כל תובע i מקבל חלק q_i, חייב לקיים את התנאי הבא: אם ניטול כל שניים מהשותפים, i ו-j, ונסכם את החלקים ששניהם קיבלו לנתח אחד

[5] מעבר למקורות שהובאו במבוא, ניתן לראות תיאור לשיטתם של אומן-משלר ב**ויקיפדיה**, ע' "שלושה שהטילו לכיס". ראה גם במאמרו של גדי אלכסנדרוביץ, "שלושה שהטילו לכיס", בבלוג שלו **לא מדויק**, מתאריך 22.9.2008.

שגודלו q_i+q_j, נראה שהפתרון מחלק את הנתח הזה ביניהם בדיוק לפי היחס של משנת שניים אוחזים שראינו למעלה (ראה דוגמאות להלן).

אומן ומשלר הוכיחו בכמה שיטות שעבור כל סט של תביעות ומספר תובעים (כלומר עבור כל וקטור תביעות p_i) קיים ווקטור פתרונות q_i תש״א, והם הוכיחו גם שהוא יחיד.

האם הפתרון של מהרי״ל הוא תש״א?

לפני שניכנס לפתרון שלהם, נבדוק האם הפתרון של מהרי״ל דיסקין לבעיה של שלושה אוחזים בטלית, וטוענים כולה-חציה-חציה, מקיים את הדרישה הזאת, כלומר הוא אכן תש״א, או לא.

ראינו שמהרי״ל דיסקין פוסק שבמקרה כזה ראובן מקבל 14/24 ושני האחרים 5/24. האם זה תואם שניים אוחזים? היחס בין חלקו של ראובן לזה של שמעון אינו 3:1 כפי שהיה אמור להיות, והוא הדין ללוי. אבל יש לזכור שיחס התביעות שלהם לגבי הנתח המשותף אינו כולה-חציה, אלא יחס שונה. לכן פתרון תש״א למקרה זה לא אמור לקיים יחס של 3:1. כדי לבדוק את השאלה האם הפתרון הזה תש״א, נבנה את הבעייה מחדש על הנתח הכולל של שניהם.

הנתח של ראובן ושמעון יוצא יחד 19/24, כלומר לצרכינו הם מקבלים 19 חלקים (כל אחד הוא 1/24 מהטלית). מתוכם ראובן רוצה את הכל, אבל שמעון רוצה 12 (חצי מהטלית). אם כן, 7 חלקים הולכים לראובן, ושאר ה-12 מתחלקים בשווה בין שניהם, כלומר כל אחד מקבל עוד 6 חלקים. התוצאה הסופית היא שראובן מקבל 13 חלקים (13/24 מהטלית) ושמעון מקבל 6 חלקים (כלומר 6/24 מהטלית). זה לא הפתרון של מהרי״ל. יתר על כן, אם נתבונן בחלקו של לוי, נראה שנותרו לו רק 5 חלקים (5/24 מהטלית). אבל משיקולי סימטריה ברור שהוא היה אמור לקבל כמו שמעון, כלומר שגם חלקו לא תש״א, לא עם ראובן וגם לא עם שמעון (שהרי תש״א לגביו הוא נתחים שווים). המסקנה היא שהפתרון של מהרי״ל אינו תש״א.

פתרון תש״א למקרה של מהרי״ל

אז מה יהיה פתרון תש״א למקרה הזה? נעשה זאת בחישוב מפורש. נניח שחלקם של שמעון ולוי הוא x (משיקולי סימטריה ברור שלשניהם יש חלק שווה). חלקו של ראובן הוא y. מה החלקים הללו צריכים לקיים?

ראשית, הם אמורים להסתכם לטלית שלימה: $2x+y=1$. לכן ברור שמתקיים: $x<1/3$. אם כך, סכום שני הנתחים של ראובן ושמעון $x+y$ גדול מ-$2/3$. מתוך הנתח הכללי, $x+y$, ראובן רוצה הכל, ושמעון רוצה $1/2$ (מהטלית כולה). אם כן, שמעון מודה לראובן על $x+y-1/2$, ואת ה-$1/2$ שנותר הם מחלקים בשווה.

מהסתכלות על x ועל y אנחנו מקבלים כמובן את אותה תוצאה:

$$x+y-1/2+1/4=y \quad ; \quad x=1/4$$

אם כן, החלוקה היא $1/2$, $1/4$ ו-$1/4$.

אל לנו להתבלבל, אמנם הפתרון כאן יצא בדיוק פרופורציוני לתביעות, אבל זה מקרה. במצבים אחרים התוצאה לא תהיה פרופורציונית לתביעות. לדוגמה, המקרה של המשנה שבו יש שני תובעים כולה-חציה, מתחלק לפי (3/4, 1/4), וזה לא עומד בפרופורציה לתביעות.

n אוחזים בטלית: שיטת אומן ומשלר

האפיון של אומן ומשלר שהוצג למעלה מציב דרישות על הפתרון ומנסה להגדיר אותו. אבל הוא לא נותן לנו אלגוריתם שמחשב אותו בצורה ישירה. למעשה, על פניו אפילו לא ברור שיש פתרון, וגם האם הוא יחיד. אומן ומשלר טוענים ומוכחים שבכל המצבים קיים פתרון שמקיים את ההנחות הללו ושהוא יחיד. אבל מהו אותו פתרון? איך מחשבים אותו? ההוכחה שהם מציעים למשפט הקיום והיחידות שלהם היא קונסטרוקטיבית, כלומר היא

מוכיחה את הקיום והיחידות של הפתרון על ידי בניית הפתרון עצמו. נתאר כאן בקצרה את האופן בו הדבר נעשה במאמר ב**מוריה**.

אומן ומשלר מתרגמים את הבעיה לבעיה פיזיקלית. הם מייצגים כל תובע על ידי עמוד נוזלים שבנוי בצורה מסוימת, ומייצרים חנוכיית עמודות כזאת, שכל עמודיה מחוברים זה לזה למטה בצינור משותף. כעת שופכים ליטר נוזל לתוך המערכת, ובגלל חוק הכלים השלובים גובה הנוזלים בכל העמודות יהיה זהה. המשפט שלהם קובע שכמות הנוזלים שיש בכל עמודה i היא התוצאה q_i. הם מראים שהיא עומדת בדרישות של פתרון תש״א לכל צמד, ושאין פתרון אחר שמקיים זאת (כלומר שזהו פתרון יחיד).

חנוכייה כזאת יכולה להיראות כך:

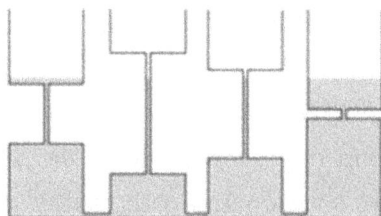

ציור 4.1: דוגמה לחנוכיית תביעות במודל של אומן-משלר עבור ארבעה תובעים.

בדוגמה הזאת יש ארבעה תובעים, שכל אחד מהם מיוצג על ידי עמודה. כל העמודות מסתיימות באותו גובה, וכולן מחוברות בתחתיתן על ידי צינור משותף (כמות הנוזל בו היא זניחה) שדואג לזה שיתקיים חוק הכלים השלובים. כל עמודה כזאת בנויה משני חצאי מיכל שווים שמופרדים ביניהם על ידי עמוד דק שכמות הנוזל שנמצאת בו היא זניחה (תפקידו רק לחבר את שני חלקי העמודה). שטח הבסיס של המיכלים שווה בכל העמודות ונניח שמדובר ביחידה אחת של שטח. רק גבהי המיכלים והמרווחים ביניהם (כלומר אורך העמוד הדק שמחבר את שני חצאי המיכלים שבעמודה)

משתנים מעמודה לעמודה, ונקבעים על ידי גובה התביעה של התובע שמיוצג בה.

איך בונים עמודה שמייצגת תובע? הכלל הוא הבא: אם התובע i תובע נתח של p_i מתוך הטלית, אנחנו בונים את העמודה שלו (העמודה ה-i בחנוכייה) בצורה סימטרית על ידי חלוקה של התביעה שלו לשניים. כל חצי מיכל בעמודה שלו מכיל כמות של $p_i/2$ ליטר (חצי מהתביעה שלו). שני החצאים יחד מכילים כמות נוזל ששווה לגובה התביעה שלו. שאר הגובה של העמודה הוא עמוד דק שמחבר את חצאי המיכלים. גובה כל עמוד כזה הוא 1, ולכן בעצם נפח המים שנמצא בכל עמודה הוא בדיוק גובה המים במכלים (ללא העמוד הדק שמחבר ביניהם).

אומן ומשלר הוכיחו בצורה יפה שאם נשפוך לתוך המערכת הזאת ליטר נוזל (מה ששקול לטלית), הוא יתחלק בין העמודות באופן שכל עמודה תכיל בדיוק q_i ליטר מהנוזל. הכמות הזאת היא השבר מהטלית שמגיע לתובע i.

בדוגמה שמוצגת כאן, יש ארבעה תובעים, נראה מהציור שהימני (ראובן) תובע את כל הטלית. זה שלשמאלו (שמעון) תובע 0.6 ממנה. זה שלשמאלו (לוי) תובע 0.4 מהטלית, והאחרון (יהודה) תובע 0.7 ממנה.

ניתן לראות בציור את הנוזל ששפכו לתוך המערכת, ורואים שהוא מגיע לאותו גובה (בגלל חוק הכלים השלובים). אבל בגלל התביעות השונות יש כמות שונה של נוזל בכל עמודה, כלומר ה-q_i שונים זה מזה.[6]

---

[6] בציור הזה כמות הנוזל היא יותר מליטר אחד, שכן הוא עוסק בסוגיא שונה (חלוקת כתובות. אנחנו נפגוש אותה בהמשך), שבה הכמות המחולקת יכולה להיות יותר מ-1.

דוגמאות

במקום להוכיח את הטענה שהפתרון הזה הוא אכן תש״א ושהוא יחיד,[7] נתבונן בכמה דוגמאות. כדוגמה ראשונה ניקח מקרה של שניים אוחזים, אחד אומר כולה והשני אומר חציה שלי. כאן מתקבל הפתרון של המשנה:

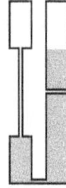

ציור 4.2: חנוכיית תביעות במודל של אומן-משלר עבור שני תובעים, למקרה של כולה-חציה.

רואים מייד שראובן מקבל 3/4 ושמעון מקבל 1/4.

מקרה שני הוא זה של התוספתא, שאחד אומר כולה שלי והשני תובע את שליש:

ציור 4.3: חנוכיית תביעות במודל של אומן-משלר עבור שני תובעים, למקרה של כולה-שלישה.

קיבלנו, כצפוי, את הפתרון 1/6 ו-5/6.

מקרה שלישי הוא המקרה של מהרי״ל, שבו אחד תובע את כולה ושני האחרים את חציה:

[7] ניתן לראות את הפירוט בכל אחד מהמקורות שהובאו בשלושת הערות השוליים הראשונות בתחילת הפרק.

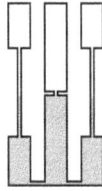

ציור 4.4: חנוכיית תביעות במודל של אומן-משלר עבור המקרה של מהרי״ל דיסקין: כולה-חציה-חציה.

קיבלנו כאן את הפתרון הבא: 1/2, 1/4 ו-1/4. יש לשים לב שמתקיימת כאן דרישת שניים אוחזים, שכן ראובן ושמעון יחד מקבלים 3/4 מהטלית, ומתוך הנתח הזה ראובן תובע את כולו ושמעון תובע 2/3 מתוכו (כלומר 1/2 מהטלית). אם כן, לפי חשבון שניים אוחזים הם צריכים להתחלק ביניהם ביחס של 2:1 כפי שקיבלנו.

המקרה הרביעי הוא המקרה אותו ניתחנו בפרק על מהרי״ל, שניים תובעים כל אחד את כולה, וכל אחד משני האחרים תובע את חציה:

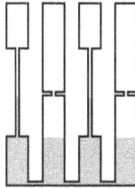

ציור 4.5: חנוכיית תביעות במודל של אומן-משלר עבור המקרה של כולה-כולה-חציה-חציה.

כאן קיבלנו שכל התובעים מקבלים 1/4. גם זה פתרון תש״א במובן של אומן-משלר, שכן ביחס לנתח שכל שניים מקבלים (1/2) כל אחד מהם תובע את כולו, ולכן הם מתחלקים בו בשווה. אבל בשורה התחתונה הפתרון הזה מאד לא הגיוני, שכן ההבדלים בתביעות לא באים לידי ביטוי בתוצאה.

מהתבוננות בציורים 4.2-4.3 למעלה, ניתן לראות בקלות שבמקרה של שני תובעים פתרון כזה נותן את הפתרון הנכון שמופיע במשנה. החלק בגובה תביעתו של התובע הקטן מתחלק בשווה בין שניהם, והשאר ניתן לתובע הגדול. זה בדיוק מה שמתקבל במודל הפיזיקלי של חנוכייה עם שני נרות.

התבוננות בנוסחאות 1.1-1.4 בפרק הראשון מראה שזה בדיוק מה שמתואר כאן. חלקו של כל תובע מתקבל מהודאתו של חברו בתוספת לחצי מהנתח שנותר אחרי ההודאות של שניהם.

אבל אם כל צמד בחנוכייה מקיים בינו לבינו את היחס תש״א, אז גם החנוכייה כולה מייצגת פתרון תש״א. כל שני נרות יוצרים חנוכיית שניים אוחזים והנוזל מחולק ביניהם לפי תש״א. זו היתה הגדרת הפתרון הכללי של אומן-משלר, שהוא תש״א בזוגות. בנספח לספר אנחנו מציגים פתרון אלגברי והוכחה אלגברית מפורשת לקיום ויחידות של הפתרון של אומן-משלר.

חלוקת רווח והפסד

אומן מוסיף (גם באומן-משלר וגם באומן3 פרק ב שעוסק ב״מה״) שניתן לתאר את הפתרון הזה באופן הבא: כל תובע מקבל נתח שווה לחבריו, עד שמתמלאת חצי מתביעתו. במצב כזה הוא מסתלק והחברים ממשיכים להתמלא כל אחד עד שהם מגיעים לחצי תביעתם ומסתלקים. אחרי שכל אחד מהם קיבל חצי מתביעתו, אם יש עוד נתח מהטלית לחלוקה, ממשיכים לשפוך נוזל, וכעת מתחיל תהליך הפוך של חלוקת הפסדים (=החלק העליון של החנוכייה שנותר ריק) באופן שההפסד של כל אחד לא יעלה על מחצית תביעתו (בפרק ד שם מובאות סוגיות תלמודיות שעוסקות בחלוקת הפסדים). התובע הגדול מתחיל להקטין את ההפסד שלו, עד שמגיעים למצב בו ההפסד שלו פחות מחצי מתביעתו של השני ואז גם השני מתחיל לקבל. כדי לראות זאת, פשוט צריך לדמיין מה קורה לחנוכיית תביעות (כמו בציור 4.1) כשממלאים עוד ועוד נוזל.

ההצדקות של אומן למודל שלו

במאמר אומן3 (פרקים ג-ד, שעוסקים ב"למה". המקור מאומן-משלר פרקים 3-4), הוא מוסיף שתי הצדקות מטא הלכתיות וטיעונים מן הצדק ומן הסבירות החלוקתית לטובת הפתרון שלו ושל משלר. נציג אותן כעת.

א. תואם שניים אוחזים. בפרק ג אומן טוען שהחלוקה בין שני תובעים מתנהלת לפי ההיגיון של המשנה (שהרי שיטתו תואמת למשנה בשניים אוחזים). כל אחד מקבל את מה שהשני מודה לו, והשאר מתחלק בשווה. לאחר מכן הוא מוסיף שאם יש שלושה תובעים ומעלה, החלוקה ההוגנת צריכה לקיים את התנאי שלאף אחד מהתובעים אין טענה על חברו, כלומר אף אחד לא יכול לומר שהוא קופח וחברו קיבל הרבה מדיי (וצריך להחזיר לו). אם יש לתובע טענה כלפי כמה תובעים אחרים, אז בפרט יש לו טענה כלפי כל אחד מהם. לכן אם נראה שבחלוקה המוצעת אין לאף תובע טענה כלפי תובע אחר, פירוש הדבר שהחלוקה המוצעת היא צודקת. אומן מסכם שהצדק בחלוקה הכללית תלוי בצדק בזוגות. ואם הצדק בזוגות הוא הצדק של שניים אוחזים, כי אז החלוקה הכללית הצודקת היא בהכרח החלוקה של אומן-משלר שהיא תש"א. כשמסתכלים על ויכוח בין שני תובעים, הרי הנתח המשותף שלהם מחולק ביניהם לפי חלוקת שניים אוחזים, ולכן לאף אחד מהם לא יכולה להיות טענה כלפי חברו.

ב. חלוקת רווחים והפסדים. בפרק ד אומן מחלק את ההסבר למקרה שבו הטלית שווה פחות מחצי סכום התביעות, ויותר מחצי סכום התביעות. אם היא שווה פחות מחצי, כי אז התובעים רואים את הטלית כסוג של רווח ואם סכום התביעות הוא יותר מחצי הטלית הם מסתכלים על ההפסד של כל אחד. לכן במקרה הראשון מחלקים את הרווח ובשני את ההפסד. הוא מביא שם מקורות תלמודיים לכך שבמקרים רבים מחלקים הפסדים בדומה לחלוקת רווחים.

נעיר שבמקור ההסבר של אומן מתייחס לחלוקת עיזבון ולא לחלוקת טלית (לגבי חלוקת עיזבון, ראה בחלק הבא). במקרה כזה באמת לכל תובע מגיעה

מלוא תביעתו, ואם הוא לא מקבל את הכל זהו הפסד. אבל לגבי טלית קשה להבין את ההצדקה הזאת, שהרי כאן לא ברור לנו מי מבין התביעות הללו היא אמיתית ומי משקר. כאן לא מדובר על ניסיון לתת לאדם את מה שמגיע לו אלא לברר מה באמת מגיע לו.

לכן בדיון שלנו כאן שעוסק בחלוקת מציאה נתעלם מההצדקה הזאת. אנו נשוב אליה בחלק השני כשנדון על היחס בין עיזבון למציאה.

חוסר סבירות של פתרונם של אומן ומשלר

עיקר ההשגות על הצעתם של אומן-משלר עוסקות בהיבטים התלמודיים שלה (האם היא מתיישבת עם פסק ההלכה ועם מהלך הסוגיות ודברי הראשונים). כאן נעמוד על כמה שיקולים עקרוניים נגד ההצעה.

ראינו למעלה שהפתרונות של אומן-משלר אכן מקיימים את הפתרון של המשנה למקרים הפשוטים (כשיש רק שני תובעים), והם גם מהווים פתרון תש״א לכל המקרים. אבל בשתי הדוגמאות האחרונות שהובאו שם רואים שהפתרונות הללו בלתי סבירים, משתי סיבות עיקריות:

1. התוצאות שקיבלנו בשני המקרים האחרונים לא מקיימות את הדרישה המקדמית של מהרי״ל.[8] נניח שהיו לנו שני תובעים, כולה-חציה, הרי החלוקה היתה 3/4 ו-1/4. כעת בא תובע שלישי ותובע את חציה, אזי התובע את כולה נותן לו 1/4 משלו והשני לא נותן לו מאומה. כפי שכתב מהרי״ל, לא סביר שהנתח של השלישי יבוא רק על חשבון אחד משני הראשונים.

---

[8] כבר העיר על כך סגל במאמרו באות ח.

במקרה האחרון מגיע עוד תובע, וגם הוא דורש את כולה. שוב התובע הראשון של כולה נותן לו 1/4 משלו ושלושת האחרים לא משתתפים כלל. זה כבר עוד פחות סביר.

2. בנוסף, התוצאה במקרה האחרון לא סבירה מעוד בחינה, שכן ההבדלים בתביעות לא באים לידי ביטוי בתוצאה. כל התובעים מקבלים את אותה מנה, וזה לא סביר.

בסעיף הקודם הערנו שההצדקה הרלוונטית לחלוקת מציאה היא ההצדקה הראשונה של אומן-משלר. הטיעון הוא שמכיון שבפתרון שלהם לאף תובע אין טענה כלפי אף אחד מהתובעים האחרים, ממילא זוהי חלוקה צודקת. חלוקה שהיא תש״א בזוגות היא חלוקה צודקת.

אבל יש כאן בעייתיות כפולה:

א. בין צדק לאמת. הם מניחים שהחלוקה במשנת שניים אוחזים היא חלוקה שבאה להשיג צדק. אבל ההיגיון שמוצג שם הוא לא היגיון של צדק אלא של יחס בין תביעות והודאות (שם מתבררת שאלת האמת המשפטית, ולא שאלה של צדק). ושוב יש לזכור שאמנם בחלוקת עיזבון השאלה שעל הפרק היא שאלת הצדק (לכל תובע מגיע סכום כלשהו ואין די בעיזבון כדי לתת לכולם). אבל בחלוקת מציאה השאלה היא מהי האמת (מי משקר ומי דובר אמת) ולא מהו הצדק. לכן לא ברור ששאלת הצדק היא בכלל רלוונטית לדיון.

אבל ברגע שלא מדובר בשאלה של צדק, המעבר מפתרון עבור זוג תובעים לפתרון להרבה תובעים באופן שמקיים את העיקרון החלוקתי הבסיסי בזוגות, הוא מפוקפק. מדוע האמת לזוג צריכה להיות דומה לאמת הקולקטיבית בזוגות? אומן שם מניח שהעיקרון של ההרחבה מזוג לתובעים רבים הוא אוניברסאלי, ולא תלוי במהות הפתרון לזוג, אבל זה יכול להיות נכון רק אם העיקרון לגבי זוג בודד בא לבטא צדק. כאן, גם אם יש עקרונות שונים למקרים שונים, כל עוד מדובר בצדק, יש מקום להרחיב אותו לצדק בזוגות. אבל כשהחלוקה היסודית לא באה להשגי צדק, ההרחבה מהטיפוס הזה הרבה פחות סבירה.

ב. צדק חלקי וצדק מלא. גם אם נניח שההרחבה הזאת היא סבירה ושמדובר בעקרונות של צדק, אומן-משלר מניחים הרחבה ל-n תובעים שמקיימת צדק בזוגות. אבל כפי שנראה כעת זהו צדק חלקי בלבד.

אומן ומשלר מוכיחים היטב שבפתרון שלהם לאף תובע לא יכולה להיות טענה כלפי תובע אחר, וממילא גם לא כלפי קבוצת תובעים (שהרי תביעה כלפי קבוצה, היא בפרט טענה כלפי כל אחד מחבריה, או לפחות כלפי חלק מחבריה). אבל כעת נשאל: מה לגבי טענה של שני תובעים יחד כלפי חבריהם? לשון אחר, החלוקה ההוגנת של אומן-משלר היא חלוקה בין שני תובעים על סכום הנתחים ששניהם קיבלו. בתוך הסכום הזה החלוקה ביניהם היא אכן הוגנת. אבל מי אמר שהסכום שבו על שניהם להתחלק הוא עצמו הוגן? אולי הצמד ראובן ושמעון קיבלו מעט מדיי לעומת לוי ויהודה? הרי יכולות להיות גם טענות של כמה תובעים כלפי זולתם.

במילים אחרות, כדי שהחלוקה הכוללת תהיה צודקת, לא די לוודא מה קורה בין כל שניים (צדק בזוגות). עלינו לבחון את הנתחים שכל זוג מקבל יחד מול כל האחרים, ולראות האם חלוקת הנתחים הכפולים הללו היא צודקת ברמה שבין זוג לזוג. האם החלוקה הגלובלית היא צודקת קולקטיבית, ולא רק בזוגות. כעת נראה ששתי האי סבירויות שראינו למעלה, הן ביטויים של הבעיה הזאת עצמה.

ראשית, ראינו שם שהפתרון של אומן-משלר לא מקיים את התנאי המקדמי של מהרי״ל דיסקין. מהרי״ל דיסקין קובע שלא ייתכן שהתובע השלישי שיתווסף יקבל את חלקו על חשבון אחד משני האחרים בלבד (והשני לא יישא בנטל). למשל אם יש שניים שתובעים כולה-חציה, החלוקה היא (3/4,1/4). ואם יש כולה-חציה-חציה, החלוקה לשיטת אומן-משלר היא (1/2,1/4,1/4). נמצא שהתובע השלישי קיבל את חלקו רק מהתובע את כולה, וזה מאד לא סביר.

כעת נוכל לראות שזהו בעצם ביטוי לטענה העקרונית כלפי הצדק שבפתרון של אומן-משלר. במקרה של כולה-חציה-חציה, הטוען כולה שלי אין לו טענה

כלפי אף אחד משני עמיתיו, שהרי הוא חולק איתם בחלוקה תש״א. אבל בהחלט יש לו טענה כלפי שניהם יחד. לא סביר ששניהם יחד יקבלו נתח שווה לנתח שלו. זהו פתרון סביר רק במצב שבו שניהם מסכמים שהם לא מתווכחים אחד עם השני אלא מתמודדים יחד עם התובע הגדול. במקרה כזה באמת נחלק את הטלית כמו בשניים אוחזים (1/2,1/2), והחצי ששניהם מקבלים יתחלק בשווה בין שניהם. אבל אם שניהם תובעים באופן בלתי תלוי, אזי החצי שתובע לוי הוא לא בהכרח חצי אחר מזה שתובע שמעון. לכן לא סביר לתת לשניהם נתח שווה לראובן שתובע את כולה. זוהי בבואה של הטענה של סגל שפגשנו בפרק הקודם, שהראה שאסור להניח שהתביעות לא נסובות על אותו חלק בטלית.[9]

ובאמת בפתרון של מהרי״ל דיסקין (14/24,5/24,5/24), רואים מיד שלטוען כולה שלי יש נתח שהוא יותר מכפל מהנתח של כל אחד מעמיתיו. אם כן, שוב אנחנו רואים שלמרות שאין לראובן טענה כלפי אף אחד משני האחרים, יש לו בהחלט טענה כלפי שניהם יחד. הוא טוען כלפי חלוקת הנתחים הגלובלית, גם אם לא כלפי החלוקה הפנימית בינו לבין כל תובע אחר לבדו.

המסקנה היא שהבעייתיות שבהצדקה המטא הלכתית של אומן-משלר באה לידי ביטוי בעובדה שהפתרון שלהם לא מקיים את התנאי המקדמי של מהרי״ל דיסקין.

מעבר לזה, גם האי סבירות השנייה שהופיעה למעלה מצביעה על כשל דומה. ראינו שם שבמקרים מסוימים בעלי תביעות שונות יקבלו נתחים שווים. יש אצל אומן-משלר התעלמות מההבדל בגובה התביעות. למשל, במקרה של כולה-כולה-חציה-חציה, לפי אומן-משלר כולם מקבלים רבע. זה בלתי סביר,

---

[9] חלוקה של תביעות קואליציה נדונה במאמריהם של איש ירושלמי ושל רבל. נקודה זו עולה גם בסוגיא בכתובות צג שתידון בהרחבה בחלק הבא, שם הגמרא עושה אוקימתות מסוג זה (שאחד מוותר לאחד מהתובעים האחרים ולא לאחר).

ושוב לא בגלל הצדק הפנימי בתוך זוג זה או אחר, שהרי זה בהגדרה מתקיים, אלא בגלל הצדק החלוקתי הגלובלי. התובעים הגדולים באים בטענה כלפי החלוקה הגלובלית שנותנת להם נתח שווה לזה של התובעים הקטנים. אם כן, גם האי סבירות הזאת היא ביטוי לבעיה בהצדקה הראשונה של אומן-משלר.

הדגמה של הבעייתיות במדידת צדק/אופטימליות לוקליים

עד כאן ניסינו לטעון שגם אם הצעתם של אומן ומשלר נותנת אופטימליות (או צדק) בזוגות, לא ברור האם דרישה בזוגות נותנת באמת אופטימליות או צדק סביר גלובלית (לפחות לגבי סוגיא זו). לפעמים מדידה לוקלית לא נותנת לנו את הדרישה הגלובלית.

ניתן לראות זאת במכלול התופעות שמכונות "אמרגנטיות" (הגחה). לדוגמה, מולקולת מים אינה נוזלית, שכן מצב צבירה לא מאפיין מולקולות בודדות. אבל צבר של מולקולות מים בטמפרטורת החדר הוא נוזל. יש כאן תכונה של הקולקטיב הגלובלי שלא קיימת במישור הלוקלי.

דוגמה אחרת היא אינטראקציות פיזיקליות. לפעמים ניתן לרשום את האנרגיה של מערכת פיזיקלית כסכום על כל התרומות של הזוגות. לדוגמה, אם יש מערכת של שלושה אלקטרונים שמפעילים כוח זה על זה (חוק קולון), סך האנרגיה האלקרוסטטית במערכת הוא סכום על התרומות של כל זוג אלקטרונים. אבל במקרים מסוימים יש לקחת בחשבון תרומות של אינטראקציות משולשות, כלומר תרומות לאנרגיה שמערבות אינטראקציה בין שלושה אלקטרונים יחד.

בספר החמישי בסדרה שלנו עסקנו בלולאות לוגיות בהלכה ובכלל. גם שם ניתן לראות שה עובדה שאין בעיה ביחס בין זוגות אין פירושה שלא קיימת בעיה גלובלית. לדוגמה, בפרק השביעי שם תיארנו אדם שניצב בפני הקונפליקט הבא : בערב פסח עליו לקנות קמח כדי לאפות ממנו את המצות. יש איסור להשתמש בקמח מן החדש לפני יום ההינף (שהוא היום הראשון של

חוה״מ פסח). הקמח הישן (כלומר זה שנקצר בשנה שעברה הוא במחיר גבוה מאד. מצוות עשה לא מחייבת אדם להוציא יותר מחומש מממונו, ולכן נראה שהוא פטור מאפיית מצות. אבל יש גם קמח מן החדש במחיר סביר, והוא יכול לקנות אותו לאפות ממנו את המצות. העבירה נדחית בפני מצוות העשה של מצות בפסח (עשה דוחה לא תעשה). אלא שאם מדובר בעבירה, חובה עליו להוציא אפילו את כל ממונו כדי להימנע ממנה. אם כן, עליו לקנות ביוקר קמח מהישן ולאפות את המצה ממנו כדי להימנע מאיסור חדש. אבל אם זה כך אז עדיף לא לקנות קמח ולא לאפות מצה בכלל, שהרי כל זה נעשה כדי לקיים מצוות עשה, ועל מצוות עשה אין חובה להוציא את כל ממונו. במצב כזה יש לולאה לוגית, שכן כשמשווים כל זוג של צעדים יש תוצאה ברורה. אבל היחסים הם לא טרנזיטיביים. צעד א עדיף על צעד ב. צעד ב עדיף על ג. וצעד ג עדיף על א.

אנו נוכחים שוב לראות שמדידה בזוגות לא בהכרח פותרת לנו את הבעיה. העובדה שאין בעיה כשמסתכלים על המכלול בזוגות לא אומרת שאין בעיה במישור הגלובלי, כשמתסכלים על מכלול הבעיה. שתי דוגמאות נוספות ניתן למצוא בנספחים B ו-C למאמר באנגלית שמופיע בסוף הספר הראשון בסדרה שלנו (פרדוקס השפיטה ופרדוקס ההצבעה).

כעת ננסה להדגים את הטענה באמצעות דוגמה שקרובה יותר לבעיות של חלוקה שבהן אנחנו עוסקים. זוהי בעיה ידועה מתורת המשחקים, שמכונה בעיית הנישואין היציבים, או השידוך היציב (stable marriage problem).[10]

נניח שיש לנו קבוצה של n גברים ומולם קבוצה של n נשים. המטרה היא למצוא שידוך יציב של n זוגות של גבר ואישה. לצורך הדיון נניח שהגברים הם ה״סחורה״, והנשים אמורות להתחלק בהם באופן שייתן פתרון ראוי. לכל

---

[10] ניתן לראות על כך **בויקיפדיה**, ע׳ ״שידוך יציב״.

אחת מהנשים יש העדפות שונות לגבי הגברים וכן לגברים. ההעדפות מוצגות בווקטור מסודר שמייצג את ההעדפות של כל אישה או גבר (העדיפות היא לפי המיקום בווקטור).

כדי להתקדם, נגדיר את הדברים בצורה חדה. פתרון לבעיה הוא סידור של n זוגות של אישה וגבר. פתרון יציב הוא מצב שבו אף זוג של גבר ואישה לא מעדיף אחת את השני על פני בני הזוג שהפתרון הזה נותן להם.
בשנת 1962 הוכיחו דייויד גייל ולויד שפלי את המשפט שלכל בעיה כזאת יש פתרון יציב. הם עשו זאת באופן קונסטרוקטיבי, כלומר בנו אלגוריתם שמגיע אל הפתרון הזה. לימים זכה שפלי בפרס נובל לכלכלה (2012), בין היתר על תרומתו זו.
האלגוריתם שהם הציעו הוא הבא: בהתחלה כל גבר נמצא בביתו וכל אישה בביתה. כעת ניתן להתקדם בשתי צורות: חיזור של הגבר או של האישה. נתאר את החיזור של הנשים, וזה כמובן נכון בה במידה לגברים. בצעד הראשון, כל אישה ניגשת לביתו של הגבר שמועדף עליה. כל גבר שבביתו עומדות כמה נשים, בוחר מביניהן את זו שהוא מעדיף ביותר ושולח את השאר בחזרה לביתן. כעת חוזרים על התהליך, עד שמתקבל פתרון שבכל בית של גבר עומדת אישה אחת, ורק אחת.

גייל ושפלי הוכיחו שהאלגוריתם עוצר, כלומר שבמספר של $n(n-1)+1$ צעדים לכל היותר מתקבל פיתרון. עוד הם הוכיחו ששני הפתרונות שמתקבלים מחיזור של נשים ושל גברים הם יציבים. כלומר בכל אחד משני הפתרונות אין זוג שמעדיף החלפה של בן/ת זוגו. לפעמים שני הפתרונות הם זהים ולפעמים הם שונים. יתר על כן, לפעמים יש יותר משני פתרונות.

ניטול כדוגמה מקרה של $n=4$ (ארבע נשים וארבעה גברים), שטבלת ההעדפות שלהם היא הבאה:

	עדיפות ראשונה	עדיפות שנייה	עדיפות שלישית	עדיפות רביעית
ראובן	לאה	רחל	בלהה	זילפה
שמעון	רחל	זילפה	בלהה	לאה
לוי	בלהה	רחל	זילפה	לאה
יהודה	זילפה	רחל	בלהה	לאה

טבלה 4.1 : טבלת העדפות גברים.

	עדיפות ראשונה	עדיפות שנייה	עדיפות שלישית	עדיפות רביעית
לאה	ראובן	שמעון	יהודה	לוי
רחל	ראובן	לוי	יהודה	שמעון
בלהה	שמעון	ראובן	יהודה	לוי
זילפה	לוי	שמעון	יהודה	ראובן

טבלה 4.2 : טבלת העדפות נשים.

הפתרון שמתקבל אחרי הפעלת האלגוריתם של חיזור גברי הוא :

לאה	רחל	בלהה	זילפה
ראובן	שמעון	לוי	יהודה

טבלה 4.3 : התוצאה עבור חיזור גברי.

הפתרון שמתקבל אחרי הפעלת האלגוריתם של חיזור נשי הוא :

ראובן	שמעון	לוי	יהודה
לאה	זילפה	רחל	בלהה

טבלה 4.4 : התוצאה עבור חיזור גברי.

כל אחד משני הפתרונות הללו הוא יציב, כלומר אין שום זוג שמעדיף להחליף את בני זוגו. אבל מדובר בשני פתרונות שונים. עיון בתוצאות הללו מעלה שהתוצאה היא אופטימלית יותר לצד שמחזר.[11] כלומר הפתרון של חיזור גברי פחות טוב לנשים (כי הגברים הם שמציבים בפניהן את האופציות לבחירה), ולהיפך.

אם נתייחס כעת להעדפות הנשיות בלבד ונראה את הדברים כ"סחורה", אזי מתברר שיש לנו פתרון יציב (זה של החיזור הגברי, בטבלה 4.3), כלומר אין אישה וגבר שרוצים החלפה. במונחים שלנו פירוש הדבר הוא שאין כאן טענה בזוגות, ובכל זאת יש לנשים טענה שהפתרון הזה לא טוב מבחינתן (כי הפתרון של החיזור הנשי נותן להן תוצאות טובות יותר).

כמובן שבעיית השידוך לא עוסקת דווקא בגבר ואישה. ניתן ליישם אותה על אוניברסיטאות וסטודנטים, מקומות תעסוקה ועובדים, בתי חולים ומתמחים, ואולי גם מוצאים וטליתות. ומתברר שלבעיות מהסוג הזה יש תכונה מאד מיוחדת: יש להם פתרונות שאין שום דרך לתקוף אותם בזוגות (כלומר החלפה בין זוג לזוג לא תיתן משהו טוב יותר), ובכל זאת יש למשתתפים טענות כלפי הפתרון. זוהי טענה גלובלית ולא לוקלית.

ניתן לדמות זאת לבעיה אחרת של יציבות לוקלית וגלובלית. חשבו על תנועה של כדור על פני שטח טופוגרפי מגוון. עקרונית כדור כזה שואף להגיע למקום

[11] ראה הוכחה והסבר במאמר משפט הנישואים היציבים, באתר **לא מדויק**, מתאריך 7.12.2009.

בעל האנרגיה הפוטנציאלית הנמוכה ביותר (המקום הנמוך ביותר). אבל ייתכן מצב שבדרכו הוא ייכלא איכשהו בבור כלשהו שמכל צידיו יש קירות, ולא יוכל לצאת ממנו. זה מה שקרוי בשפה המתמטית "מינימום לוקלי". משמעות הדבר היא שבהסתכלות מקומית אין לו דרך עדיפה שבה עליו להמשיך לנוע. האם פירוש הדבר שזהו המקום הטוב ביותר גם בהסתכלות הגלובלית? האם שם הכי כדאי לו להיות? ודאי שלא. ממש מאחורי הקירות של הבור בו הוא לכוד, יכול להימצא בור עמוק הרבה יותר, ששם הפוטנציאל נמוך בהרבה (הרבה יותר כדאי לו להיות שם מבחינה אנרגטית). ובכל זאת אין לו שום דרך לראות זאת במבט לוקלי. השיקולים הלוקליים מראים שהמצב יציב ואין בעיה, אבל זה לא באמת המצב הגלובלי. כך גם במקרה של תובעים וטלית. ייתכן שהפתרון של אומן-משלר מהווה מינימום לוקלי, כלומר שכשנמצאים בו לא רואים דרך פשוטה לצאת ממנו (זה עדיף על פני כל מצב קרוב). האם פירוש הדבר שהיציבות הזאת היא גלובלית, כלומר שגם במישור הגלובלי אין פתרון טוב יותר? כפי שראינו, בהחלט לא.

נכון שבבעיות שידוכים נלקחות בחשבון גם ההעדפות של ה"סחורה" (=הטלית) ולא רק של ה"תובעים", אבל בכל זאת המקרה הזה מדגים את התופעה שקיום של דרישה כלשהי בזוגות (קיום לוקלי) לא מחייב שהיא תתקיים גם במישור הגלובלי.

טיעון נוסף נגד הצעת אומן-משלר

לסיום, נוסיף עוד היבט בעייתי בהצעתם של אומן ומשלר. נניח ששני התובעים הקטנים היו מצטרפים ויוצרים קואליציה. במצב כזה היו כאן בעצם שני תובעים שכל אחד תובע את כל הטלית (ראה במאמריהם של איש ירושלמי ושל רבל). הפתרון למצב כזה הוא כמובן שכל אחד מהם מקבל חצי ממנה. לכן ראובן היה יוצא עם חצי טלית, ושמעון ולוי מתחלקים בחצי השני וכל אחד מקבל רבע. קיבלנו בדיוק את התוצאה של אומן-משלר. אבל זה לא

סביר, שהרי אנחנו מדברים במצב בו אין קואליציה, ולא סביר שהפרטים משיגים את התוצאה שהיתה מתקבלת במקרה של קואליציה.

בעצם משמעות התוצאה היא שאנחנו רואים את שני התובעים הקטנים כאילו אין כלל ויכוח ביניהם. שמעון ולוי טוענים ששניהם הרימו יחד את הטלית וראובן הוא שקרן. אבל זה לא המצב במקרה שלנו, שהרי כל תובע כאן מתווכח עם שני האחרים. לא סביר שהתוצאה שמתקבלת היא אותה. נציג זאת מזווית שונה (במונחי המודל של סגל מהפרק הקודם). שמעון מוצג כאן במי שתובע רק את חלקו של ראובן ואת חלקו של לוי הוא מותיר ללוי. אבל כפי שראינו אצל סגל ההנחה המקובלת והסבירה היא שכל אחד תובע את כל חלקי הטלית.

בחלק הבא נראה שהגמרא עצמה דנה במצבים שבהם אחד התובעים מוותר לאחרים (האוקימתות בסוגיית כתובות). אבל כאן זה לא המצב, שהרי מי שטוען חציה שלי לא רמז אפילו שבכוונתו לוותר על חלקו לטוען חציה השני. הדיון כאן הוא רק בשאלה מהי האמת (כלומר מי באמת הרים את הטלית) ולא בשאלה על מה מוותרים. בדיון על חלוקת עיזבון (שיוצג בחלק השני) אפשר לדון האם אחד התובעים מוותר על חלק ממה שמגיע לו לטובת האחרים. אבל כאן הויכוח הוא רק בשאלה מה באמת מגיע לכל אחד ולא כמה כל אחד יקבל מתוך מה שמגיע לו.

הבעיה שהוצגה כאן היא בעלת אופי שונה משתי הקודמות. בבעיות הקודמות תהינו האם צדק בזוגות הוא מספיק כדי להגדיר צדק בכלל. לעומת זאת כאן אנחנו לא מקבלים את עצם הטענה שבהצעת אומן-משלר יש בכלל צדק בזוגות. טענתנו כאן היא שזה לא צדק בזוגות, שכן הצדק מושג כאן רק אם נבין שהתובעים הקטנים לא מתווכחים ביניהם אלא רק עם התובע הגדול. ברור שהצדק (גם אם הוא נבחן רק בזוגות) בשני המקרים הללו אמור לתת תוצאה שונה.

סיכום

ראינו את הצעתם של אומן-משלר, ונוכחנו שהיא סובלת מכמה אי סבירויות, הן במישור ההשוואה למהרי"ל דיסקין והן במישור של הצדק. כפי שהסברנו, יש קשר בין שני המישורים הללו, שכן הדרישה הבסיסית שלהם היא לצדק חלקי בלבד (צדק בזוגות), והיא שמובילה לשני האבסורדים האחרים בפתרון של אומן-משלר.

בפרק הבא נבחן הצעה שהיא וריאציה של פתרון תש"א חלקי, שלא סובל משתי הבעיות הללו.

פרק חמישי

וריאציה שלנו על שיטת אומן-משלר

מבוא

בפרק זה נציג פתרון תש״א אחר, שהוא וריאציה על הפתרון של אומן ומשלר לבעיה הכללית של n תובעים. נראה כאן שהאלגוריתם הזה ניתן לפתרון מפורש, מה שמוכיח באופן קונסטרוקטיבי את יחידותו של הפתרון. אנחנו נראה שהוא סביר יותר מהפתרון של אומן ומשלר, שכן הוא לא סובל מהבעיות שפגשנו בסוף הפרק הקודם. אמנם נצביע כאן גם מגבלה חשובה שלו, עצם קיום הפתרון. כפי שנראה, לא בכל המקרים יש פתרון כזה. אם הוא קיים אז הוא יחיד, אבל הוא לא בהכרח קיים.

וריאציה על תש״א שעומדת בדרישה המקדמית

כדי להבין את הרעיון, נחזור לרגע לווקטור התביעות בדוגמה של מהרי״ל: כולה-חציה-חציה. נניח שחלקו של ראובן הוא y, וחלקם של שמעון ולוי הוא x לכל אחד. כעת נדרוש שהיחס בין הנתחים שמקבלים כל שני תובעים יהיה תש״א במובן הפשוט ביותר: ראובן ושמעון יתחלקו ביחס של 3:1, וכך גם ראובן ולוי, ונתחיהם של שמעון ולוי יהיו שווים.

הדרישות שצריכות להתקיים במקרה כזה הן:

$$2x+y=1 \;\; ; \;\; y/x=3$$

הדרישה השמאלית היא התנאי שסכום הפתרונות הוא 1, והימנית היא הדרישה שהפתרון יהיה תואם שניים אוחזים (שהיחס בין הנתחים יהיה 3:1). לצורך ההמשך כדאי לשים לב שאלו שתי משוואות ליניאריות עם שני נעלמים:

$$2x+y=1 \;\; ; \;\; 3x-y=0$$

הפתרון הוא כמובן: $x=1/5$, $y=3/5$.
נציין שגם הפתרון הזה לא זהה לפתרון של מהרי"ל, שהרי במקרה של כולה-חציה-חציה יוצאת כאן חלוקה שונה משלו שהיתה, כזכור: (14/24,5/24,5/24). אבל, בניגוד להצעתם של אומן ומשלר קל לראות שמתקיימת כאן הדרישה המקדמית של מהרי"ל דיסקין: חלקו של התובע הנוסף לא בא רק על חשבונו של אחד משני התובעים האחרים. לעומת החלוקה (3/4,1/4) שמתקבלת במקרה של כולה-חציה, גם החלוקה הזאת נוטלת משהו מהטוען כולה ומשהו מזה שטוען חציה.

הצדקת המודל

ההבדל בין האלגוריתם הזה להצעתם של אומן ומשלר הוא שכאן אנחנו משתמשים באותו שבר של התביעה בכל חלוקה ועל כל צמד. למשל, במקרה של כולה-חציה-חציה, מבחינתנו ראובן ושמעון מתחלקים ביחס של 3:1, למרות שהם לא מחלקים ביניהם את כלל הטלית (אלא רק 4/5 ממנה). מבחינתנו ראובן תובע את כולה ושמעון תובע את חציה, גם כאשר דנים באותו חלק מהטלית שהם מחלקים ביניהם. אומן ומשלר במצב כזה היו רואים את שמעון כתובע 5/8 (מתוך ה-4/5) ולא כתובע 1/2.
ההיגיון בדרישה הזאת הוא בדיוק הניסיון להציע צדק שלם יותר מזה של אומן-משלר. בסוף הפרק הקודם ראינו שהבעיה היסודית בפתרון של אומן-משלר הוא שדרישת הצדק שלו היא חלקית. הם דורשים צדק בזוגות ולא צדק חלוקתי כללי. כאן אנחנו מציעים חלוקה שיש בה דרישה גלובלית ולא רק דרישה בזוגות. לכן לא פלא שהיא מקיימת את הדרישה המקדמית של מהרי"ל דיסקין. יתר על כן, כאן ודאי לא יתקבל פתרון שמתעלם מהבדלים בגובה הדרישות, כפי שראינו אצל אומן-משלר. שני אלו הם ביטויים לכך שנשמר כאן הצדק הגלובלי של שניים אוחזים, ולא רק צדק בזוגות.

הדרישות באלגוריתם שלנו וקיום הדרישה המקדמית

קל להראות שגם בשיטה הזאת הפתרון לכל ווקטור תביעות, אם הוא קיים אז הוא יחיד. יש לנו n נעלמים (הנתחים שמקבל כל תובע, q_i). מה שצריך להתקיים הוא המערכת של n המשוואות הבאות:

$$\sum_{i=1}^{n} q_i = 1 \quad ; \quad q_i/q_j=a_{ij} \ (i,j=1\dots n) \qquad (5.1)$$

כאשר המקדמים a_{ij} הם יחסי שניים אוחזים, שמתקבלים בתוך הפתרון של בעיות שניים אוחזים בין התובע i לתובע i. כלומר הם נקבעים על ידי ווקטור התביעות p_i. בעצם היחסים הללו הם היחסים בין פתרונות של הבעיה בת שני תובעים (יחסי שניים אוחזים), שאותה פתרנו בסוף הפרק הראשון. שם גם חישבנו את היחסים a (ראה שם בנוסחאות (1.3-1.7)[12], וכעת נוכל לעשות שימוש בתוצאות הללו.

האם יש משפט קיום?

קל מאד לראות שלא עבור כל ווקטור תביעות קיים פתרון כזה. הרי מספר המשוואות (5.1) גבוה בהרבה ממספר הנעלמים. המשוואות דורשות יחס תש״א בין כל צמד תובעים, ולכן מספרן הוא $\frac{n(n-1)}{2}$, ומספר התובעים הוא n. לדוגמה, אם יש לנו 3 תובעים יש לנו 3 משוואות. ואם יש לנו 4 תובעים יש 6 משוואות, וכן הלאה. לכן במקרה של 4 תובעים ומעלה, לא סביר שיהיה פתרון (אלא במקרה מוצלח שהמשוואות תלויות זו בזו.

---

[12] כדי לקבל את a_{ij}, יש להציב בנוסחאות שם את p_i במקום p_1, ואת p_j במקום p_2.

יתר על כן, גם במקרה של שלושה תובעים, שבו מספר המשוואות הוא כמספר הנעלמים, לא תמיד יש פתרון. כדי לראות זאת, נתבונן בווקטור תביעות (1,2/3,1/3) שאותו פתרנו בשיטות הקודמות.

נחשב את יחסי שניים אוחזים למקרה זה: $a_{13}=5$; $a_{23}=2$; $a_{12}=2$. תובע 1 מקבל פי 2 מתובע 2, ותובע 2 מקבל פי 2 מתובע 3, לכן תובע 1 מקבל פי 4 מתובע 3. אבל בפתרון שלנו היחס הוא 5 ($a_{13}=5$). מערכת המשוואות הזאת היא לא עקבית.

בעצם כדי שיתקיים כאן פתרון צריכה להתקיים עקביות, כלומר טרנזיטיביות של יחסי שניים אוחזים: אם דרשנו את היחס הזה בין i ל‑n, ובין j ל‑n, הוא יתקיים כמובן גם בין i ל‑j. המשוואה (5.1) היא הומוגנית, והשורות במטריצת המקדמים צריכות להיות תלויות זו בזו באופן מאד מסוים. אבל זה לא תמיד המצב. כפי שראינו בדוגמה כאן, יחס שניים אוחזים אינו טרנזיטיבי.

משמעות הדבר היא שאין אפשרות להשיג בבעיה של n תובעים צדק מלא. אם כן, אולי יש מקום לטענתם של אומן ומשלר שדי להם בצדק חלקי (צדק בזוגות). אבל כפי שראינו בסוף הפרק הקודם, הצדק שלהם מביא לשתי אי סבירויות שמהן לא נוכל להתעלם. האם יש אפשרות להציע צדק חלקי אחר שלא יסבול משני הפגמים הללו?

הצעה חלקית

כדי לקבל מושג על כיוון אפשרי, עלינו לשאול את עצמנו באלו מקרים כן יהיה פתרון עקבי כזה לבעיה. בדוגמה של כולה‑חציה‑חציה ראינו שיש פתרון והוא עקבי. הסיבה לכך היא שיש כאן שוויון בין שני תובעים, וניתן להוריד את מספר הנעלמים לשניים. היחסים a_{12} ו‑a_{13} נותנים את היחס a_{23}. זהו מקרה טרנזיטיבי.

ומכאן שאם נוריד את מספר המשוואות ל-n, ונעשה זאת באופן שישמור על טרנזיטיביות, נקבל פתרון לבעיה שלנו. אפשרות ראשונה היא לעשות הכל ביחס לתובע הגדול ביותר (אם יש תובע כולה שלי), באופן הבא:

$$\sum_{i=1}^{n} q_i = 1 \quad ; \quad q_i/q_n = a_i \ (i=1\ldots n-1) \tag{5.2}$$

כאשר המקדמים a_i הם היחסים בין התובע i לתובע n. משמעות הדבר היא שאנחנו דורשים כאן התאמת שניים אוחזים רק בין צמדים שמכילים את התובע הגדול (התובע n).

אם יש פתרון למערכת המלאה (5.1), כלומר אם היא עקבית, כי אז זה גם יהיה הפתרון שייצא מכאן. אבל אם למערכת המלאה אין פתרון, אזי הפתרון הזה יציע לנו לפחות צדק חלקי. כאן כבר יש רק n משוואות שבכל אחת מופיע משתנה אחר (לכן אין התנגשות ולא נוצרת שאלה של עקביות), וברור שהן עקביות.

תכונות של הפתרון בעל הצדק החלקי

פתרון למערכת הזאת, באם הוא ישנו, מקיים מעצם הגדרתו את הדרישה המקדמית לכל ווקטור של תביעות, זאת בניגוד לפתרון תש״א של אומן ומשלר. ההסבר לכך הוא פשוט מאד. אם יש n-1 תובעים, והם מחלקים ביניהם את הטלית בהתאם לאלגוריתם הזה, וכעת נוסף עוד תובע. מכיון שהיחסים בין התובעים הקודמים חייבים להישמר לפי שניים אוחזים, אבל הנתח של כל אחד מהם קטן (כי התובע החדש מקבל גם הוא משהו), אז בהגדרה ברור שכל אחד מהתובעים הקודמים נותן משהו מחלקו לתובע החדש. זוהי בדיוק הדרישה המקדמית של מהרי״ל. לכן הפתרון הזה סביר יותר מזה של אומן ומשלר.

יתר על כן, בפתרון הזה לעולם התובע הגדול יותר יקבל נתח גדול יותר. שהרי הדרישה כאן אינה תלויית חלוקה לזוגות אלא מדובר בדרישה על הנתחים הגלובליים. משמעות הדבר היא שגם אי הסבירות השנייה לא תופיע כאן.
אם כן, הפתרון הזה אמנם דורש רק צדק חלקי, אבל הוא לא סובל משתי האי סבירויות שמהן סבלה ההצעה של אומן-משלר. לכן לדעתנו יש להעדיף את הצדק החלקי הזה על פני הצעתם לצדק חלקי בזוגות. ניתן לומר שזהו בעצם הרציונל של ההצעה הזאת. היא משמרת את הדרישה המקדמית, וגם את היחס של שניים אוחזים בין כל שני תובעים. הסיבה לכך שכאן לא מופיעות האי סבירויות ההן היא שהצדק אותו אנחנו דורשים כאן הוא אמנם חלקי אבל גלובלי, שלא כמו דרישה לצדק בזוגות (שהוא צדק שמתמקד בתוך כל זוג לחוד).

משפט יחידות באלגוריתם שלנו: הוכחה קונסטרוקטיבית

בהצגה אחרת, יש כאן מערכת של n משוואות ליניאריות עם n נעלמים:

$$(5.3a)\quad \sum_{i=1}^{n} q_i = 1 \quad ; \quad (5.3b)\quad q_i - a_i \times q_n = 0 \quad (i=1\ldots n-1)$$

לכן סביר שיש לה פתרון יחיד (אלא אם יש תלות בין המשוואות). ניתן להוכיח את קיומו של פתרון יחיד מתוך מטריצת המקדמים (אלו ווקטורים לא תלויים ליניארית). בצורה אלגברית רואים זאת על ידי פתרון שמתקדם מנעלם לנעלם על ידי הליכה מהנוסחה אחרונה לזו שלפניה, ועוד לפניה עד הסוף.
אפשר אפילו לרשום פתרון מפורש למקרה הכללי, אם מתקננים את הנעלמים על ידי חלוקה של כל אחד מהם ב-q_n, ומגדירים נעלמים חדשים Q_i בצורה הבאה:

$$Q_i \equiv q_i/q_n = a_i \qquad (5.4)$$

כעת מוצאים את q_n בצורה הבאה:

$$\frac{1}{q_n}\sum_{i=1}^{n} q_i = \sum_{i-1}^{n-1} Q_i + 1 = \sum_{i-1}^{n-1} a_i + 1 = \frac{1}{q_n} \qquad (5.5)$$

ומכאן מקבלים:

$$q_n = \frac{1}{\sum_{i-1}^{n-1} a_i + 1} \qquad (5.6)$$

זהו מספר פשוט שניתן לחישוב מתוך הנתונים של הבעיה (ווקטור התביעות, ומשנת שניים אוחזים).

כעת הולכים אחורה בכל נוסחה ומוצאים את q_i לפי a_i ו-q_n. את q_n מצאנו למעלה (נוסחה 5.6). מתוכו ניתן כעת למצוא מיידית את כל ה-q_i בבת אחת כך (מתוך נוסחה 5.4):

$$q_i = a_i \times q_n \qquad (5.7)$$

כתבנו כאן באופן מפורש את הפתרון למקרה הכללי, ורואים שהוא קיים. מכיון שהוא פותר מערכת של n משוואות ליניאריות בלתי תלויות עבור n נעלמים (משוואות 5.2), ברור שהוא יחיד (מהמשפט היסודי של האלגברה).

שתי דוגמאות

ניטול כדוגמה את המקרה של מהרי"ל, כולה-חציה-חציה. ראשית, נסדר את התובעים בסדר הבא: ראובן(1)-שמעון(2)-לוי(3). מפתרון בעיות שניים אוחזים עבור כל הצמדים נקבל כאן את היחסים הבאים: $a_1=3$, $a_2=1$. מנוסחה (5.6) מקבלים: $q_3=1/5$. ומכאן נגלגל אחורה ונקבל לפי נוסחאות (5.7): $q_2=1/5$ ו-$q_3=3/5$. זהו בדיוק הפתרון שחושב קודם.

ומה לגבי המקרה בו עסקנו בפרק על מהרי"ל, כולה-כולה-חציה-חציה? גם כאן נסדר את התובעים לפי ראובן(1)-שמעון(2)-לוי(3)-יהודה(4). מכאן נחשב את יחסי שניים אוחזים: $a_1=3$, $a_2=3$. $a_3=1$. לאחר מכן נחשב את q_4:

$q_4=1/8$. ומכאן נקבל את הפתרון: $q_1= q_2=3/8$, $q_3=1/8$. כמובן שגם כאן זה לא יוצא כמו באלגוריתם של מהרי"ל, אבל זה מקיים את הדרישה המקדמית שלו.

סיכום החלק הראשון: חלוקת מציאה

עד כאן ראינו ארבע מתודות לפתור את הבעיה הכללית של n אוחזים בטלית. פתחנו בפרק השני בהצעתו של מהרי"ל דיסקין, והרחבנו אותה לאלגוריתם כללי. מתוכה גם חילצנו דרישות מקדמיות על סבירות של פתרונות בכלל, שיושמו כאן גם על ההצעות הבאות. נציין שהמתודה של מהרי"ל היא כנראה ההרחבה הנכונה לדין המשנה למקרה של n תובעים. שאר המתודות הובאו כאן להשוואה, ואולי יהיו להן יישומים במקרים שנפגוש בהמשך.

בפרק השלישי הצגנו את הצעתו של סגל שמתיימרת להוות הרחבה של המהרי"ל למספר כלשהו של תובעים, כאשר החישוב נעשה על בסיס תביעות בלי להתחשב בהודאות. הראינו שהחישוב הזה לא נותן את התוצאות הנכונות (של מהרי"ל) במקרה הכללי, והדמיון במקרה של כולה-חציה-חציה הוא מקרי. אמנם האלגוריתם הזה בהחלט יכול להיות רלוונטי בבעיות שבהן יש לערוך חישוב על סמך תביעות, כפי שנראה בהמשך הספר.

בפרק הרביעי הוצגה הצעתם של אומן ומשלר לפיה כל פתרון צריך להיות תש"א במובן שלהם. כלומר הנתח שמקבלים כל שני תובעים צריך להתחלק לפי משנת שניים אוחזים, כאשר מתרגמים את התביעות הכלליות לאחוזים מהנתח המדובר. ראינו שהם הוכיחו קיום ויחידות של הפתרון באלגוריתם שלהם.

אבל הראינו כאן שהפתרון הזה לא סביר משתי סיבות לפחות: 1. הוא לא מקיים את הדרישה המקדמית של מהרי"ל. 2. הוא גם לא מתחשב ביחס שונה בין התביעות, אלא רק בנתח שלגביו יש הודאה. הסברנו שיסוד אי הסבירות הוא בהנחת הצדק שלהם, שהיא בעצם דרישה לצדק בזוגות. לכן הצענו בפרק החמישי וריאציה על פתרון תש"א במובן פשוט וסביר יותר, שדורשת צדק גלובלי. לפי הצעתנו יש לחלק את כלל הטלית כך שהיחס בין כל שני נתחים q_i ו-q_j בפתרון יקיים את היחס של שניים אוחזים כאילו היו כאן

התביעות המקוריות על כלל הטלית. ראינו שלדרישת הצדק הגלובלי הזה אין פתרון בכמה מהמקרים, ולכן הצענו וריאציה שדורשת צדק חלקי. הראינו שהיא נותנת את הפתרון המלא במקרים בהם יש פתרון כזה, ושהיא מקיימת את שתי הדרישות המקדמיות של מהרי״ל דיסקין. את האלגוריתם האחרון ניתן לפתור באופן מפורש, וכך להראות באופן קונסטרוקטיבי קיום ויחידות של הפתרון. הראינו שהפתרון הזה לא סובל משתי הבעיות שעלו בהצעתם של אומן ומשלר בגלל שהצדק שנדרש בו הוא לא צדק בזוגות.

בכל אופן, ניתן לראות את מה שהערנו למעלה (גם אומן העיר זאת במאמרו), שההכללה של משנת שניים אוחזים אינה חד ערכית. הנחות יסוד שונות לגבי הפתרון נותנות פתרון שונה למקרה הכללי. ארבעת המתודות שהצגנו כאן הן הרחבות שונות של משנת שניים אוחזים, שכולן נותנות במקרה של שני תובעים את התוצאות של המשנה והתוספתא (זו דרישת הסף לפתרון).

חלק שני:
חלוקת עיזבון

בחלק זה של הספר נעסוק בחלוקת עיזבון. אנחנו נראה שהמתודות שמוצעות כאן הן שונות מאלו שפגשנו בחלק הקודם. הסיבה לכך היא שהנחות היסוד, ובעיקר המעמד של התובעים, בחלוקת עיזבון שונות מהנחות החלוקה במקרה של מציאה.

אומן ומשלר במאמרם המשותף טענו, ובצדק, שבסוגיא זו מדובר בעצם בשאלה כללית של חלוקת נכסים במצב של פשיטת רגל. אבל בניגוד לדברי הגמרא ולכל הראשונים, הם קשרו אותה לסוגיית שניים אוחזים (בעצם זה היה נושא המאמר שלהם). שניים אוחזים היה רק ברקע. כאן ננסה לבחון את סוגיית מי שהיה נשוי בכתובות, ולאחר מכן הקשר בינה לבין סוגיית שנים אוחזים שנדונה בחלק הקודם. מטרתנו בהמשך היא לבחון את השיטות השונות לחלוקת הנכסים, ולהבין אותן לאור מה שראינו עד כה. לבסוף ננסה להבין מדוע הגמרא והראשונים לא קושרים את הסוגיא הזאת לחלוקת טלית.

פרק שישי

סוגיית שלוש הכתובות

מבוא

בפרק הזה נציג את הסוגיא העיקרית שעוסקת בחלוקת עיזבון. סוגיית "מי שהיה נשוי שלוש נשים" בכתובות עוסקת באדם שמת ושלוש נשותיו תובעות את כתובתן מהעיזבון. אם העיזבון לא מספיק כדי לענות על כלל התביעות יש למצוא אלגוריתם לחילוק הנכסים לתובעות השונות. גם כאן כמו בחלק הקודם תוצאת החלוקה כמובן תהיה תלויה בגובה התביעות, אבל כפי שנראה היא כנראה שונה ממה שפגשנו בחלק הקודם.

סוגיית מי שהיה נשוי שלוש נשים

מקור הדברים הוא במשנת כתובות צג ע"א, שם אנו מוצאים את המקרה הבא:

מי שהיה נשוי שלש נשים ומת, כתובתה של זו מנה ושל זו מאתים ושל זו שלש מאות, ואין שם אלא מנה – חולקין בשוה. היו שם מאתים, של מנה – נוטלת חמשים, של מאתים ושל שלש מאות – שלשה שלשה של זהב. היו שם שלש מאות, של מנה – נוטלת חמשים, ושל מאתים – מנה, ושל שלש מאות – ששה של זהב.

כאמור, מדובר בשלוש נשים שתובעות את כתובתן מהעיזבון שלא מספיק לכולן. המשנה קובעת כאן כיצד מתבצעת החלוקה בשלושה מקרים שונים של גובה העיזבון.

כפח שמסביר רש"י, מנה הוא מאה דינרי כסף, ודינר זהב שווה 25 דינרי כסף. לפי זה, פסיקתה של המשנה בשלושת המקרים מוצגת בטבלה הבאה:

העיזבון	האישה (התביעה)	רחל (100)	לאה (200)	בלהה (300)
100		$33\frac{1}{3}$	$33\frac{1}{3}$	$33\frac{1}{3}$
200		50	75	75
300		50	100	150

טבלה 6.1 : הדינים במשנה

לא ברור מהמשנה מהו הרציונל שעומד בבסיס החלוקות הללו. להלן נראה שהגמרא לא מוצאת לזה הסבר מספק, ומציעה אוקימתות שונות לבאר את דיני המשנה.

חלוקה דיפרנציאלית

רש״י על המשנה מסביר את המקרה הראשון כך :

חולקות בשוה - שהרי כח שלשתן שוה בשעבוד מנה דבכולהו איכא מנה.

אם בעיזבון יש רק 100, כי אז כולן תובעות את כולו. לכן החלוקה שלהן היא בשווה. עד כאן זה דומה למה שראינו בחלק הקודם במשנת שניים אוחזים.

אבל במקרה של עיזבון של 200, רש״י מסביר :

היו שם מאתים - אין לבעלת מנה שעבוד אלא במנה ראשון אבל במנה שני אין שעבוד לשטרה של מנה.

שלש של זהב - שלשה דינרי זהב וכל דינר זהב עשרים וחמשה דינרי כסף כדאמר בהזהב (ב״מ דף מה:) ושל מאתים כחה שוה במאתים לבעלת שלש מאות שהרי מאתים משועבדים לשטרה.

העיקרון הוא של חלוקה דיפרנציאלית: על המנה הראשון כולן תובעות את כולו ולכן חולקות בשווה. המנה השני מתחלק בין לאה ובלהה, שהרי לרחל אין תביעה לגביו.

לפי העיקרון הזה הדין היה צריך להיות:

רחל: $33\frac{1}{3}$

לאה: $33\frac{1}{3}+50 = 83\frac{1}{3}$

בלהה: $33\frac{1}{3}+50 = 83\frac{1}{3}$

זה לא מה שרואים בשורה השנייה בטבלה. ואכן רש"י כאן מעיר שכבר הגמרא שואלת שהדין במשנה לא מבטא את העיקרון הזה. נראה זאת להלן בגמרא.

את המקרה השלישי במשנה רש"י מסביר כך:

היו שם שלש מאות – מנה ראשון משועבד לכולן והשני לבעלת מאתים ולבעלת שלש מאות והשלישי לבעלת שלש מאות לבדה.

שוב העיקרון הוא חלוקה דיפרנציאלית. מה שהיה צריך להתקבל כאן הוא:

רחל: $33\frac{1}{3}$

לאה: $33\frac{1}{3}+50 = 83\frac{1}{3}$

בלהה: $33\frac{1}{3}+50+100 = 183\frac{1}{3}$

גם זה לא מתאים לשורה השלישית בטבלה. רש"י שוב מציין שהגמרא כבר מקשה זאת, וגם בכך נעסוק להלן בגמרא.

הטבלה שמתקבלת לפי העיקרון של חלוקה דיפרנציאלית אמורה להיות הבאה:

העיזבון	האישה (התביעה)	רחל (100)	לאה (200)	בלהה (300)
100		$33\frac{1}{3}$	$33\frac{1}{3}$	$33\frac{1}{3}$
200		$33\frac{1}{3}$	$83\frac{1}{3}$	$83\frac{1}{3}$
300		$33\frac{1}{3}$	$83\frac{1}{3}$	$183\frac{1}{3}$

טבלה 6.2 : חלוקה דיפרנציאלית – הדינים שיוצאים מהמודל של רש"י

כפי שרש"י מעיר, הגמרא תנסה להסביר את ההבדלים בין הדינים במשנה (ראה למעלה בטבלה 6.1) לבין החלוקה הזאת (טבלה 6.3) שהיא הנכונה למקרה של שלוש כתובות. נראה זאת מייד.

שלושה שהטילו לכיס

המשנה מסיימת בדין נוסף :

וכן ג׳ שהטילו לכיס, פיחתו או הותירו כך הן חולקין.

רש"י מסביר שמדובר במקרה של שותפות עסקית. שלושה שותפים השקיעו כספים, אחד 100 אחד 200 ואחד 300, ועשו איתם עסקים והרוויחו. השאלה היא כיצד הם מחלקים את הרווחים.

רש"י כאן מסביר :

כך הן חולקין - כל אחד ואחד נוטל בשכר וההפסד לפי מעותיו.

הוא מסביר שהחלוקה היא לפי ההשקעה, כלומר ביחס של (1:2:3). משמעות הדבר היא : שישית, שליש וחצי.

אמנם לפי רש״י לא ברור מה ההשוואה שהמשנה עושה (״וכן״) בין המקרה של שלוש כתובות לשלושה משקיעים. החלוקה כאן היא לפי ההשקעה ואילו בכתובות החלוקה היא דיפרנציאלית.

ובאמת בתוד״ה ׳וכן׳, כאן, הסבירו:

וכן שלשה שהטילו לכיס - לא הוי ממש דומיא דרישא דהכא כל אחד נוטל לפי מעותיו.

לאחר מכן הביאו שר״ח מסביר אחרת:

ורבינו חננאל פי׳ דאבבא בתרייתא קאי.

במקרה השלישי במשנה יוצא שהחלוקה היא באמת ביחס התביעות (50,100,150), ושלושה שהטילו לכיס מושווה רק למקרה הזה. אמנם ההשוואה היא טכנית בלבד, שהרי במקרה השלישי של שלוש כתובות החלוקה יוצאת כך במקרה. ברור שאין במשנה עיקרון של חלוקה לפי יחס התביעות. עוד נראה זאת להלן.

מהלך הגמרא

הגמרא מתחילה מייד לברר את המקרה השני:

של מנה נוטלת חמשים, תלתין ותלתא ותילתא הוא דאית לה!

הקושיא מובנת: לפי עקרון החלוקה הדיפרנציאלית שקבע רש״י, רחל אמורה לקבל רק $33\frac{1}{3}$ ולא 50 כפי שהמשנה פוסקת.

על כך מתרץ שמואל:

אמר שמואל: בכותבת בעלת מאתים לבעלת מנה, דין ודברים אין לי עמך במנה:

הוא עושה אוקימתא במשנה, לפיה מדובר במקרה שלאה כותבת לרחל ויתור על המנה הראשון. אלא שלפי זה רק רחל ובלהה היו צריכות לחלוק את המנה הראשון, ואת המנה השני רק לאה ובלהה. גם זה לא נותן את הדין של המשנה.

ואכן הגמרא מייד שואלת זאת:

אי הכי, אימא סיפא: של מאתים ושל שלש מאות - שלש שלש של זהב, תימא לה: הא סלקת נפשך מינה!

החלוקה היתה אמורה להיות (50,50,100). זה מסביר רק את מנתה של רחל, אבל מנותיהן של לאה ובלהה לא ברורות לפי ההסבר הזה.

על כך עונה שמואל:

משום דאמרה לה: מדין ודברים הוא דסליקי נפשאי.

ומסביר רש"י:

מדין ודברים סליקת נפשאי - לא נתתי חלקי במתנה ומה שגבתה לא בשליחותי גבתה שתאמר לי נטלה זו חלקך אני סילקתי עצמי מלריב עמה ומלמעט חלקה במנה וגבר ידה לגבות חצי המנה בשעבוד שטרה עכשיו אני באה לחלוק עמך בנותר שלא סילקתי עצמי מלריב עמך ושעבודי ושעבודך שוים.

היא טוענת שהויתור לא היה על המנה, אלא ויתור אישי לרחל. לכן רחל מקבלת חצי מהמנה הראשון ולא שליש. כעת על כל השאר יש ויכוח של "כולה שלי" והן חולקות בשווה. לכן לאה ובלהה מקבלות כל אחת 75 (חצי ממה שנותר). נראה שגם רחל ויתרה על המשך הויכוח מבחינתה, ולכן היא לא ממשיכה לתבוע את שאר ה-50 שלא קיבלה מהנותר. היא משאירה זאת לשתי האחרות. הדברים לא לגמרי ברורים (ראה הערת תוד"ה 'דאמרה לה', ובתורי"ד על הדף כאן), אבל כאן לא נעסוק בבירור האוקימתות השונות אלא בדין העיקרי של הסוגיא (חלוקת העיזבון בלי ויתורים).

מה קורה במקרה השלישי? לכאורה צריך להיות מדובר באותה אוקימתא (ויתור של לאה לרחל), ולכן גם כאן רחל קיבלה 50 בגלל הויתור של לאה. מה שנותר הוא 250, ועל זה לאה תובעת 200 ובלהה את הכל. במצב כזה, מה שהיינו מצפים הוא שבלהה תקבל 50 שלאה הודתה לה עליהם, ואת שאר המאתיים הן תחלוקנה בשווה. מה מתקבל? בדיוק דין המשנה, כלומר: (50,100,150).

אבל הגמרא לא מקבלת זאת, ומקשה כעת על המקרה השלישי. מדוע לא? מפני שאם החלוקה היא דיפרנציאלית, אז אי אפשר להתייחס ל-250 הנותרים כתביעה של שני הנותרות בשווה. לאה תובעת רק את ה-150 הראשונים, וה-100 האחרונים נותרים לבלהה לבדה. אם חולקים באופן דיפרנציאלי, אז אי אפשר ליישם כאן את דין שניים אוחזים (בפרק הבא נדון ביחס בין הסוגיות).

כאמור, הגמרא כעת מקשה על המקרה השלישי, כלומר עיזבון של 300:

היו שם שלש מאות וכו'. של מאתים – מנה, שבעים וחמשה הוא
דאית לה!

ומסביר רש"י:

ע"ה הוא דאית לה – דהא כיון דאוקימנא בכותבת בעלת מאתים כו'
אין לה לחלוק מעתה אלא במאה וחמשים אבל במנה שלישי אין לה
כלום.

הוא מסביר שלאה ויתרה לרחל על 50, וכעת היא תובעת 150 (בדיוק כפי שראינו למעלה), ובזה היא חולקת עם בלהה שווה בשווה, אבל במנה השלישי אין לה כלום. לכן התוצאה היתה צריכה להיות: (50,75,175).

בכל אופן, כעת המקרה השלישי של המשנה לא מובן. כאן שוב מסביר זאת שמואל כך:

אמר שמואל: בכותבת בעלת שלש מאות לבעלת מאתים ולבעלת מנה
דין ודברים אין לי עמכם במנה.

ומסביר רש"י:

אמר שמואל – סיפא בכותבת בעלת שלש מאות כו' ובעלת מאתים
לא כתבה כלום הלכך מנה ראשון חולקות בעלת מאתים ובעלת מנה
ומנה שני חולקות בעלת מאתים ובעלת שלש מאות ומנה שלישי
כולה לבעלת שלש מאות.

מדובר במקרה אחר מזה הקודם. בעלת השלוש מאות מוותרת לשתיהן על המנה הראשון, ובעלת המאתיים לא מוותרת כלל. כך המנה הראשון מתחלק

בשווה בין רחל ללאה. המנה השני מתחלק בשווה בין לאה לבלהה, והמנה השלישי הולך כולו לבלהה. מה שמתקבל הוא: (50,100,150), וזהו בדיוק דין המשנה (ראה טבלה 1).

האוקימתא הבאה

כעת הגמרא מביאה שרב יעקב מציע הסבר אחר למשנה:

רב יעקב מנהר פקוד משמיה דרבינא אמר: רישא בשתי תפיסות, וסיפא בשתי תפיסות; רישא בשתי תפיסות - דנפלו שבעין וחמשה בחד זימנא, ומאה ועשרים וחמשה בחד זימנא, סיפא בשתי תפיסות - דנפלו שבעים וחמשה בחד זימנא, ומאתים ועשרים וחמשה בחד זימנא.

מדובר במצב בו היו שתי חלוקות בזו אחר זו. בתחילה בי"ד ידע על חלק אחד של העיזבון וחילק אותו בין התובעות. לאחר מכן מצאו עוד סכום, וכעת מחלקים גם אותו. מעניין שהתוצאה יוצאת שונה ממצב בו מחלקים את מלוא סכום העיזבון יחד.

רש"י כאן מסביר איך יוצאות התוצאות של המשנה (טבלה 6.1):

רבינא אמר - לא תוקמה בכותבת אלא בשתי תפיסות שתפסו מטלטלין לכתובתן ולא נמצאו להן מאתים בפעם אחת אלא בשתי פעמים.

דנפלו להן ע"ה בחד זימנא - ובאו לדון עליהם אמרינן להו חולקות בשוה שהרי שעבוד שלשתן על מנה.

ומאה ועשרים וחמשה בחד זימנא - בעלת מנה כבר גבתה כ"ה ובאת לריב על ע"ה הלכך ע"ה משועבדים לכולנה וחולקין אותן הרי ביד כל אחת חמשים והמותר אין לבעלת מנה חלק בו היינו דקאמר של מאתים ושל שלש מאות שלשה שלשה של זהב.

סיפא בשתי תפיסות כו' ומאתים ועשרים וחמשה בחד זימנא - ע"ה מינייהו יד כולן שוין בו ובעלת מאתים שלא גבתה בתפיסה ראשונה

אלא עשרים וחמשה באה לריב על שניה על קע״ה ופלגי ע״ה בין שלשתן ונמצא ביד כל אחת חמשים ומאה בין בעלת מאתים ובעלת שלש מאות וחצי מאה שנשאר כולה לבעלת שלש מאות נמצאת של מנה נוטלת חמשים ושל מאתים מנה ושל שלש מאות ק״נ שהן ששה דינרי זהב.

בכל אופן, לענייננו כל זה לא חשוב, שכן האלגוריתם הבסיסי שהגמרא מניחה הוא חלוקה דיפרנציאלית כמו שתיארנו (טבלה 6.2), שלפיו בכל פעם מחלקים את העיזבון שעומד לחלוקה לרמות שונות לפי התביעות. זה לא השתנה. נסכם כעת את האלגוריתם הדיפרנציאלי, שבהמשך הגמרא קובעת שהוא בעצם שיטת רבי נתן (ששנה את משנתנו. בהמשך תובא שיטת רבי שחולק עליו).

נעיר שבפרק הבא נבחן כיצד חולקים עיזבון בסכום שמעל 300 לפי שיטת החלוקה הדיפרנציאלית.

הסבר אומן-משלר למשנה

כבר הזכרנו שאומן ומשלר עסקו בחלוקת הכתובות ולא בחלוקת טלית. הם יוצאים מנקודת מוצא שהחלוקות במשנה מתאימות בדיוק לכלל תש״א, לפיו כל שני תובעים מחלקים את סכום שני הנתחים שלהם לפי החלוקה שהיתה מתקבלת ממשנת שניים אוחזים אם הם היו תובעים את הסך הזה (ראה פירוט בפרק הרביעי בחלק הראשון).

למשל, במקרה הראשון במשנה, שבו כולם תובעים את כל המנה – החלוקה בין כל שניים היא שווה. במקרה השני, רחל ולאה מקבלות יחד 125, כשרחל תובעת 100 ולאה 200. בהנחה שהטלית שבמחלוקת היא 125, אזי רחל מודה ללאה על 25, ואת שאר המאה הן חולקות, וכך רחל מקבלת 50 ולאה מקבלת 75. זהו בדיוק דין המשנה. וכך גם לגבי לאה ובלהה, שמקבלות יחד 150 ושתיהן תובעות את הכל, ולכן הן חולקות בשווה. קל לראות שגם בפסק המשנה לגבי מקרה השלישי מתקיימת הדרישה הזאת.

מכאן מסיקים אומן ומשלר שהפירוש במשנה הוא שיש לחלק את הכתובות לפי שיטת תש״א, כפי שפורטה בפרק הרביעי למעלה.

מקורות בראשונים לשיטת אומן-משלר

כאמור, הראשונים וכנראה גם הגמרא עצמה לא מקבלים זאת. נראה שהם מבחינים בין סוגייתנו לסוגיית טלית. ואכן סגל ופרלמן תוקפים את אומן ומשלר על הצעתם בביאור המשנה שעומדת בניגוד להבנת הגמרא במשנה, ובניגוד לשיטות הראשונים. הם טוענים שאין לכך מקורות בראשונים ושגם מסברא אין מקום להשוות בין הסוגיות. בפרק העשירי נעסוק ביחס בין שתי הסוגיות ומדוע יש הבדלים בשיטות החלוקה בשני המקרים. כאן נתמקד במקורות בראשונים שיכולים לתת סיוע לשיטת אומן ומשלר.

ראינו שלפחות לפי הרי״ף ורש״י והראשונים שנוטים אחריהם הגמרא מניחה ששיטת רבי נתן היא חלוקה דיפרנציאלית, ולכן היא מוצאת עצמה נאלצת להגיע אוקימתות להסביר את החלוקות של המשנה. בפרק ח של אומן1 מוצעות שתי אפשרויות להסביר זאת: 1. אכן, במקום שלא נוגע לדינא ניתן להסביר את המשנה בניגוד להבנת הגמרא. כך אכן עושה רס״ג (מובא בשו״ת **שערי צדק** ש״ד סי׳ נב ו**באוצר הגאונים** לכתובות עמ׳ 310)[13], שמצהיר שביכולתו לפרש את המשנה נגד הגמרא. אמנם הוא לא מסביר מהו הפירוש הזה, אך אומן מציע שזהו הפירוש שלהם. 2. להסביר את הגמרא עצמה בניגוד לרי״ף ורש״י. זה מה שאומן עושה בפרק ט של מאמרו, ע״ש ובאומן2 פרק ד סעיף 3.

באומן2 מובאים עוד מקורות בראשונים שמהם ניתן ללמוד שהבינו את המשנה לפי שיטת שניים אוחזים. ראשית, רב האי גאון שמובא ברי״ף הבין

---

[13] לדיון מפורט בשיטת רס״ג ובנוסח דבריו, ראה בסוף מאמרו של סולובייצ׳יק.

שיש לפרש את המשנה בשיטת שניים אוחזים (אמנם לא מופיע שם פירוט, האם כוונתו למתודה של אומן-משלר). אמנם הרי״ף מעלה אפשרות שהוא חזר בו, אך ראה דיון באומן2 פרק ו סעיף 2 ופרק ט. וכן באומן3 פרק ג סעיף 4 ופרקים ה-ז מובא שבירושלמי משתמע כשיטתם, וכן ב**שטמ״ק** כאן מובאת שיטה כזאת בשם רש״י במהדו״ק וריב״ן, וכן תלמידי רבנו יונה.

באומן3 פרק ד סעיף 4 (וכן באומן2 פרק יד) מובאת דעת הר״ח והרי״ד שלשיטתם רבי הבין שרבי נתן מסביר את המשנה כפשוטה, ולא לפי האוקימתות בגמרא. אם כן, גם שיטות אלו כנראה הבינו שהחלוקה הנכונה היא תש״א.

בשער השני אות יב של אומן2 (ראה גם תגובתו לסולובייצ׳יק באומן3) אומן חוזר ומבהיר שההסבר שלו למשנת כתובות הוא בשיטת רבי נתן שלא נפסקה להלכה, ולכן אין להקשות עליו מדברי מהרי״ל דיסקין שהסביר את הרחבת שיטת המשנה בב״מ לשלושה תובעים, שכן הוא עוסק בשיטת רבי שנפסקה להלכה. ראה על כך עוד בפרק העשירי.

סיכום: שני הסברים במשנתנו

בשורה התחתונה, עד כאן ראינו שתי שיטות בהבנת המשנה: רש״י והרי״ף ושאר הראשונים (וכנראה גם הגמרא), מבינים שהמשנה עוסקת במקרים מיוחדים, אבל החלוקה במקרה הרגיל היא דיפרנציאלית, כפי שתואר למעלה. אומן ומשלר מציעים הסבר אחר למשנה (ואולי גם לגמרא), לפי שיטת תש״א.

משנת רבי

בסוף הגמרא מובאת ברייתא שמסבירה שמשנתנו (כולל ההסברים של שמואל) נאמרה בשיטת רבי נתן, אבל רבי חולק עליו:

> ***תניא: זו משנת רבי נתן; רבי אומר: אין אני רואה דבריו של רבי נתן באלו, אלא חולקות בשוה.***

אם כן, כל מה שעשינו עד כאן, כלומר שני ההסברים למשנה (הראשונים
ואומן-משלר), היה בשיטת רבי נתן, שהוא ששנה את המשנה. אבל רבי חולק
על המשנה וסובר אחרת.

מה סובר רבי? מה פירוש שכולן חולקות בשווה? הראשונים חלוקים בהבנת
דבריו, ונראה זאת להלן. כאן רק נציין שלהלכה רוב הפוסקים מכריעים
כשיטת רבי ולא כרבי נתן. פותח בזה הרי״ף, שכותב כאן בסוף דבריו:

וטעמיה דרבי עדיף וטפי מסתבר הילכך הילכתא כוותיה.

ראה גם ברמב״ם ובתוד״ה 'רבי אומר', כאן, בשם ר״ח ועוד.

בפרק השמיני נסקור את שיטות הראשונים השונות בביאור שיטת רבי. אך
קודם נקדיש פרק לפירוט נוסף של השיטות בהבנת דעת רבי נתן והשלמת
התיאור של שיטת החלוקה הדיפרנציאלית.

פרק שביעי

חלוקה דיפרנציאלית של עיזבון גדול

מבוא

בפרק הזה נשלים את התיאור של שיטת רבי נתן. ראינו שלפי רוב הראשונים רבי נתן דוגל בחלוקה דיפרנציאלית, כלומר שכל מנה מתחלק לפי מספר התובעים שדורשים אותו. זה מסביר לנו את החלוקה עד עיזבון בגובה שלוש מאות (זו התביעה המקסימלית). השאלה שעולה כאן היא מה קורה לשיטתו כאשר סכום העיזבון גבוה משלוש מאות. בפרק זה נראה שלוש שיטות ראשונים כיצד להמשיך אותו לעזבונות בסכום שמעל התביעה הגבוהה ביותר. את האלגוריתמים והנוסחאות לכל שיטה נציג בפרק התשיעי.

לעצם הבעיה: כיצד חולקים עיזבון גדול יותר?

ראינו למעלה שלגבי חלוקת עיזבון, או פשיטת רגל, במקום שאין ויתורים או חלוקה לתפיסות שונות, שמואל מניח חלוקה דיפרנציאלית של העיזבון. כך הסבירו רש״י והרי״ף, וכך מסבירים גם כל שאר הראשונים. המשנה עוסקת במקרים מיוחדים שאינם מעניינו כאן.

האלגוריתם של החלוקה הדיפרנציאלית מעורר את השאלה כיצד חולקים עיזבון גדול יותר? למשל, אם הבעל המת הותיר 400. לכאורה אף אחת מהן לא תובעת את המנה הרביעי ולכן הוא נותר בידי היורשים. כלומר החלוקה היא כפי שראינו, והמנה האחרון נותר ליורשים, זאת למרות שהאלמנות לא קיבלו את מלוא כתובתן. זה נראה אבסורדי. מה יהיה הדין אם שתי אלמנות תובעות 100, והעיזבון הוא 200? לכאורה לפי האלגוריתם הזה הן חולקות את המנה הראשון, וכל אחת מקבלת 50 ממנו, ואילו את המנה השני אף אחת מהן לא תובעת, ולכן הוא נשאר ליורשים. ושוב, הן לא קיבלו את מלוא

תביעתן ויש בעיזבון כדי לתת להן, ובכל זאת לא נותנים. גם כאן זה אותו אבסורד.

כפי שנראה, כל הראשונים מסכימים עם פירוש רש"י והרי"ף לשיטת החלוקה הדיפרנציאלית של רבי נתן, אבל רק כאשר מדובר בעיזבון שמגיע עד גובה התביעה הגבוהה ביותר (300 במקרה של המשנה). כאשר העיזבון גבוה יותר, מצאנו שלוש שיטות בראשונים, כפי שנראה בפרק זה.[14] לדוגמה, במנה הרביעי - הרי"ף והראב"ד סוברים שרחל מקבלת $22\frac{2}{9}$, הר"ן סובר שהיא מקבלת $33\frac{1}{3}$, והרא"ה והריטב"א סוברים שהיא לא מקבלת מאומה.

חלוקת עיזבון גדול: שיטת הרי"ף והראב"ד

סביר להניח שכוונת שמואל היא שאחרי החלוקה לפי שיטתו, אם נשאר עוד סכום בעיזבון והן לא קיבלו את מלוא תביעתן, חוזרים על התהליך הזה שוב. למשל, אם שתיים תובעות 100 ויש בעיזבון 200, כל אחת מקבלת 50 מהמנה הראשון, ואחר כך יש מקרה חדש שבו כל אחת תובעת 50 (שעוד לא קיבלה) מהמנה שנותר (שעוד לא חולק), ושוב חולקים אותו בשווה. כך גם לגבי המקרה של העיזבון 400. אחרי שהן חלקו את שלושת המנים הראשונים כשיטת שמואל, כלומר ($183\frac{1}{3}$, $33\frac{1}{3}$, $83\frac{1}{3}$), ואחר כך יש בעיה חדשה של שלוש תובעות ($116\frac{2}{3}$, $66\frac{2}{3}$, $116\frac{2}{3}$) על המנה הנותר. וחוזר חלילה.

ואכן, הרי"ף כאן בסוף דבריו כותב זאת בפירוש:

---

[14] ראה על כך בקצרה באומן3 פרק ג סעיף 6.

אבל רבי נתן סבר דאזלינן בתר שיעורא זוטא דבכולהו דפלגי לה כולהו בשוה ומאי דפש מממונא חזינן מאי דשוו הנך תרתי בשעבודיה פלגי ליה ושארא שקלה ליה הך דאית לה טפי מכולהו עד דמטי שיעורא דמשתכח לשיעורא רבא דכולהו דהוא תלת מאה ואי איכא טופיינא על תלת מאה כגון דמשתכח ארבע מאה כיון דליכא בכולהו מאן דאית לה ארבע מאה פלגי להו לתלת מאה כדמעיקרא והך מאה יתירתא הדר ביה דינא לכדמעיקרא דחזינן (מאן) דשוו ביה כולהו להדדי ומשתעבד לכולהו פלגי ליה בשוה לפום מאי דפרישנא בסברא דידיה בפלוגתא קמייתא והכי נמי עבדינן עד דמשתכחי שית מאה דהוא כללא דממונא דכולהו ושקלא כל חדא מינייהו שיעורא דילה עד גמירא.

כך גם כותב הראב״ד כאן בהשגותיו לרי״ף. בפרק הבא נראה שלפי הראב״ד זוהי גם שיטת רבי, ונסביר את מחלוקתם.

הרי״ף כאן לא נותן את התוצאה של החשבון עבור 400 ו-500, אבל כן קובע שבעיזבון של 600 כל אחת נוטלת את מלוא תביעתה. החשבון הזה אינו פשוט כלל ועיקר שכן מדובר בטור אינסופי, אך במאמרם של אלטשולר[15] הם מוכיחים שאכן זוהי תוצאת החישוב עבור 600.

לסיכום, טבלת התוצאות לשיטת הרי״ף והראב״ד היא הבאה:[16]

---

[15] טור גיאומטרי אינסופי חבוי בשיטת הראב״ד, **בד״ד** 22, טבת תש״ע, עמ׳ 19.

[16] הטבלה לקוחה ממאמרם של אלטשולר, טבלה 2.

בלהה (300)	לאה (200)	רחל (100)	האישה (התביעה)	העיזבון
$33\frac{1}{3}$	$33\frac{1}{3}$	$33\frac{1}{3}$	100	
$83\frac{1}{3}$	$83\frac{1}{3}$	$33\frac{1}{3}$	200	
$183\frac{1}{3}$	$83\frac{1}{3}$	$33\frac{1}{3}$	300	
$222\frac{2}{9}$	$122\frac{2}{9}$	$55\frac{5}{9}$	400	
$262\frac{1}{2}$	$162\frac{1}{2}$	75	500	
300	200	100	600	

טבלה 7.1 : חלוקה דיפרנציאלית של עיזבון גדול לפי הרי״ף והראב״ד.

בפרק הבא נראה שזוהי גם שיטת הראב״ד בדעת רבי.

חלוקת עיזבון גדול: שיטת הרא״ה והריטב״א

כאמור, כאשר מדובר בעיזבון שמגיע עד גובה התביעה הגבוהה ביותר (300 במקרה של המשנה), הרא״ה והריטב״א מסכימים עם הרי״ף והראב״ד לשיטת החלוקה הדיפרנציאלית. אבל כאשר העיזבון גבוה יותר הם מציעים שיטה שונה.

וזו לשון הריטב״א בפירושו למשנת כתובות:

מתני׳ מי שהיה נשוי שלש נשים וכו׳ חולקות בשוה. פירוש כששלשתן יוצאין ביום אחד וסבר האי תנא דבתר שעבודא אזלינן ובשעבוד מנה כולן שוות וכך יש לבעלת מנה שעבוד במנה כמו

לבעלת אלף, אבל במה שיש יותר מכדי כתובה אין לה בו שתוף עם האחרות עד שיתפרעו האחרות, הלכך היו שם מאתים בעלת מנה משותפת במנה בלבד ובעלת מאתים ובעלת שלש מאות משותפות במנה השני בשוה, היו שם שלש מאות כולן משותפות במנה האחד ובמנה השני משותפות השתים כמו שאמרנו ובמנה השלישי אין בו כלום אלא לבעלת שלש מאות.

עד כאן הוא הסביר את החלוקה הדיפרנציאלית. כעת הוא עובר לדון בעיזבון גדול יותר:

וכן ביותר משלש מאות עד שתפרע בעלת שלש מאות שהיא עודפת על חברותיה ויחזור חסרונה שוה לחסרונן.

העיקרון הוא שמכאן והלאה ממלאים את חסרונן של התובעות הגדולות עד שהוא מגיע להיות כמו חסרונן של הקטנות יותר, ואז שוב מחלקים בשווה. הפירוט מוצע בדבריו כעת:

כיצד כשיש שם שלש מאות יש לבעלת מנה ל״ג ושליש ונשאר לה לגבות ס״ו ושני שלישים, ויש לבעלת מאתים פ״ג ושליש ל״ג ושליש מן המנה הראשון וחמשים מן המנה השני שחלקה עם בעלת שלש מאות ויחסר לה מכתובתה מאה וי״ז פחות שליש, ויש לבעלת שלש מאות מאה ופ״ג ושליש כי היא לבדה נטלה המנה השלישי ונשאר לה לגבות אח״כ מאה וי״ז פחות שליש, והרי חסרון בעלת מאתים ובעלת שלש מאות שוה, לפיכך אם היו שם ארבע מאות אותו מנה הרביעי נוטלות אותו בעלת מאתים ובעלת שלש מאות, ונמצא שיש לבעלת מאתים מאה ול״ג ושליש ונשאר לה לגבות ס״ו ושני שלישים ויש לבעלת שלש מאות מאתים ול״ג ושליש ונשאר לה לגבות ס״ו ושני שלישים, והרי חסרון כולם שוה שאף לבעלת מנה כן נשאר לגבות ס״ו ושני שלישים, מעתה כל מה שיהא בה יותר מארבע מאות חולקות אותו בשוה, וכן על הדרך הזה אם היו אלף נשים לפי דעת תנא דמתני׳.

אחרי החלוקה של ה-300 הראשונים, המצב הוא הבא: ($33\frac{1}{3}$, $83\frac{1}{3}$, $183\frac{1}{3}$).

התביעות שנותרו להן הן: ($66\frac{2}{3}$, $116\frac{2}{3}$, $116\frac{2}{3}$). כעת עוברים לחלוק את המנה הרביעי. אם חולקים אותו בשווה בין שתי התובעות הגדולות (לאה ובלהה), אזי כל אחת מקבלת עוד 50. הצעד הזה מביא אותנו למצב שהתביעה של כולן נותרת זהה: ($66\frac{2}{3}$, $66\frac{2}{3}$, $66\frac{2}{3}$). לכן רחל לא מקבלת מאומה מהמנה הרביעי. כל סכום מהעיזבון שנמצא מעבר למנה הרביעי מתחלק בין כולם בשווה כי תביעתן שווה.

הטבלה שמתקבלת לפי הריטב"א והרא"ה היא הבאה:

העיזבון	האישה (התביעה)	רחל (100)	לאה (200)	בלהה (300)
100		$33\frac{1}{3}$	$33\frac{1}{3}$	$33\frac{1}{3}$
200		$33\frac{1}{3}$	$83\frac{1}{3}$	$83\frac{1}{3}$
300		$33\frac{1}{3}$	$83\frac{1}{3}$	$183\frac{1}{3}$
400		$33\frac{1}{3}$	$133\frac{1}{3}$	$233\frac{1}{3}$
500		$66\frac{2}{3}$	$166\frac{2}{3}$	$266\frac{2}{3}$
600		100	200	300

טבלה 7.2: חלוקה דיפרנציאלית של עיזבון גדול לפי הריטב"א והרא"ה.

חלוקת עיזבון גדול: שיטת הר״ן

הר״ן על הרי״ף מסביר במשפט אחד את שיטתו:

ואילו היה שם ד׳ מאות הג׳ מאות חולקין על הדרך שכתבתי והמנה הד׳ חולקות בשוה שהרי במנה זה שעבוד כולן שוה:

לשיטתו מהמנה הרביעי והלאה כולן חולקות בשווה כי שעבוד כולן שווה בו. הוא בעצם מיישם את שיטת החלוקה הדיפרנציאלית הלאה, אבל לא לוקח בחשבון את הנתחים שכבר התקבלו. לכן מבחינתו שעבוד כולן שווה במנה הרביעי עד שיקבלו את מלוא תביעתן.

לשיטתו הטבלה שמתקבלת היא הבאה:

העיזבון	האישה (התביעה)	רחל (100)	לאה (200)	בלהה (300)
100		$33\frac{1}{3}$	$33\frac{1}{3}$	$33\frac{1}{3}$
200		$33\frac{1}{3}$	$83\frac{1}{3}$	$83\frac{1}{3}$
300		$33\frac{1}{3}$	$83\frac{1}{3}$	$183\frac{1}{3}$
400		$66\frac{2}{3}$	$116\frac{2}{3}$	$216\frac{2}{3}$
500		100	150	250
600		100	200	300

טבלה 7.3: חלוקה דיפרנציאלית של עיזבון גדול לפי הר״ן.

רואים שבמנה השישי רחל לא מקבלת מאומה כי תביעתה נשלמה.

סיכום והערה על הויכוח בין אומן ללויפר

לפי שתי השיטות הראשונות שראינו (שיטת הרי"ף והראב"ד ושיטת הרא"ה והריטב"א) החלוקה ממשיכה לאור התביעות שנותרו לכל אחת מהן אחרי שקיבלה את חלקה מהחלוקה הראשונית. בעיזבון של 300 ראינו שהתביעות של לאה ובלהה נותרו זהות ($116\frac{2}{3}$), ולכן מכאן והלאה הן מקבלות נתח שווה. אבל הר"ן מתעלם ממה שהן קיבלו בשלבים הקודמים, ורואה את התביעות כשונות רק ביחס לחלק הראשון בעיזבון. מ-300 והלאה התביעות של כולן שוות והן מתחלקות בשווה.

לויפר במאמרו טוען כנגד אומן ששעבודה של רחל נוגע לכל העיזבון, ולא רק למנה הראשון. באומן3 פרק ז סעיף 2 טוען אומן נגדו שהוא מוציא את דברי הראשונים מפשוטם, שכן רש"י והרי"ף ושאר הראשונים קובעים בפירוש שהשעבוד של כל תובעת מגיע רק עד גובה תביעתה.

אך לאור מה שראינו כאן עולה בבירור שלויפר צודק. אם אומן היה צודק, אזי אחרי חלוקת המנה הראשון רחל לא היתה ממשיכה לקבל מאומה משאר העיזבון, שהרי שעבודה לא נוגע אליו. אך כפי שראינו כאן, לכל שיטות הראשונים רחל ממשיכה לקבל, אלא שזה קורה רק בסכומים שמעבר ל-300. משמעות הדבר היא ששיטת החלוקה הדיפרנציאלית של שמואל אין פירושה שלתובעת המנה אין כלל תביעה על שאר העיזבון, אלא מדובר כאן רק בשיטת חלוקה. כוונת הראשונים אינה לומר שלרחל אין שעבוד מעבר למנה. גם הם מסכימים ששעבודה הוא על כל הממון, אלא שבשלב הראשון של החלוקה רואים אותה כאילו אין לה שעבוד מעבר למנה. אבל אחרי השלב הראשון היא חוזרת לחלוק עם האחרות. לכן ברור שבאופן עקרוני תביעתה נותרת בעינה והיא פונה כלפי כל העיזבון כל עוד לא חולק הכל וכל עוד לא התקבלו כל התביעות.

פרק שמיני

חלוקת עיזבון: שיטת רבי

מבוא

ראינו בסוף הפרק השישי שהגמרא מסיקה שמשנת כתובות נאמרה בשיטת רבי נתן, אבל ההלכה נפסקה כשיטת רבי. בפרק זה נברר את שיטות הראשונים השונות בדעת רבי.

שיטת רבי: הבנת רש״י והרי״ף

רש״י כאן מסביר את דברי רבי כפשוטם:

אבל הכא טעמא משום שיעבודא הוא וכל נכסיו אחראין לכתובתה הלכך שלש המנים משועבדין לבעלת מנה כשאר חברותיה עד שתגבה כל כתובתה לפיכך חולקות בשוה.

לשיטתו כל עוד התובעת לא קיבלה את מלוא תביעתה היא חולקת בשווה. לכן גם כשסכום העיזבון הוא 300 – שלוש התובעות חולקות אותו בשווה, וכל אחת מקבלת מנה. מה יקרה כאשר העיזבון יהיה גבוה יותר מ-300? הרי״ף שהולך בשיטת רש״י מסביר גם את פתרונו למקרה זה.[17]

הרי״ף פותח בשיטת הר״ח והגאונים (שתובא מייד להלן) שמסבירים בדעת רבי שהחלוקה היא לפי התביעות, ודוחה אותה בכמה טיעונים (ראה ב**הגהות חוו״י** על הרי״ף שדחה את דבריו). לאחר מכן הוא מביא את רב האי גאון שהתלבט ולבסוף הכריע כשיטת הר״ח:

---

[17] גם בפסקיו כאן, וגם ובפירוש בערבית מכת״י שמוזכר בסוף דבריו בפסקים. שני תרגומים שלו מובאים בדפוסים מתחת לפסקי הרי״ף.

ואף רבינו האי גאון ז״ל לא סבירא ליה האי מימרא דקמאי דמימרא פריכא הוא ועיין בה איהו נמי ומסתברא ליה על דרך שנים אוחזין בטלית והוה ס״ל הכי כמה שני ושמיע לן דהדר ביה מיניה לסוף שניה כד איגלי ליה דלא סליקא שמעתא כהוגן והדר ליה לסברא דקמאי דחולקין לפי מעות.

מעניין לציין שהוא מזכיר כאן חלוקה לפי משנת שניים אוחזים (ואולי כוונתו לפירוש של אומן-משלר ורס״ג), אבל בסוף הוא חוזר בו.

בהמשך הרי״ף כאן מציע את פירושו, שזהה לפירוש רש״י. הוא פותח בכך שמדובר בסוגיא בעייתית מאד:

הא מתני׳ וגמרא דילה שקלי וטרו בה קמאי ז״ל ולא סלקא להון כל עיקר וכיון דחזו דלא סליקא להו כהוגן הדרי לשקול הדעת ופסקי הלכתא דפלגין לפום ממונא וסמכי להאי סברא על מימרא דרבי דאמר אין אני רואה דבריו של רבי נתן באלו אלא חולקין בשוה וקא פרישו להא דא״ר חולקין בשוה שהוא לפי מעות והדין סברא כי מעיינת בה בגמרא משכחת לה פריכא ולא סליק אליבא דגמרא כל עיקר ולא אליבא דמתני׳ דבהדיא.

לאחר מכן הוא דוחה את פירושי הר״ח והגאונים ורה״ג, ומציג בביטחון מלא את הפירוש שלדבריו פותר את כל הבעיות:

ואנן עיינינן ביה טובא ואיגלי לן טעמיה שפיר בסייעתא דשמיא ופרישנא לה למתניתין ולגמרא דילה וברירנא עיקרא דילה מדברי רבותינו ז״ל בפירוש מעליא ומילי נהירין ולית בהון ספיקא וכד מעיינת בהון מתברר לך דודאי הוא דעתא דתנאי ואמוראי בלא ספק וליכא למיחש לחזור מיניה דאיהו דינא דקושטא והלכה למשה מסיני ופרישנא לה בלשון ערבי וכתיבנא ליה בסוף הדין מסכתא בהדי פירוש תרתי שמעתתא אחרנייתא מהאי מסכתא דחזינא בהו פירושי דלא סליקו ומשום הכי פרישנא להון וארוחנא בפירושיהן

לפום מאי דחזינן ומאן דמעיין בהו קאים על בוריהן ואפילו הכי חזינא למכתב מיניה הכא מאי דצריכנא ליה מחוורתא דשמעתא.

וכעת הוא מפרט את פירושו שלו:

ופסקא דדינא דמי שהיה נשוי שלש נשים ומת כתובתה של זו מנה ושל זו מאתים ושל זו שלש מאות ואין שם אלא מנה חולקות בשוה ושקלה כל חדא מינייהו תילתא דהוא תלתין ותלתא ותילתא כדקתני במתניתין וליכא מאן דפליג בהאי בבא (בהא) אבל היו שם מאתים או שלש מאות בהני תרתי בבי פליגי רבי ורבי נתן דרבי נתן סבר חד מנה מינייהו פלגי בשוה כדמעיקרא דליכא מינייהו מאן דאית ליה בציר מחד מנה והוה ליה שעבודא דכולהו בהאי מנה וקאתי בהדי הדדי הילכך פלגי להו כולהו בשוה וכד שקלה האי דאית לה מנה מנתה דילה מהאי מנה איסתלקא לה ולית לה במנה תנינא ותליתאה ולא מידי משום דלית לה בהון שעבודא והאי מנה תנינא פלגי ליה דאית לה מאתים ודאית לה תלת מאה בשוה דמשעבד לתרוייהו וכד שקלה הך דאית לה מאתים ממנה תנינא פלגא דידה איסתלקא לה מהאי מנה תליתאה לגמרי דלית לה בגויה שעבודא ושקלא ליה דאית לה תלת מאה לחודה דלדידה משתעבד הדין הוא סברא דר' נתן.

עד כאן הוא הסביר את סברת רבי נתן שהחלוקה היא דיפרנציאלית. כעת הוא עובר להסביר את שיטת רבי:

וקאמר רבי אין אני רואה דבריו של ר' נתן באלו דאינון תרי בבי דסיפא היו שם מאתים היו שם ג' מאות אלא הני נמי חולקות בשוה וכל חדא מינייהו שקלה מאה הואיל וכל חדא וחדא מינייהו לית לה בציר ממאה כסברא דרבי נתן בבבא קמא והוא הדין בהיות שם מאתים דכל חדא וחדא מינייהו לא מטי לה שעבודא דילה.

עד כאן זה ממש כדברי רש"י. וכעת הוא ממשיך ומסביר מה עושים כשיש בעיזבון 400:

ואי איכא ארבע מאה פלגין תלת מאה מינייהו בשוה דשקלה כל חדא מינייהו מאה ומאה יתירא פלגי לה דמאתים ותלת מאה בשוה דכבר אסתלקא לה דמנה ולא פש לה מידי וכן נמי אי איכא חמש מאה פלגי כולהו לתלת מאה בשוה ומאתים יתירתא פלגי ליה תרוייהו בשוה ואי אשתכח בתר הכי מידי שקלה ליה הך דאית לה תלת מאה ואי לא לא הדין סברא דרבי דסבר דאזלינן בתר מאי דשוו להדדי דכל היכא דכי פלגינן בינייהו בשוה לא מטי לחדא מינייהו טפי מדילה פלגינן בינייהו בשוה והכי עבדינן עד דמטי לחדא מינייהו שיעורא דאית לה וכד מטי לה שיעור מאי דאית לה מסלקינן לה ומאי דפש בתר הכי פלגי ליה הנך עד דמטי נמי לחדא מינייהו מאי דאית לה ומאי דפש שקלא ליה היאך עד דמשתלמא כל מאי דאית לה.

הוא מסביר שאת ה-300 הראשונים חולקים בשווה (מנה לכל אחת), ומשעה שרחל קיבלה את המנה שתבעה היא מסתלקת. השאר מתחלק בשווה בין לאה לבלהה, עד שלאה מקבלת את ה-200 שתבעה. מכאן והלאה הכל ניתן לבלהה, עד שהיא מקבלת את מלוא תביעתה.

הטבלה שמתקבלת לפי הרי״ף ורש״י היא:

העיזבון	האישה (התביעה)	רחל (100)	לאה (200)	בלהה (300)
100		$33\frac{1}{3}$	$33\frac{1}{3}$	$33\frac{1}{3}$
200		$66\frac{2}{3}$	$66\frac{2}{3}$	$66\frac{2}{3}$
300		100	100	100
400		100	150	150
500		100	200	200
600		100	200	300

טבלה 8.1: שיטת רבי לפי הרי״ף ורש״י

ובאופן כללי יותר, אם יש לנו n תובעות על סכום P, כשכל תובעת i תובעת p_i, החלוקה היא כדלהלן: הסכום של np_i הראשון מתחלק p_i לכל אחד. הסכום הבא מתחלק ל-$(n-1)$ תובעים, עד שמגיעים ל-$(P-np_i)$. הסכום הבא מתחלק ל-$(n-2)$ תובעים וכן הלאה. זה בהנחה שכל תביעה p_i שונה מ-p_j. אם הם שווים אז החלוקות נעשות בקפיצות של קבוצות בהתאמה.

שיטת רבי: הבנת הר״ח והגאונים

בתוד״ה 'רבי אומר', כאן, מובאת שיטת ר״ח שחולק על רש״י:

רבי אומר אין אני רואה דבריו של ר' נתן באלו אלא חולקות בשוה - פי' ר״ח קי״ל בהא הלכתא כרבי ואי אפשר להעמיד דבריו בזמן

שיש שם שלש מאות חולקות בשוה בעלת מאה מאה ובעלת מאתים מאה ובעלת שלש מאות מאה לפי שמדת הדין לוקה בזה אלא העמידנו דברי רבי שאמר שחולקות בשוה כל מנה ומנה נוטלות בשוה הלכך חולקין כל עזבון המת בששה חלקים של מנה נוטלת חלק אחד ושל מאתים שני חלקים ושל שלש מאות ג׳ חלקים כל אחת נוטלת לפי מעותיה עד שתפרע כל אחת כתובתה כי זה דין צדק.

הר״ח חולק על רש״י, שכן לטענתו לפי דרכו של רש״י מידת הדין לוקה. לכן הוא מפרש את כוונת רבי אחרת, שהן חולקות לפי ערכי התביעות, ביחס של (1:2:3), כלומר שישית-שליש-חצי.

כעת ממשיך ר״ח ומסביר את שיטת רבי:

וזה שאמר רבי אין אני רואה דבריו באלו בבבא דרישא ובבבא דמציעא אבל בסיפא דתנן היו שם שלש מאות של מנה נוטלת חמשים ושל מאתים מנה ושל שלש מאות ששה של זהב לא חלק רבי אלא בין בתפיסה אחת בין בשתי תפיסות כך הוא הדין כל אחת לפי מעותיה.

לפי הבנת הר״ח, רבי לא חולק על רבי נתן בסיפא של המשנה (כלומר על המקרה השלישי), שהרי זה בדיוק יוצא לפי יחס התביעות. הוא חולק על רבי נתן רק בשני המקרים הראשונים. נעיר שלפי רש״י רבי חולק על רבי נתן גם במקרה השלישי, שכן לפי רבי הן חולקות בשווה ולא כמו שקובעת המשנה (שהולכת בשיטת רבי נתן).

בהמשך דבריו תוס׳ מביא שתי ראיות להבנת הר״ח, ואנו נדון בהן בפרק הבא. נציין שגם כמה מהגאונים הולכים בשיטה זו. כאמור, הרי״ף כאן מביא את השיטה הזאת ומקשה עליה (אך יש ליישב את קושיותיו).

החישוב הכללי בשיטה זו הוא פשוט מאד. כל עיזבון, יהא גובהו אשר יהא, מתחלק בפרופורציה לתביעות. לדוגמה, במקרה שלנו כל עיזבון מתחלק בפרופורציה של (1:2:3).

שיטת רבי: הבנת הראב״ד

שיטה שלישית בהבנת דעת רבי מופיעה בהשגות הראב״ד על הרי״ף בסוגייתנו. הוא פותח בביקורת על דברי הרי״ף, ובפרט על קושיותיו על שיטת הר״ח והגאונים. לאחר מכן הוא מציע הסבר אחר בשיטת הגאונים, ובעצם זוהי שיטתו שלו. כבר הזכרנו שלפי הראב״ד יוצא שרבי לא באמת חולק על רבי נתן, והחשבון שיוצג כאן שייך לשניהם.

וזו לשון הראב״ד:

> ***ואני אברהם עפר ואפר תחת כפות רגליהם אלמד בו שיהיו דבריהם קיימים ולא נאמר כי חולקות בשוה הוא לפי מעות אלא שיש בחלוקה הזאת חלוקה בשוה וחלוקה לפי מעות כי עד מקום ששעבודן שוה חלוקתן שוה וממקום שעבודן ולמעלה נוטלת היתרה לפי יתרון מעותיה וזה היה דעת הגאונים שאמרו כי מה שאמר דחולקות בשוה הוא לפי מעות כלומר שיש בה חלוקה שוה וחלוקה לפי מעות על הדרך שפירשתי. ולהוציא מן הפי׳ שפירש בה הרב ז״ל שאמר חולקות בשוה ממש וכשיש שם מאתים או ג׳ מאות כל א׳ וא׳ נוטלת שליש הממון. והרב ז״ל שבח זה הפי׳ והגיע אותו עד הלכה למשה מסיני. ואמת וברור שאין הדעת מקבלו ואין השכל מודה עליו אבל הוא כדברי הגאונים ז״ל.***

עד כאן הוא מסביר שפירושו בשיטת הגאונים הוא שיטת ביניים בין שיטת רבי נתן ללא הויתורים (חלוקה דיפרנציאלית, שמכונה אצלו חלוקה לפי שעבודים) להסבר התוס׳ בר״ח בשיטת רבי (שהחלוקה לפי מעות). אלא שכפי שנראה, במקרה ללא הויתורים השיטה הזאת יוצאת בדיוק כשיטת רבי נתן, ולכן עולה כאן השאלה מה מחלוקת רבי ורבי נתן לפי פירושו של הראב״ד.

הראב״ד עצמו מסביר זאת כעת כך:

> ***וא״ת א״כ מה בין דברי רבי נתן לדברי רבי הלא גם רבי נתן על הדרך ההוא הולך לולי הכתיבות והתפיסות ששנו את החלוקה כי הכתיבה***

יכולה היא שתאמר מדין ודברים סליקי נפשאי כמו שיכולה לומר למי שלא כתבה כך היא יכולה לומר למי שכתבה לה גם התפיסות כיון שהשדות מוחכרות או מושכרות היו אף על פי שלא נתגלה להם בנפילה הראשונה כי אם אחת אין חלוקתן משתנה הואיל ומשועבדות הן לכתובתן ורבי נתן סבר כי אמרינן מדין ודברים סלוקי נפשאי ה"מ כשיש לו זכות באותה שדה אבל הכא שעבודא בעלמא הוא וכעין מחילה היא ויכולה לומר לזו מחלתי ולזו לא מחלתי

הוא מסביר שרבי אכן מסכים לרבי נתן בחלוקה ללא ויתורים. הוא חולק עליו רק במצב בו יש ויתור. רבי סובר שגם אם יש ויתור או תפיסות שונות עדיין החלוקה נעשית באופן הדיפרנציאלי. רבי נתן סובר שלא, ולכן הוא מסביר את המשנה באוקימתות הללו. רבי באמת חולק על המשנה, כי גם במצב בו יש ויתורים אין לכך השפעה על החלוקה.

כעת הראב"ד מסכם את פסק ההלכה:

מ"מ הלכה כרבי כדעת הגאונים גם הרב ז"ל השוה עמהם ופסק כרבי.

ועכשיו הוא מפרט את שיטתו בחלוקת העיזבון:

ועתה לדעת רבי כדברי הגאונים ז"ל כשיש שם מנה או מאתים או ג' מאות כבר פירשנו כי עד מקום ששוה שעבודן תשוה חלוקתן אבל כשהיו שם ד' מאות או יותר לא נתפרש איך תהיה חלוקתן עתה אפרש כי בודאי עד ג' מאות כח השלישית יפה מכלן כי היא אומרת כל אלה שעבודיהם ובעלת המנה חולקת עמהם במנה הא' מפני ששעבודה גם הוא עליו וכן בעלת המאתים עד מאתים ומשם ולהלן אין להם שעבוד ואין להם חלק במנה השלישי אבל עכשיו שיש שם עוד מנה רביעי כולן חוזרות עמה לחלוקה באותו מנה לפי שאין שעבודה מג' מאות ולמעלה יותר מחברותיה. עתה נחשוב כמה נטלו בשלשת המנים ומה שחסרו מתפיסתן חוזרות ונוטלות באותו המנה

> ***הד׳ עד מקום שהגיע שיעבודם והנה בעלת המנה מגיע שעבודה באותו מנה עד שיתין ושיתא ותרי תילתי לפי שנוטלת במנה הראשון תלתין ותלתא ותילתא ועד כאן חולקות בשוה עמהם ומשם ועד השלמת המנה חולקות בעלת מאתים ובעלת ג׳ מאות בשוה. וכן אם היו שם ה׳ מאות על זה הדרך הן חולקות כי מג׳ מאות ולמעלה כלן חוזרות לחלוק עמה זו עד מקום הגעת שעבודה להשלמת חסרון גבייתה מן הגבוי הראשון וזו עד מקום הגעת שעבודה להשלמת חסרון גבייתה מן הגבוי הראשון וזו עד מקום שעבודה להשלמת הגבוי הראשון. והדרך הזו מבואר ואין בו ספק וכשיהיו שם ו׳ מאות כבר מצאו כלן כל שעבודיהן זו נוטלת מנה וזו מאתים וזו ג׳ מאות.***

בעיזבון עד גובה 300 החלוקה היא כפי שראינו בשיטת רבי נתן (במנה הראשון חולקות כולן, בשני רק לאה ובלהה, ואת השלישי נוטלת בלהה). משם והלאה החלוקה ממשיכה באותה דרך כאילו יש כאן בעיה חדשה, בדיוק כפי שראינו למעלה בשיטת רבי נתן (כפי שגם הסביר הרי״ף שהבאנו). גם הראב״ד קובע (כמו שראינו ברי״ף בשיטת רבי נתן) שבעיזבון של 600 החלוקה היא שכל תובעת מקבלת את מלוא תביעתה. מייד נשוב לפרטי החישוב בכל המקרים. הראב״ד מסכם:

> ***זה הוא הדין הישר בדעת הגאונים ז״ל בין לרבי בין לר׳ נתן כשאין שם כתיבות ותפיסות אחרות. וזה הדרך טוב מאד שלא להפליג בין רבי לר׳ נתן בעיקר הדין.***

כלומר כשאין ויתורים או תפיסות שונות גם רבי וגם רבי נתן מסכימים לחלוקה הדיפרנציאלית. כשיש ויתורים או תפיסות שונות, רבי נתן סוטה מזה ורבי לא. כך אין ביניהם ויכוח על עיקר הדין. אומן, בפרק ט של מאמרו ב**מוריה** נתלה בהסבר זה של הראב״ד כדי לבאר את מהלך הגמרא (לא כרש״י והרי״ף) כך שפירושה למשנה ייצא כשיטתו (חלוקת תש״א), ע״ש.

חישוב החלוקה בשיטת רבי נתן ובהבנת הראב״ד בשיטת רבי

ראינו שבעיזבון של 300 ומטה החלוקה היא פשוטה. מעבר לזה, אנחנו פותחים בעיה חדשה, עם תביעות חדשות (כשמהתביעות המקוריות יורד מה שהתקבל עד כה), וחוזר חלילה. זהו חישוב בעל מספר צעדים אינסופי, ולא ברור האם הוא מתכנס ולאן. גם הרי״ף בשיטת רבי נתן וגם הראב״ד בשיטת רבי קובעים שבעיזבון של 600 החלוקה היא שכל תובעת מקבלת את מלוא תביעתה. הרי״ף והראב״ד לא מוכיחים זאת, אבל כבר הזכרנו שעמוס ונתנאל אלטשולר במאמרם הוכיחו את הדבר.[18] כאן נציג את החישוב לכל סכום של עיזבון P (עד גובה סכום התביעות. אם P גדול מסך התביעות אז אין קונפליקט) ולכל ווקטור תביעות p_i. נעיר שבמאמרם של אלטשולר הם מוכיחים שכל עוד P גדול מסך התביעות מספר צעדי החישוב (השלבים) הוא סופי, ולכן ניתן לביצוע על ידי מחשב. כאשר P מגיע בדיוק לסך התביעות מדובר במספר צעדים אינסופי, אבל הם מוכיחים שהטור הזה מתכנס לפתרון שכל תובע מקבל בדיוק את תביעתו, כצפוי וכפי שקבעו אינטואיטיבית גם הראב״ד והרי״ף (ראה לעיל).

אם נשים לב, הראב״ד עצמו עושה באופן מפורש את החישוב על המקרה של עיזבון בגובה 400. החישוב שלו מורכב משני שלבים:

<u>שלב א</u>: ה-100 הראשונים מתחלקים בשווה בין שלושתן, המאה השנייה מתחלקת בין לאה ובלהה, והמאה השלישית ניתנת לבלהה. זוהי התוצאה שמקבלים בשיטת רבי נתן על עיזבון בגובה 300: ($183\frac{1}{3}$,$33\frac{1}{3}$,$83\frac{1}{3}$).

[18] מאמרם מכיל גם את היסודות של החישוב הכללי.

כעת על המנה הרביעי, נותרו לכל אחת לפי הסדר התביעות הבאות: ($116\frac{2}{3}$, $66\frac{2}{3}$, $116\frac{2}{3}$).

<u>שלב ב</u>: את הסכום של $66\frac{2}{3}$ בגובה התביעה של רחל, מחלקים בשווה בין שלושתן, וכל אחת מקבלת מתוכו $22\frac{2}{9}$.

הסכום שנותר לחלוקה מתוך המנה הרביעי הוא $33\frac{1}{3}$, והוא מתחלק בשווה בין לאה ובלהה, שכן שתיהן דורשות את כולו. כל אחת מקבלת עוד $16\frac{2}{3}$.

מה שהן קיבלו עד כה הוא:

רחל: $33\frac{1}{3}+22\frac{2}{9}=55\frac{5}{9}$

לאה: $83\frac{1}{3}+22\frac{2}{9}+16\frac{2}{3}=122\frac{2}{9}$

בלהה: $183\frac{1}{3}+22\frac{2}{9}+16\frac{2}{3}=222\frac{2}{9}$

שלושת הנתחים הללו מסתכמים בדיוק ל-400, ולכן בזאת הסתיימה החלוקה.

כאשר העיזבון הוא 500, השלב הראשון נעשה באותה צורה, ושלושתן מקבלות: ($183\frac{1}{3}$,$33\frac{1}{3}$,$83\frac{1}{3}$). בשלב השני נותרו לנו במקרה זה 200

לחלוקה, כאשר התביעות לגביו הן בדיוק כמו במקרה הקודם: ($116\frac{2}{3}$, $66\frac{2}{3}$, $116\frac{2}{3}$).

סכום התביעה של רחל $66\frac{2}{3}$ מתחלק בשווה בין שלושתן, וכל אחת מקבלת מתוכו $22\frac{2}{9}$. שאר ה-50 מתחלק בשווה בין לאה לבלהה, וכל אחת משתיהן מקבלת 25.

מה שהן קיבלו עד כה הוא:

רחל: $33\frac{1}{3}+22\frac{2}{9}=55\frac{5}{9}$

לאה: $83\frac{1}{3}+22\frac{2}{9}+25=130\frac{5}{9}$

בלהה: $183\frac{1}{3}+22\frac{2}{9}+25=230\frac{5}{9}$

בינתיים חילקנו $416\frac{2}{3}$, ונותרו לנו $83\frac{1}{3}$ לחלוקה.

התביעות שלהן כרגע הן: ($69\frac{4}{9}$, $44\frac{4}{9}$, $69\frac{4}{9}$).

<u>שלב ג</u>: התביעה של רחל בגובה $44\frac{4}{9}$ מתחלקת בשווה בין שלושתן, כלומר לכל אחת נוסף עוד $14\frac{22}{27}$. עוד 25 מתחלק בשווה בין לאה לבלהה, כלומר לכל אחת מהן נוסף עוד: $12\frac{1}{2}$.

כעת יש לכל אחת מהן:

$$\text{רחל} : \quad 70\frac{10}{27} = 14\frac{22}{27} + 55\frac{5}{9}$$

$$\text{לאה} : \quad 157\frac{47}{54} = 12\frac{1}{2} + 14\frac{22}{27} + 147\frac{2}{9}$$

$$\text{בלהה} : \quad 257\frac{47}{54} = 12\frac{1}{2} + 14\frac{22}{27} + 247\frac{2}{9}$$

שלושת הנתחים הללו מסתכמים ל- $486\frac{1}{9}$, ולכן נותר לנו לחלוקה עוד $13\frac{8}{9}$.

התביעות שלהן כעת הוא : ($42\frac{7}{54}$, $29\frac{17}{27}$, $42\frac{7}{54}$).

<u>שלב ד</u> : מכיון שעל השארית כולן תובעות את הכל, הן מתחלקות בשווה,

כלומר לכל אחת נוסף עוד $4\frac{17}{27}$.

התוצאה הסופית היא :

$$\text{רחל} : \quad 75 = 4\frac{17}{27} + 70\frac{10}{27}$$

$$\text{לאה} : \quad 162\frac{1}{2} = 4\frac{17}{27} + 157\frac{47}{54}$$

$$\text{בלהה} : \quad 262\frac{1}{2} = 4\frac{17}{27} + 257\frac{47}{54}$$

אם נוסיף את התוצאה שבעיזבון 600 כל אחת מקבלת את מלוא תביעתה,
נקבל עבור שיטת רבי נתן והראב"ד ברבי את הטבלה הבאה :

117

בלהה (300)	לאה (200)	רחל (100)	האישה (התביעה)	העיזבון
$33\frac{1}{3}$	$33\frac{1}{3}$	$33\frac{1}{3}$	100	
$83\frac{1}{3}$	$83\frac{1}{3}$	$33\frac{1}{3}$	200	
$183\frac{1}{3}$	$83\frac{1}{3}$	$33\frac{1}{3}$	300	
$222\frac{2}{9}$	$122\frac{2}{9}$	$55\frac{5}{9}$	400	
$262\frac{1}{2}$	$162\frac{1}{2}$	75	500	
300	200	100	600	

טבלה 8.2: שיטת רבי ורבי נתן לפי הראב"ד

פרק תשיעי

חנוכיות ואלגוריתמים לכל שיטות החלוקה

מבוא

בשני הפרקים האחרונים ראינו שש שיטות חלוקה שונות של עיזבון, כאשר ארבע מהן נאמרו בדעת רבי נתן ושלוש בדעת רבי (אחת מהן זהה):

1. שיטת הרי״ף ורוב הראשונים בדעת רבי.
2. שיטת הר״ח והגאונים בדעת רבי.
3. שיטת הראב״ד בדעת רבי (שהיא גם שיטתו ושיטת רש״י והרי״ף בדעת רבי נתן).
4. שיטת הרא״ה והריטב״א בדעת רבי נתן.
5. שיטת הר״ן בדעת רבי נתן.
6. שיטת אומן-משלר בדעת רבי נתן.

בפרק זה נציג את כל השיטות הללו בצורת חנוכיות נוזלים (כמו שעשינו בפרק הרביעי) ונציע אלגוריתם לחישוב מפורש של המנות.

לצורך הפשטות והאחידות נסדר את התובעים לפי גובה תביעתם, מהקטן לגדול, כך שהתובע הקטן יהיה 1 והגדול יהיה n. ווקטור התביעות הוא: $(q_1,q_2\dots q_n)$. אנחנו מחפשים את ווקטור הפתרונות (המנות): $(p_1,p_2\dots p_n)$

במקרה של קונפליקט, כלומר כאשר $\sum_{i=1}^{n} p_i > P$.

שיטה 1 (הרי״ף ברבי): הצגה על ידי חנוכיית כלים שלובים

החישוב של הרי״ף בדעת רבי הוא פשוט מאד, ובוודאי שהפתרון שלו הוא יחיד. מדובר כאן על פתרון מפורש ולא על תנאים לפתרון כפי שראינו אצל

אומן-משלר, ולכן אין צורך אמיתי בהצגה שלו על ידי כלים שלובים (כפי שראינו בפרק הרביעי בשיטת אומן-משלר). ובכל זאת, הצגה זו מפשטת ומבהירה מאד את העניין, ולכן נביא אותה כאן.

מה שעלינו לעשות הוא בעצם לבנות חנוכייה ובה כל נר מייצג תובע. המבנה של החנוכייה כאן הוא הרבה יותר פשוט ממה שראינו בפרק הרביעי אצל אומן-משלר: גובה הנר הוא כגובה התביעה. כעת שופכים לחנוכייה את הנוזל בכמות הכללית שמתחלקת (סכום העיזבון), וכמות המים בכל נר היא הפתרון למה שמקבל כל תובע (q_i).

לדוגמה, מצב בו העיזבון לא עולה על np_1 (התביעה הקטנה ביותר כפול מספר התובעים), הפתרון של הרי״ף ורש״י הוא שכולם מקבלים נתח שווה.

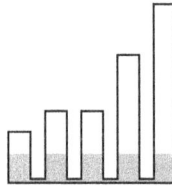

ציור 9.1: חנוכיית תביעות בשיטה 1, למקרה: $P < np_1$.

כאשר העיזבון עולה מעט מעל זה, אבל עדיין לא מגיע לדרגה של התביעה הבאה, מוצג בחנוכייה הבאה:

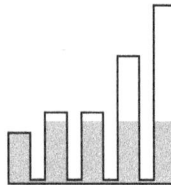

ציור 9.2: חנוכיית תביעות בשיטה 1, למקרה: $np_1 < P < np_1 + (n-1)(p_2 - p_1)$.

כאן כולם מקבלים את גובה התביעה p_1, ובנוסף יש עוד נתח שמתחלק בשווה בין כל התובעים פרט לראשון.

וכך כשהעיזבון גבוה יותר, התוצאה היא:

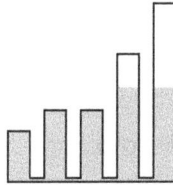

ציור 9.3: חנוכיית תביעות בשיטה 1, למקרה:

$np_1+(n-1)(p_2-p_1)<P<np_1+((n-1)(p_2-p_1)+(n-3)(p_4-p_3)$.

המקרה האחרון הוא הבא:

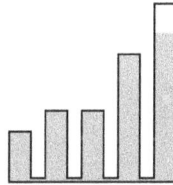

ציור 9.4: חנוכיית תביעות בשיטה 1, למקרה:

$np_1+(n-1)(p_2-p_1)+(n-3)(p_4-p_3)<P<np_1+(n-1)(p_2-p_1)+(n-3)(p_4-p_3)+(n-4)(p_5-p_4)$.

שיטה 1 (הרי"ף ברבי): חישוב מפורש

החישוב האלגברי המפורש של הפתרון תלוי בגובה העיזבון, ואפשר לערוך אותו לאור הציורים הנ"ל. ראשית, עלינו לחלק את החנוכייה לקבוצות של נרות שוות גובה. נסמן את מספרי הנרות בכל קבוצה באופן הבא: $(n_1,n_2\ldots n_k)$, כאשר כמובן מתקיים: $\sum_{i=1}^{k} n_i = n$. במקביל נגדיר את סכומי התביעות לכל קבוצה בהתאמה. כלומר מספר התביעות הוא k ולא n, כאשר תביעתה של הקבוצה i היא p_i.

ברור שהעיזבון כולו P לא עולה על סכום התביעות, שכן אנחנו עוסקים במצב של קונפליקט. אם כן, הפתרון נקבע לפי מדרגות של גובה העיזבון, כפי שראינו בציורים הנ״ל.

בשלב הבא נמצא את הקבוצה האחרונה שמקבלת את מלוא תביעתה, ונסמן אותה באות m. כיצד מוצאים את m? מחשבים את הסכומים הבאים:

$$S_i = \sum_{j=1}^{i} \left(n - \sum_{k=0}^{j-1} n_k\right)\left(p_j - p_{j-1}\right) \qquad (9.1)$$

כאשר הגדרנו $p_0=n_0=0$. האינדקס m הוא i הגבוה ביותר שבו עדיין מתקיים: $S_i<P$.

אחרי שמצאנו את m, הפתרון הוא מיידי:

$$q_i = \begin{cases} p_i \ldots (i \le m) \\ p_m + \dfrac{P - S_m}{\sum_{j=m+1}^{k} n_j} \ldots (i > m) \end{cases} \qquad (9.2)$$

משמעות הדבר היא שכל הקבוצות ששייכות לתת הקבוצות שמקיימות $i \geq m$ מקבלות את מלוא תביעתן. שאר התובעים ששייכים לקבוצות הגבוהות יותר ($i>m$) מקבלות בדיוק את אותו נתח, כלומר מתחלקות בשווה בנותר.

שיטה 2 (הר״ח ברבי): חישוב מפורש

בשיטת הר״ח אין טעם להיכנס לחנוכיית תביעות, שכן זה לא מבהיר את התמונה הפשוטה בלאו הכי.

הר"ח והגאונים כותבים שהחלוקה היא לפי פרופורציית התביעות, ולכן התוצאה מתקבלת מייד:

$$q_i = \frac{p_i}{\sum_{j=1}^{n} p_j} P \qquad (9.3)$$

שיטות 5-3: אלגוריתם של חלוקה דיפרנציאלית לעיזבון קטן

כעת נציג את האלגוריתם של חלוקה דיפרנציאלית עבור שלוש השיטות הבאות (5-3) למקרה שגובה העיזבון P נמוך מהתביעה הגבוהה ביותר ($p_n \le P$). במקרה כזה הפתרון זהה בשלוש השיטות.

בשלב הראשון עלינו למצוא את התובע שסכום תביעתו הוא הקטן ביותר מעל P. נסמן את האינדקס שלו ב-k.

כפי שראינו, שיטת החלוקה הדיפרנציאלית למקרה זה היא הבאה. סכום העיזבון עד p_1 מתחלק בשווה בין כולם. ההפרש $(p_1 - p_2)$ מתחלק בין כל התובעים שמעל 1. ההפרש $(p_{j+1}-p_j)$ מתחלק בין כל התובעים שמעל j. וכך מחלקים עד k. התוצאה שמתקבלת עבור התובע i היא:

$$q_i = \sum_{j=0}^{i-1} \frac{p_{j+1} - p_j}{n - j} \quad (i<k) \qquad (9.4)$$

כאשר הגדרנו לנוחיות החישוב $p_0=0$ ולשם הפשטות הנחנו שהתביעות כולן שונות זו מזו.

כאשר $k \ge i$ הנתחים של כל התובעים שווים זה לזה, כלומר:

$$q_i = q_{k-1} + \frac{P - p_{k-1}}{n - k + 1} \quad (i \ge k) \qquad (9.5)$$

מה קורה כאשר $p_n<P$? במצב כזה עלינו לקבוע כיצד מתנהלת המשך החלוקה. בעניין זה ראינו שיש שלוש שיטות בראשונים.

חלוקה דיפרנציאלית של עיזבון גדול: שיטה 3 (הראב"ד ברבי והרי"ף ברבי נתן)

יש לנו n תובעים, שכל אחד תובע p_i, כאשר אנחנו מסדרים את התובעים לפי גובה התביעה (p_1 היא התביעה הנמוכה ביותר, ו-p_n הגבוהה ביותר). העיזבון הכללי הוא P, והנחתנו היא: $\sum_{i=1}^{n} p_i \geq P$. כל תובע מקבל q_i, כאשר מתקיים: $P = \sum_{i=1}^{n} q_i$. לצורך הפשטות נניח שכל התביעות הן בסכומים שונים (ההרחבה למצב שיש תביעות שונות באותו סכום היא ברורה מאליה).

1. אם מתקיים $P<p_n$, אזי מבצעים חלוקה לפי שיטת רב נתן. כל מרווח בין שתי תביעות מתחלק בין התובעים שמעליו, ומסכמים את כל הנתחים הללו עבור כל תובע.
2. אם מתקיים $P>p_n$, אזי מתחילים לפעול לפי השלבים הבאים:

<u>שלב א</u>: סכום של p_n מתוך העיזבון P מחלקים לפי המתואר במקרה 1. התוצאה נותנת לנו סדרת נתחים ראשונית $q_i^{(1)}$. התביעות p_i מוגדרות לצורך הסימון כסדרת תביעות ראשוניות: $p_i^{(1)}=p_i$.

<u>שלב ב</u>: מגדירים את אותה בעיה עם וקטור תביעות חדש (מה שנותר מהתביעה אחרי שהתקבל הסכום הראשוני), ועיזבון חדש (מה שנותר אחרי החלוקה הראשונית):

$$p_i^{(2)}=p_i^{(1)}-q_i^{(1)} \quad ; \quad P^{(2)}=P^{(1)} - \sum_{i=1}^{n} q_i^{(1)} = P^{(1)} - p_n$$

כאשר מגדירים כאן : $P^{(1)}=P$.

כעת פותרים את הבעיה כמו במקרה 1, ומקבלים סדרת נתחים נוספת : $q_i^{(2)}$.

אם חולק כל הסכום, כלומר שמתקיים : $\sum_{i=1}^{n} q_i^{(2)} = P^{(2)}$, אזי הפתרון הסופי

הוא : $q_i = q_i^{(2)} + q_i^{(1)}$.

אם לא חולק כל הסכום, כלומר אם : $\sum_{i=1}^{n} q_i^{(2)} < P^{(2)}$, עוברים לשלב ג.

<u>שלב ג</u> : מסדרים שוב את התביעות, ומגדירים $p_i^{(3)}$ ואת העיזבון $P^{(3)}$ לפי הסכומים שכבר התקבלו :

$$p_i^{(3)} = p_i^{(2)} - q_i^{(2)} \quad ; \quad P^{(3)} = P^{(2)} - \sum_{i=1}^{n} q_i^{(2)}$$

חוזרים על התהליך שתואר למעלה, ומקבלים את $q_i^{(3)}$.

אם מתקיים $\sum_{i=1}^{n} q_i^{(3)} = P^{(3)}$ עוצרים, והפתרון הוא :

$$q_i = q_i^{(2)} + q_i^{(1)} + q_i^{(3)}$$

אם לא חולק כל הסכום, כלומר אם : $\sum_{i=1}^{n} q_i^{(3)} < P^{(3)}$, עוברים לשלב ד.

...

<u>שלב j+1</u> : מסדרים שוב את התביעות, ומגדירים $p_i^{(j+1)}$ ואת העיזבון $P^{(j+1)}$ לפי הסכומים שכבר התקבלו :

$$p_i^{(j+1)} = p_i^{(j)} - q_i^{(j)} \quad ; \quad P^{(j+1)} = P^{(j)} - \sum_{i=1}^{n} q_i^{(j)}$$

חוזרים על התהליך שתואר למעלה, ומקבלים את $q_i^{(j+1)}$.

$$\text{אם מתקיים } \sum_{i=1}^{n} q_i^{(j+1)} = P^{(j+1)} \text{ עוצרים, והפתרון הוא: } q_i = \sum_{l=1}^{j+1} q_i^{(l)}$$

$$\text{אם לא חולק כל הסכום, כלומר אם: } \sum_{i=1}^{n} q_i^{(j+1)} < P^{(j+1)} \text{ , עוברים לשלב 2+j.}$$

כך ממשיכים בשלבים עד שהתהליך נעצר, ואז בעצם חולק כל העיזבון כולו. כפי שהוכיחו אלטשולר במאמרם, בכל המקרים התהליך הזה הוא בעל מספר צעדים סופי, ומדובר בטור סופי ומתכנס. רק כאשר סכום התביעות שווה בדיוק לעיזבון מדובר בתהליך אינסופי, אבל כאמור הם הוכיחו שהוא מתכנס לפתרון המתבקש, כלומר כל תובע מקבל בדיוק את מלוא תביעתו.

הצגה של שיטה זו בדרך של חנוכייה עם כלים לא שלובים

גם כאן ברור שהפתרון הוא יחיד, וראינו שהטור גם מתכנס. לכן גם כאן אין צורך בחנוכיית כלים שלובים כדי להוכיח קיום ויחידות. ובכל זאת, כדי לחדד את ההבדל בין השיטה הזאת לקודמותיה יש בנותן טעם להציג גם את המתודה הזאת באמצעות חנוכייה מתאימה, אלא שהפעם כפי שנראה מדובר בחנוכיית כלים לא שלובים.

לכאורה שיטה זו דומה מאד להבנת רש"י והרי"ף בשיטת רבי, אבל יש הבדל משמעותי. ראשית, כאן החלוקה השווה לא נעשית עד גובה התביעה הקטנה ביותר, אלא הכמות שמתחלקת בשווה היא של התביעה הקטנה ביותר. ראינו למעלה שלפי רש"י והרי"ף ברבי כל עוד העיזבון מגיע עד np_1 הנתחים של כל התובעים שווים, כמו בתמונה הבאה:

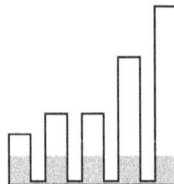

ציור 9.1: חנוכיית תביעות בשיטת רש״י והרי״ף ברבי, עבור גודל עיזבון עד np_1.

לעומת זאת, בשיטת רבי נתן והראב״ד ברבי החלוקה השווה בין כל התובעים היא כאשר העיזבון לא עולה על p_1. בציור שכאן רואים שמדובר בעיזבון גדול יותר מהגובה של הנר השמאלי (סך הנוזל בכל החנוכייה עולה על נפח הנר השמאלי), ולכן במודל שלנו כאן הוא כבר לא מתחלק בשווה.

אז כיצד זה מתחלק בשיטה זו? ראשית, בונים חנוכיית תביעות כמו בשיטת רש״י והרי״ף ברבי:

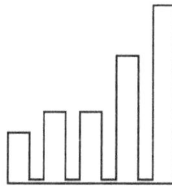

ציור 9.2: חנוכיית תביעות בשיטת רבי נתן.

כעת מתחילים לשפוך לתוכה את הנוזל (שכמותו הכללית היא P). בתחילה שופכים לתוך החנוכייה כמות של p_1 מתוכו, ומקבלים בחוק כלים שלובים:

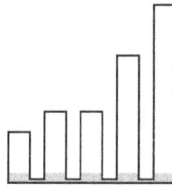

ציור 9.3: חנוכיית תביעות בשיטת רבי נתן אחרי שפיכה של p_1.

אם יש בעיזבון עוד סכום כלשהו, שופכים לאחר מכן עוד כמות שהיא לכל היותר של p_2-p_1 (אם עוד יש כמות כזאת בעיזבון), אלא שהפעם היא

מתחלקת רק בין ארבעת התובעים הימניים. לכן בחנוכייה הבאה סותמים
את המעבר בין הנר השמאלי לארבעת אלו שלימינו. מקבלים משהו כזה:

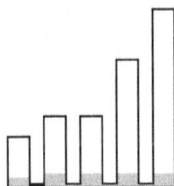

ציור 9.4 : חנוכיית תביעות בשיטת רבי נתן אחרי שפיכה של p_2.

בגלל הסתימה אין כאן כבר חוק כלים שלובים. הגובה בנרות השונים כבר לא
אחיד.

בשלב הבא, סותמים את המעבר מנר 3 לנר 4, ושופכים את ההפרש הבא
(בדוגמה שלנו p_4-p_3, אם זה עוד קיים בעיזבון) לשני הנרות הימניים בלבד.
מה שמתקבל הוא :

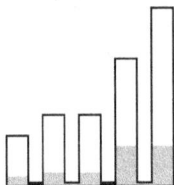

ציור 9.5 : חנוכיית תביעות בשיטת רבי נתן אחרי שפיכה של p_4.

כך ממשיכים עד שמסיימים את העיזבון כולו. אם הוא לא מסתיים, מגיעים
לכל היותר לכמות של p_n-p_{n-1} שנשפכת רק לנר הימני ביותר. במקרה שלנו יש
רק עוד שלב אחד, ובו סותמים את המעבר בין נר 4 ל-5, ושופכים לנר 5 את
ההפרש p_5-p_4. מה שמתקבל, הוא בערך הציור הבא :

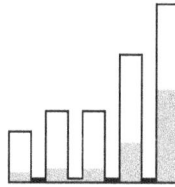

ציור 9.6 : חנוכיית תביעות בשיטת רבי נתן אחרי שפיכה של p_5.

כאמור, כאן כבר אין מצב של כלים שלובים, שכן הנתחים לא שווים. סך הנוזל שיש במערכת במצב הסופי הוא בדיוק P. בדוגמה שלנו המשכנו ושפכנו כמות כוללת של p_n, וזו הכמות הכוללת שיש בחנוכייה שבציור האחרון.

עד כאן זוהי פשוט החלוקה הדיפרנציאלית של עיזבון שאינו גבוה מ-p_n. אם הכמות הכללית P גבוהה יותר, כלומר אם $P> p_n$, אז סך הנוזל בציור האחרון הוא p_n, והנתחים בנרות השונים הם $q_i^{(1)}$.

כעת עלינו להגדיר בעייה חדשה (שלב ב). בשלב ב גובה העיזבון $P^{(2)}$ הוא מה שנותר : $P- p_n$, והתביעות של השלב הבא, $p_i^{(2)}$ (כלומר גובה הנרות בחנוכייה של שלב ב), הן בדיוק השטח הלבן בכל נר בציור הסופי של שלב א.

כעת פותרים את שלב ב באותה צורה כמו שעשינו בשלב א, ומוצאים את החלוקה הדיפרנציאלית, שבסופה מגיעים למילוי של כל הנרות של החנוכייה הזאת. אלו בעצם הנתחים שכינינו למעלה $q_i^{(2)}$.

כעת חוזרים על התהליך הזה שוב ושוב, שלב אחרי שלב, עד שמסיימים לחלק את כל העיזבון.

חלוקה דיפרנציאלית של עיזבון גדול: שיטה 4 (הריטב"א ברבי נתן)

בפרק השביעי ראינו שלפי הריטב"א החלוקה של הסכום שמעבר ל-p_n מתבצעת בצורה שונה. ראשית בונים את הווקטור $p_i^{(1)}$ שמייצג את התביעות שנותרו אחרי החלוקה של הסכום הראשוני. התביעות הללו מסודרות בצורה

של חנוכייה הפוכה, כלומר מיושרת כלפי מעלה, כאשר גובה כל נר i הוא כגובה התביעה שנותרה $p_i^{(1)}$. חנוכייה כזאת מוצגת בציור הבא:

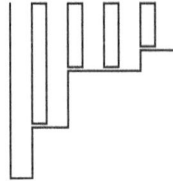

ציור 9.7: חנוכיית תביעות בשיטת הריטב"א ברבי נתן. החיבורים בתחתיות הנרות הם כדי להשיג אפקט של כלים שלובים. אפשר גם להניח עמוד נוזל דק בתחתית הנרות שנכנס למאגר משותף כדי להשיג את אותו אפקט.

מכאן והלאה מקבל כל תובע שתביעתו גדולה יותר, עד שהוא מושווה לתובע שמתחתיו, ומשם הם מתחלקים בשווה. וכך ממשיכים הלאה כשכל אחד שמושווה מצטרף לחלוקה שווה.

לכן בעצם מה שעושים הוא שופכים את היתרה של העיזבון לחנוכייה הזאת, כאשר חוק הכלים השלובים גורם לשוויון בגובה הנוזל בכל הנרות. התוצאות המתקבלות נראות כך:

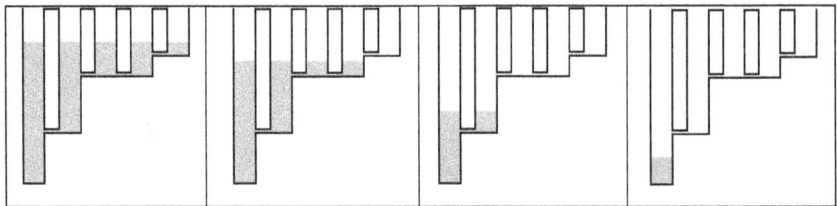

ציור 9.8: פתרון באמצעות חנוכיית תביעות בשיטת הריטב"א ברבי נתן.

נזכיר שאומן ומשלר מצביעים על כך שהשיטה שלהם מבוססת על חלוקה של הרווח עד חצי מהתביעה של כל אחד וחלוקה של ההפסד על המחצית השנייה. מה שרואים כאן הוא שגם בשיטת הריטב"א ניתן לראות תופעה דומה. לאחר החלוקה הדיפרנציאלית של החלק הראשון מהעיזבון, לגבי החלק הנותר חולקים את ההפסד. משמעות הדבר היא כמו אצל אומן ומשלר, שערך

העיזבון מתבטא בירידה מתקרת החנוכייה, כלומר יש הפסד שווה עד שמישהו מפסיד כמות מסוימת (כאן מדובר על כל שארית תביעתו), ומשם והלאה הוא יורד מרשימת המפסידים והשאר מתחלקים בשאר ההפסד.
הנתח שמקבל כל תובע בשיטת הריטב״א הוא סכום של התוצאה בשלב הראשון עם התוצאה של החישוב הזה.

חלוקה דיפרנציאלית של עיזבון גדול: שיטה 5 (הר״ן ברבי נתן)

השיטה האחרונה שנותרה לנו היא שיטת הר״ן על הרי״ף בדעת רבי נתן. בפרק השביעי ראינו שלשיטתו מהמנה הרביעי והלאה כולן חולקות בשווה כי שעבוד כולן שווה בו. הוא בעצם מיישם את שיטת החלוקה הדיפרנציאלית הלאה, אבל לא לוקח בחשבון את הנתחים שכבר התקבלו. לכן מבחינתו שעבוד כולן שווה במנה הרביעי עד שיקבלו את מלוא תביעתן.
לשיטתו פועלים בדיוק כמו בשיטת הריטב״א, ויוצרים את אותו וקטור תביעות שיורי $p_i^{(1)}$. כעת בונים חנוכייה שכל נר i בה הוא בגובה התביעה השיורית, אבל אצלו הם מיושרים כלפי מטה. חנוכייה כזאת היא הבאה:

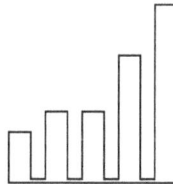

ציור 9.9: חנוכיית תביעות בשיטת הר״ן ברבי נתן.

כעת שופכים את כל העיזבון הנותר לחנוכייה הזאת כאשר חוק הכלים השלובים גורם לשוויון בגבהים. יש לציין שהחלק הזה של העיזבון מתחלק בדיוק לפי האלגוריתם של הרי״ף ברבי.
הפתרונות המתקבלים נראים כך:

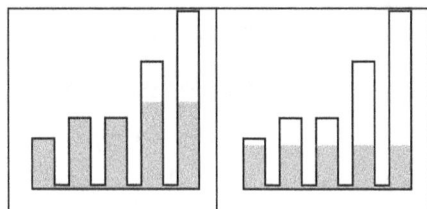

ציור 9.10 : פתרונות באמצעות חנוכיית תביעות בשיטת הר״ן ברבי נתן.

משמעות הפתרון הזה היא זאת שבשיטת הר״ן (כמו הרי״ף) מתחלקים בהכנסות של שארית העיזבון ולא בהפסדים, ולכן החנוכייה מיושרת למטה ולא למעלה כמו אצל הריטב״א.
גם כאן הנתח הסופי של כל תובע הוא סכום של הנתח שהתקבל בחלוקה של החלק הראשון של העיזבון עם התוצאה מהפתרון שהוצג כאן.

שיטה 6 (אומן-משלר בדעת רבי נתן)

שיטת אומן-משלר הוצגה במלואה בפרק הרביעי גם עבור עיזבונות גדולים, ולכן לא נחזור עליה כאן.

פרק עשירי

השוואה בין חלוקת עיזבון לחלוקת טלית

מבוא

עד כאן הצגנו את הפתרונות השונים לחלוקת עיזבון (כתובות). בחלקו הקודם של הספר ראינו כמה שיטות לחלק מציאה (טלית). בפרק זה נערוך השוואה בין שתי הסוגיות.

בפרק זה נעמוד על ההבדלים בין הסוגיות, ועל השלכותיהם. מתוך כך ננסה בהמשך להסיק מה עלינו לעשות כשאנחנו פוגשים סוגיות חלוקה בעלות אופי שונה. כמה דוגמאות כאלה נפגוש בחלק הבא.

מהסוגיות עולה אי תלות בין חלוקת עיזבון לחלוקת טלית

בפרק הקודם סיכמנו שש שיטות שהוצגו בחלק זה של הספר לגבי חלוקת נכסים במקרה של פשיטת רגל. בחלקו הראשון של הספר ראינו ארבע שיטות לגבי חלוקת מציאה (טלית) בין n מוצאים: מהרי"ל דיסקין, אומן-משלר וריאציה שלנו וסגל. אף אחת מארבע השיטות בפשיטת רגל לא דומה לאף אחת מהשיטות בחלוקת מציאה, למעט הצעתם של אומן-משלר (והווריאציה שלנו) במשנה לגבי פשיטת רגל, ובהנחה שהם צודקים שזו אכן השיטה לחלק טלית בין n תובעים (וכבר הערנו בפרקים הקודמים שזה לא סביר). וגם לשיטתם, ברור שבמקרה של פשיטת רגל כל הפוסקים הכריעו להלכה כרבי, ושיטה זו ודאי אינה מתאימה לחלוקת שניים אוחזים. יתר על כן, התלמוד עצמו ורוב הראשונים (למעט כמה שהוזכרו למעלה בדיון על שיטת אומן-משלר) כלל לא מזכירים את הסוגיא האחת בעת שהם דנים באחרת. נראה שמובן להם מאליו שאין קשר בין הסוגיות.

אמנם עקרונית ישנה עוד אפשרות ליישב את שתי הסוגיות. יש לזכור שבמשנה בתחילת ב"מ מופיעים רק מקרים של חלוקה של הטלית בין שני מוצאים. המתודות השונות לחלק אותה בין שלושה תובעים ומעלה הן הצעות של המפרשים, ואין לשלול את האפשרות שכולן שגויות. אולי יש לחלק טלית בין שלושה תובעים ומעלה בדיוק כמו שמחלקים נכסים בפשיטת רגל. משמעות הדבר היא שגילינו כאן שיטות נוספות ביחס לחלוקת טלית (כל השיטות שפגשנו בחלק זה לגבי חלוקת עיזבון).

אמנם במבט שני הצעה זו בעייתית. ראשית, מפני שכפי שהזכרנו מהתלמוד והראשונים עולה שאין קשר בין הסוגיות. אם השיטות שעולות ביחס לעיזבון היו תקפות גם ביחס למציאה, היה על התלמוד או הראשונים להזכיר זאת. מעבר לזה, לפחות חלק משיטות החלוקה בפשיטת רגל לא מתאימות לחלוקת טלית גם כשיש שני תובעים בלבד, מה ששולל על הסף את ההצעה הזאת לפחות בשיטות אלה. נראה כעת איזו מהן יכולה בכל זאת להתאים.

החלוקה השווה של הרי"ף ברבי ודאי לא מתאימה. למשל בווקטור תביעות של כולה-חציה, היא נותנת לנו חלוקה שווה של $(\frac{1}{2}:\frac{1}{2})$. החלוקה לפי פרופורציית התביעות של הר"ח והגאונים גם היא לא מתאימה, שכן היא נותנת לנו במקרה כזה: $(\frac{2}{3}:\frac{1}{3})$. אף אחד מהפתרונות הללו לא מתאים למשנת שניים אוחזים. החלוקה של אומן-משלר והווריאציה שלנו כמובן נותנות לנו את חלוקת שניים אוחזים לפי הגדרה.

ומה על החלוקה הדיפרנציאלית? לכאורה גם היא מתאימה. אם יש שני תובעים במקרה של כולה-חציה, אז לפי שיטת החלוקה הדיפרנציאלית הכמות שמקבילה לתביעה של התובע הקטן (חצי) מתחלקת בשווה בין שניהם, והשאר הולך לתובע הגדול. מה שמתקבל הוא בדיוק החלוקה של משנת שניים אוחזים $(\frac{3}{4}:\frac{1}{4})$.

מה יקרה במקרה הכללי של שני תובעים? אם יש לנו שני תובעים שתביעותיהם הן (p_1,p_2). הטלית כולה היא P. בשלב א מחלקים כמות של p_1 בין שניהם. ובנוסף, התובע 2 מקבל עוד $p_2 - p_1$ כך שיש לו בסה״כ: $(p_2 - p_1)/2$. בשלב ב נותר עוד לחלק $P - p_2$ מהטלית. התביעות של שניהם שוות (לשניהם נותר $p_1/2$), ולכן ברור שהנתח הנותר מתחלק בשווה בין שניהם. התוצאה הסופית היא: $(\frac{p_2-p_1}{2}+\frac{P}{2} : \frac{p_1-p_2}{2}+\frac{P}{2})$.

מה מתקבל מחלוקת שניים אוחזים? בשלב ראשון כל אחד מקבל את מה שהשני מודה לו. ראובן מקבל $P\text{-}p_2$, ושמעון מקבל $P\text{-}p_1$. מה שנותר מהטלית הוא: $P\text{-}(2P\text{-} p_1\text{-}p_2)= p_1+p_2\text{-}P$. זה מתחלק בשווה בין שניהם (כי תביעתם כעת שווה). מה שמתקבל הוא בדיוק התוצאה הקודמת: (

$(\frac{p_2-p_1}{2}+\frac{P}{2} : \frac{p_1-p_2}{2}+\frac{P}{2})$.

האם יש התאמה בין החלוקה הדיפרנציאלית כאן לבין חלוקה של שלושה מוצאים ומעלה בטלית? אפילו על הדוגמה של כולה-חציה-חציה שעשינו את החשבון לפי כל השיטות קל לראות שאף אחת משלוש התוצאות לא נותנת לנו את החלוקה הדיפרנציאלית. לגבי טלית שערכה גבוה מהתביעה הגדולה ביותר (כלומר שאין תובע כולה שלי), יש ליישם את שלוש שיטות הראשונים שפגשנו למקרה זה. אמנם עדיין אפשר עקרונית לטעון שהחלוקה הדיפרנציאלית היא הפתרון הנכון לשלושה אוחזים, ולא ההצעות שסקרנו בחלק הראשון.

מה שקיבלנו לגבי היחס בין הסוגיות הוא התמונה הבאה: בשיטת החלוקה הפרופורציונית או השווה אין התאמה בכל מקרה. בשיטת תש״א יש התאמה אם מניחים שגם טלית מתחלקת בשיטה זו (ההנחה של אומן-משלר). ובשיטת החלוקה הדיפרנציאלית מקבלים התאמה במקרה של שני תובעים. במקרה של שלושה תובעים אין התאמה לפי שום שיטה, אלא אם נניח שגם בטלית יש

לאמץ את החלוקה הדיפרנציאלית (אחד משלושת גווניה), נגד כל השיטות שראינו בפרקים הקודמים.

מה שברור הוא שכמעט אף אחד מהראשונים הללו לא משתמש בהשוואה לסוגיית שניים אוחזים ואף לא מזכיר אותה (הרי״ף אפילו שולל זאת בפירוש), ולכן נראה שהם כלל לא מניחים שחייבת להיות התאמה כזאת. גם אם בשיטה הדיפרנציאלית יכולנו ליצור התאמה (אם נוסיף אותה כשיטה נוספת לחלוקת טלית), עדיין לא ברור מדוע בעלי השיטה הזאת לא מביאים ראיה ממשנת שניים אוחזים. בשיטת רבי נתן הדבר עוד אפשרי, שכן כפי שראינו זו באמת ההנחה הפשוטה של הגמרא בכתובות, ואולי אפשר להניח שהיא נשאבה מסוגיית שניים אוחזים. אבל בדעת רבי, כשהראב״ד מביא את החלוקה הדיפרנציאלית ומתמודד נגד רש״י, הרי״ף, הר״ח והגאונים, היינו מצפים שיביא לעזרתו את משנת שניים אוחזים (שכאמור לא מתאימה לשיטותיהם אלא רק לשיטתו). לכן נראה שאפילו הוא שיכול היה להיעזר במשנת שניים אוחזים, לא חשב שהחלוקה כאן צריכה להיות תואמת למה שקורה שם. אם כן, אפילו בשיטת הראב״ד אין סיבה להניח שהוא מבין את חלוקת הטלית בשיטה נוספת כפי שהצענו כאן.

בשורה התחתונה, נראה שלמעט אומן-משלר שהיא שיטה חריגה בסוגיית כתובות, וכפי שראינו הצעה בלתי סבירה במשנת שניים אוחזים, גם הגמרא וגם כל הראשונים מניחים כדבר פשוט שאין התאמה בין חלוקת העיזבון בפשיטת רגל לבין חלוקת מציאה. השאלה היא מדוע?

שיטת רב האי גאון

כזכור, הרי״ף בפסקיו לסוגיית כתובות מביא את שיטת רב האי גאון, שמציע לדמות את חלוקת הכתובות לסוגיית שניים אוחזים. נחזור כאן על דבריו:

> ***ואף רבינו האי גאון ז״ל לא סבירא ליה האי מימרא דקמאי דמימרא פריכא הוא ועיין בה איהו נמי ומסתברא ליה על דרך שנים אוחזין בטלית והוה ס״ל הכי כמה שני ושמיע לן דהדר ביה מיניה לסוף***

שניה כד איגלי ליה דלא סליקא שמעתא כהוגן והדר ליה לסברא דקמאי דחולקין לפי מעות.

כלומר לרה"ג היתה הו"א שהחלוקה כאן תוסבר לפי שיטת שניים אוחזים, אבל הוא דוחה זאת כי זה לא מתיישב עם סוגייתנו, וחוזר להבנה של ר"ח שחולקים בפרופורציה לתביעות. כנראה שרב האי נקט בשיטת הרי"ף עצמו, שכפי שראינו לא מתיישבת עם משנת שניים אוחזים גם במקרים של שני תובעים.

כדאי לשים לב שרה"ג דחה את ההשוואה הזאת רק מפני שהדבר לא התיישב לו בפירוש הגמרא. נראה שמסברא הוא כן חשב שזה אמור להיות דומה. בכל אופן, למרות שזו היתה סברתו, הוא לא ראה אפשרות להסביר זאת בסוגיית כתובות. שוב רואים שבגמרא כאן עולה בבירור שהחלוקה כאן שונה מחלוקת טלית.

הדברים מתחדדים עוד יותר לאור המבוכה הגדולה בביאור שיטת החלוקה בכתובות. מדוע במסגרת כל החיפושים שעורכים הגמרא והראשונים, כמעט אף אחד מהם כלל לא טורח לפנות לסוגיית שניים אוחזים. יש כאן הנחה שיש הבדל מהותי בין הסוגיות.

הבחנה ראשונה: ראיות התוס' לשיטת הר"ח

בפרק השמיני ראינו שרש"י בכתובות מסביר את רבי שהתובעים מתחלקים בשווה בעיזבון. לעומת זאת, תוס' שם מביא את שיטת ר"ח שחולק על רש"י, ומסביר שלפי רבי החלוקה היא בפרופורציה לתביעות. תוס' שם מוכיח את שיטת הר"ח משתי סוגיות תלמודיות אחרות.

הראיה הראשונה שמביא התוס' היא מסוגיית ב"ק שעוסקת בשור תם שנוגח כמה פעמים. הדין הוא שאם שור תם נוגח שור אחר, חלק מגופו של השור התם, בשווי חצי מערכו של השור הניזק, שייך לניזק. כעת הניזק והמזיק שותפים בשור הנוגח. כעת הוא שוב נוגח שור אחר, ועכשיו שניהם שותפים עם הניזק השני. בעניין זה נחלקו תנאים במשנת ב"ק לו ע"א. כל הפוסקים

הכריעו כדעת ר״ש שסובר כר״ע שהמזיק והניזק הם שותפים בשור המזיק (ראה רמב״ם הל׳ נזקי ממון פ״ט הי״ב, **ושו״ע** חו״מ סי׳ תא ס״א). מה שר״ש אומר הוא שכל ניזק מוריד את חלקם של הקודמים בחצי, ונוטל את השאר (חצי מהשור המזיק כולו). מכאן מוכיח תוס׳ בכתובות את שיטת הר״ח:

ותו אשכחן משנה שלמה בפרק שור שנגח ד׳ וה׳ (ב״ק לו.) ר״ש אומר שור שוה מאתים שנגח שור שוה מאתים ואין הנבלה יפה כלום זה נוטל מנה וזה מנה חזר ונגח (את) שור אחר שוה מאתים האחרון נוטל מנה ושלפניו זה נוטל חמשים זוז וזה נוטל חמשים זוז חזר ונגח שור אחר שוה מאתים האחרון נוטל מנה ושלפניו חמשים זוז ושנים הראשונים דינר זהב ואוקימנא כרבי עקיבא דאמר שותפי נינהו וקיימא לן כוותיה וחלוקה זו כל אחד לפי מעותיו לפיכך העמדתי דברי רבי כל מנה ומנה בשוה שזו היא חלוקה לפי המעות כי היכי דלא תקשי הלכתא אהלכתא.

משמעות דברי ר״ש היא שכל מזיק משלם לפי מעותיו (שהרי כל אחד תורם לניזק חצי מחלקו בשור), ולא בשווה לגמרי. וזה בדיוק כדברי ר״ח כאן.

ראיה שנייה היא מסוגיית ב״ב שעוסקת בדיני ירושה. כידוע, הבכור נוטל פי שניים בירושה. השאלה היא כיצד עלינו לחלק את השבח שהשביחו הנכסים שעמדו בתפוסת הבית (השלב אחרי מות המוריש ולפני חלוקת הירושה). שם רבי עצמו קובע שהחלוקה היא לפי מעות (בפרופורציה לחלק של כל אח). וכך מביא זאת התוס׳:

ותו גרסינן ביש נוחלין (ב״ב דף קכד.) תניא רבי אומר אומר אני הבכור נוטל פי שנים בשבח שהשביחו נכסים לאחר מיתת אביהן ירשו שטר חוב בכור נוטל פי שנים הנה רבי סבר לפי מעותיו ואם תעמיד דבריו בשוה ממש קשה דרבי אדרבי הלכך נראה להעמיד הדבר על בוריו אליבא דהלכתא להיות דברי רבי לפי מעותיו וכן ההלכות שוות.

רבי סובר שהשבח מתחלק לפי מעות, וזה חזיתית נגד הסבר רש״י בדעת רבי עצמו בסוגייתנו.

הנחת התוס׳ היא כמובן שהחלוקה של העיזבון אצלנו אמורה להתנהל בדיוק כמו החלוקה של השבח ביורשים או של תשלומי הנזק בשור של שותפים.

אבל בסוף דבריהם תוס׳ מביאים בכל זאת את שיטת רש״י, ודוחים את הראיה השנייה לשיטת הר״ח:

ויש לחלק דלא דמי לההיא דיש נוחלין דהתם ליכא שום שעבוד אלא כל אחד יש לו חלקו בקרקע ובכור יש לו פי שנים לכך נוטל כל מה שחלקו משביח אבל הכא משועבדים לכתובה שכל שלשה מאות משועבדין לכתובת בעלת מנה ובעלת מאתים כמו לבעלת שלש מאות שכל נכסיו אחראין לכתובתה עד שיהיה לה כל המנה שלה.

הם טוענים שהתובעות חולקות בשווה, בדיוק כמו שראינו בהבנת רש״י, ואין כאן סתירה לדברי רבי בב״ב. ההבדל הוא שבירושה מדובר בשותפות בהשקעה, כשכל שותף מקבל לפי חלקו. הירושה כולה השביחה, ולכן ברור שהשבח צריך להתחלק לפי מעות. אבל בכתובות הרי מדובר על השאלה איך לחלק את הקרן עצמה כשיש תביעות שונות. זו שאלה שונה לחלוטין, וכאן ייתכן שהחלוקה היא בשווה כי כל הממון משועבד בשווה לכל כתובה עד שתיפרע.

במילים אחרות, המקרה בב״ב שקול לגמרי לסיפא של משנתנו, כלומר למקרה של שלושה שהטילו לכיס, שכן מדובר בשותפות בהשקעה שהניבה רווחים, ושם לכל הדעות מחלקים את הרווחים לפי ההשקעה (אמנם הגמרא והראשונים בהמשך סוגיית כתובות דנים בזה, אבל תוס׳ מניח זאת כדבר פשוט ובאמת כך נותנת הסברא).

ומה על הראיה הראשונה, משור שנגח? ראשית, שם לא מופיעה דעת רבי, וייתכן שתוס׳ מסביר שרבי באמת חולק גם שם. רק בב״ב שזו דעת רבי עצמו היה צורך ליישב. אבל הרא״ש כאן (פ״י סי׳ ט) דוחה גם את הראיה השנייה באותה צורה:

ולא דמי כלל האי דיש נוחלין דהתם ליכא שיעבוד אלא כל אחד יש לו חלק בקרקע ובכור זה יש לו פי שנים הלכך נוטל כל מה שהשביח חלקו וכן ההיא דפרק שור שנגח כל אחד נוטל לפי מה שיש לו בשור אבל הכא כל הנכסים משועבדים לכתובה וכל השלש מאות משועבדות לבעלת מנה כמו לבעלת מאתים ולבעלת שלש מאות שכולן אחראים לכתובתה עד שיהא לה כל המנה שלה הלכך חולקות בשוה.

הוא טוען שגם בשור של שותפים שהזיק כל אחד משלם לפי חלקו, כלומר שם פשיטא שהחלוקה היא לפי מעות, ואין להשוות זאת לחלוקה של עיזבון בסוגייתנו. ניתן לומר ששם מדובר ברווח שלילי שהביא כל הנכס, ולכן ברור שכל השותפים מפסידים לפי מעותיהם, בדיוק כמו במקרה של רווח חיובי בסוגיית ב״ב.

הסבר ההבחנה הנ״ל: המחלוקת ביסוד דין השותפים

יש כאן הבחנה בין מקרים שבהם ממון משותף מביא רווח או הפסד, ששם ברור לתוס׳ שמתחלקים לפי מעות (ראה על כך להלן בפרק שנים-עשר, שם נראה שיש מי שלא מקבל את ההנחה הזאת במקרים מסויימים), לבין חלוקת עיזבון שבו כל העיזבון משועבד לכל אחת מהתובעים עד שיקבל את חלקו.

ומה סובר הר״ח שכן משווה את המקרים? הוא מבין שגם בחלוקת עיזבון יש לחלק לפי התביעות. אפשר להסביר שגם לשיטתו זה לא בגלל השיקול של חלוקת רווחים שראינו בסוגיות ב״ב וב״ק, שכן שם מדובר בבעיה שונה. הוא סובר זאת מטעם אחר. אבל אם זה כך, אז גם אחרי שעשה את ההבחנה בין המקרים תוס׳ לא אמור היה לחזור לשיטת רש״י. נראה מתוס׳ שהוא הבין שלפי ר״ח המקרים הללו דומים למקרה שלנו, והר״ח למד מהם את הדין כאן. כיצד ניתן להבין זאת?

ייתכן שהר״ח הבין שגם בנכס משותף שהביא רווח או הפסד, לא מדובר בשותפות בנכס עצמו. הנכס שייך לרשות אחרת, שונה מכל השותפים, והרווח

נכנס ל"תפוסת הבית" של השותפות. כעת יש לשותפים השונים תביעות על הרווח/ההפסד, ועומדת בפנינו שאלה של חלוקת הנכס לפי תביעות. לכן הר"ח רואה את שני המקרים הללו כשווים. במילים אחרות הוא רואה את התובעים כשותפים בבעלות על הנכס, כשהשותפות נקבעת לפי גובה התביעה של כל אחד. קניית החלק בשותפות אינה אלא עילת תביעה ולא בעלות ממש.

אם כן, המחלוקת בין הר"ח והגאונים לבין הרי"ף, רש"י, תוס' והרא"ש, היא בשאלה איך להבין את המצב של שותפות. האם מדובר בשיתוף בנכס עצמו (כך הבינו רוב הראשונים), ואז יש לחלק את הרווחים לפי מעות, אבל לא בחלוקת עיזבון ששם זו חלוקה של תובעים על נכס אחד, ושם הם חולקים בשווה עד גובה התביעה. או שמא מדובר בשותפות בבעלות על הנכס, ואז יש כאן נכס שיש עליו כמה תביעות (כך הבינו ר"ח והגאונים), ואז יש לחלק לפי מעות, ומכאן ראיה גם לחלוקת עיזבון שגם שם זו חלוקה של תובעים על נכס אחד.

הסבר הרי"ף

כזכור, שיטת הרי"ף ורש"י היא שלפי רבי חולקים בשווה ולא לפי מעות. לכן עולה כאן השאלה מה דין שלושה שהטילו לכיס שמופיע בסוף המשנה. מסתבר שהסבר זה יהיה דומה למה שראינו בתוס' והרא"ש בסוגיות ב"ק וב"ב, שגם הן עוסקות ברווח והפסד מגוף הממון.

ובאמת הרי"ף בביאורו בלשון הערבית (שמודפס מתחת לפסקיו) דן בשאלה זו, וכותב את הדברים הבאים (בתרגום הרמ"ע מפאנו):

והואיל והשלמנו הדבור במה שקדם מהלכה זו במה שיש בו די ראוי לדבר בנשאר ממנה והוא מה שאמרה המשנה וכן ג׳ שהטילו לכיס זה מנה וזה מאתים והותירו או פחתו כך הם חולקים. ואומר שפי׳ כך הם חולקים הוא לפי ממון וזה לפי שנזדמן אופן החילוק בשער הג׳ מהמשנה לפי שהיה לפי ממון שכלל סך (הכתיבות) [הכתובות] ת״ר וכל הנמצא ג׳ מאות וכשלקחה בעלת הק׳ נ׳ ובעלת המאתים ק׳ ובעלת הג׳ מאות ק״נ הנה היה זה לפי ממון וכשנזדמן אופן החילוק בזה לפי ממון (בא) נופל על זה וכן ג׳ שהטילו לכיס זה ק׳ וזה מאתים [כו׳] שהדין כן לפי ממון. וא״ת והלא אתה יחדת דין וכן ג׳ שהטילו לכיס זה מנה וזה מאתים שהוא לפי ממון ואמרת שחוזר על העולה מאופן החילוק שנזדמן בשער הג׳ והנה דין זה לא אירע להיות בא כן אלא אחר (העיקרים) [המקרים] שאירעו להיות בו לדעת שמואל בכותבת ולדעת ר׳ יעקב בשתי תפיסות. ואם היה דין וכן ג׳ שהטילו לכיס קאי עליה מה היתה הסיבה המונעת שיהיה דינו שוה עמו בכל הצדדים ושיהיה הדין כך שמה ששוים בשעבודו יחלקו אותו בשוה ומה שיותר לאחד מהם על חבירו יקח אותו לבדו, ואם אירעו שם כמו אלו המקרים שאירעו פה נדון גם בו כמו שדננו כאן.

תלמוד בבלי <עוז והדר> עמוד מס 757 טז כתובות תלמוד בבלי הודפס ע״י תכנת אוצר החכמה

כבר ראינו בפרק הקודם שיש שהסבירו את ה״וכן״ רק על הסיפא ששם באמת יוצא (במקרה) שהחלוקה היא לפי התביעות: (50,100,150). לכן משווים זאת למקרה של שלושה שהטילו לכיס (שותפות בהשקעה) שגם בו החלוקה היא לפי מעות.

הרי״ף מקשה על ההשוואה הזאת, שכן הדין של הסיפא במשנה הוא במקרה חלוקה לפי מעות, ולא באופן מהותי. הוא מקשה שאם באמת דין שלושה שהטילו לכיס שווה לדין חלוקת כתובות, אז היתה צריכה להיות חלוקה בשווה.

ועל כך הוא עונה:

יש לומר שזה נמנע מהטעם שאומר וזה שהואיל ומה שאמרה ההלכה וכן ג' שהטילו לכיס הוא בדרך שנאבד דבר מגוף הממון לפיכך היה זה נמנע לפי שהכתובות נתחייב שיהיה הדין בהם כך מפני שחלה ערבות הממון בקרקע והיות שאר הממון אין ערבות לו בשום דבר והשואת שעבודן באותו הממון הנמצא אבל דין השותפות אינה כן לפי שאם אחד שם בדבר לחלקו השליש והאחר שם ב' שלישים ונאבד ממנו דבר מן הנמנע הוא שנאמר שמה שנאבד נאבד מחלק בעל הרוב ויהיו שוים בנשאר אלא ידוע הוא שמה שנאבד נאבד מכל הממון בכללו לסיבת השתתפותם בו ויחזור הדבר בו אל מה ששורת הדין מחוייבת במה שבין השותפים הנה נגלה לך ההפרש שיש בין שני הנושאים ושההלכה לא תסמוך דין ג' שהטילו לכיס אל מה שלפניו אם היה שנאבד דבר מגוף הממון או אם נתוסף דבר בגוף הממון ולא סמכתו אליו והשותה אותו לו אלא כשלא נאבד ממנו דבר ולא נתוסף בגופו דבר אבל נשתנה המטבע עליו בלבד ואירע ההפסד שנפסד ממנו או התוספת שנתוסף עליו מצד שנשתנה המטבע עליו ואמנם גוף הממון נשאר כמות שהוא לא נתחדש בו שום חידוש כמו שאבאר זה במקומו משמעתא זו בהגיעו אליו. הנה נגלה לך ביטול קושיא זאת.

תלמוד בבלי <עוז והדר> עמוד מס 757 טו כתובות תלמוד בבלי הודפס ע"י תכנת אוצר החכמה

הוא מסביר שבשלושה שהטילו לכיס אבד או נוסף משהו בגוף הממון, ולכן שם ודאי זה מתחלק לפי מעות, שכן שותפות מפוזרת באופן אחיד על פני כל הנכס. אבל בכתובות זה דומה למצב בו לא התרחש מאומה לגוף הממון עצמו, אלא יש ויכוח כיצד לחלק את השעבודים. נראה שכוונתו לדברי הרא"ש ותוס' שראינו למעלה, שמבינים שותפות כחלוקה של הנכס עצמו. לעומת זאת, בחלוקת עיזבון הבעיה היא התייחסות לתביעות על ממון זר ולא חלוקה של נכס משותף. יש לזכור שגם תוס' והרא"ש מסבירים זאת בשיטת רש"י, והרי"ף הרי סובר כרש"י. אם כן, גם הוא מסביר את שיטתו כדבריהם.

היחס לחלוקת מציאה (סוגיית טלית)

השאלה שנותרה לנו היא כיצד, אם בכלל, כל זה מתיישם לגבי חלוקת מציאה (סוגיית טלית)? מחד, גם בטלית לא מדובר על שותפות אלא על תביעות. לכאורה זה אומר שבטלית תהיה מחלוקת בין הר"ח לרי"ף וסיעתו. מאידך, יש עוד מאפיין של חלוקת טלית, והוא לא נמצא גם בשלושה שהטילו לכיס.

בכל המקרים שראינו עד כאן אין ספק לגבי הבעלויות. הטענות הן טענות ודאי ואין רמאי. השאלה היא כיצד למצות את הזכויות של כל אחד במקרה שיש התנגשות בין הזכויות. אבל בטלית אנחנו לא באמת יודעים את האמת, כלומר איזה חלק יש לכל אחד. כל אחד מהתובעים טוען שיש לו חלק כלשהו, אבל כאן עלינו להכריע את האמת עצמה, ודי ברור שיש כאן שקרן/ים.

בטלית לא מדובר בתביעה על נכס משותף אלא בתביעה להיות שותף בנכס זר. במילים אחרות, זו תביעה ליצור שותפות (ואח״כ לפרקה) ולא תביעה לפרק אותה כמו במקרים שראינו כאן.

אין פלא, איפוא, שהראשונים לא קושרים את הדיונים הללו לדין חלוקת טלית בב״מ. אמנם ראינו שרה״ג כן רואה קשר, לולא משמעות הגמרא בכתובות אילצה אותו לוותר על התפיסה הזאת. נראה שהוא הבין שברגע שכולם אוחזים בטלית היא הופכת לנכס משותף, והשאלה כעת היא איך לחלק את הטלית. אנחנו לא שואלים מהי האמת (מי הרים את המציאה קודם וכמה ממנה הוא הרים), אלא איך לחלק את הנכס המשותף לפי התביעות. זו ממש אותה שאלה כמו במקרים שלנו. בניסוח אחר ניתן לומר שהאחיזה בטלית כשאין ראיות לאף אחד מהתובעים, הופכת כל אחד מהם לבעל חזקה על הטלית (ראה דיון על המוחזקויות בתחילת החלק הראשון). במצב כזה הם ממש שותפים, וכעת עברנו לשאלה של חלוקת שותפות.

לסיכום, עד כאן פגשנו שני מאפיינים שמשחקים על המגרש: 1. האם מדובר בקונפליקט של תביעות או בחלוקת שותפות. 2. האם יש רמאי והבי״ד בא לברר את האמת, או שהאמת ידועה ואין רמאי. המאפיינים של המקרים השונים מוצגים בטבלה הבאה:

המקרה	המאפיין	אופי התביעה	תפקיד הבי״ד
שותפות להשקעה, ירושה והיזק	שותפות		להכריע בקונפליקט
חלוקת עיזבון		תביעות	להכריע בקונפליקט
חלוקת מציאה		תביעות	למצוא את האמת/הרמאי

הסברנו שלפי הר״ח והגאונים שותפות גם היא בעצם הכרעה בקונפליקט של תביעות, ולכן לדעתו יש לדמות את שתי השורות הראשונות. השורה השלישית בכל אופן נותרת שונה. לפי הרי״ף וסיעתו גם שתי השורות הראשונות לא דומות.

כבר כאן אפשר לראות מדוע הראשונים לא מניחים זהות בין אופן החלוקה של טלית לבין חלוקה של עיזבונות. ועדיין קשה להוציא מכאן את שיטות החלוקה השונות. כעת נראה כיצד המאפיינים הללו משליכים על שיטת החלוקה עצמה.

הבחנתו של הרי״ף

מי שעסק באופן מפורש בשאלת היחס בין סוגיית כתובות לסוגיית טלית הוא הרי״ף בפירושו בערבית שמוזכר בפסקיו על הסוגיא (שם הוא מציג זאת כקיצור דבריו מהפירוש בערבית. הוא עצמו מפנה את מי שמתקשה לפירושו בערבית). שני תרגומים של הפירוש הזה (מספר **תמים דעים** ומהרמ״ע מפאנו) מובאים בדפוס וילנא מתחת לפסקי הרי״ף כאן בסוגיא. כעת נראה את דבריו שם. אך ראשית נביא את צילום הקטע הראשון משני הנוסחים שהוא הנוגע אלינו:

העתקת פירוש הרי"ף מלשון ערבי

תמים דעים

(ג)**מי** שהיה נשוי שלש נשים וכו׳. לפי שנשאו ונתנו בה החכמים הראשונים ולא נפתח להם בה שער ולא מצאו לה דרך ולא ידעו לה ענין אח"כ רבינו האי גאון שם לה יסוד ובנה אותה עליו ונראה לו כאילו עלתה בידו בנגלה ובחר לעצמו לדבר בה על שיטת שנים אוחזין בטלית (ב"מ ב.). וכשעיינתי בה מצאתי אותה בלתי הולכת על עיקר זה ובלתי נלמדת ממנו. וזה לפי ששנים אוחזין בטלית מחויב להיות הדין בו כך לפי שכל אחד מהם מחזיק במה שבידו וטוען על מה שביד חבירו או על קצתו ונתחייב שיהיה נוטל כל אחד-מה שבידו בשבועה אבל זו אינה כך אלא כל אחת מהן בידה שטר וממונה ידוע וא"א לאחת מהן שתטעון על חברתה בדבר שאינו שלה.

ועוד שטעמו של רבי שבשלשת שעריה חולקים בשוה אינו נגלה לפי שיטה זו ולא נראה לדון כן בהם על דרך שנים אוחזין בטלית שום טעם נכון כלל ועוד שאם הלכה זו היתה בנויה על עיקר שנים אוחזין לא היה רבי חולק בה ודן בכל שעריה חולקים בשוה לפי שרבי אינו חולק בשנים אוחזין בטלית. הלא תראה מה שאמרנו שם (ז.) בענין שנים אדוקין בשטר מלוה אומר (שלו) [שלי] הוא ונפל (ממנו) [ממני] ומצאתיו ולוה אומר שלך הוא ופרעתיו לך יתקיים השטר בחותמיו דברי רבי רשב"ג אומר יחלוקו ואקשי׳ ולית ליה לרבי הא דתנן שנים אוחזין וכו׳ כלומר שעיקר זה אי אפשר לחלוק עליו. ותירצו זה במה שבטלו קס"ד מרבי. ועלה בידינו שרבי אינו חולק על שנים אוחזין. וא"כ מכיון שמצאנו אותו חולק עם ר׳ נתן בדין זה ידענו שדין זה שבמי שהיה נשוי ג׳ נשים אינו בנוי על עיקר שנים אוחזין אלא על עיקר אחר

הרמ"ע מפאנו

הלכה השניה

(ד)**מי** שהיה נשוי שלש נשים וכו׳. כבר נשאו ונתנו בהלכה זו חכמים הראשונים ולא מצאו בה פי׳ מתישב על הכוונה ורבינו האי גאון ז"ל פתח בה פתח וביאר בה שהיא הולכת ע"ד שנים אוחזין בטלית (ב"מ ב.) ועיינתי בדבריו ומצאתי שאינה הולכת בשיטה זו לפי ששנים אוחזין בטלית אינו דומה לזה לפי שלשם בשנים אוחזין כל אחד מהם מוחזק במה שבידו וכל אחד רוצה להוציא מחבירו מה שהוחזק בו *ולזה ראוי שכל אחד יזכה במה שהוא מוחזק בו וראוי שיחלוקו השאר על פי שבועתם אבל הכא כל אחת מהן יש בידה שטר מממון ידוע ואין שום אחת מהן טוענת בחברתה שתהיה טוענת בממון שאינו שלה כי כולן טוענות ושואלות דין אמת א"כ ראוי להן שתחלוק ג׳ בשוה בלי שבועה.

(הגה"ה, אע"ג דאוקמינן לה (שם ז.) למתני׳ דתפיסי בכרכשתא ואין לשום אחד מהן חזקה בגופה של טלית מ"מ כולה שלי משמע שאפי׳ היו מוחזקים כל אחד טוען שחבירו מחזיק שלא כדין ע"כ)

ועוד לדעת רבי שאמר בכולהו תלתא בבי דמתני׳ חולקות בשוה אי אפשר להתישב שמשנתינו היא הולכת בשיטת שנים אוחזין בטלית לפי שאם היה כן לא היה רבי חולק עליה ויאמר ששלשה בבות חולקים בשוה לפי שא"א לומר שרבי חולק על משנת שנים אוחזין בטלית לפי שאמרו במציעא (שם) שנים אדוקים בשטר מלוה אומר שלי הוא ונפל ממני ומצאתיו ולוה אומר שלך הוא ופרעתיו לך יתקיים השטר בחותמיו דברי רבי רשב"ג אומר יחלוקו ואקשינן ולית ליה לרבי הא דתנן שנים אוחזין בטלית זה

תלמוד בבלי <עוז והדר> עמוד מס 752 טו כתובות תלמוד בבלי הודפס ע"י תכנת אוצר החכמה

תמים דעים

וכבר הורוני מן השמים הדרך הנכון בה והסיבה האמיתית שנתחייבה זה ונתיסדה ממנה.

תלמוד בבלי <עוז והדר> עמוד מס 753 טו כתובות תלמוד בבלי הודפס ע"י תכנת אוצר החכמה

הרמ"ע מפאנו

אומר אני מצאתיה וזה אומר אני מצאתיה זה ישבע שאין לו פחות מחציה וזה נשבע שאין לו בה פחות מחציה ויחלוקו א"כ מאחר שראינו שהקשו לרבי ממשנה זו א"כ היא עקרית ואין לחלוק עליה אחר שהוא תירץ לקיים אותה ואם היה ר׳ נתן הולך במשנתינו לשיטת שנים אוחזין לא היה רבי חולק עליו לומר אין נראין דברי ר׳ נתן שהרי משנת שנים אוחזין היא עיקרית ע"כ נראה שמשנתינו אינה הולכת לשיטת שנים אוחזין כדברי רבינו האי גאון. ולפי מה שהורוני בה מן השמים על נכון בהלכה זו אבאר בס"ד:

תלמוד בבלי <עוז והדר> עמוד מס 753 טו כתובות תלמוד בבלי הודפס ע"י תכנת אוצר החכמ

בפסקה השנייה הרי״ף מוכיח שאין לדמות את חלוקת שניים אוחזים לסוגיית הכתובות, אזי רבי ורבי נתן היו צריכים לחלוק גם על חלוקת הטלית, ולא מצאנו שם מחלוקת כזאת, ובפרט הגמרא שם ו ע״א מניחה שרבי עצמו לא חולק.

נציין שהשיקול הזה נאמר לשיטת הרי״ף עצמו. לפי הראב״ד אין בין רבי נתן לרבי מחלוקת. יתר על כן, ראינו שלשיטת הראב״ד יש התאמה בין חלוקת עיזבון לחלוקת שניים אוחזים בכל המקרים של שני תובעים. אמנם לגבי שלושה תובעים אין התאמה לפי כל השיטות שראינו לגבי טלית (מהרי״ל דיסקין, אומן-משלר ושלנו). אבל אם נניח שרבי מאמץ את האלגוריתם שלו

מכאן גם למקרה של n אוחזים (גם למעלה משלושה), כלומר ניצור שם שיטה אחרת, כי אז יש מקום לדמיון הזה. בכל אופן, הרי״ף עצמו לא מקבל את ההשוואה, שכן כפי שראינו הוא מבין את שיטת רבי לגבי חלוקת הכתובות כרש״י, כלומר שמדובר בחלוקה שווה. זה ודאי לא מתאים למה שראינו בשניים אוחזים (גם במקרה של שני תובעים). לכן לשיטתו הסוגיות ודאי חלוקות. גם בראב״ד הצעה זו קצת דחוקה, שכן הוא מופיע כהשגה על הרי״ף, והיה עליו לציין שלשיטתו יש התאמה לסוגיית שניים אוחזים (כהו״א של רה״ג שמובאת ברי״ף). אם הראב״ד לא מביא זאת כראיה לדבריו, וכלל לא מתייחס לסוגיא ההיא – סביר שהוא פשוט לא חושב שיש התאמה בין חלוקת עיזבון לחלוקת מציאה.

בפסקה הראשונה הרי״ף מסביר את ההבדל בין הסוגיות. הוא טוען שבחלוקת טלית מדובר במצב בו כל אחד אוחז במשהו ותובע משהו ממה שמחזיק חברו. במצב כזה יש הכרח לחלק את הטלית לפי ההנחה שכל אחד מקבל מה שמודה לו חברו, וחלוקה שווה של השאר. אבל בחלוקת עיזבון הנתח של כל אחד ידוע, ומדובר במימוש שעבודים, ושם אין אף אחת שתובעת את מה ששייך לחברתה, ולכן שיקולי הודאה כלל לא רלוונטיים. לכן האלגוריתם של חלוקת טלית שמבוסס בראשו ובראשונה על הודאות כלל לא רלוונטי שם. כאן מתבקשת החלוקה השווה כפי שבאמת סובר הרי״ף (ראה נוסח הרמ״ע מפאנו בסוף הפסקה הראשונה).

נראה שהוא מבסס את ההבחנה על כך שהמתודה שנהוגה בחלוקת מציאה לא רלוונטית למצב בו אין ויכוח בין מוחזקים. כלומר המתודה שם לא מתאימה לכאן. כמובן שכפי שראינו כעת גם המתודה שבכאן (לפי הרי״ף: חלוקה שווה) לא מתאימה לשם.

בשולי הדברים נוסיף שמפשט דבריו נראה שגם בחלוקת טלית הוא מבין כמהרי״ל דיסקין או כהצעתנו ולא כהצעת אומן-משלר. יתר על כן, אם הוא היה מניח כמותם כי אז היה מתבקש שיציע פירוש מתאים למשנת כתובות

בהתאם (גם אם זה נגד הגמרא), כפי שהם עשו. אבל כפי שראינו בפירוש משנת כתובות הוא ודאי לא מסכים להצעתו של אומן.

סיכום: היחס בין הסוגיות לפי כל השיטות

נראה כעת את היחס בין חלוקת מציאה (סוגיית טלית) לחלוקת עיזבון (שלוש כתובות), לפי כל השיטות שפגשנו כאן:

- ראינו שלפי אומן המשנה בכתובות כן מתאימה לסוגיית טלית, והוא טוען שאולי גם הגמרא בכתובות הבינה זאת למסקנה (בשיטת רבי נתן).
- בסעיף הקודם ראינו את ההבדל בין הסוגיות לפי שיטת רש״י והרי״ף ורוב הראשונים.
- לשיטת הראב״ד ברבי הצענו שאולי יש התאמה בין הסוגיות אם באמת הראב״ד מאמץ שיטה רביעית בדין חלוקת טלית. אך ראינו שבפשטות נראה שגם לשיטתו אין התאמה (כי הוא לא מציין זאת בדבריו).
- לפי הר״ח והגאונים נראה שאין שום אפשרות להתאמה. לגבי חלוקת שותפות, הר״ח חולק על הרי״ף והראב״ד, ולדעתו החלוקה צריכה להיעשות בפרופורציה לתביעות. מדוע בטלית זה לא נעשה כך? נראה שהם יכולים להסביר זאת בדומה לרי״ף ולהצעותינו לעיל. במציאה יש לחלוק באופן שכל אחד מקבל את מה שחברו מודה לו. בעיזבון הדבר לא הגיוני, כי לא מדובר שם בהכרעה בין תביעות מנוגדות אלא בחלוקת שותפות, וכנ״ל.

ההנחות השונות ביסוד שיטות החלוקה בעיזבון

כפי שנראה מייד, האלמנטים שמשחקים על המגרש הזה הם התביעות והנכס עצמו. ההבדלים בין השיטות נובעים מיחסם לאלמנטים השונים. מה עומד כנגד מה, אם בכלל.

שיטת הר״ח היא הפשוטה ביותר. הר״ח מניח שהחלוקה צריכה להיעשות בפרופורציה לתביעות, ונראה שהוא מתעלם לגמרי משיקולי מוחזקות ובכלל משיקולים שנוגעים לערך הנכס המתחלק. סביר שדווקא בגלל שאין כאן תובע ממוחזק כמו בטלית, בהיעדר כל שיקול אחר, יש בפנינו רק את התביעות. לכן המנות אמורות להתחלק בפרופורציה לתביעות.

לעומת זאת, הרי״ף וסיעתו מסבירים בפירוש את ההנחה שכל העיזבון משועבד לכל אחת מהכתובות, עד שתיגבה כולה. אין פלא שלשיטתו מעמד כל התובעים שווה, והם מתחלקים בשווה עד שמתמלאת תביעתו של כל אחד מהם. נראה שהנחתו של הרי״ף היא שכל העיזבון משועבד לכל התביעות, ואין יתרון לתובע גדול על פני הקטן. כל אחת מהתביעות מתפרסת על פני כל העיזבון.

לעומת זאת, לפי רוב הראשונים (למעט שיטת אומן-משלר) רבי נתן סובר שהחלוקה היא דיפרנציאלית. כפי שראינו, חלוקה כזאת נותנת יתרון לבעלי התביעות הגבוהות. כפי שמסבירים המפרשים, יש כאן הנחה שמחלקים נכס משועבד. אם מעמידים את כל הנכס מול התובעים, אזי החלקים הנמוכים של הנכס משועבדים לכולם, והחלקים הגבוהים יותר נתבעים על ידי פחות תובעים. זו ההנחה של החלוקה הדיפרנציאלית.

ניתן להציג זאת באופן הבא:

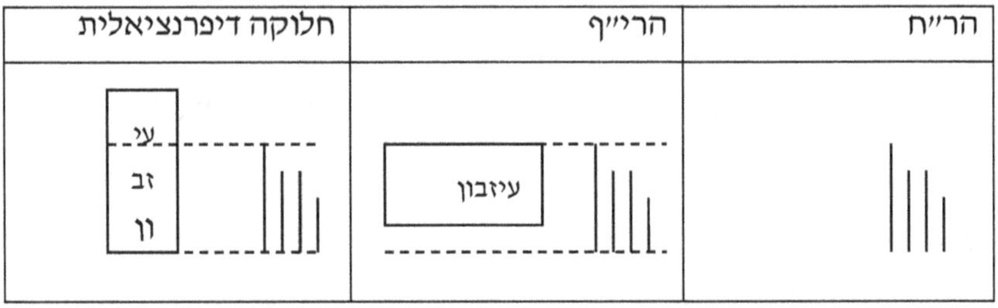

הר״ח
הרי״ף
חלוקה דיפרנציאלית

ציור 10.1: המעמד של התביעות מול העיזבון לפי שלוש השיטות הבסיסיות. רואים שבחלוקה הדיפרנציאלית רק חלק מהעיזבון משועבד לתובעים, והחלק התחתון עומד מול כולם. לעומת זאת, בשיטת רי״ף כל העוזבון עומד מול כל אחד מהתובעים.

בשיטת החלוקה הדיפרנציאלית כל התביעות מתייחסות לחלק התחתון של הממון, ולא מפולגות על פני כל העיזבון. לדוגמה, אם יש תובע מנה ומאתיים ביחס לעיזבון של מאתיים, אזי המאה הראשונים נמצאים במחלוקת ולכן מחולקים בשווה ביניהם, והמאה השניים הם של התובע הגדול. התוצאה היא כמו שניים אוחזים (באופן מקרי), אבל הלוגיקה היא שונה לגמרי (דומה מאד ללוגיקה של סגל בחלוקת טלית). לכן החל משלושה תובעים זה כבר לא נותן תוצאה דומה.

לכן החלוקה הדיפרנציאלית מניחה שהחלק התחתון של העיזבון מתחלק בשווה בין כל התובעים שמתמודדים על אותו חלק, ולכן לא פלא שהמתודה הזאת הולכת לרעת התובעים הקטנים, כפי שנראה כעת בדוגמה.

נתבונן למשל בתביעות של כולה-חציה-חציה. בשלוש השיטות של חלוקת טלית קיבלנו את התוצאות הבאות:

מהרי״ל דיסקין - $(\frac{14}{24}:\frac{5}{24}:\frac{5}{24})$.

אומן-משלר - $(\frac{1}{2}:\frac{1}{4}:\frac{1}{4})$.

הצעתנו - $(\frac{3}{5}:\frac{1}{5}:\frac{1}{5})$.

לעומת זאת, אם ניישם כאן את שיטת החלוקה הדיפרנציאלית, נקבל:

חלוקה דיפרנציאלית - ($\frac{4}{6}:\frac{1}{6}:\frac{1}{6}$).

חלקם של שני התובעים הקטנים קטן יותר משלוש השיטות הקודמות, וההסבר לזה שהוא שרואים אותם כתביעות חופפות. כאמור, אפשר לראות בתוצאה הזאת שיטה רביעית לחלוקת טלית (אם מניחים שהראב״ד מזהה בין שתי הסוגיות, אף שהסברנו שזה לא סביר).

להשלמת התמונה נראה את התוצאות לפי שלוש השיטות האחרות בחלוקת עיזבון:

רש״י והרי״ף - ($\frac{1}{3}:\frac{1}{3}:\frac{1}{3}$).

הר״ח - ($\frac{1}{2}:\frac{1}{4}:\frac{1}{4}$).

אומן-משלר - ($\frac{1}{2}:\frac{1}{4}:\frac{1}{4}$).

באופן לא מפתיע, בכל השיטות הללו החלק של התובעים הקטנים הוא גדול יותר מאשר בחלוקה הדיפרנציאלית.

עד כאן עסקנו בחלוקה דיפרנציאלית של עיזבון קטן. מה קורה עם חלק העיזבון שנמצא כולו מעל התביעות (ראה בצד שמאל של הציור, בחלק שמעל הקו המקווקוו)? כפי שראינו, יש כאן שלוש שיטות בראשונים:

- לשיטת הראב״ד ברבי והרי״ף ברבי נתן ממשיכים לחלוק דיפרנציאלית גם את החלק העליון. כאילו יש כאן תביעה חדשה על אותו חלק.
- לשיטת הר״ן אחרי שחולקים דיפרנציאלית את החלק הראשון, חולקים את השאר כמו רבי בשיטת הרי״ף (כולם מקבלים בשווה עד שתביעתם מתמלאת). הוא מבין שבחלק העליון יש שעבוד שווה לכולם (כמו במשבצת האמצעית שבציור 10.1).

- לשיטת הריטב״א אחרי שחולקים דיפרנציאלית את החלק התחתון, בחלק העליון חולקים את ההפסדים.

  מה ההיגיון בזה? נראה שלשיטתו יש שעבוד על החלק התחתון בלבד, כמו בשיטה הדיפרנציאלית. מכאן והלאה אין שעבוד אלא שיקולי צדק וסבירות. וכאן הוא מעדיף את חלוקת ההפסדים על פני חלוקת הנכס עצמו.

אומן-משלר מניחים שחלוקת עיזבון אמורה להתבצע לפי ההיגיון של שניים אוחזים. זוהי הנחה לא סבירה, שכן כפי שראינו כאן אין מקום לשיקולי הודאת בע״ד.

הערה על הנחות המוצא של השיטות השונות בחלוקה הדיפרנציאלית

כפי שראינו, לכאורה החלוקה הדיפרנציאלית מניחה שהעיזבון מוחזק אצל התובעים חלקים חלקים, לפי מנות התביעה. זאת לעומת הרי״ף שסובר שהעיזבון מוחזק כולו כנגד התביעות (לא מנות מנות). אבל התיאור הזה אינו מדויק. לפי הר״ן והריטב״א אכן נראה שכך הם מבינים, ולכן את החלק מהעיזבון שכנגד התביעות חולקים בשיטה הדיפרנציאלית. את השארית חולקים אחרת מפני ששם כבר אין מוחזקויות. המחלוקת ביניהם היא בשאלה האם חולקים הכנסות או הפסדים. ההבדל כנראה נובע משיקול מה עושים בחלוקה כשאין מוחזקויות: האם עדיף לעשות צדק בהכנסות (שהכנסתו של כל אחד תהיה סבירה לעומת חבריו) או בהפסדים (שהפסדו של כל אחד יהיה סביר לעומת חבריו). ואולי זה גופא תלוי בשאלה האם השארית הזאת כן מוחזקת עבור כולם (כך כנראה מבין הר״ן, ולכן הוא חולק זאת כמו בשיטת הרי״ף שגם הוא מניח שהעיזבון כולו מוחזק כנגד כל אחת מהתביעות. מטרתו שכל אחד יקבל ככל האפשר את המגיע לו), או שאין שם מוחזקויות כלל (כך הבין הריטב״א, ולכן הוא מוודא הפסד הוגן לכל אחד. מטרתו שכל אחד לא יפסיד יותר מחברו).

לעומת שני אלו, הראב״ד כנראה מבין את החלוקה הדיפרנציאלית בצורה שונה לגמרי. לשיטתו זו רק שיטת חלוקה ולא באמת מוחזקות. עובדה היא שלשיטתו השארית שבה אין מוחזקויות מתחלקת גם היא באותה שיטה. לכן נראה שהוא מבין את החלוקה הדיפרנציאלית כשיטת חלוקה של ממון המוטל בספק ולא כתוצאה של חלוקה של נכס בין שותפים (מחזיקים בשותפות).

סיכום

בחלק זה ראינו עד כה שש שיטות לחלוקה של עיזבון. ברור שאין כאן שותפות בעיזבון, שהרי אף תובעת לא אומרת שהעיזבון שלה. לכן אין כאן תביעת ממוני גבך. כפי שראינו במקרה זה גם כולן דוברות אמת, ואין כאן שאלה של רמאויות. העיזבון עומד לחלוקה כנגד התביעות. כולן רוצות לגבות את המגיע להן ממנו, אבל לא שהוא עצמו שייך להן, אלא לכל היותר משועבד להן.

הר״ח והגאונים מניחים שבמצב כזה אין מוחזקויות וכל מה שיש לנו הן התביעות. לכן החלוקה היא של כל העיזבון לפי פרופורציית התביעות.

הרי״ף מניח שכל תובע מוחזק בכל העיזבון עד גובה תביעתו, לכן בעצם יש כאן כעין חלוקת שותפות. אין יתרון לאחד על אחרים, ולכן כל אחד מקבל בשווה לכל האחרים עד שמתמלאת תביעתו.

אומן-משלר מניחים חלוקה שהשיקול היסודי בה הוא צדק חלוקתי, כלומר שלאף אחד לא תהיה טענה כלפי חברו. לכן יש שם סוג של מיצוע בין חלוקת הכנסות לחלוקת הפסדים. עד חצי מהתביעות יש חלוקת הכנסות ומשם והלאה חלוקת הפסדים. אף אחד לא יתחיל להפסיד יותר מחצי תביעתו עד שכולם מקבלים את החצי הראשון. משם והלאה מחלקים הפסדים.

החלוקה הדיפרנציאלית היא מורכבת יותר. ראינו שהראב״ד רואה זאת כשיטת חלוקה גרידא. מבחינתו כך מחלקים ממון המוטל בספק. לכן הוא סובר שהעיזבון מתחלק דיפרנציאלית במנות. המנה הראשונה מהעיזבון היא כגובה התביעה הגדולה ביותר (p_n), והשארית חוזרת ומתחלקת כגובה

התביעה השיורית הגבוהה ביותר. זהו תהליך שיכול להגיע לאינסוף שלבי חלוקה כאשר העיזבון הוא כגובה סכום התביעות, אך במצב כזה אנחנו יודעים את התוצאה (כל אחד מקבל את מלוא תביעתו). כפי שהראו אלטשולר, בכל מצב אחר מספר השלבים הוא סופי.

לעומת זאת, הר״ן והריטב״א מבינים שביסוד החלוקה הדיפרנציאלית עומדות מוחזקויות כלפי החלק הראשון של העיזבון (עד p_n). לגבי השארית יש רק עוד שלב אחד ובו מסתיימת החלוקה. אלא שהם חלוקים בשאלה מה טיבו של אותו שלב: הר״ן סובר שמחלקים הכנסות (כמו הרי״ף ברבי על כלל העיזבון) והריטב״א סובר שמחלקים הפסדים.

ההלכה לפי כל הפוסקים היא כרבי. כך שמבחינתנו מדובר בחלוקה לפי הרי״ף או הר״ח, כשרוב הפוסקים מכריעים כרי״ף. כלומר רואים את העיזבון כמוחזק כולו כנגד כל אחד מהתובעים. אמנם זה מעלה את השאלה מדוע לא חולקים אותו כמו טלית, שהרי גם שם יש מוחזקות לכל תובע בטלית. אמנם ראינו בתחילת החלק הראשון שהראשונים חלוקים בשאלה האם יש שם מוחזקות לכל אחד בחצי טלית, או לכל אחד בכולה, או שמא אין מוחזקויות כלל. בכל אופן, שם יש ודאי רמאי והשאלה היא מי דובר אמת ומי שקרן ומה מגיע לכל אחד, ולכן לא חולקים זאת בשווה. בעיזבון, לעומת זאת, כולם צודקים ולכן אנחנו מוכנים לראות את כל אחד מהם כאילו כל העיזבון משועבד לו.

אמנם ישנה אפשרות נוספת, והיא שהמשנה בחלוקת טלית מבטאת דין ספציפי שנכון רק למקרה של שני תובעים שאחד תובע את כולה. כפי שכבר ראינו בפרק על שיטת סגל, במקרה כזה אין הבדל אם רואים את המוחזקות של התובע הקטן על כלל הטלית או על חלק מסוים בה. ההבדל הזה מתעורר רק כאשר מופיע תובע שלישי, או כשאין תובע על כולה. במקרים אלו צריך לדון איזה חצי תובע התובע הקטן. ולכן ייתכן שבאמת במקרים אלו, שלא כמו במקרה המיוחד בו עוסקת המשנה, החלוקה הנכונה היא כשיטת הרי״ף או הר״ח. כלומר שמקרים אלו לא מניחים שכל תובע מוחזק בכל הטלית או

בכל חצי ממנה, אלא בחצי התחתון דווקא. כך מתקבלת בדיוק שיטת החלוקה של הרי״ף. אם כנים דברינו, אז להלכה ההרחבה של משנת שניים אוחזים למקרה של תובעים מרובים אינה אף אחת מהארבע שהצענו בחלק הראשון, אלא דווקא שיטת הרי״ף. אמנם לפי זה באמת לא ברור מדוע הראשונים והתלמוד עצמו לא מזכירים את סוגיית טלית כשדנים בחלוקת עיזבון ולהיפך.

לפני שנסיים את החלק הזה, עלינו לבחון עוד נקודה אחת, שאינה נוגעת להלכה למעשה, שכן כל כולה נוגעת לדעת רבי נתן. הר״ן והריטב״א בשיטת רבי נתן נחלקים בשאלה האם חולקים הכנסות או הפסדים בשארית העיזבון. למעלה הצענו שיסוד המחלוקת שלהם הוא השאלה כיצד מתייחסים לשארית: האם היא מוחזקת לכל אחד בשווה או שאין בה מוחזקויות כלל. כדי לבחון ולהבין את השיקולים הללו, נקדיש בתחילת החלק הבא פרק לסוגיות שעוסקות בחלוקת הפסדים וננסה לראות מה הבסיס לתפיסה הזאת. כאמור, זהו פרק עיוני גרידא, שכן מדובר בבירור שיטת רבי נתן שלא נפסקה להלכה.

חלק שלישי:

סוגיות חלוקה נוספות

עד כאן ראינו את הסוגיות שעוסקות בחלוקת מציאה ובחלוקת עיזבון. בחלק זה נבחן סוגיות תלמודיות נוספות שעוסקות בחלוקה בין גורמים שונים. נתחיל מהשאלה של חלוקת הפסדים שעלתה כבר בפרק הקודם, ולאחר מכן נעבור לחלוקה ברווחים, בנזקים, ובאובדן רכוש.

פרק אחד-עשר
סוגיות של חלוקת הפסדים

מבוא

בפרק הקודם ראינו את מחלוקת הר״ן והריטב״א לגבי חלוקת שארית
העיזבון אחרי החלוקה הדיפרנציאלית. הר״ן סובר שחולקים את ההכנסות
והריטב״א סובר שחולקים הפסדים. הצענו שם הסבר אפשרי למחלוקת
הזאת, האם השארית מוחזקת לכולם בשווה (הר״ן) או שלא מוחזקת לאף
אחד (הריטב״א). אומן במאמרו האחרון (אומן3, פרק ד סעיף 1) טוען
שבחלוקת טלית ועיזבון המכניזם משתנה לפי גובה העיזבון. כאשר העיזבון
נמוך מחצי סכום הכתובות (התביעות) כי אז חולקים אותו עצמו. ואם הוא
גבוה מחצי זכום הכתובות אז חולקים את ההפסדים. בסעיף 2 שם הוא מביא
כמה סוגיות שבהן רואים מכניזמים של חלוקת הפסדים,[19] וגם בהן מופיעות
כל השיטות שפגשנו לגבי חלוקת רווחים. בפרק זה נבחן אותן וננסה להבין
היכן ומדוע נוקטים בשיטה כזאת.

חלוקת שטר חוב בירושה

סוגיית ב״ב קכד ע״א עוסקת בחלוקת שטר חוב בין יורשים:

**ירשו שטר חוב בכור נוטל פי שנים יצא עליהן שטר חוב בכור נותן פי
שנים.**

---

[19] אומן מזכיר שם ששלוש הסוגיות הראשונות מובאות בתוד״ה ׳רבי׳, כתובות צג ע״א. אבל
שם בתוס׳ לא מוזכרת חלוקת הפסדים, ובאמת כפי שנראה להלן שלוש הסוגיות הללו באמת
לא עוסקות בחלוקת הפסד.

האב המת הוריש שטר חוב לבניו. הבכור נוטל פי שניים משאר אחיו בחוב הזה. ואם יצא עליהם שטר חוב (האב היה חייב כסף למישהו) החלוקה בהפסד מתחלקת כמו החלוקה בירושה עצמה.

אמנם קשה לראות במקור הזה חלוקה של הפסדים. השטר שיצא על האב אינו הפסד אלא ירידה של ערך העיזבון. אם האב היה חייב מנה, כי אז העיזבון שהוא הותיר אחריו נמוך במנה ממה שחשבו. כעת חולקים את העיזבון החדש לפי כללי חלוקת עיזבון רגילים. לכן אין כאן חלוקת הפסדים אלא חלוקת עיזבון רגילה.

ההשלכה היא שבשיטות ראשונים אחרות לגבי חלוקת עיזבון, שתי הצורות לא בהכרח תהיינה שקולות. לפי אמן אנחנו נעשה גם שם חלוקת הפסדים כי הוא מפרש שחולקים הפסד כמו שחולקים רווח. לעומת זאת, לטענתנו תמיד תיעשה חלוקה של רווח ולא של הפסד, כפי שגם כאן נעשית חלוקה של רווח ולא של הפסד. אפילו בשיטתו של אומן עצמו שתי החלוקות לא זהות (שאם לא כן לא היה הבדל בין מקרה של עיזבון שנמוך מחצי מהתביעות למקרה של עיזבון שגבוה מהחצי, ולא היה צורך לחלק את הדיון).

היזק בשותפות

המקור השני שמובא שם הוא סוגיית ב"ק לו ע"א לגבי שור שווה מאתיים שנגח שור שווה מאתיים:

> ***שור שנגח ארבעה וחמשה שוורים זה אחר זה ישלם לאחרון שבהם ואם יש בו מותר יחזיר לשלפניו ואם יש בו מותר יחזיר לשלפני פניו והאחרון אחרון נשכר דברי ר"מ רבי שמעון אומר שור שוה מאתים שנגח לשור שוה מאתים ואין הנבלה יפה כלום זה נוטל מנה וזה נוטל מנה חזר ונגח שור אחר שוה מאתים האחרון נוטל מנה ושלפניו זה נוטל חמשים זוז וזה נוטל חמשים זוז חזר ונגח שור אחר שוה מאתים האחרון נוטל מנה ושלפניו חמשים זוז ושנים הראשונים דינר זהב.***

הגמרא שם מסבירה שדברי ר״ש במשנה הולכים בשיטת ר״ע (שסובר ״יוחלט השור״, נגד ר״י״ש הסובר ״יושם השור״. ראה משנה וגמרא ב״ק לג ע״א) ששור תם שנגח מתחלק בשווה בין הניזק ובעלים, וכעת הם שותפים בשור. נתאר כעת את מהלך המשנה.

שורו של ראובן ששווה מאתיים נוגע את שורו של שמעון ששווה מאתיים. הנבלה לא שווה מאומה, ולכן לא יורד מאומה מהתשלום שראובן חייב לשמעון. הנזק של שמעון הוא מאתיים, ולכן שמעון מקבל שותפות בחצי משורו של שמעון. כעת השור הפרוע הזה, ששייך לראובן ושמעון בשותפות, נוגע את שורו של לוי שגם הוא שווה מאתיים, ושוב הנבלה לא שווה מאומה. במקרה זה לוי מקבל מאה מהשור הנוגח, והמאה הנותרים מתחלקים בין ראובן לשמעון. כעת יש שותפות של 2:1:1 בשור. כעת אם אותו שור נוגע שוב את שורו של יהודה, אז יהודה מקבל מאה, ובמאה הנותרים מתחלקים ראובן שמעון ולוי לפי יחס הבעלויות שלהם. התוצאה היא חלוקה של: 100,50,25,25.

שוב לא ברור מדוע המקרה הזה הוא דוגמה לחלוקת הפסדים. זו חלוקת אחריות על תשלומי נזיקין ולא חלוקת הפסדים.

שלושה שהטילו לכיס

בסוף המשנה כתובות מובא הדין הבא:

וכן ג׳ שהטילו לכיס פיחתו או הותירו כך הן חולקין.

הגמרא מבארת שמדובר כאן על חלוקת רווח והפסד שיוצא מהשקעה משותפת.

רש״י על המשנה כותב:

כך הן חולקין - כל אחד ואחד נוטל בשכר וההפסד לפי מעותיו.

לכאורה כאן כבר יש חלוקת הפסד ממש: במקרה של ההשקעה נכשלה ויש הפסד, השותפים חולקים את ההפסד לפי מעותיהם (כלומר לפי חלקם בהשקעה).

אבל במבט נוסף גם כאן לא מדובר בחלוקת הפסדים. הרווח שהתקבל הוא שלילי, ולכן חולקים אותו כמו שחולקים רווח חיובי. הכל לפי מעות. כדי להמחיש זאת, נחשב על שיטה היפותטית שסוברת שרווח מהשקעה מתחלק בצורה שאינה פרופורציונית להשקעות (למשל שיטת אומן-משלר). במקרה כזה הפעלת מתודה זו על הרווחים ועל ההפסדים לא נותנת את אותה תוצאה. האם במקרה כזה היינו מחלקים רווחים או הפסדים? ברור שהיינו מחלקים לפי השיטה של חלוקת רווחים, שכן מדובר ברווח שלילי ולא בהפסד. העובדה שבמקרים אלו מדובר בשיטות חלוקה פרופורציוניות מטעה, שכן חלוקת ההפסדים נותנת בדיוק את אותה תוצאה כמו חלוקת הרווחים, ולכן ניתן להתייחס לזה כחלוקת הפסדים על אף שהאמת היא שמדובר בחלוקת רווחים.[20]

שור שדחף את חברו לבור

סוגיית ב"ק נג ע"א עוסקת בשור שדוחף שור אחר לבור. יש שם שני מזיקים, בעל השור הדוחף ובעל הבור:

> ***דתניא שור שדחף את חבירו לבור בעל השור חייב בעל הבור פטור רבי נתן אומר בעל השור משלם מחצה ובעל הבור משלם מחצה והתניא רבי נתן אומר בעל הבור משלם ג' חלקים ובעל השור רביע לא קשיא הא בתם הא במועד ובתם מאי קסבר אי קסבר האי כוליה הזיקא עבד והאי כוליה הזיקא עבד האי משלם פלגא והאי משלם פלגא ואי קסבר האי פלגא הזיקא עבד והאי פלגא הזיקא עבד בעל***

---

[20] אומן עצמו חש בזה במאמרו אומן3 בפרק ד סעיף 3. הוא עומד שם על כך שבחלוקה פרופורציונית אין הבדל בין חלוקת רווחים לחלוקת הפסדים. אבל הוא מסיק משם מסקנה שלגיטימי לעשות חלוקת הפסדים גם במקרה שבו שתי החלוקות לא זהות. את המסקנה הזאת איננו מקבלים, שכן דווקא בגלל הזהות אפשר להבין שמדובר לעולם על חלוקת רווחים (אלא שלפעמים הם שליליים) ולא בחלוקת הפסדים.

הבור משלם פלגא ובעל השור רביע ואידך ריבעא מפסיד אמר רבא רבי נתן דיינא הוא ונחית לעומקא דדינא לעולם קסבר האי כוליה הזיקא עבד והאי כוליה הזיקא עבד ודקא קשיא לך לשלם האי פלגא והאי פלגא משום דאמר ליה בעל השור לבעל הבור שותפותאי מאי אהניא לי.

בשור תם שדוחף שור אחר לבור, בעל השור משלם 1/4 ובעל הבור 3/4. לפי ההנחה שכל אחד עשה את כל ההיזק, בעצם הדין היה צריך להיות חצי-חצי, אבל בעל השור טוען שבעל הבור צריך להשתתף איתו גם בחצי שלו.

שוב לדעתנו אין כאן חלוקה של הפסדים אלא חלוקת אחריות על נזק (שדומה לחלוקת רווחים, שהפעם הם שליליים).

מכירת הקדש

המשנה בערכין כז ע"א עוסקת בפדיון של חפץ מהקדש. היא עוסקת במצב בו יש כמה הצעות מכמה אנשים לפדות את החפץ בסכומים שונים:

מתני' אמר אחד הרי היא שלי בעשר סלעים ואחד אומר בעשרים ואחד אומר בשלשים ואחד אומר בארבעים ואחד אומר בחמשים חזר בו של חמשים ממשכנין מנכסיו עד עשר חזר בו של ארבעים ממשכנין מנכסיו עד עשר חזר בו של שלשים ממשכנין מנכסיו עד עשר חזר בו של עשרים ממשכנין מנכסיו עד עשר חזר בו של עשר מוכרין אותו בשוויו ונפרעין משל עשר את המותר.

במצב בו כל אחד חוזר בו לחוד, אזי כל מי שחוזר בו צריך לשלם להקדש את הפסדיו.

בהמשך הגמרא שם בע"ב דנים מה קורה כשכולם חוזרים בהם יחד. הגמרא אומרת על כך:

תניא נמי הכי חזרו כולן כאחד משלשין ביניהם.

מה פירוש משלשין? בדרך כלל הכוונה בביטוי זה היא שכולם מתחלקים בשווה. אבל כאן נחלקו בזה הראשונים.

הרמב״ם בהל׳ ערכין פ״ח ה״ד כותב:

במה דברים אמורים כשחזרו זה אחר זה, אבל חזרו כולן כאחד משלשין ביניהם בשוה, כיצד אמר הראשון הרי הוא שלי בעשר ואמר השני בעשרים ואמר השלישי בארבעה ועשרים וחזר בו השלישי והשני כאחד נותנין אותו לראשון בעשר, וממשכנים מנכסי השני בשבע ומנכסי שלישי בשבע ונמצא ההקדש גובה ארבע ועשרים, וכן אם חזרו שלשתן כאחת ונמכר ההקדש בשלש, ממשכנין מנכסי כל אחד משלשתן שבע סלעים וכן על דרך זו לעולם.

משמעות דבריו היא שההפסד הוא לעולם הפער בין המכירה בפועל בסוף לבין המחיר הגבוה ביותר שהוצע. בדוגמה של הרמב״ם ההצעות היו: 10,20,24. אם חזרו בהם השני והשלישי, נותנים את החפץ לראשון ב-10 כפי שהוא הציע, ואז ההקדש הפסיד 14, שבזה מתחלקים שני החוזרים. כך גם אם החפץ נמכר בסוף לגורם אחר ב-5 סלעים במקום 50, כלומר ההקדש הפסיד 45 סלעים, כל החמישה מתחלקים בהם בשווה, כלומר כל אחד משלם 9 סלעים.

לכאורה יש לתמוה מדוע כולם מתחלקים בשווה. ניטול את הדוגמה של הרמב״ם. הרי כשהשני חזר בו ההקדש הפסיד 10, וכשהשלישי חזר בו הוא הפסיד 4. אז למה שהשני לא ישלם 10 והשלישי 4? מה ההיגיון לחלק את ההפסד של 14 בין שניהם? נראה שההסבר הוא שאם השני היה חוזר בו לבדו לא היה כאן הפסד להקדש, כי החפץ היה נפדה לשלישי ב-24. לכן חזרתו של השלישי השתתפה גם בגרימה להפסד ה-10 שנגרם מחזרתו של השני. לכן הם מתחלקים בשווה.

יש לציין ששיטת הרמב״ם היא שגם בעיזבון החלוקה היא בשווה (ראה הל׳ אישות פי״ז ה״ח, וכן הל׳ מלווה ולווה פ״כ ה״ד ופכ״א ה״א). זאת כמובן אם החלוקה הזאת מכסה את ההפסד כולו. בעיזבון, אם החלוקה השווה לא מכסה את מלוא העיזבון יש המשך לאלגוריתם שתיארנו בפרקים הקודמים, אבל זה לא המצב כאן. סביר מאד שגם בסוגיית הפדיון אם ייווצר מצב

שאחד החוזרים יחויב בסכום שעולה על מה שהציע הוא לא ישלם אותו והנטל יעבור לשאר, בדיוק כמו בעיזבון. כל עוד זה לא נוצר, החלוקה היא בשווה, בפדיון כמו בעיזבון.

המסקנה היא שהרמב"ם סובר שאת ההפסד להקדש מחלקים בדיוק כמו שמחלקים עיזבון, ולכן כאן יש דוגמה לחלוקת הפסדים שנעשית לפי אותה שיטה שמחלקים עיזבון.

לעומת זאת, הראב"ד שם משיג עליו מכוח קושיא במהלך הגמרא:

במה דברים אמורים בשחזרו זה וכו' וממשכנים אותו מנכסי שני בשבע. א"א אף על פי (שאמרו) שהם משלשין ביניהם לפי הגמרא אין נראה כפירושו דהא אקשינן עליה דרב חסדא חזר בו של ארבעים ממשכנין אותו עד עשר ואמאי ליתיב בן חמשים בהדיה ואם כפירושו שמשוין ביניהם הממעיט למרבה אמאי מקשינן ליתיב בר חמשין בהדיה והלא שוין הן זה בעשר וזה בעשר.

ראשית, גם הראב"ד בתחילת דבריו מסכים שפשוטו של הביטוי "משלשין" פירושו הוא בשווה. אלא שכאן רואים בגמרא עצמה שזה צריך להתפרש אחרת, ולכן הוא מייד מציע הצעה משלו:

אלא משלשין ביניהם שמשוין את המרבה לממעיט והמרבה שחזר בו נותן חלק בחזרת הממעיט מחצה והטעם שגם הוא כשאמר חמשים הארבעים בכללן נמצאו שניהם חוזרין בעשר שהוסיפו על בן שלשים לפיכך בן חמשים ובן ארבעים משלימין אותן העשר וכן כל פחת שיהיה שם המרבה משלים עד הממעיט אבל לא הממעיט עד המרבה.

הוא טוען, בדיוק לפי אותו היגיון שהסברנו למעלה בשיטת הרמב"ם, שאמנם החוזר בסכום הגבוה צריך להתחלק עם החוזר בסכום הנמוך, אבל לא להיפך. החוזר הנמוך לא השפיע במאומה על ההפסד שנגרם להקדש מחזרתו של בעל הסכום הגבוה.

הדברים מפורשים יותר ברש"י בסוגיית ערכין שכותב:

משלשין ביניהן - שנים ושלשה ראשונים נשכרין ושנים אחרונים נפסדין שאם חזרו כולם ומכרה גזבר בשוויה חמש סלעים נמצאו פחותין מ"ה סלעים יתן בן נ' הי' שלו לבדו ומעשר של בן מ' יתן החצי ששניהם נתרצו בהן ומעשר של בן שלשים יתן השליש ובן מ' השליש ובן שלשים השליש ששלשתן שלשים אמרו והעשר של בן עשרים יתנו בין ארבעתם והחמש שפחתו מבן עשר יתנו חמשתן.

אם החפץ נמכר ב-5 סלעים במקום 50, אזי ההפסד להקדש הוא של 45 סלעים. ב-5 הראשונים שהפסיד המציע הנמוך את ההקדש מתחלקים כולם, כי אם הם לא היו חוזרים בהם החזרה שלו לא היתה משמעותית. לכן כל אחד משלם 1. בעשרה הבאים מתחלקים ארבעת הגבוהים, וכל אחד משלם עוד $2\frac{1}{2}$. בעשרה הבאים מתחלקים שלושת הגבוהים, בעשרה הבאים מתחלקים שני הגבוהים ואת העשרה האחרונים משלם האחרון. מה שיוצא הוא שראובן משלם 1, שמעון משלם $3\frac{1}{2}$, לוי משלם $6\frac{5}{6}$, יהודה משלם $11\frac{5}{6}$ וישכר משלם $21\frac{5}{6}$, סה"כ בדיוק 45 סלעים.

החלוקה הזאת מתאימה בדיוק לשיטת הראב"ד בחלוקת עיזבון, אלא שהיא מיושמת כאן על הפסדים. שוב נציין שמדובר במצב שבו אף חוזר לא מחויב לשלם יותר ממה שהפסיד להקדש, שאם לא כן, סביר שיש להעביר את הנטל לשאר בדיוק כפי שראינו לגבי עיזבון.

סיכום

בכל הסוגיות שפגשנו בפרק הזה למעט האחרונה, שיטות החלוקה הן פרופורציוניות לחלק בשותפות, בדיוק כמו בחלוקת השקעה. לכן בכל המקרים הללו הרווח או ההפסד מתחלקים לפי מעות. לכן בכל המקרים הללו אין משמעות לקביעה שמחלקים הפסדים, שכן התוצאה היא בדיוק כמו

בחלוקת רווחים, אלא שהרווח יכול להיות שלילי. בכל אופן, אין ללמוד מכאן שיש בהלכה היגיון של חלוקת הפסדים בכל השיטות שאינן פרופורציוניות. זה כמובן גם לא שולל את האפשרות/ההצעה הזאת, אבל אין להביא לה כל ראיה מסוגיות אלו.

אמנם בסוגיא האחרונה (פדיון הקדש במסכת ערכין) בהחלט רואים חלוקת הפסדים, ורואים שהרמב״ם והראב״ד מסבירים זאת בדיוק באותה שיטה שמחלקים עיזבון. כל אחד לשיטתו. מכאן באמת ניתן לראות הוכחה שיש בהלכה חלוקה של הפסדים באותן שיטות כמו שמחלקים עיזבון.

מה מייחד את המקרה של פדיון הקדש? למה שם מחלקים הפסד ולא רווח? נראה שזה מפני ששם באמת מדובר בהפסד שאותו יש לחלק. הרמב״ם והראב״ד מבינים שזה שונה מהמקרה של היזק בשותפות, שכן בנזק משותף ראינו שכל אחד משלם את חלקו באחריות לנזק, ואילו כאן החלוקה היא שונה. נראה שהם מבינים שלא מדובר כאן על היזק משותף. לכן נראה שצדק אומן שלמד מכאן שמדובר בחלוקה של הפסד, וטען שהשיטה לחלק הפסדים היא כמו שמחלקים עיזבון.

בכל הסוגיות הקודמות שהובאו כאן, הרמב״ם והראב״ד לא נחלקים כיצד מחלקים את ההפסד, פשוט מפני שכל הסוגיות הללו לא עוסקות בחלוקת הפסדים כפי שהסברנו. זוהי אינדיקציה נוספת לכך שבסוגיות ההן לא מדובר בחלוקת הפסדים.

אמנם יש מקום לטעון שגם כאן מדובר בהיזק בשותפות. כל אחד מהפודים שחסר בו הוא מזיק להקדש, אלא שהנזק נגרם על ידי כולם יחד. לכן יש לחלק אותו לפי חלקם באחריות. אלא שהחישוב של חלקם באחריות הוא כפי שמתואר ברמב״ם ובראב״ד. כל חלק מהנזק שנגרם להקדש מתחלקים בו כל אלו שאחראים על גרימתו. תיאור זה סביר יותר בראב״ד, אבל ברמב״ם קשה להבין מדוע החוזר הנמוך אחראי על הנזק שגרם החוזר הגבוה. לפי הרמב״ם נראה שאכן מדובר כאן בחלוקת הפסדים.

בחזרה למחלוקת הר״ן והריטב״א מהפרק הקודם

בפרקים הקודמים ראינו שהר״ן והריטב״א נחלקים בשאלה איך יש לחלק את השארית אחרי החלוקה הדיפרנציאלית הראשונית. לפי הריטב״א מחלקים את השארית לפי עיקרון של חלוקת הפסדים. ולפי הר״ן מחלקים את הרווחים. הפתרונות שלהם מוצגים בציורים 9.8 ו-9.10, שמובאים שוב כאן :

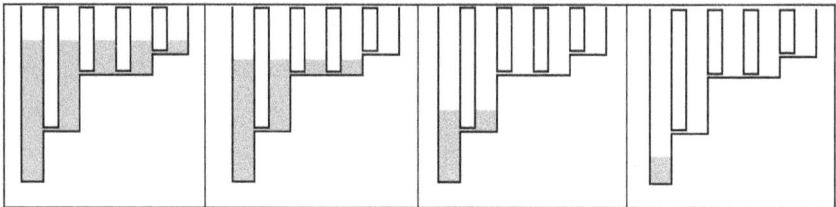

ציור 9.8 : פתרון באמצעות חנוכיית תביעות בשיטת הריטב״א ברבי נתן. חלוקת הפסדים.

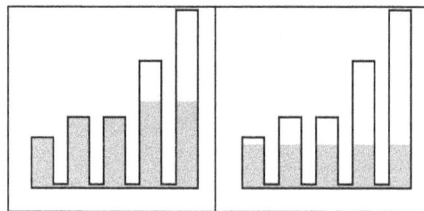

ציור 9.10 : פתרונות באמצעות חנוכיית תביעות בשיטת הר״ן ברבי נתן. חלוקת רווחים.

רואים כאן שחלוקת הפסדים פירושה הפיכת החנוכייה על ראשה, שכן המטרה היא להשוות את ההפסד של כולם ולא את הרווח. חלוקת רווח פירושו שהמגמה היא להשיג שוויון ברווחים ולא בהפסדים.

כעת ניתן לראות שהשאלה אינה מה מתחלק, הרווח או ההפסד. בכל אחד מהציורים ניתן לומר שמחלקים את הרווח או שמחלקים את ההפסד, בדיוק כפי שראינו לכל אורך הפרק הזה. ההבדל בין שני הציורים הללו הוא בשאלה את מה רוצים להשוות (ולא את מה לחלק), את הרווח או את ההפסד.

כעת נוכל לראות מהי בדיוק נקודת המחלוקת בסברתם של הר״ן והריטב״א?
נראה שנקודת המחלוקת היא בשאלה האם באופן בסיסי הכל מגיע לכל
תובע, ואנחנו רואים את מה שהוא מקבל כשלו, והשאר הוא הפסד. או שמא
נקודת המוצא היא ששום דבר לא מגיע לו, ומה שהוא מרוויח זה רווח שלו.
אחרי החלוקה הדיפרנציאלית של הנתח הראשוני (בגובה p_n), האם השאר
אכן שייך לכולם (לפי הר״ן) או לא שייך לאף אחד (לפי הריטב״א).

כעת ברור שמסברא יש מקום להבחין בין חלוקת עיזבון לחלוקת טלית.
בחלוקת עיזבון כל תובעת מגיעה עם תביעה שבאמת מגיעה לה. אם בכתובתה
רשום שמגיע לה 200 זוז, אזי זה באמת מה שמגיע לה. אם היא לא תקבל את
הכל, הרי היא מפסידה חלק ממה שבאמת ובתמים מגיע לה. כאן סביר
לעשות חלוקת הפסדים. לעומת זאת, בטלית ברור שלא כל התביעה מגיעה
לכל תובע. כאן יש לכל היותר בעלות על טלית אחת. זה לא אילוץ על החלוקה
אלא רווח. אם אחד אומר כולה שלי והשני אומר חציה שלי, הרי יש רק טלית
אחת, ולא ייתכן שבאמת לזה מגיע הכל ולזה מגיע חצי. כאן יש פשרה על
ההפסדים.

לפי זה, חלוקת עיזבון בין יורשים לא תתחלק כמו בין תובעים. היורשים לא
יכולים להיות בעלים על יותר מהירושה. ואם הם תובעים יותר (למשל כולה
וחציה), אז ברור שחלק מהם משקרים או לפחות דורשים מעבר למה שבאמת
מגיע להם. לכן סביר שזה לא יתבצע כמו חלוקה של כתובות מתוך עיזבון
(ששם לכל תובעת באמת מגיע כל מה שהיא תובעת, אלא שיש אילוץ שלא
ניתן לתת לה את מה שמגיע לה).

אז כיצד להבין את מחלוקת הר״ן והריטב״א? הריטב״א הוא הברור יותר,
שכן הוא מניח שהמגמה היא השוואת ההפסדים, שהרי באמת מדובר
בחלוקת הפסד ולא בחלוקת רווח. בתובעות מכוח כתובות לכל אחת מגיע כל
מה שהיא תובעת, ואם היא לא מקבלת זאת מדובר בהפסד. אבל הר״ן כנראה
מבין שזה נכון רק עד החצי. מעבר לחצי נגזר עליהן להפסיד, ולכן מה שיקבלו

מכעאן והלאה הוא רווח, לפחות בהסתכלות הפרקטית. לכן הוא סובר שעלינו להשוות את הרווחים שלהן ולא את ההפסדים.

נראה שזה מקביל למה שראינו בחלוקת הקדש. גם שם הדיון מבוסס על מחלוקת בשאלה האם הממון הוא של התובעים, אלא שיש דין שהם בכל זאת חייבים לשלם להקדש, או שמא הממון הוא של ההקדש והם רק נותנים לו את שלו. בזה תלויה השאלה האם החלוקה היא על ההפסדים או על הרווחים, בדיוק כפי שראינו כאן.

השאלה האם מחלקים בשווה או באופן דיפרנציאלי תלויה בשאלה איך רואים את הנזק המשותף. האם כל קבוצה הזיקה במשותף רק חלק, או שכולן הזיקו במשותף לכל. בפדיון הקדש ברור שלא כולם הזיקו בשווה, ולכן גם כשמחלקים רווח או הפסד לא מחלקים זאת ממש בשווה, אלא בשווה למקוטעין (זו משמעותה של חלוקה דיפרנציאלית).

פרק שנים-עשר

חלוקת רווחים ונזקים

מבוא

בהמשך הסוגיא בכתובות מובא עוד מקרה של חלוקה, והפעם חלוקה
ברווחים שמניבה השקעה משותפת. לכאורה זהו מקרה פשוט יחסית, שכן די
ברור שההיגיון כאן מחייב לחלק את הרווחים בפרופורציה לגובה ההשקעה.
כפי שנראה בפרק זה, גם במקרה זה המצב לא פשוט, ולפחות בחלק
מהמקרים יש דעות שונות כיצד לחלק את הרווחים בין השותפים.

מהלך הגמרא

נזכיר שוב את המשנה כתובות צג ע״א:

מי שהיה נשוי שלש נשים ומת כתובתה של זו מנה ושל זו מאתים
ושל זו שלש מאות ואין שם אלא מנה חולקין בשוה היו שם מאתים
של מנה נוטלת חמשים של מאתים ושל שלש מאות שלשה שלשה
של זהב היו שם שלש מאות של מנה נוטלת חמשים ושל מאתים
מנה ושל שלש מאות ששה של זהב. וכן ג' שהטילו לכיס פיחתו או
הותירו כך הן חולקין.

שלושה שהטילו לכיס אלו שלושה משקיעים שהחליטו להשקיע בשותפות על
מנת להפיק רווחים. הם חולקים את הרווחים כמו שמתואר בחלק הקודם
במשנה. לכאורה הכוונה לאלגוריתם הדיפרנציאלי שתואר למעלה, אבל זה
נראה חסר היגיון. מסברא די ברור שחלוקת רווחים צריכה להתבצע לפי
פרופורציית ההשקעות.

ובאמת רש״י על המשנה כותב:

כך הן חולקין - כל אחד ואחד נוטל בשכר וההפסד לפי מעותיו.

ונראה שהוא מפרש את המשנה שההשוואה שעושה המשנה היא בין המקרה של שלושה שהטילו לכיס לבין תוצאת החלוקה של העיזבון במקרה האחרון בלבד, שם זה יוצא (במקרה) לפי פרופורציית התביעות. וכן כתבו בתוד"ה 'וכן שלשה', שם, בשם הר"ח.

ובגמרא שם בסוע"א מפרטים יותר:

וכן שלשה שהטילו אמר שמואל שנים שהטילו לכיס זה מנה וזה מאתים השכר לאמצע.

ומסביר רש"י:

השכר לאמצע - חולקין בשוה.

כלומר ההנחה הראשונית היא שהחלוקה אינה בפרופורציה להשקעה אלא בשווה.

על כך מקשה רבה:

אמר רבה מסתברא מילתיה דשמואל בשור לחרישה ועומד לחרישה אבל בשור לחרישה ועומד לטביחה זה נוטל לפי מעותיו וזה נוטל לפי מעותיו.

ומסביר רש"י:

שור לחרישה - שלקחו בהן שור לחרוש וחורשין בו ואין חלקו של זה מועיל בלא חלקו של זה כלום הלכך חולקין בשוה אבל שור לחרישה והשביח בבשר ושחטוהו.

זה נוטל לפי מעותיו כו' - שהרי מתחלק לאבריו והא דנקט ראשית מקחן לחרישה רבותא אשמועינן דאע"ג דמעיקרא אדעתא דלמיפלג בשוה נחות לשותפות השתא דשבח בבשר ושחטוהו והוא מתחלק לאבריו יטול איש לפי מעותיו.

כשמשקיעים בשור לחרישה תרומתו של כל אחד מהמשקיעים היא זהה, שהרי אי אפשר לחרוש בחלק משור, לכן כאן באמת חולקים את הרווח בשווה. אבל אם השור השביח ומכרו את בשרו לשחיטה, אזי הרווח שהתקבל מהשבח מתחלק לפי ההשקעה (ולא בשווה). רש"י מוסיף שהחידוש הוא שעל

אף שכשלקחו את השור זו היתה שותפות שווה, בכל זאת כשהשביח בשרו הם חולקים לפי פרופורציות ההשקעה.

רב המנונא חולק על רבה:

ורב המנונא אמר אפילו שור לחרישה ועומד לטביחה השכר לאמצע.

ר"ה באמת סובר שגם בשבח הבשר הם חולקים בשווה, וכנראה זה בגלל שהשותפות מלכתחילה היתה לצורך חלוקה בשווה. אבל רווחים שבאים מהשקעה רגילה (כגון שהשותפים לקחו שור מלכתחילה לבשר), שם גם הוא מודה שהחלוקה היא לפי פרופורציות ההשקעה.

אם כן, ההנחה הראשונית שחלוקת רווחים היא לפי פרופורציית ההשקעות לא תמיד נכונה. הדבר תלוי האם יש עדיפות להשקעה של האחד על פני השני בהפקת הרווח.

כעת הגמרא מקשה:

מיתיבי שני' שהטילו לכיס זה מנה וזה מאתים השכר לאמצע מאי לאו בשור לחרישה ועומד לטביחה ותיובתא דרבה לא בשור לחרישה ועומד לחרישה אבל שור לחרישה ועומד לטביחה מאי זה נוטל לפי מעותיו וזה נוטל לפי מעותיו אדתני סיפא לקח זה בשלו וזה בשלו ונתערבו זה נוטל לפי מעותיו וזה נוטל לפי מעותיו ליפלוג וליתני בדידיה במד"א בשור לחרישה ועומד לחרישה אבל בשור לחרישה ועומד לטביחה זה נוטל לפי מעותיו וזה נוטל לפי מעותיו הכי נמי קאמר במד"א בשור לחרישה ועומד לחרישה אבל בשור לחרישה ועומד לטביחה נעשה כמי שלקח זה בשלו וזה בשלו ונתערבו זה נוטל לפי מעותיו וזה נוטל לפי מעותיו.

אם כן, בשורה התחתונה הברייתא יכולה להתיישב עם שתי הדעות.

הגמרא מסיימת:

תנן וכן שלשה שהטילו לכיס פחתו או הותירו כך הן חולקין מאי לאו פחתו פחתו ממש הותירו הותירו ממש.

רש"י כאן מסביר שזוהי קושיא על שמואל:

פחתו פחתו ממש כו׳ - וקתני כך הן חולקין לפי המעות ותיובתא דשמואל.

ההנחה כאן היא שמדובר בשור לחרישה שעשה רווחים או הפסדים, והם חולקים בשווה. אמנם לגבי הפסדים (״פחתו״) זה לא ברור איך מדובר. אם השור עצמו כחש, הרי בזה לפי ר״ה חולקים בשווה אבל לרבה חולקים לפי ההשקעה.

ובאמת בתוד״ה ׳מאי לאו פחתו׳, כאן, כתבו:

מאי לאו פחתו ממש - וקסבר דבשור לחרישה ועומד לטביחה איירי דלטביחה ועומד לטביחה מאי קמ״ל אלא בכי האי גוונא מיירי ותיובתא דרב המנונא.

הוא מסביר שהקושיא היא על ר״ה, וכנראה זה בגלל שהלכה כמותו.

הגמרא מתרצת:

אמר רב נחמן אמר רבה בר אבוה לא הותירו זוזי חדתי פחתו אסתירא דצוניתא.

ומסביר רש״י באיזה רווח מדובר:

זוזי חדתי - שמטילין זוזים ישנים ונתנו ונשאו בהם עד שנעשו חדשים ויוצאין הם בהוצאה הלכך חולקים לפי המעות דכל חד מאי דיהיב שקיל אבל אם הותירו יותר על החשבון השכר לאמצע.

כלומר אם הם עשו עסקים בזוזים ישנים והצליחו להמיר אותם בחדשים, כל אחד מקבל את מספר הזוזים שהשקיע. אבל אם יש יותר זוזים ממה שהיה, כי אז החלוקה היא בשווה.

לא ברור מדוע החלוקה כאן היא בשווה, הרי זהו רווח שהתקבל מההשקעה ולא נכון שלכל אחד היתה תרומה זהה. ואולי שוב מדובר לפי ר״ה שאם השותפות מלכתחילה נעשתה על בסיס שווה (לחרישה) – אז גם הרווח מתחלק בשווה.

לאחר מכן רש״י מסביר באיזה הפסד מדובר:

איסתרי דצוניתא - שנפסלה המטבע ואין יוצאת בהוצאה ומי שיש לו מכה בפיסת רגלו מתחת קושר מהם שם דמעליא ליה חלודה דידהו וצורתא דידהו כדאמרינן במסכת שבת (דף סה) יוצאין בסלע שעל הצינית ומפרש מאי צינית בת ארעא דכיון דישנו בעין נוטל כל אחד כחשבון שהטיל אבל אם פחתו מאה או חמשים זוז זה מפסיד מחצה וזה מחצה שהשכר וההפסד לאמצע.

שוב מדובר במצב בו היה שינוי במספר המטבעות, ואז חולקים בשווה. אבל את מספר המטבעות שהושקע כל אחד מקבל בחזרה, גם אם ערכן פחת.

פסק ההלכה

לסיכום, הדינים של חלוקת רווחי שותפות הם כדלהלן:

- שותפים להשקעה רגילה (שור לטביחה) – חולקים לפי המעות.
- שותפים להשקעה שתרומתם שקולה (שור לחרישה) – חולקים בשווה.
- שותפים להשקעה שתרומתם שווה (שור לחרישה) ולבסוף מכרו לטביחה – מחלוקת רבה (חולקים לפי מעות) ור"ה (חולקים בשווה).

אבל הרמב"ם בהל' שלוחין ושותפין פ"ד ה"ג פוסק:

השותפין שהטילו לכיס זה מנה וזה מאתים וזה שלש מאות ונתעסקו כולן בממון ופחתו או הותירו השכר או הפחת ביניהם בשוה לפי מניינם ולא לפי המעות, ואפילו לקחו שור לטביחה שאילו טבחוהו היה נוטל כל אחד מבשרו כפי מעותיו אם מכרוהו חי ופחתו או הותירו השכר או הפחת לאמצע, במה דברים אמורים כשנשאו ונתנו במעות שנשתתפו בהן אבל אם המעות קיימין ועדיין לא הוציאו אותן ופחתו או הותירו מחמת המטבע ששינה המלך או אנשי המדינה חולקין השכר או ההפסד לפי המעות...

נראה שהוא פוסק שגם בהשקעה רגילה החלוקה היא בשווה, אלא אם נותרו בעין המעות המקוריות (ורק השתנה ערכן, למעלה או למטה). כלומר גם אם שותפים לוקחים שור לטביחה, החלוקה ברווח היא בשווה.

ואמנם מהלך הגמרא לכאורה מורה כמותו, שהרי הגמרא הביאה ברייתא והקשתה ממנה על שמואל, ולכאורה בברייתא מדובר בשותפים רגילים, אז מדוע ההנחה היא שיש לחלק בשווה? על כורחנו שגם שותפות רגילה מתחלקת בשווה. לפי זה יוצא שהרמב״ם פוסק להלכה לא כרבה ולא כר״ה, אלא ששותפים לעולם חולקים בשווה ולא לפי מעות.

אז למה פוסק הרמב״ם שאם השותפים היו טובחים את השור הם היו מתחלקים לפי מעות? כנראה מפני שזהו מקרה מקביל למצב בו המעות המקוריות עדיין קיימות, ששם גם הרמב״ם מסכים שכל אחד לוקח לפי מעותיו. הרי לכל אחד שייך חלק מהבשר, ולכן אם הם חולקים את הבשר אז ודאי שזה לפי פרופורציית הבעלות. אבל אם השור עבד ועשה רווחים או נמכר חי, החלוקה היא לעולם בשווה ולא לפי מעות.

אמנם לפי רש״י ותוס׳ ראינו למעלה שזה לא כך, וקושיית הגמרא היא רק על ר״ה, ומדובר בשור שנלקח לחרישה ונטבח. ובאמת גם הראב״ד משיג על הרמב״ם שם:

> ***השותפין שהטילו לכיס וכו׳ עד אם מכרוהו חי והותירו או פחתו השכר או הפחת לאמצע. א״א לא נתחוורו דברים הללו כשמכרוהו חי אלא בריוח שהרויחו בו כשהוא חי במלאכתו מפני שהחלק הקטן צריך לגדול.***

גם הוא טוען שבשותפות רגילה החלוקה היא לפי מעות ולא בשווה, כרש״י ותוס׳ הנ״ל. לשיטות אלו החלוקה השווה היא רק במצב שהחלק הקטן צריך לגדול, כלומר ברווחי החרישה.

בכור ופשוט

מקרה דומה של חלוקה בהשקעה יכול להופיע כשרכוש שנופל בירושה לשני יורשים עושה רווחים, והשאלה איך לחלק ביניהם. אם מדובר בשני יורשים פשוטים אז החלוקה היא בשווה בכל מקרה, אבל אם מדובר בבכור (שיורש פי שניים) ופשוט, או אז תהיה השלכה לנדון דידן.

והנה, בתוס' כאן הביאו מסוגיית ב"ב דיון בנושא זה ממש. נקדים את הדין שכשמנסים לחלוק חפץ שלא ניתן לחלוקה (כמו עבד או בהמה) בין שני יורשים, ניתן לעשות "גוד או איגוד" (ראה ב"ב שם), כלומר שאחד ישלם לשני את חלקו וייקח לעצמו את כל החפץ, ואם השני מתנגד ניתן לדרוש ממנו שיעשה ההיפך, כלומר שישלם הוא את חלקו של חברו וייקח לעצמו את החפץ. אבל ישנה גם שיטה שאי אפשר לכפות יורש שמתנגד לעשות גוד או איגוד, ואז נוצרת בעיה איך לחלק חפץ שלא ניתן לחלוקה. הגמרא אומרת שמחלקים את ימי העבודה, כלומר כל יורש מקבל חלק מהרווחים של העבד או הבהמה לפי ימים.

תוד"ה 'הותירו', כאן מביאים את הגמרא בב"ב שם:

> ***הא דאמרי' בפ"ק דבבא בתרא (דף יג. ושם) א"ל רב יהודה לרב הונא לדידך דאמרת לית לך דינא דגוד או אגוד בכור ופשוט שהניח להן אביהן עבד ובהמה טמאה כיצד הן עושין א"ל שאני אומר עובד לזה יום אחד ולזה שני ימים.***

וכעת מקשה ר"ת:

> ***ומקשה ר"ת זצ"ל אמאי קשיא ליה מבכור ופשוט ליקשי ליה משניהם פשוטים.***

ר"ת טוען שלא ברור מדוע הגמרא שם מקשה מבכור ופשוט ולא משני פשוטים, ועונה:

> ***ואומר ר"ת שניהם פשוטים ניחא ליה שיעבוד לזה יום אחד ולזה יום אחד אבל בבכור ופשוט קשיא ליה שאם יעבוד הפשוט יום אחד והבכור שני ימים הרי הבכור נוטל יותר מפי שנים שאם יש עיר***

רחוקה ממהלך יום אחד ומשתכרים בה הרבה בסחורה שיש שם
סחורה בזול פשוט שאין לו שהות אלא יום אחד לא יוכל לילך שם
והבכור שיש לו שהות שני ימים הולך שם ומשתכר כמה וכמה יותר
מן הפשוט.

הוא מסביר שאם מחלקים לפי ימים יוצא שהבכור מקבל יותר מפי שניים,
ולכן הקשו דווקא על בכור. ההנחה היא כמובן שמתחלקים כאן לפי הנתחים
שיש לכל שותף בחפץ, כלומר לפי מעות.

כעת מביא התוס' דעה אחרת (של רבו) :

ור' מפרש דלהכי קשיא ליה בכור ופשוט משום שור לחרישה ועומד
לחרישה לכולי עלמא השכר לאמצע משום הכי פריך כיצד יעשו
דבזה אין נוטל הבכור פי שנים ומשני עובד לזה יום א' ולזה שני
ימים ולא דמי לשור לחרישה ועומד לחרישה דמשום הכי הוי התם
השכר לאמצע דמעיקרא אדעתא דהכי נשתתפו אבל גבי בכור דלא
שייך האי טעמא כל אחד נוטל לפי חלקו, מ"ר.

הוא מסביר שבפשוט ופשוט ברור להלכה שהחלוקה היא בשווה, אבל בבכור
ופשוט שהיינו חושבים שגם אז חולקים בשווה (כמו בשור שנלקח לחרישה
וטבחוהו בסוגייתנו), באה הגמרא לחדש שבזה חולקים לפי מעות. והסיבה
לזה היא שהשותפות בין שני היורשים לא נוצרת מכוח חוזה אלא מכוח דין
התורה.

בעצם הדעה הזאת הופכת את כל הסוגיא שלנו על פיה. רבו של בעל התוס'
סובר שכל הדינים שראינו עד כאן יסודם בדיני חוזים לא בשיקולים של צדק
חלוקתי. אבל במקרה בו מחפשים את החלוקה הצודקת בין שותפים בעלי
נתחים שונים אז ברור שהחלוקה נעשית לפי מעות, גם אם מדובר בשור
שמיועד לחרישה וחורשים בו (שבזה, כפי שראינו, בין לר"ה ובין לרבה חולקים
בשווה). החלוקה השווה בשור לחרישה בסוגייתנו, כי רק מפני שזו
היתה דעת השותפים בחתימת החוזה. הסברא שכל אחד צריך את השני

השווה קובעת רק את דעתם של חותמי החוזה ולא עומדת כשיקול אמיתי של צדק חלוקתי.

מעניין היה לבדוק את שיטת הרמב"ם בסוגיית בכור ופשוט, שכן היינו מצפים שהוא יסבור שמחלקים גם שם בשווה, כמו בכל שותפות. אבל הרמב"ם פוסק את דין גוד או איגוד, ולכן הדיון שנערך שם בגמרא לא מופיע ברמב"ם ולא ברור כיצד הוא למד אותו.

חלוקות מסוג זה נדונות בהרחבה בסוגיית ב"ב הנ"ל ובמפרשים שם, ולא ניכנס אליהן כאן. עוד על חלוקת רווחים, ראה לעיל בפרק העשירי בדיון על דברי תוס' בכתובות (רואים שם שההנחה הפשוטה של התוס' היא שרווחים מתחלקים לפי מעות גם בלי דיני חוזים, בדיוק כשיטת ר"ת כאן, ודלא כרבו של תוס').

שותפות בהיזק

ההיגיון של היזק משותף דומה מאד לזה של חלוקת רווחים. בפרק העשירי ראינו שמהגמרא ב"ק לו ע"א עולה בפירוש ששור של שני שותפים שהזיק מחייב את שניהם לפי חלקם. עוד ראינו שם שתוס' והרא"ש מניחים כדבר פשוט שזה דומה לחלוקת רווחים, שהרי בסה"כ מדובר ברווח שלילי.

בפרק אחד-עשר ערכנו עוד דיון קצר על מקרה (ראה ב"ק נג) בו שור דוחף שור חברו לבור, כלומר היזק משותף של שור ובור יחד. גם שם יש היזק משותף, אבל השותפות היא במעשה ההיזק ולא בשור המזיק עצמו (כמו בסוגיא הקודמת). למה במקרה השני ההנחה היא שחולקים בשווה (אם מנטרלים את העובדה שאחד המזיקים הוא שור תם שחייב רק חצי נזק)? נראה שזה בדיוק מתוך השיקולים שפגשנו בפרק הנוכחי. גם שם הנזק לא היה מתרחש ללא כל אחד מהם, ולכן רואים את אחריותם של בעל השור ושל בעל הבור כשוות. במקרה בו כל אחד הוא תנאי הכרחי להיווצרות הנזק, לא מסתכלים על שיעור האחריות לתוצאה או שיעור הבעלות על הממון המזיק, אלא חולקים את הנזק בשווה. בדיוק כפי שראינו בפרק זה לגבי חלוקת רווחים.

המסקנה היא שנזק אינו אלא רווח שלילי שמניב הרכוש שלי, ולכן נזקים מתחלקים בדיוק כמו שחולקים רווח: אם יש תרומה מצורפת של הצדדים, כל אחד משלם לפי שיעור הבעלות (האחריות) שלו, ואם כל צד הוא תנאי הכרחי להיווצרות הנזק/הרווח אז מטילים עליהם אחריות שווה.

שנים אוחזים בשטר

מקרה נוסף של חלוקת רווחים פרופורציונית מופיע בסוגיית ב"מ ז ע"ב.[21] הגמרא שם בע"א דנה במקרה של שניים אדוקים בשטר, ומובאת שם מחלוקת תנאים מה הדין במקרה כזה. להלכה אנחנו פוסקים (ראה רמב"ם הל' מלווה ולווה פי"ד הי"ד) שאם השטר מקוים אז המלווה והלווה חולקים:

שנים שהן אוחזין בשטר המלוה אומר שלי הוא והוצאתיו להפרע בו ממך והלוה אומר פרעתיו וממני נפל, אם היה השטר שיכול לקיימו זה נשבע שאין לו בדמים אלו פחות מחציין וזה ישבע שאין לו בדמים פחות מחציין וישלם הלוה מחצה, ואם אינו יכול לקיימו ישבע הלוה היסת שפרעו וילך לו.

כלומר אם השטר מקוים הלווה משלם למלווה חצי מתביעתו.

ובע"ב שם הגמרא מביאה את המימרא הבאה:

אמר רבי אלעזר מחלוקת בששניהם אדוקים בטופס ושניהם בתורף אבל אחד אדוק בטופס ואחד אדוק בתורף זה נוטל טופס וזה נוטל תורף ורבי יוחנן אמר לעולם חולקין ואפילו אחד אדוק בטופס ואחד אדוק בתורף...

אם אחד תופס את התורף של השטר (מה שכולל את השמות והזמן וסכום ההלוואה) והשני את הטופס (שכולל רק את השמות והסכום, בלי הזמן), אז

---

[21] ראה על כך במאמרו של לויפר, בעמוד השלישי והלאה.

לפי רבי אלעזר כל אחד נוטל את החלק שהוא מחזיק בו, ולריו"ח חולקים גם במקרה כזה.

ובהמשך הגמרא שם שואלת:

אמר ליה רב אחא מדפתי לרבינא לרבי אלעזר דאמר זה נוטל טופס וזה נוטל תורף למה ליה וכי לצור על פי צלוחיתו הוא צריך.

הגמרא תוהה לדעת ר"א מה מועיל לכל אחד ליטול חלק מהשטר? האם מדובר על שימוש בנייר עצמו? והיא עונה:

אמר ליה לדמי דאמר הכי שטרא דאית ביה זמן כמה שוי ודלית ביה זמן כמה שוי בשטרא דאית ביה זמן גבי ממשעבדי ואידך לא גבי ממשעבדי יהיב ליה היאך דביני ביני ויחלוקו נמי דאמרן לדמי

כלומר זהו ביטוי לצורת חלוקה של הדמים ולא של גוף השטר. אומדים כמה שווה שטר עם זמן (שגובה מנכסים משועבדים) לעומת שטר בלי זמן (שלא גובה אלא את החוב עצמו מהלווה אם יש לו), ועושים חלוקה בהתאם. כיצד חולקים? הגמרא אומרת שהשווי היתר של התורף ניתן למי שאדוק בתורף, ואת השאר חולקים. למשל, אם השטר הוא על סכום של 100,[22] אבל כשאין בו זמן ערכו הוא רק 80, שכן לא בטוח שניתן לממש אותו. אז ההפרש בין שטר עם זמן לשטר בלי זמן הוא 20, ואת זה מקבל מי שאוחז בתורף. את השאר חולקים בשווה. לדוגמה, שטר על 100 יימכר למישהו אחר ב-100, מתוך זה יינתנו 20 למי שאדוק בתורף, ואת שאר ה-80 יחלקו בשווה. כך שבסופו של דבר החלוקה היא (60,40).

בעצם מדובר כאן בחלוקת רווח שעולה ממכירת השטר שבו הם אוחזים יחד (כעין שותפים). לכאורה כל אחד אוחז באחוז שונה של השטר, וכך חולקים. אבל אם זה היה כך, אז היה עלינו לחלק את הרווח בפרופורציה לנתח של כל

---

[22] למעשה, שטר של 100 שווה בשוק פחות מכך, שהרי לעולם יש חשש שמא לא יצליח לממש אותו. כאן נתעלם מזה לצורך הפשטות.

אחד בשותפות, כפי שראינו בפרק זה. זה לא מה שקורה כאן, שהרי החלוקה (במספרים של הדוגמה שניתנה למעלה) היא לא ביחס של 4:5 אלא ביחס של 3:2. הסיבה לכך היא שהמצב כאן שונה מחלוקת רווחים רגילה.
בעצם כל אחד מהשניים היה יכול לעשות משהו אחר עם אותו שטר, כלומר להפיק מאותו שטר עצמו רווח שונה. לכן החלוקה הזאת אינה בפרופורציה לאחיזות (שהיתה צריכה להוביל לחלוקה ביחס של של 4:5), אלא חלוקה כעין שניים אוחזים. כאילו ששניהם אוחזים יחד ב-80 ואחד אוחז לבדו בעוד 20. במינוח של פרק זה ניתן לומר שמתוך הרווח של ה-100 שהתקבל ממכירת השטר, 20 אי אפשר היה לגבות בלי החלק של התורף, ולכן השני שאוחז בטופס לא תורם מאומה לחלק הזה ברווח, ולכן הוא לא חולק בו. חלק זה הולך רק לאוחז בתורף. בשאר יש לשניהם תרומה שווה, ולכן הם חולקים. כך אכן משמע בריטב״א שם, שכתב:

וא״ת והלא כל מאי דתפיס האי דידיה הוא, וא״כ כשהמלוה אדוק בתורף הרי הוא כאדוק בכל השטר, ואילו נתנו לו התורף היה גובה בו ממשעבדי כאילו העדים חתומים תחתיו וא״כ למה נוטל הלוה שאדוק בטופס חצי דמי שטר שאין בו זמן, וי״ל דאע״ג דהעדים החתומים בטופס מועילין לבעל התורף כיון שעל כל השטר הם מעידים ובטופס הן חתומים, לא סגיא דלא יטול הלוה מחצית עדותם לבני חרי מיהת, כיון שאף חלקו לבדו היה מועיל לבני חרי, כנ״ל.

וראה שם את כל הדיון.

פסק ההלכה

הפוסקים חולקים לגבי מסקנת הסוגיא. ברמב״ם (ראה כאן למעלה) כלל לא מובא המקרה של אחיזה בתורף או בטופס, ונראה שהוא פוסק כריו״ח שגם במקרה זה חולקים בשווה. ונראה שהוא הולך כאן לשיטתו שראינו למעלה, ששותפים תמיד חולקים בשווה שכן מתחשבים בתרומתו הסגולית של כל

אחד. מכיון שאי אפשר היה למכור את השטר בלי חלקו השני אזי שניהם חולקים את דמיו בשווה.

לעומת זאת ב**שו"ע** חו"מ סי' סה סט"ו מביא להלכה את שתי הדעות:

שנים שהן אוחזין בשטר, המלוה אומר: שלי הוא והוצאתיו להפרע בו ממך, והלוה אומר: פרעתיו וממני נפל, אם היה השטר שיכול לקיימו, זה ישבע שאין לו בדמים אלו פחות מחציין, וזה ישבע שאין לו בדמים אלו פחות מחציין, וישלם הלוה מחצה (שוויו של חוב שבשטר) (ר"י נ"ו ח"ה בשם הר"ר יונה וכ"ה בתוס'). ואם אינו יכול לקיימו, ישבע הלוה היסת שפרעו, ויילך לו.

וי"א שאם הוא מקויים ואוחזין בו שניהם בשוה בטופס או בתורף, או ששניהם אוחזים בגליון, ואפילו כל התורף קרוב לאחד יותר מלחבירו, זה ישבע שאין לו בו פחות מחציו וזה ישבע שאין לו בו פחות מחציו, ויפרע לו חציו, אפילו אם יש בו נאמנות. ואם אחד אוחז בתורף ואחד בטופס, האוחז בתורף נוטל יתרון הממון ששוה התורף על הטופס, והשאר יחלקו בשוה בשבועה.

הקטע הראשון הוא דעת הרמב"ם, שסובר כריו"ח שלא מחלק בין המקרים. בשניהם חולקים בשווה. אבל הי"א סוברים שבמקרה של אחד אדוק בטופס והשני בתורף חולקים בשיטה של ר"א, ולא בשווה.

הקשר לחלוקת כתובות

הרש"ש על הסוגיא שם טוען את הטענה הבאה:

שם יהיב ליה האיך דביני ביני. הנ"ל דל"ד כל הבינים אלא כגון אם בהזמן שוה מאה ובלתו אינו שוה אלא שמונים ז"נ 5/9 מהמאה וז"נ 4/9 וזהו ע"ד רבי בכתובות (צג) לפי' ר"ח שבתוס' שם דהלכתא כוותיה אבל בפשטי' משמע שהא' נוטל מקודם הביני וביני משלם ואח"כ חולקין הנשאר בשוה ובמשל שזכרנו יטול הא' ששים והב'

ארבעים וכ"מ מסתימת הפוסקים ולכאורה זהו ע"ד ר"נ שם דלית ה"כ ויש לחלק:

הוא אומר שלפי רבי בסוגיית כתובות החלוקה כאן צריכה להיות ביחס של 4:5, אבל מפשט לשון הגמרא כאן לא משמע כן אלא שהאוחז בתורף נוטל את כל ה-20, וזה הולך כשיטת ר"נ בסוגיית כתובות הנ"ל.

הוא מדמה זאת לחלוקת כתובות עם תביעות שונות. אבל כפי שראינו כאן זה לא נכון, שכן כאן מדובר בחלוקת רכוש עם אפשרויות שונות לגובה הרווחים של כל שותף, ולא בחלוקת רכוש עם תביעות בגבהים שונים. ובאמת רוב הראשונים שם לא מחלקים. למשל, בריטב"א שם כתב:

ולהאי שיטתא יש לנו לומר על כרחנו דהא דאמר לדמי לא שיטול בעל התורף כל מה שהיה יכול לגבות בו לבדו, דא"כ הדרא קושיא לדוכתה טופס ביד לוה למה ליה, אלא הכי בעינן לומר ששמין כמה שוה השטר בלא זמן וחולקין הסך הזה, כלומר שלא יגבה ממנו המלוה אלא חציו, ומה ששוה התורף יותר מפני הזמן שיש בו יהיה לבעל התורף שתפס בו, ומה שחולקים בשוה מה שהיה שוה השטר בלא זמן מפני שבין הטופס ובין התורף כל חד מינייהו ראוי הוא לבני חרי וא"כ הרי תפיסתן שוה לגבי בני חרי.

הוא מביא זאת להלכה ולא מחלק בין שיטת רבי לר"נ. ולפי דרכנו זה ברור, שכן החלוקה כאן היא חלוקה של רווחים ולא של תביעות וכנ"ל.[23]

---

[23] לויפר במאמרו מסביר זאת אחרת, ותולה זאת בכך שבעל הטופס אוחז בחלק קטן יותר מהשטר. הוא רואה בזה אחיזה בנתחים שונים (כמו בכור ופשוט), אבל כפי שהסברנו זה לא מסביר את אופן החלוקה בסוגיא כאן, וגם מסברא זה לא נראה נכון.

סיכום

בשאלות של חלוקת רווחים ונזקים אין רלוונטיות להודאה ותביעה, ולכן יש כאן חלוקה פשוטה. זה לא דומה לעיזבון (לרוב הדעות) ובוודאי לא לחלוקת טלית. ההיגיון הבסיסי הוא זה של סגל (ראה פרק שלישי). אמנם כאן אין טעם לדון במקרים שונים של שותפות ולמצע עליהם, שכן הדיון אינו כיצד לחלק חפץ שיש עליו בעלויות של השותפים (שאז יש לדון באיזה חלק מהחפץ יש לכל אחד מהשותפים בעלות). בנזקים ורווחים מחלקים ממון אחר, כזה שנוצר על ידי ממון משותף, ולכן שם השאלה באיזה חלק מהממון המזיק או המניב יש לכל שותף בעלות אינה רלוונטית. במקרים כאלו התוצאה מתקבלת בצורה פרופורציונית פשוטה. גם בשטר הראינו שמה שחולקים הוא לא את השטר או את שוויו, אלא את הרווח שבא ממכירתו (מה יכולנו להפיק ממנו). לכן חלוקתו דומה לחלוקת רווחים ולא לחלוקת רכוש רגילה.

פרק שלושה-עשר
חלוקת אובדן וחלוקת נטל המס

מבוא
סוגיא נוספת שעוסקת בחלוקה היא חלוקה של אבדן. לדוגמה, מקרה של אנשים שנמצאים על ספינה ויש צורך להטיל חלק מהמטען לים כדי להציל את הספינה. השאלה היא כיצד מחלקים את האובדן הזה בין בעלי המטענים. בסוף הפרק נשווה את מה שנאמר כאן לחלוקת נטל המס בתלמוד.

מחלוקת הרמב״ם והראב״ד בממון רודף
הרמב״ם בסוף הלכות חובל ומזיק, מקדיש את פרק ח לדיני מוסר ממון חברו וגם נפש חברו. חלקו השני של הפרק דן בדיני ממונות שעולים בקונטקסט של רודף בנפשות. מקרה אחד הוא רודף או מציל נפשות שהזיקו ממון. בסוף הפרק הוא מביא הלכה שכפי שנראה עוסקת בממון שרודף. וכך הוא כותב בהט״ו (ההלכה האחרונה בהל׳ חובל ומזיק):

> ***ספינה שחשבה להשבר מכובד המשוי ועמד אחד מהן והקל ממשאה והשליך בים פטור, שהמשא שבה כמו רודף אחריהם להרגם ומצוה רבה עשה שהשליך והושיעם.***

המשא שעל הספינה הוא כעין רודף אחריהם להטביע את הספינה ולסכן אותם ואת ממונם, ולכן מותר להטיל אותו לים (הרי אם מותר להרוג רודף, כשרצח הוא העבירה החמורה ביותר, ודאי מותר לפגוע בממון שרודף).

והנה, הראב״ד בהשגותיו שם מעיר:

> ***ספינה שחשבה וכו׳ שהמשא שבה כמו רודף אחריהם להרגם. א״א אין כאן לא מלח ולא תבלין שאין כאן דין רודף כלל ואין זה דומה למעשה דחמרא דפרק הגוזל ודין זה שהטיל לים אף על פי שהטיל משל איש אחד מחשבין על כולם לפי משאם כדאיתא בגמרא.***

הראב״ד טוען שדברי הרמב״ם סותרים לדברי הגמרא שפוסקת שבמקרה כזה יש לחלק את הנטל בין כל הניצולים לפי ממונם. כלומר לפי הרמב״ם בעל הממון שהוטל לים נושא בכל הנטל, בעוד שלפי הראב״ד יש לחלק את העלות שאבדה בין כל בעלי הממון, כשהשיקול הוא כמה כל אחד מהם הרוויח. כלומר מחלקים לפי פרופורציית הממון שניצל.

הראב״ד שם מזכיר שתי סוגיות בגמרא, האחת עוסקת במקרה של הרמב״ם ושם יש לחלק את האבדן בשווה, ויש ״מעשה דחמרא״ ששם נראה שבאמת לא מתחלקים אבל זה לא דומה למקרה בו עוסק הרמב״ם. כדי להבין את המחלוקת עלינו לחזור לסוגיות הגמרא הללו ולראות במה מדובר.

שתי הסוגיות

המ״מ על אתר מביא את שתי הסוגיות הנדונות, שמופיעות שתיהן באותו מקום במסכת ב״ק. הראשונה בב״ק קיז ע״ב:

ההוא גברא דאקדים ואסיק חמרא למברא קמי דסליקו אינשי
במברא בעי לאטבועי. אתא ההוא גברא מלח ליה לחמרא דההוא
גברא ושדייה לנהרא וטבע.

אדם העלה חמור למעבורת על הנהר, והחמור עמד להטביע את הספינה. בא אדם ודחף את החמור לנהר והטביע אותו והציל את הספינה. מה הדין במקרה כזה? אומרת הגמרא שם:

אתא לקמיה דרבה פטריה. אמר ליה אביי והא מציל עצמו בממון
חבירו הוא? א״ל האי מעיקרא רודף הוה.

רבה פטר את המטביע בגלל שהחמור (וברש״י: בעל החמור) הוא רודף. אין כאן מציל עצמו בממון חברו אלא דין רודף.

רבה לטעמיה דאמר רבה רודף שהיה רודף אחר חבירו להורגו ושיבר
את הכלים בין של נרדף בין של כל אדם פטור שהרי מתחייב בנפשו
ונרדף ששיבר את הכלים של רודף פטור שלא יהא ממונו חביב עליו
מגופו אבל של כל אדם חייב דאסור להציל עצמו בממון חבירו ורודף

שהיה רודף אחר רודף להציל ושבר כלים בין של נרדף בין של כל
אדם פטור ולא מן הדין אלא שאם אי אתה אומר כן אין לך אדם
שמציל את חבירו מן הרודף.

כלומר שיטת רבה היא שמותר לפגוע בממונו של רודף כדי להינצל או להציל
את הנרדף.

אם כן, לכאורה צודק הרמב"ם, שבמקרה כזה מותר להשליך את הממון לים
ואין צורך לשלם. הראב"ד כנראה סובר שזה נאמר רק במצב שבו יש משא של
אדם אחד על הספינה, אבל כשיש משא של כמה אנשים יש חובה להתחלק.
אמנם לא ברור מדוע הוא כותב שאין כאן דין רודף, הרי הגמרא אומרת
בפירוש שיש כאן דין כזה? כדי להבין זאת עלינו לעבור לסוגיא השנייה,
שנמצאת שם בדף קטז ע"ב:

ת"ר שיירא שהיתה מהלכת במדבר ועמד עליה גייס לטורפה
מחשבין לפי ממון ואין מחשבין לפי נפשות ואם שכרו תייר ההולך
לפניהם מחשבין אף לפי נפשות...

שיירה שמצויה תחת איום שוד, מתחלקים בהוצאות לפי ערך המשא של כל
משתתף. אבל אם השיירה איבדה את דרכה אז כולם נמצאים בסכנת נפשות,
ולכן על כולם להשתתף בשווה בהוצאת שכירת מורה דרך (תייר).

הרמב"ם מביא את המקרה הזה להלכה בפי"ב מהל' גזילה ואבדה הי"א:

שיירה שחנתה במדבר ועמד עליה גייס לטרפה ופסקו עם הגייס
ממון ונתנו לו, מחשבין לפי ממונם ואין מחשבין לפי נפשות, ואם
שכרו תייר לפניהם להודיעם הדרך מחשבין שכרו לפי ממון ולפי
נפשות, ולא ישנו ממנהג החמרים.

ובהמשך הגמרא שם מובא מקרה דומה:

ת"ר ספינה שהיתה מהלכת בים עמד עליה נחשול לטובעה והקילו
ממשאה מחשבין לפי משאוי ואין מחשבין לפי ממון...

זהו מקרה של ספינה שנחשול עמד עליה לטבעה, וכאן החלוקה היא לפי המשקל ולא לפי הערך (רש"י: אם אחד השליך 100 ליטראות זהב השני ישליך 100 ליטראות ברזל).

גם את זה הרמב"ם פוסק להלכה, בהל' גזילה ואבידה שם הי"ד:

ספינה שהיתה מהלכת בים ועמד עליה נחשול לטבעה והקילו ממשאה, מחשבין לפי משאוי ואין מחשבין לפי ממון, ואל ישנו ממנהג הספנים.

הקשיים

השאלה היא כמובן מה ההבדל בין המקרים? יש מצבים שבהם החלוקה היא שווה, ויש שהחלוקה היא לפי משקל ויש שהחלוקה היא לפי הערך. נראה שאם האיום הוא על החיים, אז אין הבדל בין ערכי החיים ויש להתחלק בהוצאות בשווה. אבל אם האיום הוא על הממון אז החלוקה היא לפי הערך שניצל.

אבל גם במשא בספינה יש איום על החיים, אז למה שם לא מתחלקים בשווה? ואם הגמרא שם עוסקת באיום על ממון אז למה החלוקה שם היא לפי משקל ולא לפי הערך שניצל כפי שראינו למעלה?

ומעבר לכל זה, עולה כאן השאלה מה היחס בין שתי הפסיקות הללו של הרמב"ם לבין פסיקתו בסוף הל' גזילה ואבדה? לא ברור על איזו גמרא היא נסמכת, ומדוע היא שונה מהפסיקות שבהל' גזלה ואבדה? ובכלל, למה הפסיקות ממוקמות בקבצי הלכה שונים ברמב"ם (או כולן בהל' גזילה ואבדה או שכולן בהל' חובל ומזיק)?

הסבר ה'מ"מ' וה'כס"מ'

מדברי הראב"ד שהבאנו נראה שהוא הבין שההבדל הוא האם הטילו לים משא של איש אחד (ואז פטורים) או משא של כמה אנשים (ואז יש להתחלק לפי משקל). הוא הבין שלפי רמב"ם אם הטילו משא של איש אחד אין חובה

להתחלק, וטוען נגדו שברור שהגמרא מדברת גם על מקרה כזה. כלומר שגם במקרה כזה מתחלקים לפי משא (משקל).

אבל **המ"מ** ו**הכס"מ** בהל' חובל ומזיק שם מסבירים את כל המהלך אחרת. **המ"מ** שם כותב כך:

כתב הרב עובדא דחמרא אשר ממנו יצא הדין אל רבינו ז"ל ואמר שאינו דומה ולא כתב הטענה וזהו תימה איך ידחה הרב דברי רבינו ז"ל בלא טעם וראיה. ועתה אפרש.

גרסינן בפ' הגוזל (דף קי"ז:) ההוא גברא דאקדים ואסיק חמריה למברא קמי דסליקו אינשי במברא קא בעי לטבועי אתא גברא מלח ליה לחמרא דההוא גברא ושדייה לנהרא וטבע אתא לקמיה דרבה פטריה א"ל אביי הא מציל עצמו בממון חבירו הוא א"ל מעיקרא רודף הוה רבה לטעמיה וכו' ובההיא פ' גרסינן (דף קט"ז:) ת"ר ספינה שהיתה מהלכת בים ועמד עליה נחשול לטבעה והקלו עליה ממשאה מחשבין לפי משוי ואין מחשבין לפי ממון וכו' ושתיהן בהלכות.

וכבר כתב רבינו דין זה דברייתא כלשונה פ' י"א מהלכות גזילה ואבידה ומתוך דבריו נ"ל שהוא מחלק בין זו לזו דההיא דוקא עמד עליה נחשול שהוא צער כבד מגלי הים ואין הספינה טעונה יותר מדאי אלא להשקיט שאון גלי הים היה הם משליכים על צד זה אמרו מחשבין לפי משאוי וכמה פעמים יקרה זה ליורדי הים ומ"ש כאן הוא כשהים מתנהג כדרכו אלא שהספינה טעונה יותר מדאי שאחד או שנים מהם טעונה ואז המשוי כרודף והיינו עובדא דחמרא וזה חילוק מבואר ודברים של טעם הן ואין קדירת הרב חסרה לא מלח ולא תבלין:

הוא מסביר שבהל' חובל ומזיק הרמב"ם פוסק את המקרה שבדף קיז (החמור על גבי הספינה), ושם מי שמאיים על הספינה להטביעה הוא המשא עצמו. במקרה כזה למשא יש דין רודף (משמע למשא עצמו, ולא לבעל המשא כפי

שהסביר רש״י), ולכן מותר להשליך אותו לים ואין חובה להתחלק עם בעל המשא, שהרי הממון הוא כרודף אחריהם (אם מותר לפגוע באדם רודף ודאי שמותר להזיק רכוש רודף). נראה שאין כאן חלוקה בין רדיפה אחרי אנשים לרדיפה אחרי ממון. אבל בסוגיית קטז שנפסקה להלכה בהל׳ גזילה ואבדה מדובר באיום חיצוני (גייס, או נחשול) שמאיים להטביע את הספינה או ליטול את הממון, ושם השימוש בממון כדי להינצל מהאיום הוא בגדר מציל עצמו בממון חברו (שהרי ממון חברו לא רודף ומאיים עליו). זה מותר להלכה, אבל יש חובה לשלם לבעל הממון על השימוש בו, כלומר להתחלק בהוצאות.[24] וראה עוד ב**כס״מ** שם שהביא שיטת ה**נמוק״י** שמבחין בין מצבים בהם האדם ידוע למצבים אחרים, ודחה אותה.

מסקנות לגבי דין חלוקה

מה עולה מסוגיות אלו לענייננו? ישנה כאן הנחה שדין החלוקה תלוי בשאלה מיהו הגורם שיצר את האיום, ומה בדיוק מאוים על ידו. אם הגורם שיצר את האיום יכול להיות מסולק בצורה כלשהי, מותר לסלקו ואין שום חובה להתחלק עם בעליו בנזק. זהו דין ממון רודף. לעומת זאת, אם אין אפשרות לטפל באיום עצמו ויש צורך להוציא הוצאות כדי להינצל ממנו, כי אז יש חובה להתחלק בהוצאות. אם האיום הוא על הנפשות (תייר) החלוקה היא בשווה בין כולם. אם האיום הוא על רכוש (גייס), כי אז החלוקה היא לפי שווי הממון שניצל. ואם הדרך להינצל מהאיום כרוכה בהקלת משקל (נחשול), כי אז החלוקה היא לפי משא ולא לפי ערך.

---

[24] מקור דין מציל עצמו בממון חברו הוא בסוגיית ב״ק ס ע״ב, וראה שם את המחלוקת בין רש״י ד״ה ׳ויצילה׳ לבין תוד״ה ׳מהו׳, ושאר ראשונים. להלכה מקובל לפסוק כשיטת רוב הראשונים שמותר לאדם להציל עצמו בממון חברו אלא שהוא חייב לשלם.

השוואה לדיני מיסים

שאלות דומות עולות בתלמוד ביחס לחלוקת מיסים בהלכה.[25] גם חלוקת מס היא מצב שבו יש לשאת בהוצאות כדי למנוע נזקים או להביא תועלת לכלל האוכלוסייה (הקבוצה). האדם שמשלם מיסים לקבוצה בעצם נושא בעולם ביחד איתם למען כולם (כולל הוא עצמו). לכן אך צפוי הוא שמכניזם החלוקה שם יהיה דומה למקרים של חלוקת אבדן שתוארו למעלה.

המשנה בב״ב ז ע״ב עוסקת בחובתו של דייר בחצר משותפת להשתתף בהוצאות של החצר, ומתוך כך בחובתו של תושב העיר להשתתף בהוצאות העיר כולה. יש מקום לראות את החיוב הזה כתשלום על הנאה שהאדם מקבל, או בהוצאה שהוא מוציא לצרכי עצמו כחלק מהציבור. גם תשלומי מיסים שונים יכולים להתפרש בכמה אופנים כאלה, ואופן החלוקה יהיה תלוי כנראה בשאלת אופיו של חיוב התשלום.

בגמרא שם יש סוגיא קצרה ויסודית שדנה בשאלות אלה, ומתוכן לומדים הראשונים והפוסקים לגבי חלוקת נטל המס בהלכה (בסוגיא מדובר על הוצאות לבניית חומה שתגן על העיר). אנו ננתח אותה שלב שלב, שכן מובאות בה כמה דרכי חלוקה שונות (לפי נפשות, לפי ממון, לפי קירבה, ולפי).

חלוקה לפי נפשות

הגמרא פותחת בשאלה הבאה:

---

[25] לסקירה, ראה מאמרו של הרב יאיר אטון, שיקולים תורניים בחלוקת נטל המס, באתר ישיבת ההסדר ירוחם. להלן: אטון. לא נאריך בדברי הפוסקים והראשונים כאן, מפני שסוגיא זו מובאת כאן רק להשלמת התמונה, ולהדגמת הדמיון והיחס בין חלוקת נטל המיסים לבין חלוקת אבדן.

בעא מיניה רבי אלעזר מרבי יוחנן כשהן גובין לפי נפשות גובין או
דילמא לפי שבח ממון גובין אמר ליה לפי ממון גובין ואלעזר בני קבע
בה מסמרות.

המסקנה היא שמתחלקים לפי ערך הממון שניצל, ממש בדומה למה שראינו
למעלה כשיש איום חיצוני על הממון (גייס). אבל בהתחלה עולה כאן גם
האפשרות לחלק לפי נפשות, כלומר בלי קשר לערך הממון שניצל.
הראשונים בב"ב שם נחלקים בביאור האפשרות הזאת (ראה אצל אטון פרק
2):

- סיעה ראשונה מביניהם (ר"י מיגאש, ריטב"א ו**נמוק"י**) מבארת
  שהיה ספק בגמרא באשר לאיום בו מדובר, האם היה איום על ממון
  או על נפשות. ומכאן שמוסכם שחלוקת הנטל היא לפי התועלת. אם
  האיום הוא על נפשות אז יש חובה שווה על כולם, או כל פרט לעצמו
  או עקב היותו חלק שווה בציבור.

- סיעה אחרת שהולכת באותו כיוון[26] מסבירה גם היא שברור לגמרא
  שהתשלום הוא עבור התועלת שמביאה החומה, והמחלוקת היא
  בשאלה האם עיקר האיום וממילא עיקר התועלת בחומה היא
  להצלת הנפשות או הממון.

- מדברי הרי"ף והרמב"ם שם עולה שהצד לפיו משלמים לפי נפשות
  נאמר גם אם התועלת היא רק ממונית. הם כנראה סוברים שהתועלת
  לא נמדדת במונחי הממון שניצל אלא לפי אנשים. זוהי תפיסה של
  חלוקה שווה, שמבוססת על כך שבלי קשר לרווח שיפיק כל אחד, הרי
  לכולם יש צורך שווה בשמירה ולכן עליהם לחלוק בהוצאות בשווה.

---

[26] כך עולה ממשמעות לשון התוספות והרא"ש במסקנת הגמרא: "דכל מילתא דלית ביה
סכנת נפשות לא אזלינן אלא בתר ממון", משמע שההוה אמינא הייתה שגם במקום שאין
סכנת נפשות גובין לפי נפשות.

הרי אם העני היה כאן לבד הוא היה צריך לבנות חומה בדיוק כמו העשיר.

אמנם להלכה הרי״ף והרמב״ם פוסקים שמשלמים לפי קרבת בתים בלבד (ראה להלן).

נציין שהראשונים דנים האם לפי נפשות פירושו לפי משפחות או לפי פרטים, וכבר הראה אטון שם שגם בזה הם הולכים לשיטותיהם.

חלוקה לפי שבח ממון

כאן עולות כל האפשרויות הקודמות למדוד תועלת, אבל נוספת עוד אחת (ראה אטון שם, פרק 3): **החזו״א** מעלה אפשרות שחובת התשלום היא לפי יכולתו של האדם, בדיוק כמו בחובת צדקה שמטילים אותה לפי היכולת (אטון שם מעיר שהיכולת כאן אינה בהכרח העושר, אלא היכולת לתת). ברור שלשיטתו חובת המס היא חלוקת הנטל הכללי על הציבור, וכל יחיד משלם לפי יכולתו (ולא לפי הנאתו או התועלת שהוא מקבל).

נציין שהרא״ש שם בסי׳ כב דן במצב שהגויים גוזרים גזירה על הציבור ויש צורך בהוצאה כספית כדי לבטלה, ומכריע שבמצב כזה ודאי גובים לפי ממון, שכן מטרתם של הגויים היא לקבל כסף. גם מי שחלק עליו (ראה רמ״א ב**שו״ע** חו״מ סי׳ קסג ס״ג) זה רק מפני שלדעתו אין זה פשוט שמטרתם של הגויים היא רק לקבל כסף. אם כן, הדבר מוסכם שכאשר הגויים רוצים כסף, גם אם הם מאיימים שייפגעו בנפשות אם לא יקבלו אותו, אז גובים לפי ממון. זה כמובן מתאים למקרה של גייס שפגשנו למעלה, אם כי במקרה שיש איום על הנפש במקרה שלא ישלמו יש כמובן מקום לפקפק בהכרעה זו (ראה ב**סמ״ע** שם).

חלוקה לפי קירוב בתים

כעת מובאת שם גרסה אחרת:

איכא דאמרי בעא מיניה רבי אלעזר מרבי יוחנן כשהן גובין לפי
קירוב בתים הן גובין או דילמא לפי ממון גובין אמר ליה לפי קירוב
בתים הן גובין ואלעזר בני קבע בה מסמרות.

כאן ההנחה היא שגובים לפי הקרבה של הבית לחומה. גם כאן הראשונים
נחלקים במשמעותו של הקריטריון הזה.

יש מהם (רש"י, ריטב"א, רא"ש ועוד) שמסבירים אותו כפשוטו, שמדובר
בחלוקה לפי הסיכון. זהו פרמטר חדש שלא נתקלנו בו למעלה, אבל נראה
שאין בו משום חידוש משמעותי. אמנם במקרה הכללי ביותר נראה שההיגיון
מחייב לגבות לפי המכפלה של הסיכון (הקרבה לחומה) בערך הממון שניצל.

אמנם ביד רמ"ה חולק עליהם, ולדעתו הקרבה לחומה מחייבת השתתפות
גבוהה יותר מפני שהיא מאלצת אותנו להאריך את החומה ולהגדיל בכך את
ההוצאות. כאן נכנס פרמטר של אשמה (או מידת השותפות בגרימה להוצאה).

סיכום

כאמור הראשונים חלוקים בשאלה מהי ההכרעה בסוגיא (האם מחייבים לפי
נפשות, קרבה, או שבח ממון, או שילובים ביניהם). לא ניכנס לכל זה כאן,
מפני שענייננו היה רק להראות את הדמיון והיחס בין חלוקת מיסים לבין
חלוקת אבדן. בשני המקרים הללו מדובר בהשתתפות בנטל המוטל על
הציבור ולא בחלוקה של רכוש כלשהו בין תובעים. לכן הקשר לענייננו הוא
קלוש למדיי והדברים הובאו רק להשלמת התמונה.

חלק רביעי:

יישומים והיבטים של תורת המשחקים

עד כאן ראינו את תפיסותיו של התלמוד ביחס לשאלות חלוקה שונות. אומן
ומשלר היו החלוצים להראות שמדובר כאן בעצם בסוגיות של תורת
המשחקים. זו עוסקת בשאלה מהן האסטרטגיות שעל כל שחקן לנקוט בעת
שהוא מתמודד מול שחקנים אחרים על מנה משותפת כלשהי. קל לראות
שבעיית חלוקה היא בדיוק סוג כזה של בעיה.

בחלק זה ננסה לעמוד על כמה היבטים של תורת המשחקים שעולים בסוגיות
החלוקה, ולבחון האם ניתן לראות השלכות אקטואליות של כל מה שראינו.
לשם כך נקדיש כאן פרק לשאלה של קואליציות, ולאחר מכן נשוב לעסוק
בבעיות החלוקה השונות לפי משפט שפלי.

פרק ארבעה-עשר

שיקולים של קואליציות

מבוא

עד כאן עסקנו באלגוריתמים של חלוקה שלא מניחים קואליציות בין השחקנים (=החולקים). תורת המשחקים מקדישה מאמץ לא מבוטל לשיקולי קואליציה. השאלות בהן דנים שם הן האם היכולת לעשות קואליציות בין שחקנים יכולה לשפר את מנתו של כל אחד מהם, או לא. כפי שמראים אומן[27] ולויפר, הירושלמי כנראה מפרש את משנת כתובות בשיטה שונה מזו של הבבלי, ומלשונו התמציתית עולה שהוא מכניס שם שיקולי קואליציה.

תזכורת על מהלך הבבלי

כזכור, במשנת כתובות אנו מוצאים שלושה מקרים:

> ***מי שהיה נשוי שלש נשים ומת כתובתה של זו מנה ושל זו מאתים ושל זו שלש מאות ואין שם אלא מנה חולקין בשוה היו שם מאתים של מנה נוטלת חמשים של מאתים ושל שלש מאות שלשה של זהב היו שם שלש מאות של מנה נוטלת חמשים ושל מאתים מנה ושל שלש מאות ששה של זהב וכן ג' שהטילו לכיס פיחתו או הותירו כך הן חולקין***

הבבלי מניח שהמקרה הראשון (שבו סכום העיזבון הוא 100) הוא ברור: כולן חולקות בשווה. הבבלי הוטרד בשאלה מדוע הקטנה שבמקרה הראשון

---

[27] ראה אומן3 פרק ו.

מקבלת $33\frac{1}{3}$ כמו שתי חברותיה (כי כולן תובעות את כל העיזבון), בשני המקרים הבאים מקבלת יותר? הרי עדיין ב-100 הראשונים שהיא תובעת היא צריכה לחלוק באותה צורה עם שתי חברותיה. הבבלי נזקק בגלל זה להגיע לאוקימתות שכרוכות בהסתלקויות של תובעות. במקרה השני (עיזבון של 200) מדובר שבעלת ה-200 ויתרה לתובעת הקטנה (ואמרה לה: "דין ודברים אין לי עמך במנה") אבל לא לגדולה. במקרה כזה הקטנה מקבלת 50 (כי היא חולקת עם התובעת הגדולה בשווה), אבל התובעת השנייה לא מקבלת את כל ה-50, שהרי הגדולה לא מוותרת לה על חלקה. לכן כל אחת מהן מקבלת 25 מהמנה הראשון. את המנה השני הן חולקות בשווה.

מפרשי הבבלי תמהים כיצד הויתור של הבינונית לקטנה מקטין גם את חלקה של הגדולה במנה הראשון (היא מקבלת רק 25 במקום שבלי הויתור היא היתה מקבלת מתוכו $33\frac{1}{3}$). התירוצים הם דחוקים (ואולי לזה התכוונו בתוד"ה 'דאמרה', שם, שכתבו: "לא איתפריש שפיר טעמא דהא מילתא").

ובתוד"ה 'תימא', שם, הקשו:

תימא הא סליקת נפשך וכו' - לא ידעתי אמאי לא משני כגון שכתבו בעלת שלש מאות ובעלת מאתים לבעלת מנה דין ודברים אין לנו עמך בעשרים וחמשה.

תוס' תוהה אם כבר עושים אוקימתות למשנה, מדוע הגמרא לא העמידה ששתי התובעות הגדולות מסתלקות מ-25 מהמנה הראשון, וכך הקטנה מקבלת את ה-25, ובשאר כולן חולקות בשווה, וכל אחת מקבלת עוד 25.

אצנם ב**תוי"ט** תמה על דברי תוס', שאם היו מעמידים את המשנה כך לא היה בה כל חידוש. אם השתיים מוותרות לשלישית אז ברור שהיא לוקחת הכל.

מהלך דברי הירושלמי

והנה, הירושלמי בכתובות פ"י ה"ד דן גם הוא בקצרה במשנת שלושת הכתובות. הוא מקשה ממנה על שיטת שמואל, שלשיטתו היה צריך להיות שם שודא (או: שוחדא) דדייני (כלומר שהדיינים עושים מה שהם מבינים).[28] ולבסוף הוא מביא ששמואל מסביר את המשנה כך:[29]

שמואל אמר במרשות זו את זו בשהרשת השלישית את השנייה לדון עם הראשונה אמרה לה לא מנה אית לך סב חמשין ואיזל לך.

שמואל טוען שבמשנה מדובר במצב בו התובעת השלישית מרשה לשנייה לדון עם הראשונה בשמה. ואז השנייה אומרת לראשונה שיש לה מנה, ולכן עליה להסתפק בחמישים. להלן ננסה להסביר את הדו שיח המוזר הזה.

מתוך הניסוח נראה שהירושלמי עוסק כאן באחד משני המקרים האחרונים במשנה (כשסכומי העיזבונות הם 200 או 300), שבהם התובעת הקטנה מקבלת 50. לכן נראה שהוא הוטרד מאותם קשיים שהטרידו את הבבלי (למה הקטנה מקבלת יותר בשני המקרים האחרונים).

מהניסוח כאן נראה על פניו שהירושלמי לא נזקק להסברים של הסתלקות כמו אלו של הבבלי ולאוקימתות שהופיעו שם. נראה שלשמואל בירושלמי כאן יש תפיסה נוספת בחלוקת הכתובות, שלא פגשנו עד כאן. בכל אופן, ברור מלשונו שהוא מציע הסבר של קואליציה שעושות התובעות ביניהן. ועדיין לשונו הלאקונית טעונה ביאור.

---

[28] לשאלת שודא דדייני בבבלי, ראה במסכת ב"ב לה ע"א ושם בתוד"ה 'ורב אמר', ובדף ס"ב ע"ב ובמקבילות.

[29] לא ברור מהירושלמי האם הסברו של שמואל הוא סוג של שודא דדייני, או שלמסקנה במקרה זה לא נוהג דין שודא, אלא הדין הזה. נעיר על כך עוד להלן.

ההסבר המקובל והקשיים עליו

הפני משה על הירושלמי שם מסביר זאת כך:

> ***שמואל אמר במרשות זו את זו. אמתני' קאי דקתני של מנה נוטלת חמשים ואף על גב שאין מגיע לה אלא שליש של מנה הראשון שהרי במנה השני אין לה חלק בה משום דמתני' מיירי במרשות זא"ז ובשהרשת השלישי' את השניה שנתנה לה כח והרשאה לדון עם הראשונה ואמרה לה השניה לראשונה לא מנה אית לך קח חמשים ולכי וסילקה נפשה מכ"ה זהובים מה שיש לה חלק בהן וכן מחלק השלישית ע"י הרשאתה ונשארו ע"ה זהובים וחולקות כולן ולפיכך נוטלת הראשונה חמשים:***

נראה שהוא מסביר את המשנה כדברי תוס׳ הנ"ל, ששתי האחרונות ויתרו לראשונה. אבל המהלך בדבריו מסובך ולא לגמרי ברור מה בדיוק קרה שם ואיך מגיעים לויתור הזה.

הדברים מפורטים יותר ב**מראה הפנים** שם:

> ***במרשות זו את זו כו'. בבבלי דף צ"ג לא קאמר שמואל אלא בכותבת בעלת מאתים לבעלת מנה דין ודברים אין לי עמך במנה ולפיכך מדייק התם מסיפא דקתני של מאתים ושל ג' מאות שלש שלש של זהב תימא לה השלישית לשניה הא סליקת נפשך ממנה הראשון ואין לך אלא חמשים ממנה השני ומשני משום דאמרה לה מדין ודברים הוא דסליקא נפשאי וכתבו התוס' שם לא אתברר שפיר טעמא דמילתא דהא מ"מ סילקה נפשה מהאי מנה וא"כ סילקה ג"כ מלריב עם בעלת הג' בזה המנה ולשיטתא דהאי תלמודא ניחא דמיירי דגם הג' הרשת להשניה וסילקה ע"י כן חלקה וגם חלק השלישית מהכ"ה מן המנה הראשון ותו לא ונשארו ע"ה לחלק בין כולן כדפרישית וכעין שכתבו התוס' שם ד"ה תימא לא ידעתי אמאי לא משני כגון שכתבו בעלת ג' מאות ובעלת ר' לבעלת מנה דו"ד אין לנו עמך בעשרים וחמשה.***

ולא שייך הכא מה שדיקדק התי"ט אם שתיהן כתבו לבעלת הק' מאי קמ"ל במילתא דפשיטא יותר מביעתא בכותחא דלאוקמתא דהאי תלמודא לק"מ דטובא קמ"ל דאע"ג דבעלת הג' לא אמרה כלום מסילוק דו"ד אלא ע"י הרשאתה להשניה לדון עם הראשונה סילקה גם חלק הבעלת הג' מכ"ה במנה הראשון מהני:

הסיבוך נולד מפני שרוצים להראות שיש במשנה חידוש גם לפי הסבר התוס' (כלומר ליישב את קושיית **התוי"ט**). החידוש הוא שאם השלישית מסתלקת מול השנייה ומרשה לה לדון מול הראשונה יש בדבריה ויתור גם לראשונה. בכל אופן, בשורה התחתונה נראה שלשיטתו הירושלמי הבין את המשנה בדיוק כפי שהציע התוס' שראינו כאן למעלה.

אבל כפי שמעיר לויפר הסבר זה תמוה מאד בלשון הירושלמי. אין בדברי הירושלמי רמז להסתלקות של מי מהתובעות (לשון "הרשאה" אינה הסתלקות אלא ייפוי כוח לאדם שלישי לפעול בשמי נגד אדם שני). גם ההקדמה שמביא הירושלמי לדברי השנייה לראשונה "לאו מנה אית לך" לא מובנת לפי הפירוש הזה. מדוע זה נחוץ כהקדמה לויתור על 25? ובכלל, איזה מנה יש לקטנה? עוד הוא מקשה מדוע בשביל שיהיה ויתור של שתי הגדולות לקטנה צריך שהגדולה תרשה לבינונית לדון עם הקטנה? למה לא אמרו בפירוש ששתיהן מוותרות לקטנה וזהו?[30] ועוד קשה מדוע הירושלמי לא טורח להסביר את הסיפא אלא רק את המציעתא? הרי בסיפא הבינונית היתה צריכה לקבל את אותם 75 שקיבלה במציעתא, שהרי המנה השלישי ניתן רק

30 אמנם כאן כבר ראינו שבעל **מראה הפנים** מסביר שנקטו בציור זה כדי שיהיה חידוש במשנה, והוא שויתור של השלישית לשנייה יש בו משום ויתור שלה גם לראשונה.

לתובעת הגדולה? הבבלי באמת עושה כאן אוקימתא נוספת, אבל הירושלמי לא מעיר על כך מאומה.[31] בנוסף, כל הלשון כאילו השלישית מדברת

הערה נוספת

בגלל כל הקשיים הללו לויפר טוען, בניגוד למפרשי הירושלמי, שהירושלמי כלל לא הוטרד מהקושי של הבבלי (למה בשני המקרים האחרונים הקטנה מקבלת יותר משליש מנה). הקושי שמטריד את הירושלמי הוא מדוע לא כולן חולקות בשווה (כשיטת רבי לפי הרי״ף), ולכך הוא מציע מענה משלו.

רק נציין שבירושלמי הגישה הזאת לא מוצגת כשנויה במחלוקת (בין רבי לרבי נתן), אלא כפירוש הסופי למשנה. כלומר הירושלמי מסביר מדוע המשנה לא קובעת שיש כאן חלוקה שווה, אבל הוא לא בא להסביר את רבי נתן נגד רבי, שכן שני אלו כלל לא מופיעים שם. משמעות הדבר היא שלפי הירושלמי המשנה מתאימה גם לשיטת רבי, כלומר שבמצב של קואליציות גם הוא מסכים שלא חולקים בשווה. לפי הירושלמי נראה שכך גם נפסק להלכה. נעיר כי זו גופא ראיה נגד הצעת **קרבן העדה** שכוונת הירושלמי היא כמו הבבלי. אם זו אכן היתה כוונתו, אז הירושלמי היה צריך לומר שהמשנה הולכת כשיטת רבי נתן ולהלכה פוסקים כרבי. כל זה לא מוזכר בירושלמי, וזו עוד ראיה לכך שדרושה כאן קריאה אחרת.

---

[31] לויפר שם מעיר שאפשר היה להסביר שדברי הירושלמי נסובים על הסיפא (המקרה השלישי), ובו השלישית מוותרת בכלל על המנה הראשון, ולכן כל אחת משתי האחרות נוטלת ממנו 50 (כך באמת הבין הבבלי). אבל אז יהיה קשה ההיפך, למה הירושלמי לא טורח לפרש את המציעתא. לפי זה גם יהיה קשה מדוע עמדת השלישית מוצגת כויתור לשנייה ולא לראשונה, ומדוע בירושלמי השנייה (ולא השלישית) היא זו שפונה ומדברת עם הראשונה.

הצעתם של לויפר ואומן

לויפר ואומן (שם) מציעים לפרש את הירושלמי כך: התובעת הגדולה פונה לשנייה ומציעה לה להופיע בשם שתיהן. כך שתי התובעות הללו מצטרפות לתובע גדול אחד שדורש 500. מול התובע הזה עומדת התובעת הקטנה שדורשת 100. על כך משיב ה"גדול", הרי את תובעת 100 וגם אנחנו תובעות אותו. לכן קחי 50 (כדין שניים אוחזים), ואת השאר לוקח התובע הגדול. במקרה השני של המשנה מה שנותר הוא 150, ולגביו שתי הגדולות תובעות בשווה, ולכן כל אחת מקבלת 75. במקרה השלישי מה שנותר הוא 250, אז במאתיים הן חולקות כדין שניים אוחזים ואת השאר מקבלת הגדולה. כך במקרה זה השנייה מקבלת מנה והשלישית 150.

נציין שבסופו של דבר לויפר מציע לפרש כך גם את האוקימתות שמציע שמואל בבבלי.

משמעותו של ההסבר הזה

זהו הסבר מושלם לכל הדינים שבמשנה, אף שכמובן יש כאן אוקימתא שבשני המקרים האחרונים מדובר בקואליציה בין שתי התובעות הגדולות. אבל כפי שנראה כעת זהו הסבר הרבה יותר טוב ממה שנראה במבט הראשוני.

נקדים ונאמר שאומן (שם) ולויפר מסבירים שעל אף שמדובר באוקימתא היא טבעית יותר מאלו שמוצעות בבבלי. אך לדעתנו כלל לא מדובר כאן באוקימתא. בהמשך הפרק נראה השלכות של הצעתנו זאת.

ראשית, נשאל למה במקרה הראשון במשנה אין שיקולי קואליציה? אם אין לזה הסבר אז מדובר באוקימתא סתמית ושרירותית של הירושלמי. אין היגיון שהמשנה ברישה מדברת על חלוקה רגילה ובשני המקרים הבאים מעמידה אוקימתא ששתי התובעות הגדולות עשו קואליציה. אבל במבט שני בהחלט יש לזה הסבר פשוט. במקרה שהעיזבון כולו הוא מנה, אין טעם לעשות קואליציה, שכן התובעות הגדולות רק יפסידו ממנה (הקטנה תקבל

50, ושתי הגדולות יקבלו 25 כל אחת). לכן ברור ששם הן לא יעשו קואליציה כי זה לא כדאי להן. לכן ברישא מדובר בחלוקה ללא קואליציות. לעומת זאת, בשני המקרים הבאים הקואליציה נותנת לגדולות מנה גדולה יותר, ולכן כדאי להן לעשות קואליציה. במקום לקבל מנה בשווה לכל אחת כשיטת רבי, הן מקבלות יותר מהיחס שלהן (אמנם השנייה מקבלת כפי שהיתה מקבלת גם כך, וספק אם היא תסכים לזה רק כדי להעביר מהקטנה לגדולה עוד 50 בלי להרוויח בעצמה).

יתר על כן, אם אכן זהו השיקול, כי אז בהחלט ייתכן שכלל לא מדובר כאן באוקימתא שעושה הירושלמי למשנה. התובעות לא באמת יצרו קואליציה, אלא פסק הדין עצמו לוקח בחשבון את כוחן ליצור קואליציה כזאת ונותן להן את המנה המתקבלת ממנה. זהו חשבון שנעשה על ידי הדיינים שכך הם קובעים את מנתה של כל תובעת, ולא צריך להסביר שמדובר בתובעות מתוחכמות כל כך. הקואליציה מייצגת את הכוח היחסי שיש לכל אחת מהן, ולכן הדיינים עצמם מחלקים את העיזבון כך.

כבר הערנו למעלה שלא ברור האם למסקנת הירושלמי נוהג במקרה זה דין שו(ח)דא דדייני, או שמא זה מוצע כאלטרנטיבה שונה. לפי דרכנו שלא מדובר באוקימתא אלא בהחלטה של הדיינים שמתחשבת בשיקולי קואליציות, ייתכן שהפתרון הזה הוא מקרה פרטי של דין שודא. גם כאן הדיינים הם שמחליטים על החלוקה משיקול שנראה להם סביר. לרוב הראשונים זוהי בדיוק משמעותו של דין שודא עצמו.

בכל אופן, לפי דרכנו יוצא שהירושלמי מציע הסבר לשלושת הדינים במשנה ללא שום אוקימתא, ובכך הוא מהווה הסבר מושלם לשלושתם.[32]

---

[32] אמנם אומן (שם) מעיר שבלשון הירושלמי משמע שמדובר באוקימתא, שהרי הוא מעמיד "בשהרשת", כלומר מעמידים במצב שהשלישית הרשתה לשנייה. אך לפי דרכנו אפשר לומר שזהו חשבון שעושים הדיינים ופוסקים כאילו השלישית הרשתה לשנייה.

קואליציות אפשריות נוספות

האם זוהי אכן הקואליציה האופטימלית? מדוע הירושלמי בוחר דווקא את הקואליציה בין שתי התובעות הגדולות? הרי ייתכנו עוד קואליציות בין התובעות הללו (הקטנה והגדולה, או הקטנה והבינונית).

כדי להבין זאת, נתבונן במקרה השלישי, כלומר במקרה שהעיזבון הוא 300. אם הקטנה תעשה קואליציה עם הבינונית, ייוצר כאן מצב של תיקו: 300 נגד 300. במקרה כזה הגדולה תקבל 150, והקטנה תקבל 50 והבינונית תקבל 100. בדיוק הדין שנקבע במשנה. ואם הקטנה תעשה קואליציה עם הגדולה, ייווצר כאן מצב של 400 נגד 200. התובע ה"גדול" יקבל 100 שמודים לו ועוד 100 שחולקים, ומתוך זה הקטנה תקבל 50 והגדולה 150. התובעת הבינונית תקבל 100 מחלוקת ה-200. שוב הגענו לאותה תוצאה. אם כן, במקרה השלישי התוצאה הזאת יוצאת מכל קואליציה שתיעשה כאן, ולכן אין פלא שהדיינים עצמם נותנים זאת לצדדים גם בלי שיעשו קואליציה בפועל.

מה לגבי המקרה השני (עיזבון של 200)? כאן המצב מסובך יותר. אם הקטנה תעשה קואליציה עם הבינונית, ייוצר כאן מצב של 300 נגד 300, ולכן חולקים את ה-200 בשווה. הגדולה תקבל 100, ושתי הקטנות יקבלו 50 כל אחת. זו תוצאה שונה מזו שבמשנה.

ומה אם הקטנה תעשה קואליציה עם הגדולה? כאן ייווצר מצב של 400 נגד 200, ונקבל חלוקה של 100 לבינונית ועוד 50 לקטנה ו-50 לגדולה. שוב זו תוצאה שונה. במקרה השני עלינו לראות מדוע נבחרה דווקא הקואליציה של המשנה ולא אחת משתי האחרות. לשם כך נציג את התוצאות של החישובים הללו בטבלה. התובעת הקטנה היא רחל (שתסומן ר), הבינונית לאה (שתסומן ל), והגדולה בלהה (שתסומן ב):

קואליציה/התובעת	ר	ל	ב
ר+ל	50	50	100
ר+ב	50	100	50
ל+ב	50	75	75
ללא קואליציה	$66\frac{2}{3}$	$66\frac{2}{3}$	$66\frac{2}{3}$

טבלה 14.1 : קואליציות במקרה השני במשנה

מה עלינו לבחור? השיקול של בלהה מתקבל מהשוואת התוצאות בעמודה השמאלית. ברור שבלהה תעדיף את הקואליציה הראשונה, אבל זו לא תלויה בה. היא כמובן יכולה לסרב לכל קואליציה שתוצע לה. הוא הדין ללאה. רחל מעדיפה ללא קואליציה בכלל, שכן בכל קואליציה שתיווצר היא מקבלת 50. אבל ברגע שלאה ובלהה מסרבות לכל קואליציה שמוצעת להן, ולרחל כמובן גם נוח שלא יהיו קואליציות, אזי שתי הגדולות עלולות להפסיד, שכן במצב ללא קואליציות כולן חולקות בשווה (כדעת רבי), וכל אחת מקבלת $66\frac{2}{3}$. לכן לאה ובלהה כמובן יעדיפו ליצור קואליציה ביניהן כדי ששתיהן תקבלנה לפחות 75. מכאן שהתוצאה למקרה זה היא בדיוק זו שמובאת במשנה: (50,75,75). כאמור, הדיינים עצמם עושים את החישוב הזה, ולכן הם מחליטים בעצמם לתת לכל אחת את המנה שמתקבלת מקואליציה בין לאה לבלהה.

במקרה השלישי כבר ראינו שהטבלה יוצאת פשוטה מאד :

קואליציה/התובעת	ר	ל	ב
ר+ל	50	100	150
ר+ב	50	100	150
ל+ב	50	100	150
ללא קואליציה	100	100	100

טבלה 14.2 : קואליציות במקרה השלישי במשנה

במקרה זה, לרחל כדאי לא לעשות קואליציה והיא תסרב לכל הצעה. לכן שתי הקואליציות הראשונות לא ייווצרו (כי דרושה בהן הסכמה של רחל). אבל לאה ובלהה יעדיפו לעשות קואליציה ביניהן (לפחות לטובת בלהה), ולכן התוצאה היא כמו במשנה, הקואליציה השלישית.

כבר הערנו שלאה כאן עושה שיקול לא הכרחי, שכן היא פועלת לטובת בלהה נגד רחל בלי להרוויח מאומה לעצמה. אז למה להניח שהיא תסכים לקואליציה הזאת? אפשר היה להסביר שרחל מסרבת לכל קואליציה אבל בלהה מציעה ללאה לעשות קואליציה ולכן לאה נענית לה. אבל כאן יכולה רחל לפנות בבקשה ללאה לסרב לבלהה, ולכן עדיין לא ברור מדוע שלאה תיענה לבלהה ותסרב לבקשתה של רחל.

על כן יותר סביר להסביר זאת אחרת. נניח שמדובר במקרה השלישי מתוקן קצת, כלומר מקרה שסכום העיזבון הוא מעט יותר מ-300 ($300+\varepsilon$), ונראה מה התוצאה המתקבלת. למניעת סרבול, נבחן מקרה של עיזבון של 301. טבלת הקואליציות במקרה זה היא הבאה :

קואליציה/התובעת	ר	ל	ב
ר+ל	50	$99\frac{1}{2}$	$149\frac{1}{2}$
ר+ב	50	100	149
ל+ב	50	100	149
ללא קואליציה	$99\frac{2}{3}$	$99\frac{2}{3}$	$99\frac{2}{3}$

טבלה 14.3 : קואליציות במקרה השלישי המתוקן

התבוננות בטבלה הזאת מעלה שבלהה מעדיפה את הקואליציה הראשונה, אך זו לא בידה. לאה מעדיפה את אחת משתי הבאות אבל רק השלישית בידה. אז היא מציעה לבלהה לעשות איתה את הקואליציה השלישית. אמנם רחל יכולה להציע ללאה לסרב ולא לעשות קואליציה בכלל, אבל לאה לא תסכים כי ללא קואליציה היא מפסידה. גם בקואליציה הראשונה לאה מפסידה ולכן לא תיענה. אם כן, כאן הפתרון המתקבל הוא באמת הקואליציה השלישית.

אם כן, טענתנו היא שהמקרה של עיזבון 300 הוא מקרה גבול. כלומר אם ניקח את ε לאפס, עדיין נקבל את הקואליציה השלישית. לכן הפתרון למקרה של עיזבון 300 במשנה גם הוא: (50,100,150). זהו ההסבר מדוע אנחנו לא מתחשבים בכך שלאה יכולה להיענות לרחל ולסרב לקואליציה עם בלהה. במקרה של עיזבון שהוא בדיוק 300 זה אכן המצב וזה שקול. אבל זהו מקרה גבול שנכון לכל סכום עד 300.

הערה נוספת: מו״מ קשוח ומורכב יותר

עקרונית ניתן לחשוב על מו״מ מורכב יותר. למשל, במקרה השלישי בלהה מאד חוששת מכך שלא תהיה קואליציה, שכן במקרה כזה היא תפסיד חלק ניכר ממנתה. לכן היא תהיה מוכנה להיכנע ללאה ולתת לה חלק נכבד מה-49

(או ה-50 במקרה שבמשנה) שלה. התוצאה המתקבלת היא כבר תוצאה של מו"מ ואי אפשר לקבוע פתרון חד ערכי.

כאן אנו שבים ונזקקים למה שראינו למעלה. הירושלמי לא עושה אוקימתא במשנה אלא זהו חשבון שעושים הדיינים עצמם. הדיינים לא עושים מו"מ אלא בוחנים את המצב כפי שהוא בלי להתחשב ביכולות המו"מ של התובעות. המצב האובייקטיבי נקבע לפי טבלת הקואליציות הזאת, שכן אלו הקואליציות המתבקשות מהמצב האובייקטיבי כשלעצמו.

מסקנה: שיטת הירושלמי

הירושלמי מפרש את המשנה כפשוטה, כאשר הוא לוקח בחשבון קואליציות טבעיות (להוציא מקואליציות מורכבות, שכפי שראינו הן תלויות מו"מ) אפשריות. כך מתפרשת המשנה כפשוטה, בניגוד לדעת רבי.

למעלה ראינו שדעת רבי כלל לא מופיעה בסוגיית הירושלמי, אלא רק עומדת ברקע. הסקנו מכאן שכנראה הירושלמי פוסק כמשנתנו, והסוגיא רק מסבירה מדוע מה שמופיע בבבלי כשיטת רבי אינו נכון. הסיבה לכך היא שרבי מתעלם מאפשרותן של קואליציות.

סכומי עיזבון גבוהים יותר

מה שנותר לנו הוא לעשות חשבון לפי הירושלמי לגבי סכומי עיזבון גבוהים יותר מ-300. כאשר העיזבון הוא 400, טבלת הקואליציות היא הבאה:

קואליציה/התובעת	ר	ל	ב
ר+ל	50	150	200
ר+ב	50	100	250
ל+ב[33]	50	125	225
ללא קואליציה	$133\frac{1}{3}$	$133\frac{1}{3}$	$133\frac{1}{3}$

טבלה 14.4 : טבלת קואליציות לעיזבון של 400

מה התוצאה הסופית שמתקבלת כאן? בלהה רוצה את הקואליציה השנייה, עם רחל. אבל רחל מעדיפה ללא קואליציה כלל. לאה מעדיפה את הקואליציה הראשונה, אבל רחל כאמור מעדיפה ללא קואליציות כלל. אם רחל תתעקש, אז בלהה תבקש מלאה לעשות קואליציה נגד רחל, אבל לאה לא תסכים כמובן. לכאורה המסקנה היא שכאן לא תהיינה קואליציות כלל, והתוצאה תהיה כדעת רבי (חלוקה שווה בין התובעות, כשזה מיושם לסכום עיזבון שמעל 300 כמובן. ראה על כך בחלק הקודם).

כשהעיזבון הוא 500, טבלת הקואליציות שמתקבלת היא הבאה :

[33] החישוב כאן מעט מסובך יותר. התובע ה״גדול״ תובע 500 והקטנה תובעת 100. לכן החלוקה הראשונית היא 50 לקטנה ו-350 ל״גדול״. את ה-350 הללו יש לחלק בין תובעת 300 (שמודה על 50 לחברתה הבינונית) ותובעת 200 (שמודה על 150 לחברתה הגדולה). מה שנותר לחלוקה בין שתיהן הוא 150 שמתחלק ביניהן בשווה.

קואליציה/התובעת	ר	ל	ב
ר+ל	50	200	250
ר+ב	75	150	275
ל+ב	50	175	275
ללא קואליציה	$166\frac{2}{3}$	$166\frac{2}{3}$	$166\frac{2}{3}$

טבלה 14.5 : טבלת קואליציות לעיזבון של 500

במקרה זה בלהה מעדיפה את אחת משתי הקואליציות השניות, ששתיהן בידיה. לאה מעדיפה את הקואליציה הראשונה אבל רחל כמובן תתנגד ותעדיף ללא קואליציה כלל. לכן לאה תציע לבלהה להצטרף עליה לקואליציה השלישית, ולרחל לא יהיה מה לעשות. אמנם רחל יכולה להציע לבלהה את הקואליציה השנייה על חשבון לאה. במקרה כזה יש שתי קואליציות ששתיהן מבטאות מצב שיווי משקל.

כאן יבוא לידי ביטוי שוב מה שראינו למעלה. אם מדובר באוקימתא למשנה, אז הדבר תלוי מי משתי התובעות הקטנות תצליח לשכנע את בלהה להצטרף אליה. אבל אם זה חישוב שעושים הדיינים כפי שהסברנו למעלה, אז הם לא מתחשבים ביכולות השכנוע, אלא הם עצמם יקבעו את אחת משתי האופציות הללו. מכיון ששתיהן שקולות, סביר להניח שהם יקבעו חלוקה שווה בין רחל ללאה. כלומר התוצאה תהיה : $(62\frac{1}{2}, 162\frac{1}{2}, 275)$.

במקרה של עיזבון בגובה 600, אין טעם לבנות טבלת קואליציות, שכן כל אחת מקבלת את מלוא תביעתה (זה גם מה שהיה מתקבל עבור כל אחת מהקואליציות כמובן). במקרה כזה הפתרון הוא : (100,200,300).

פרק חמישה-עשר

ערך שפלי

מבוא

מכאן והלאה ננסה לבחון האם ניתן ליישם את משפט שפלי בתורת המשחקים לשאלות בהן עסקנו כאן. תורת המשחקים עוסקת בין היתר בבעיות חלוקה עבור שחקנים בודדים ועבור קואליציות. כלי מתמטי מרכזי בו משתמשים בתחום זה הוא ערך שפלי, על שם לויד שפלי (Shapley) שניסח והגדיר אותו בשנת 1953.[34] בפרק זה נערוך איתו היכרות, ולאחר מכן ננסה לחשב באמצעותו את מנות החלוקה שמתקבלות לגבי מציאה (טלית) ולגבי עיזבון.

ערך שפלי: רקע[35]

תחילה עלינו להכיר כמה מושגי יסוד. הבעיה אותה בא ערך שפלי לפתור היא מצב בו קבוצת שחקנים משתפת פעולה ומרוויחה סכום מסוים. חלק מהשחקנים תרמו יותר מאחרים להשגת הסכום הזה, או שמסיבה כלשהי יש בידם כוח מיקוח גדול יותר, והשאלה היא כיצד לחלק את הרווחים באופן הוגן ביניהם. בעצם הבעיה היא למדוד מה חשיבותו של כל שחקן לקואליציה, כשההנחה היא שהרווח אותו השחקן הזה יקבל אמור לעמוד בפרופורציה

---

[34] מתמטיקאי וכלכלן אמריקאי שעסק בסטטיסטיקה ובתורת המשחקים. שפלי זכה בפרס נובל לכלכלה לשנת 2012 במשותף עם אלווין רות.

[35] ניתן לראות סקירה בהירה וממצה על הנושא הזה בערך 'ערך שפלי' ב**ויקיפדיה** העברית.

לחשיבותו להשגת הרווח המדובר. מטרתו של ערך שפלי היא לאמוד את ערכו של כל שחקן במשחק כדי שחלוקת התשלום לשחקן תתבצע בצורה "הוגנת" בהתאם לערכו. אם לבעיה קיים פתרון "הוגן", כלומר פתרון סביר ומוסכם לחלוקת הסכום בין השחקנים, נחסך הצורך במיקוח בין השחקנים. לכן כשמדברים על הוגנות בחלוקה, במציאה או בעיזבון כמו גם בבעיות אחרות, אך טבעי הוא להשתמש במתודה של שפלי.

התשובה תלויה כמובן בהגדרה ל"הגינות". שפלי הציע ארבעה קריטריונים:

1. **יעילות**: התועלת היא המקסימלית אותה ניתן להשיג. בנוסף, התועלת מחולקת כולה בין השחקנים, ללא בזבוז.

2. **אקסיומת שחקן האפס**: שחקן שאינו יכול לשפר את רווחיותה של אף קבוצה, אינו ראוי לתמורה כלשהי.

3. **סימטריות**: שני שחקנים שתרומתם שווה לכל קואליציה, יזכו באותה תמורה (שוויון בפני החוק).

4. **אדיטיביות**: כאשר מחברים שני מקורות הכנסה המבוססים על אותה קבוצת שחקנים, אפשר לחשב את חלוקת הרווחים לכל מקור הכנסה בנפרד.

משפט שפלי מוכיח שמערכת הקריטריונים הזאת תמיד ניתנת לסיפוק, והיא מכתיבה אפשרות אחת ויחידה לחלק את התשלומים בין השחקנים בצורה "הוגנת". לשון אחר, אם זוהי ההגדרה להוגנות, כי אז בכל מצב ולכל קבוצת שחקנים יש פתרון יחיד. כלומר קיימת חלוקה הוגנת, והיא יחידה (אין חלוקה הוגנת אחרת).

אנו מגדירים **קבוצת שחקנים**: $N=\{1,2,..,n\}$. האיברים יכולים להיות אנשים, קבוצות, מדינות, חברות וכדומה. כל תת קבוצה מתוכם יכולה ליצור **קואליציה** שתסומן S. **יש פונקציית שווי** $v(S)$ שמתארת את הערך שיכולה להפיק קואליציה S נתונה כשהיא פועלת בנפרד בלי התחשבות בשחקנים

האחרים. כמובן שהפונקציה הזאת מתארת גם את השווי של כל שחקן לחוד, אם נציב בארגומנט שלה קואליציה שמכילה שחקן בודד.

הנחה סבירה היא שפונקציית השווי היא **מונוטונית**, כלומר תוספת שחקן לקואליציה לא מורידה את השווי: $S \subseteq T \Rightarrow v(S) \le v(T)$. ובאופן כללי יותר, צירוף של שתי קואליציות לעולם לא מוריד את הרווח של הקואליציה המצורפת לעומת סכום הרווחים שלהן בנפרד. ומכאן שהמקסימום של פונקציית השווי הוא בקואליציה שמכילה את כלל השחקנים: v(N). כמו כן, נוהגים להניח ש**קואליציה ריקה** לא מרוויחה, כלומר: $v(\phi)=0$.

שני שחקנים ייקראו **חילופיים** (זהים, אפשר להחליף ביניהם), אם לכל קבוצה S שלא מכילה אותם מתקיים: $v(S\cup\{i\})=v(S\cup\{j\})$, כלומר שתרומת כל אחד מהם לכל קואליציה שהוא מצטרף אליה זהה לתרומתו של השני. שחקן i ייקרא **שחקן אפס** אם אין לו תרומה לשום קואליציה שהוא משתתף בה, כלומר לכל קואליציה S שלא מכילה אותו מתקיים: $v(S\cup\{i\})=v(S)$.

נדגיש שפונקציות השווי v היא הנתון של הבעיה. מה שאנחנו מחפשים הוא הערך שמקבל כל שחקן במשחק כשכן מתחשבים בשחקנים האחרים. ברור שהערך הזה תלוי בקואליציות השונות שנוצרות במשחק, אבל אנחנו מחפשים את התוצאה האובייקטיבית שמגיעה לכל שחקן בהתחשב בכל הקואליציות שהוא יכול ליצור. מה שאנחנו מחפשים הוא ווקטור N ממדי שקרוי **פתרון**, שיסומן: φ. הרכיב ה-i שלו הוא הערך (ערך שפלי) שמקבל השחקן i בהינתן המשחק וקבוצת השחקנים. הפתרון תלוי כמובן בשחקנים (N) ובפונקציית השווי (v), אך לא בשום קואליציה (S), שכן הוא כבר לוקח בחשבון את כל הקואליציות האפשריות. לכן אנו רושמים כל רכיב של הפתרון כך: $\varphi_i(N,v)$. האקסיומות שהפתרון עבור ערך שפלי צריך לקיים הן הבאות:

1. יעילות (שהוגדרה למעלה): $\sum_{i=1}^{N}\varphi_i(N,v)=v(N)$.

2. אדישות (או: אקסיומת שחקן האפס): לכל שחקן אפס i מתקיים:
$\varphi_i(N,v)=0$.

3. סימטריות (שהוגדרה למעלה): לכל שני שחקנים חילופיים (כפי שהוגדרו למעלה), i ו-j, מתקיים: $\varphi_i(N,v)=\varphi_j(N,v)$

4. אדיטיביות (שהוגדרה למעלה): לכל שתי פונקציות תועלת v ו-w מתקיים:
$\varphi_i(N,v+w)=\varphi_i(N,v)+\varphi_i(N,w)$.

משפט שפלי

משפט שפלי קובע שתחת ההנחות הללו יש לכל בעיה כזאת פתרון והוא יחיד. יתר על כן, המשפט גם נותן את הפתרון הזה. נניח כעת שהשחקנים נכנסים לחדר השיפוט לפי סדר מסוים שיוגדר π. זהו ווקטור סדור של השחקנים, למשל עבור שמונה שחקנים (N=8): (1,3,7,2,6,5,8,4), או כל סדר אחר. בהנחה שכל שחקן נכנס לחדר בתורו, ומוצא קבוצת שחקנים S_π שכבר נמצאת בחדר, הוא נוטל את תרומתו השולית לקבוצה שנוצרת איתו, כלומר הוא מקבל: $v(S_\pi \cup \{j\})-v(S_\pi)$.

ערך שפלי של השחקן i מתקבל מהממוצע של התרומות השוליות שמקבל השחקן הזה בכל הסדרים האפשריים π. יש כמובן !N סדרים שונים, ועלינו לסכם על כולם. ערך שפלי עבור השחקן i מתקבל בצורה הבאה:

$$\varphi_i(N,v)=\frac{1}{N!}\sum_{\pi}[v(S_\pi \cup \{i\})-v(S_\pi)] \qquad (15.1)$$

הממוצע הוא סכום על התרומות השוליות של השחקן בכל הסידורים, מחולק במספר הסידורים האפשריים.

נציין כי בשנת 1985 הוכיח המתמטיקאי האמריקני הוברט פייטון יאנג, את המשפט הקרוי על שמו, לפיו ערך שפלי שמוצג כאן מהווה פתרון יחיד גם אם נדרוש במקום האדיטיביות ואקסיומת האדישות (דרישות 2 ו-4 למעלה) דרישה אחרת שקרויה שוליוּת. כלומר הפתרון שהוצג כאן הוא הפתרון היחיד גם אם דורשים מהפתרון שלוש דרישות: סימטריות, יעילות ושוליות. לא ניכנס לעניין זה כאן.

כדי להבין את משמעותו של ערך שפלי, נציג כאן שתי דוגמאות לחישובו. האחת עוסקת בחלוקת רווחים מעסקת קרקעות והשנייה בהקמת קואליציות בפרלמנט.

דוגמה ראשונה: חלוקת רווחים מעסקת קרקעות

יש שלושה שחקנים (a,b,c) שלכל אחד מהם חלקה בת דונם שממוקמת לפי סדר השחקנים. על כל דונם כזה ניתן לבנות יחידת דיור אחת בשווי 4 מיליון ₪. כעת שונתה התב״ע, וההוראות החדשות הן כדלהלן:

חלקה של שני דונם תוכל לבנות 6 יחידות דיור בשווי כולל של 18 מיליון ₪.

חלקה של שלושה דונם תוכל לבנות 12 יחידות דיור, בשווי כולל של 38 מיליון ₪.

נראה כעת את פונקציית השווי של כל הקואליציות האפשריות:

{a,b} – שווי כולל 18 מיליון ₪.

{b,c} -- שווי כולל 18 מיליון ₪.

{a,c} – שווי כולל של 8 מיליון ₪ (ללא שינוי כי החלקות לא צמודות).

{a,b,c} – שווי כולל של 38 מיליון ₪.

באיחוד שלושת החלקות נוצרת השבחה של 12-38=26 מיליון ₪. השאלה היא כיצד ראוי לחלק את הערך המוסף הזה בין בעלי החלקות? ראשית, נחשב את

הערך המוסף של כל שחקן בכל סידור אפשרי של "כניסה לחדר השיפוט". יש

6 סידורים שונים (3!).

סדר הכניסה לחדר השיפוט			תרומה שולית של כל שחקן (במיליון ₪)		
ראשון	שני	שלישי	A	B	C
A	B	C	4	14	20
A	C	B	4	30	4
B	A	C	14	4	20
B	C	A	20	4	14
C	A	B	4	30	4
C	B	A	20	14	4
<- סה"כ			66	96	66
<- ממוצע			11	16	11

טבלה 15.1 : טבלת חישוב ערך שפלי (במיליוני ₪) לכל בעל חלקה. השורה הלפני אחרונה היא סכום התרומות השוליות של השחקן (זהו הסכום בנוסחת שפלי). השורה התחתונה היא הסכום מחולק ב-6 (מספר הסידורים השונים הוא 3!=6).

מכיון שלכל שחקן היה שווי התחלתי של 4 מיליון ₪, יוצא ששחקנים a ו-c מקבלים כל אחד עוד 7 מיליון ₪ (מהסימטריות ברור שהם שווים), ואילו השחקן האמצעי, b, מקבל עוד 12 מיליון ₪. החלוקה הראויה של ההשבחה במיליוני ₪ על פי שפלי היא : (7,12,7).

דוגמה שנייה: קואליציות בפרלמנט

נניח שבבחירות לפרלמנט בן 27 חברים רצות 11 מפלגות. תוצאות הבחירות הן הבאות: מפלגות 1-2 קיבלו 9 מנדטים כל אחת, ושאר המפלגות (3-11) קיבלו מנדט אחד כל אחת. כדי להעביר החלטה בפרלמנט נדרש רוב של 14 חברים. נניח שמדובר בחברים ממושמעים, וחברי כל מפלגה מצביעים כולם לפי החלטת המפלגה. לכן נוכל לגזור מכאן את פונקציית השווי לכל קואליציה S שכוללת כמה מפלגות: קואליציה שמכילה בסך הכל פחות מ-14 חברים ערכה 0. קואליציות מעל 14 חברים ערכן 1.

נחשב את ערך שפלי של מפלגה 3 (שבגלל הסימטריות שווה כמובן לערכן של המפלגות 4-11). כעת עלינו למצוא את כל הסידורים האפשריים π של המפלגות השונות. יש כמובן !11 כאלה. אבל רוב הסידורים הללו נותנים תוצאות דומות (אם מחליפים בין מפלגות בנות אותו מספר של חברים, מפלגות חילופיות, התוצאה לא משתנה).

חישוב לא מסובך מדיי נותן שהערך עבור המפלגות הקטנות הוא:

$$v(11,3)=v(11,4)=\ldots=v(11,11)=5/99$$

ועבור שתי המפלגות הגדולות מקבלים:

$$V(11,1)=v(11,2)=27/99$$

קיבלנו תוצאה די מעניינת. ראשית, הערך של מפלגות קטנות אינו עומד בפרופורציה למספר חבריהן (במפלגה קטנה כל חבר שווה יותר). כוחן של כל המפלגות הקטנות יחד הוא 45/99, כלומר כמעט פי 2 מערכה של מפלגה גדולה, זאת למרות שמספר החברים בכולן יחד הוא בדיוק כשל מפלגה גדולה. המסקנה היא שעדיף לפצל מפלגה גדולה לכמה מפלגות קטנות. בצורה כזאת הכוח שלה גובר כמעט פי 2.

פרק ששה-עשר

יישום ערך שפלי לחלוקת טלית ועיזבון

יישומים להלכה: המקרה של חציה-חציה-כולה בטלית

אם נרצה לבחון את האפשרות ליישם את המתודה של שפלי בהלכה, מתבקש לבחון אותה על הדוגמאות שראינו לאורך הספר. למשל, שניים או שלושה אוחזים בטלית.

נתחיל להתבונן במשחק של שני שחקנים, א טוען כולה וב׳ טוען חציה. אם א היה פועל לבדו הוא היה מקבל את כל הטלית, וב׳ לבדו היה מקבל את חציה.

כשהם מצטרפים לקואליציה ראינו שהחלוקה ביניהם היא $(\frac{1}{4};\frac{3}{4})$. בעצם כל אחד מפסיד מהקואליציה הזאת. אבל כמובן שהדבר לא בידם, שכן לא מדובר כאן באמת בקואליציה אלא במשחק בין שני שחקנים שמתחרים זה עם זה על טלית אחת נתונה. בכל אופן, שניהם יחד לא יכולים להשיג יותר מטלית אחת. אם כן, במקרה זה אין כל משמעות לשאלה כמה כל אחד היה משיג לבדו, שהרי לעולם מולו עומד עוד מישהו. אבל לכאורה יוצא מכאן שלא מתקיימת דרישת המונוטוניות, ולכן נראה שבכלל אי אפשר ליישם לבעיות כאלה את המתודה של ערך שפלי.

אבל במבט נוסף ברור שלא ניתחנו נכון את המקרה. מושג הקואליציה במקרים כאלה יכול להיכנס לדיון כאשר מניחים מראש ובכל המצבים שיש שלושה שחקנים שמתחרים על הטלית. בשאלה של חלוקת רווחים מהשקעה יש בהחלט מקום לדבר על קואליציה גם במקרה של שני שחקנים. הסיבה לכך היא שכאן לא מדובר במשחק סכום 0, שהרי התוצאה תלויה בשאלה כמה היה משיג כל אחד אם היה משקיע לבדו, ומה הוא מוסיף לקואליציה (ומה היא מוסיפה לו).

217

חישוב שפלי רגיל לשניים אוחזים

אמנם נראה שניתן היה בכל זאת להציע חישוב שפלי רגיל, והוא אפילו נותן את אותן תוצאות כמו מתודת שניים אוחזים, לפחות במקרה של שני תובעים.[36] נניח שכל תובע לחוד היה משיג בדיוק את סכום תביעתו, וביחד עם השני הוא היה משיג את כל הטלית, ואז נעשה ממוצע על פי שפלי. לדוגמה, במקרה של כולה-חציה, יש שני סדרים אפשריים של כניסה לקואליציה (לחדר השיפוט). אם הטוען כולה נספר ראשון הוא מקבל את כל הטלית והשני שמצטרף אליו לא מוסיף מאומה. בסדר ההפוך התובע חציה מקבל חצי והשני מוסיף עוד חצי. הטבלה שמתקבלת היא הבאה:

ראשון	שני	א	ב
א	ב	1	0
ב	א	1/2	1/2
	סה"כ	$1\frac{1}{2}$	$\frac{1}{2}$
	ממוצע	$\frac{3}{4}$	$\frac{1}{4}$

טבלה 16.1: חישוב ישיר של ערך שפלי לכל תובע במשחק שניים אוחזים בטלית: חציה-כולה. יש כאן שני סידורים שונים, ולכן הממוצע מתקבל מחלוקה של הסה"כ ב-2.

---

[36] החישוב הזה נעשה לפי הצעתו של אראל סגל הלוי, ואנחנו מודים לו על כך.

בשורה התחתונה מקבלים את התוצאה הנכונה. כך גם לגבי כל ווקטור תביעות אחר של שניים אוחזים.

גם במקרים בהם יש תביעות מעבר לטלית שלימה (זה יכול להתרחש רק במקרה של עיזבון כמובן, ולא במקרה של הטלית שמדבר על חלוקת מציאה) מתקבלת התוצאה של שניים אוחזים. למשל, במשחק בו שני האוחזים תובעים כולה וחצי – שלושה רבעים. הטבלה שמתקבלת כאן היא הבאה:

ב	א	שני	ראשון
0	1	ב	א
$\frac{3}{4}$	$\frac{1}{4}$	א	ב
$\frac{3}{4}$	$1\frac{1}{4}$	סה״כ	
$\frac{3}{8}$	$\frac{5}{8}$	ממוצע	

טבלה 16.2: חישוב ישיר של ערך שפלי לכל תובע במשחק שניים אוחזים בטלית: חציה-כולה.

מחישוב שניים אוחזים מתקבלת עבור ווקטור התביעות הזה בדיוק אותה תוצאה: $(\frac{5}{8},\frac{3}{8})$.

יש לשים לב שלא הנחנו כאן בשום שלב את המתודה של שניים אוחזים. להיפך, פעלנו על פי המתודה של שפלי וקיבלנו את התוצאות של שניים אוחזים. לעומת זאת, בסעיף הקודם הצענו להשתמש בהנחת שניים אוחזים כבר בבניית טבלת השווי ובחישוב ערך שפלי.

שתי מתודות חישוב ערך שפלי למקרים הכלליים

כעת נעבור לחשב את הפתרון למקרה כללי יותר, של שלושה תובעים ומעלה, ונעשה זאת על פי שפלי בשתי השיטות. אנחנו נראה שיש יחס מאד מעניין ולא טריביאלי בין שתיהן, ועוד נראה שהחישובים הללו לא תמיד נותנים את התוצאות הצפויות מהכללת שניים אוחזים, או לפחות ההכללה שהציעו אומן-משלר. פירוש הדבר הוא שההכללה אותה הם הציעו אינה כה טבעית ומתבקשת כפי שהיא מוצגת בדרך כלל.

נתחיל בחישוב שמבוסס על ההצעה שבסעיף זה (מתודה 1). לאחר מכן נציע מתודה אחרת (מתודה 2) שמבוססת על ההצעה בסעיף הקודם, כלומר חלוקה של קואליציה של שלושה שתמיד מקבלת את מלוא הטלית, ושהחישוב עצמו מניח את שניים אוחזים. כאמור, יש יחס מאד מעניין בין התוצאות שמתקבלות בשתי המתודות.

פרק שבעה-עשר

יישום ערך שפלי לחלוקת טלית ועיזבון: מתודה 1[37]

שלושה תובעים – חלוקת מציאה

נתחיל בווקטור תביעות של שלושה תובעים. כאמור אין בחישוב שנעשה כאן שום הנחה לגבי מתודת שניים אוחזים (תש״א). כל קואליציה מקבלת את המינימום בין סכום תביעותיה לבין הטלית עצמה. למשל, במקרה של קואליציה שכוללת את כולה וחציה, מתקבלת כל הטלית. כך גם במקרה של קואליציה בין שני החצאים. אבל קואליציה בין תובע רבע לתובע חצי מקבלת רק שלושה רבעים. אין טעם לכתוב כאן טבלת שווי, כי היא טריביאלית ומתוארת במשפטים הקודמים. נעבור ישירות לחישוב ערך שפלי במתודה זו.

נתחיל בווקטור כולה-חציה-חציה. חישוב ערך שפלי למקרה זה ייעשה כך:

---

[37] החישוב בפרק זה הוא כמובן המשך להצעתו של אראל סגל הלוי, והפעם לווקטור של יותר משני תובעים.

תרומה שולית של כל שחקן			סדר הכניסה לחדר השיפוט		
ג	ב	א	שלישי	שני	ראשון
0	0	1	ג	ב	א
0	0	1	ב	ג	א
0	$\frac{1}{2}$	$\frac{1}{2}$	ג	א	ב
$\frac{1}{2}$	$\frac{1}{2}$	0	א	ג	ב
$\frac{1}{2}$	0	$\frac{1}{2}$	ב	א	ג
$\frac{1}{2}$	$\frac{1}{2}$	0	א	ב	ג
$1\frac{1}{2}$	$1\frac{1}{2}$	3	<- סה״כ		
$\frac{1}{4}$	$\frac{1}{4}$	$\frac{1}{2}$	<- ממוצע		

טבלה 17.1 : חישוב ערך שפלי לכל תובע במשחק שלושה אוחזים בטלית : כולה-חציה-חציה, במתודה 1. יש כאן שישה סידורים שונים, ולכן ממוצע מתקבל מהסה״כ על ידי חלוקה ל-6.

קיבלנו בדיוק את התוצאה של אומן-משלר. התוצאה הזאת תומכת בטענתם שהמתודה שלהם היא ההכללה המתבקשת למתודה שמתוארת במשנה בתחילת ב״מ, כלומר הכללה של שניים אוחזים (תש״א) למקרה של מספר תובעים גדול יותר.

נעבור כעת לבדוק ווקטור תביעות נוסף של שלושה תובעים ($1;\frac{1}{2};\frac{1}{3}$). במקרה זה החישוב הוא הבא :

תרומה שולית של כל שחקן			סדר הכניסה לחדר השיפוט		
ג	ב	א	שלישי	שני	ראשון
0	0	1	ג	ב	א
0	0	1	ב	ג	א
0	$\frac{1}{2}$	$\frac{1}{2}$	ג	א	ב
$\frac{1}{3}$	$\frac{1}{2}$	$\frac{1}{6}$	א	ג	ב
$\frac{1}{3}$	0	$\frac{2}{3}$	ב	א	ג
$\frac{1}{3}$	$\frac{1}{2}$	$\frac{1}{6}$	א	ב	ג
1	$1\frac{1}{2}$	$3\frac{1}{2}$	<- סה״כ		
$\frac{1}{6}$	$\frac{1}{4}$	$\frac{7}{12}$	<- ממוצע		

טבלה 17.2: חישוב ערך שפלי לכל תובע במשחק שלושה אוחזים בטלית: כולה-חציה - שלישה, במתודה 1.

כעת ברצוננו להשוות זאת לפתרון שנותן לנו מודל אומן-משלר. כדי למצוא אותו נשרטט את החנוכיה הרלוונטית למקרה זה:

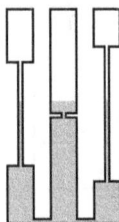

ציור 17.1: חנוכיית תביעות למקרה של שליש-חצי-כולה

מהסתכלות ברור שמתקבל אותו פתרון (צריך לזכור שכל חצי עמוד תחתון מכיל בדיוק חצי מהתביעה). קיבלנו שהחישוב ערך שפלי לבעיה זו נותן לנו בדיוק את הפתרון של אומן-משלר, כמו שראינו במקרה הקודם (של כולה-חציה-חציה). ועדיין כל זה יכול להיות מקרה, או שזה נכון לסוג מסוים של דוגמאות ספציפיות (ששתי אלו נכללות בהן). להלן נמשיך לבחון זאת.

שלושה תובעים – חלוקת עיזבון

כעת נעבור לחשב את ערך שפלי עבור מקרים של חלוקת עיזבון. מה ששונה בין עיזבון למציאה הוא שבעיזבון ניתן לתבוע יותר מהערך שעומד לחלוקה. גם אם העיזבון עומד על מיליון ש״ח, עדיין תובע יכול לדרוש 2 מיליון ש״ח, שכן זה מה שהנפטר (או פושט הרגל) היה חייב לו. אם כן, עלינו לבחון מקרים של וקטור תביעות שיש בהם רכיבים שגדולים מ-1. ניטול כמובן את המקרים של המשנה בכתובות ואולי עוד כמה דוגמאות שקשורות אליה. הסכומים שם לא מנורמלים ל-1, אבל זה לא ממש משנה כמובן.

בכל המקרים במשנה וקטור התביעות הוא: (100,200,300). מה שמשתנה הוא סכום העיזבון. במקרה הראשון סכום העיזבון הוא 100, כלומר זה מקרה מובהק של עיזבון (כי שני תובעים דורשים יותר מסך העיזבון הכולל). נעשה את חישוב שפלי למקרה זה:

תרומה שולית של כל שחקן			סדר הכניסה לחדר השיפוט		
ג	ב	א	שלישי	שני	ראשון
0	0	100	ג	ב	א
0	0	100	ב	ג	א
0	100	0	ג	א	ב
0	100	0	א	ג	ב
100	0	0	ב	א	ג
100	0	0	א	ב	ג
200	200	200	סה״כ <-		
$33\frac{1}{3}$	$33\frac{1}{3}$	$33\frac{1}{3}$	ממוצע <-		

טבלה 17.3: חישוב ערך שפלי לכל תובע בחלוקת עיזבון במתודה 1, עבור המקרה הראשון במשנת כתובות.

מה שקיבלנו, באופן צפוי למדיי, הוא התוצאה $(\frac{1}{3},\frac{1}{3},\frac{1}{3})$. הסיבה לכך היא שכל אחד מהתובעים כאן דורש את מלוא העיזבון.

במקרה השני של המשנה, מדובר באותו ווקטור תביעות אבל גובה העיזבון הוא 200. חישוב ערך שפלי עבור מקרה זה הוא הבא:

תרומה שולית של כל שחקן			סדר הכניסה לחדר השיפוט		
ג	ב	א	שלישי	שני	ראשון
0	0	200	ג	ב	א
0	0	200	ב	ג	א
0	200	0	ג	א	ב
0	200	0	א	ג	ב
100	0	100	ב	א	ג
100	100	0	א	ב	ג
200	500	500	<- סה״כ		
$33\frac{1}{3}$	$83\frac{2}{3}$	$83\frac{2}{3}$	<- ממוצע		

טבלה 17.4: חישוב ערך שפלי לכל תובע בחלוקת עיזבון במתודה 1, עבור המקרה השני במשנת כתובות.

שני התובעים הגדולים מקבלים כמובן מנה שווה מפני ששניהם תובעים את מלוא העיזבון. כדי לדעת האם החישוב הזה נותן את התוצאה הנכונה עלינו להשוות זאת למשנה בכתובות (שזהה כמובן לתוצאת החישוב של אומן-משלר). במשנה התוצאה המתקבלת היא (75,75,50). כלומר קיבלנו תוצאה שונה.

החישוב למקרה השלישי במשנת כתובות (עיזבון של 300) הוא הבא:

סדר הכניסה לחדר השיפוט			תרומה שולית של כל שחקן		
ראשון	שני	שלישי	א	ב	ג
א	ב	ג	300	0	0
א	ג	ב	300	0	0
ב	א	ג	100	200	0
ב	ג	א	0	200	100
ג	א	ב	200	0	100
ג	ב	א	0	200	100
<- סה"כ			900	600	300
<- ממוצע			150	100	50

טבלה 17.5 : חישוב ערך שפלי לכל תובע בחלוקת עיזבון במתודה 1, עבור המקרה השלישי במשנת כתובות.

התוצאה במשנת כתובות עבור המקרה הזה היא בדיוק מה שקיבלנו. כלומר יש התאמה למקרה הראשון והשלישי, אבל לא למקרה השני.

כדי להשלים את התמונה, נעשה חישוב עבור עוד שני מקרים. הראשון מביניהם, עיזבון בגובה 400, הוא דמוי טלית (כלומר שאין בו תובע שדורש סכום מעבר לערך העיזבון) :

סדר הכניסה לחדר השיפוט			תרומה שולית של כל שחקן		
ראשון	שני	שלישי	א	ב	ג
א	ב	ג	300	100	0
א	ג	ב	300	0	100
ב	א	ג	200	200	0
ב	ג	א	100	200	100
ג	א	ב	300	0	100
ג	ב	א	100	200	100
<- סה"כ			1300	700	400
<- ממוצע			$216\frac{2}{3}$	$116\frac{2}{3}$	$66\frac{2}{3}$

טבלה 17.6: חישוב ערך שפלי לכל תובע בחלוקת עיזבון במתודה 1, עבור המקרה של עיזבון 400 שלא מופיע במשנת כתובות.

כאמור, מקרה זה לא מופיע במשנת כתובות, ולכן ניתן להשוות אותו רק לחישוב של אומן-משלר. אם מציירים חנוכיית תביעות למקרה זה מקבלים: (225,125,50). תוצאה שונה מזו שקיבלנו כאן.

נסיים בחישוב למקרה של עיזבון 250, שהוא כן דמוי טלית, אבל פחות עגול:

סדר הכניסה לחדר השיפוט			תרומה שולית של כל שחקן		
ראשון	שני	שלישי	א	ב	ג
א	ב	ג	250	0	0
א	ג	ב	250	0	0
ב	א	ג	50	200	0
ב	ג	א	0	200	50
ג	א	ב	150	0	100
ג	ב	א	0	150	100
סה"כ ->			700	550	250
ממוצע ->			$116\frac{2}{3}$	$91\frac{2}{3}$	$66\frac{2}{3}$

טבלה 17.7: חישוב ערך שפלי לכל תובע בחלוקת עיזבון במתודה 1, עבור המקרה של עיזבון 250 שגם הוא לא מופיע במשנת כתובות.

הפתרון של אומן-משלר למקרה זה הוא: (100,100,50). שוב לא זהה לתוצאה שקיבלנו כאן.

כאמור, משמעות הדברים היא שההכללה שעושים אומן-משלר למקרה של שני תובעים אינה מובנת מאליה, גם לא למקרים של טלית ובוודאי לא למקרים של עיזבון. ההכללה דרך ערך שפלי שעשינו כאן, שגם היא נותנת את שניים אוחזים במקרה של שני תובעים, נותנת תוצאה שונה בכמה מקרים של שלושה תובעים.

פרק שמונה-עשר

יישום ערך שפלי לחלוקת טלית ועיזבון: מתודה 2

מבוא: מתודה 2

למעלה ראינו שאפשר ליישם את החישוב של ערך שפלי למקרה של טלית, כאשר דנים בווקטור תביעות של לפחות שלושה שחקנים ובונים טבלת שווי לפי הנחות שניים אוחזים. החישוב במתודה הזאת הוא סבוך יותר, ונותן תוצאות לא טריביאליות.

בחישוב לפי מתודה 1 בפרק הקודם התחלנו בלי שום הנחה מוקדמת. החישוב התבסס על כך שכל תובע שמגיע מקבל את מה שהוא דורש עד גובה הטלית. משם והלאה לא נותר מה לתת לו. ערך שפלי חושב מתוך ההנחה הזאת, ולא הניח שום הנחה של שניים אוחזים או כל הנחה אחרת. כיצד ייכנסו לחישוב ערך שפלי כל המודלים לחלוקת טלית בין תובעים שתוארו בחלק הראשון? במתודה 1 אין שום אפשרות להכניס אותם לחישוב.

הדרך בה ניתן לעשות זאת, היא לערוך את החישוב של ערך שפלי כאשר יחסי הכוחות הראשוניים (פונקציית השווי) מוגדרים לפי המודלים השונים מהחלק הראשון של הספר. סביר שתוצאת החישוב תהיה שונה מיחסי הכוחות שנותנים המודלים הללו עצמם שלא מתחשבים בשיקולי קואליציות וביחסי כוחות. השאלה המעניינת מבחינתנו היא מה היחס בין התוצאות לערך שפלי שמתקבלות מתוך אחד המודלים לתוצאות שמתקבלות מהמודלים האחרים, ומה בין כל אלו לתוצאות שמתקבלות מהחישוב בפרק הקודם.

חישוב חלוקת טלית למקרה של חציה-חציה-כולה

נתחיל בדוגמה של חציה-חציה-כולה. ברור שבכל מצב הצטרפות של שחקן לקואליציה אכן תגדיל את הרווח של חברי הקואליציה, ומתקיים תנאי המונוטוניות. נחשב תחילה את פונקצית השווי v של כל הקואליציות האפשריות במשחק תחת ההנחות הללו. ברור שאם כל השלושה ייצרו קואליציה הם יזכו בכל הטלית ביחד. השאלה כמה יקבל כל אחד מהם ללא שיקולי קואליציה תלויה בתפיסות השונות של יחסי הכוחות לבעיה הזאת כפי שתוארו בחלק הראשון. התוצאות שמתקבלות מהבעיה המשולשת (שלושה אוחזים בטלית) במתודות השונות שתוארו בחלק הראשון, קובעות בעצם את הערך של פונקצית השווי של כל שחקן לחוד. בבעיה מהסוג הזה מצב ללא קואליציות כלל הוא מצב שבו כל אחד מתמודד לבדו נגד שני האחרים שגם הם לבדם. בבעיות כאלה, קואליציות נוצרות כאשר שניים מהם מתאחדים יחד כנגד השלישי, וזה עשוי לשנות את תוצאת החלוקה. כאן יימדדו הערכים המוספים של כל שחקן דרך תרומותיו לקואליציות השונות.

כדי לערוך חישוב כללי עבור כל המודלים, נסמן את הערכים שמקבל כל תובע לחוד (כלומר התוצאות של שיטות החלוקה השונות שהוצגו בחלק הראשון) באותיות V_1, V_2, V_3, בהתאמה. אם התובע כולה והתובע חציה ייצרו קואליציה, ייווצר בין השלושה משחק של שני שחקנים (קואליציה ושחקן בודד) עם תביעות: $(1\frac{1}{2};\frac{1}{2})$. במצב כזה התוצאה היא: $(\frac{3}{4};\frac{1}{4})$. חלוקת הנתח הגדול גם היא משחק שני שחקנים, ובמקרה זה הוא יתחלק בין שני חברי הקואליציה ביחס: $(\frac{1}{2};\frac{1}{4})$. תרומתו של כל אחד לקואליציה היא ההפרש בין מה שמקבלת הקואליציה איתו ובלעדיו. לכן קואליציה של תובע כולה ואחד

מתובעי חציה שמקבלת $\frac{3}{4}$, התובע חציה תורם לה: ($V_3\frac{3}{4}$ -), והתובע כולה תורם לה: ($\frac{3}{4}$ -V_2). זה מה שאמור להיכנס בחישוב של ערך שפלי למקרה זה.

התוצאה הסופית עבור שלושת השחקנים למקרה שנוצרה הקואליציה הזאת היא: ($\frac{1}{2};\frac{1}{4};\frac{1}{4}$). אבל מה שחשוב לענייננו הוא רק כמה משיגה הקואליציה הזאת כולה. השאלה כמה מקבל כל אחד מחבריה יכולה להיכנס רק בשיקול של כל שחקן האם להצטרף לקואליציה כזאת, אבל הוא לא משפיע על ערך שפלי.

מה קורה אם שני תובעי החצי עושים קואליציה? כאן מתקבל משחק שבו יש שני שחקנים שתובעים כולה-כולה, ושניהם מתחלקים בשווה. את ה-1/2 שמקבלת הקואליציה שוב מחלקים בשווה בין שני חבריה. לכן ברור שגם במקרה זה החלוקה היא שוב ($\frac{1}{2};\frac{1}{4};\frac{1}{4}$).

אם כן, יש לנו שמונה קבוצות קואליציה שונות אפשריות, וערכי פונקציית השווי שלהן מופיעים בטבלה הבאה (אנחנו משתמשים בהנחת האדישות. כמו כן, מתוך הסימטריות ברור שמתקיים: $V_1=V_2=V$, שכן שני התובעים הקטנים הם שחקנים חילופיים. כמו כן, נגדיר: $V_3=W$):

S	V (S)
ריק	0
א (חציה)	V
ב (חציה)	V
ג (כולה)	W
א,ב	1/2
א,ג	3/4
ב,ג	3/4
א,ב,ג	1

טבלה 18.1 : פונקציית השווי עבור כל הקואליציות למשחק שלושה אוחזים בטלית וטוענים חציה-חציה-כולה.

אם נרצה כעת לחשב את ערך שפלי למשחק הזה, עלינו להשתמש בנוסחה (15.1) מלמעלה. למעשה, אנחנו נחזור מכאן והלאה כל הזמן על דרך החישוב בבעיה של חלוקת הרווחים מעסקת הקרקעות שתוארה בפרק 15. יש כאן כמובן שישה (!3) סידורים שונים של השחקנים :

תרומה שולית של כל שחקן			סדר הכניסה לחדר השיפוט		
ג	ב	א	שלישי	שני	ראשון
1/2	1/2-V	V	ג	ב	א
3/4-V	1/4	V	ב	ג	א
1/2	V	1/2-V	ג	א	ב
3/4-V	V	1/4	א	ג	ב
W	1/4	3/4-W	ב	א	ג
W	3/4-W	1/4	א	ב	ג
$2\frac{1}{2}+2W-2V$	$1\frac{3}{4}+V-W$	$1\frac{3}{4}+V-W$	->- סה״כ		
$\frac{5+4W-4V}{12}$	$\frac{7+4V-4W}{24}$	$\frac{7+4V-4W}{24}$	->- ממוצע		

טבלה 18.2 : חישוב ערך שפלי לכל תובע במשחק שלושה אוחזים בטלית : חציה-חציה-כולה.

מהשורה התחתונה בטבלה ניתן לראות שסך הנתחים של שלושת השחקנים הוא 1, כפי שהוא צריך להיות. מה עלינו להציב כערכים עבור V ו-W? לכאורה כאן ייכנסו הערכים מהמודלים השונים שהוצגו בחלק הראשון. חישוב ערך שפלי ייתן לכל אחד מהם תיקון שלוקח בחשבון שיקולי קואליציה תרומה וכוח של כל משתתף.

חישוב לפי המודלים השונים

כפי שהסברנו, עלינו להגדיר את V ו-W לפי התפיסות השונות שהוצגו בחלק הראשון של הספר בלי שיקולי קואליציה, לאחר מכן להכניס את V ו-W

הללו לנוסחאות בתחתית הטבלה, ולקבל מהמתודה של שפלי (כלומר מהנוסחאות שהגענו אליהן כאן) את התיקון לפתרון של כל שיטה שמתחשב גם בשיקולי קואליציה.

הנוסחאות אותן עלינו לפתור נמצאות בשורה התחתונה של טבלה 18.2:

$$\varphi_1 = \varphi_2 = \frac{7+4V-4W}{24} \quad ; \quad \varphi_3 = \frac{5+4W-4V}{12} \qquad (18.1)$$

כעת עלינו להציב את הערכים שנותנים המודלים השונים (כלומר הכוח של כל אחד ללא קואליציה) לתוך V ו-W, ולראות את השפעת שיקולי הקואליציה על התוצאות הללו.

נתחיל בפתרון לפי המודל של מהרי"ל דיסקין. כאן עלינו להניח V=5/24 ו-W=7/12. מתוך הנוסחאות 18.1 אנחנו מקבלים את התיקון משיקולי קואליציות:

$$\varphi_1 = \varphi_2 = \frac{7+4V-4W}{24} = \frac{11}{72} \quad ; \quad \varphi_3 = \frac{5+4W-4V}{12} = \frac{25}{36}$$

רואים שבמודל של מהרי"ל דיסקין שיקולי קואליציה מחלישים עוד יותר את כוחם של הקטנים.

נעבור כעת לפתרון לפי המודל של אומן-משלר לבעיית הטלית, שהוא: ($\frac{1}{4};\frac{1}{4};\frac{1}{2}$). משמעות הדבר היא שבמקרה זה: V=1/4 ו-W=1/2. הנתחים שמתקבלים אחרי שיקולי הקואליציה (לפי הנוסחאות 18.1, הם:

$\varphi_1 = \varphi_2 = \frac{1}{4}$; $\varphi_3 = \frac{1}{2}$.

אבל זוהי בדיוק התוצאה המקורית שמתקבלת ממודל אומן-משלר. כלומר בניגוד למה שראינו במודל של מהריל דיסקין, קואליציות לא משנות את התוצאה של אומן-משלר. בפרקים הבאים נראה שזוהי נקודת שבת של משוואות 18.1, ונעמוד על משמעותה של התוצאה הזאת.

ניתן לעשות את החישוב לפי כל השיטות שהוצעו בחלק הראשון, אבל לצרכינו כאן די בשתי אלו.

פרק תשעה-עשר

חישוב איטרטיבי ונקודת שבת

מבוא: מהי נקודת שבת?

מה יקרה אם ניקח את התוצאות המתוקנות שקיבלנו מחישובי שפלי שמתחשבות בשיקולי קואליציה (כלומר ממשוואות 18.1) במודל של מהר"ל דיסקין, ונתייחס אליהן כאילו כעת זהו הכוח הבסיסי שיש לכל שחקן בנפרד. עלינו להציב כעת את התוצאה הזאת עצמה שוב בנוסחה 18.1, ולבחון האם שיקולי קואליציה עדיין משנים את התוצאה. באופן עקרוני, חישוב שפלי לא אמור לשנות את התוצאה, שכן המשפט אומר שפתרון שפלי הוא אופטימלי (הוא הכי "הוגן" בנסיבות הנתונות), ולכן הוא אמור להיות יציב נגד שינויים. ובכל זאת, מתברר שבכל השיטות (למעט אומן-משלר שראינו שהקואליציה לא משפיעה) התוצאה תמשיך להשתנות שוב ושוב. אם כן, סביר שכדי לקבל את התוצאה ההגונה ביותר שמתחשבת בשיקולים של שפלי אסור לנו לעצור כאן. יש להמשיך שוב ושוב עד שנגיע לתוצאה הסופית שלא משתנה, בתקווה שיש כזאת (להלן נגדיר את התוצאה הזאת כ"מושך"). סביר מאד שהתוצאה הסופית, באם ישנה כזאת, היא שראויה להיחשב כחלוקה ההוגנת בין השחקנים, שכן היא לוקחת בחשבון את השיקולים של שפלי ורק אז לקיחה נוספת שלהם לא משנה את התוצאה. כלומר זוהי התוצאה שבאמת לוקחת את שיקולי הקואליציה בחשבון עד הסוף.

מה נקבל בחישוב כזה בשורה התחתונה? ייתכן שהחישוב ימשיך עוד ועוד ולא יגיע לעולם לתוצאה יציבה. אבל יש אפשרות שבסוף התהליך יתקבל מצב סופי שלא ישתנה. זהו המצב שבו מתקיימות משוואות 18.1, והצבה חוזרת לא משנה את התוצאה. כלומר כדי למצוא את המצב הזה עלינו פשוט לפתור ישירות את משוואות 18.1, כאשר אנחנו דורשים $\varphi_i = v(i)$. כלומר באגפים

השמאליים של 18.1 אנחנו מציבים את V ו-W עצמם. אם זה יתקיים, כי אז הגענו לפתרון שלא ישתנה גם אם נמשיך את התהליך הלאה. התוצאה הסופית הזאת היא בעצם מה שמכונה במתמטיקה "נקודת שבת" של המיפוי של שפלי לבעיה הזאת. כשהפעלנו את המיפוי והגענו אליה ונפעיל שוב את המיפוי לא נצא ממנה. את הנקודה הזאת קל מאד לחשב. זהו פתרון המשוואות הבאות (18.1 כשבתוצאה מציבים את V ו-W עצמם):

$$\varphi_1 = \varphi_2 = \frac{7 + 4V - 4W}{24} = V \quad ; \quad \varphi_3 = \frac{5 + 4W - 4V}{12} = W \qquad (19.1)$$

אם פותרים את שתי המשוואות הללו, מקבלים: V=1/4, W=1/2 (ראה למעלה את הפתרון עבור מודל אומן-משלר, כבר שם רואים שזוהי נקודת השבת). אם כן, לפי הצעה זו הנתח של כל שחקן (שכתוב בתחתית הטבלה) יוצא בהתאם: $(\frac{1}{4};\frac{1}{4};\frac{1}{2})$. כפי שכבר ראינו, זוהי כמובן התוצאה של אומן-משלר.

נחזור ונדגיש שבינתיים אין כל הכרח שהפעלת המיפוי 18.1 שוב ושוב תביא אותנו לנקודה הזאת. מה שאנחנו יכולים רק לומר הוא שאם תהיה נקודה שהמיפוי הזה יגיע אליה וייתקע בה, זו תהיה הנקודה הזאת.

חישוב ערך שפלי בהנחה של שניים אוחזים

נבחן כעת את ערך שפלי שמתקבל אם נציב במקום הערכים היסודיים את הערך שיקבל כל שחקן כשעומדים מולו כל השאר בקואליציה. שני התובעים הקטנים דורשים $\frac{1}{2}$ כשמולם עומד צמד שדורש $1\frac{1}{2}$. לכן הערך שהם שווים לבדם הוא $\frac{1}{4}$. ערכו של התובע הגדול הוא $\frac{1}{2}$ (כי מולו עומדת תביעה שקולה

של כולה). קיבלנו: $V=\frac{1}{4}$, $W=\frac{1}{2}$. כצפוי, אם נציב את הערכים הללו

במשוואות 19.1 נקבל בדיוק את נקודת השבת: $V=\frac{1}{4}=\varphi_1=\varphi_2$,

$W=\frac{1}{2}=\varphi_3$. כלומר הערכים הראשוניים שמתקבלים מחישוב שניים אוחזים הם בדיוק נקודת השבת. המשוואות של שפלי (כלומר התחשבות בשיקולי קואליציה) לא יתנו לנו שום תיקון עבורם. נציין כי יש כאן זהות גם עם תוצאות החישוב במתודה 1 למקרה זה.

בדיקה של שיטת אומן-משלר על דוגמה נוספת

ראינו שהתוצאה של אומן-משלר נותנת לנו בדיוק את נקודת השבת, כלומר התחשבות בשיקולי קואליציה לא תשנה אותה. האם זהו מקרה גרידא? או אולי בכל מערכת של שלושה תובעים נקבל שפתרון אומן-משלר "יושב" על נקודת השבת? כדי לבחון זאת, נחשב את הפתרון שלהם לדוגמה נוספת, המקרה של שלושה תובעים ($1;\frac{1}{2};\frac{1}{3}$).

ראשית, עלינו לבנות את הטבלה של פונקציית השווי. נסמן את הערכים שמקבל כל אחד לחוד באותיות (W,V,U) בהתאמה. אם כולה וחציה ייצרו קואליציה, ייווצר כאן משחק של שני שחקנים עם תביעות: ($1\frac{1}{2};\frac{1}{3}$). במצב כזה הקואליציה מקבלת 5/6. במקרה שבו שני התובעים הקטנים עושים קואליציה אנחנו מקבלים משחק שבו יש שני שחקנים שתובעים ($1;\frac{5}{6}$).

במקרה כזה הקואליציה תקבל 5/12. הקואליציה האחרונה שנותרה לנו נותנת תביעות של $(1;\frac{1}{3};\frac{1}{2})$. הקואליציה מקבלת כאן $\frac{3}{4}$.

גם כאן יש שמונה קבוצות קואליציה שונות, וערכי פונקציית השווי שלהן מופיעים בטבלה הבאה (אנחנו משתמשים בהנחת האדישות כמובן):

S	V (S)
ריק	0
א (חציה)	U
ב (חציה)	V
ג (כולה)	W
א,ב	5/12
א,ג	3/4
ב,ג	5/6
א,ב,ג	1

טבלה 19.1: פונקציית השווי עבור כל הקואליציות למשחק שלושה אוחזים בטלית וטוענים שליש-חצי-כולה.

נחשב את ערך שפלי למשחק הזה באותה צורה כמו קודם. יש כאן שישה סידורים שונים של השחקנים:

סדר הכניסה לחדר השיפוט			תרומה שולית של כל שחקן		
ראשון	שני	שלישי	א	ב	ג
א	ב	ג	U	5/12-U	7/12
א	ג	ב	U	1/4	3/4-U
ב	א	ג	5/12-V	V	7/12
ב	ג	א	1/6	V	5/6-V
ג	א	ב	3/4-W	1/4	W
ג	ב	א	1/6	5/6-W	W
<- סה"כ			$\frac{3}{2}+2U-V-W$	$\frac{7}{4}+2V-U-W$	$\frac{11}{4}+2W-U-V$
<- ממוצע			$\dfrac{6+8U-4W-4V}{24}$	$\dfrac{7+8V-4U-4W}{24}$	$\dfrac{11+8W-4U-4V}{24}$

טבלה 19.2 : חישוב ערך שפלי לכל תובע במשחק שלושה אוחזים בטלית : שליש-חצי-כולה.

מהשורה התחתונה בטבלה ניתן לראות שסך הנתחים של שלושת השחקנים הוא 1. כעת עלינו לחפש את נקודת השבת.

שלושת המשוואות שמתקבלות הן :

$$\varphi_1 = \frac{6+8U-4W-4V}{24} = U \qquad (19.2a)$$

$$\varphi_2 = \frac{7+8V-4W-4U}{24} = V \qquad (19.2b)$$

$$\varphi_3 = \frac{11+8W-4V-4U}{24} = W \quad (19.2c)$$

בסופו של דבר אנחנו מקבלים את מערכת המשוואות הבאה:

$$16U + 4W + 4V = 6$$

$$4U + 4W + 16V = 7$$

$$4U + 16W + 4V = 11$$

הפתרון הוא: $(\frac{2}{12};\frac{3}{12};\frac{7}{12})$.

כעת ברצוננו להשוות זאת לפתרון שנותן לנו מודל אומן-משלר. למעלה (בחישוב של מתודה 1 למקרה זה) כבר ראינו שמתקבל אותו פתרון (צריך לזכור שכל חצי עמוד תחתון מכיל בדיוק חצי מהתביעה). שוב קיבלנו שנקודת השבת נותנת לנו בדיוק את הפתרון של אומן-משלר, שגם זהה לחישוב ערך שפלי במתודה 1 למקרה זה. ועדיין כל זה יכול להיות מקרה, או שזה נכון לסוג מסוים של דוגמאות ספציפיות (ששתי אלו נכללות בהן). להלן נמשיך לבחון זאת.

אם נחפש את ערכי היסוד מחישוב שניים אוחזים (כפי שעשינו בדוגמה הקודמת), נקבל: $U=\frac{1}{6}$, $V=\frac{1}{4}$, $W=\frac{7}{12}$. אם נציב את הערכים הללו במשוואות 19.1, נקבל: $\varphi_1 = \frac{1}{6} = U$, $\varphi_2 = \frac{1}{4} = V$, $\varphi_3 = \frac{7}{12} = W$. כלומר ערכי החישוב הבסיסי נותנים שוב את נקודת השבת, וכמובן את הפתרון של אומן ומשלר. נציין שזה גם זהה לפתרונות במתודה 1 למקרה זה.

משמעותה של הזהות בין אומן-משלר לנקודת השבת

עד עתה קיבלנו זהות מעניינת בין הפתרון של אומן ומשלר לבין נקודת השבת, ובין שתי אלו לבין הערך שמחושב על סמך שניים אוחזים. נקדים ונאמר שאלו שני מקרים מסוימים. לא ברור שהזהויות הללו נשמרות לכל המקרים. אבל גם בהנחה שאלו שני מקרים מייצגים, כלומר שמדובר בזהות שמתקיימת תמיד, מתעוררת השאלה האם פירוש הדבר שאומן-משלר צודקים ושאר המודלים שגויים?

דומה כי התשובה היא שלילית. ראשית, ההבדלים בין המודלים השונים נוגעים לשאלה כיצד לחלק את הטלית בלי שיקולי קואליציה. אבל כאן חישבנו מה יתרמו לדיון שיקולי קואליציה. שנית, ייתכן שאם ניקח את התוצאות של כל מודל אחר (למשל של מהרי״ל דיסקין), נציב אותן במשוואות 18.1, ונחזור על התהליך שוב ושוב נתקרב או נגיע ממש לתוצאה של אומן-משלר. זוהי נקודת השבת של התהליך, וההתקרבות אליה קרויה בשפה המתמטית תהליך של משיכה (אטרקציה). החישובים החוזרים לוקחים אותנו יותר ויותר קרוב לנקודת השבת (שהיא האטרקטור של המיפוי הזה).

נקודת השבת כמושך (אטרקטור)

מה שעלינו לעשות כדי לבחון זאת, הוא לקחת את ערכי החלוקה של מהרי״ל דיסקין, ולהציב אותם במשוואות 18.1 או 19.1, ואת התוצאות שקיבלנו לחזור ולהציב שם שוב ושוב, ולראות האם אנחנו מתקרבים לנקודות השבת, ($\frac{1}{4};\frac{1}{4};\frac{1}{2}$) למקרה הראשון, ו-($\frac{2}{12};\frac{3}{12};\frac{7}{12}$) לשני.

בסופו של דבר נראה שהפתרונות ישאפו להגיע לתוצאות של נקודת השבת. אם הן ממש יגיעו לשם במדויק בשלב כלשהו (נאמר אחרי 1000 צעדים) התהליך כמובן ייעצר (כלומר התוצאות לא ימשיכו להשתנות הלאה), שהרי

ראינו שבמצב זה נשמרת העקביות ומתקיים: $\varphi_i(v) = v(i)$. אבל ייתכן שהחישוב הזה רק יילך ויתקרב אסימפטוטית לנקודת השבת, והוא יימשך עד אינסוף, כשכל תוצאה יותר קרובה מהקודמת לנקודת השבת. מהחישוב שנערך למעלה עולה שאין עוד נקודת שבת אחרת למיפוי הזה, ולכן סביר שבסוף התהליך נקבל (או נתקרב כרצוננו) את הפתרון שקיבלנו עבור נקודת השבת.[38]

נעיר כי בדוגמת הרווחים של הקרקעות שהוצגה למעלה ברור שהתוצאה שהתקבלה תחזור על עצמה ולא תשתנה. הסיבה לכך היא שבמקרה ההוא התרומה השולית של כל שחקן תהיה בדיוק התוצאה שהתקבלה בפעם הראשונה. למשל, בעל הקרקע הקטנה קיבל 7 מיליון ₪, ואם נוסיף אותו לכל קואליציה הוא יוסיף לה בדיוק את הסכום הזה עצמו. אבל בחלוקת מציאה (שלושה אוחזים בטלית) זה לא המצב. הסיבה לכך היא שיש אילוץ על סך הרווחים, והם נקבעים על ידי התביעות ולא על ידי הנתחים שהתקבלו באיטרציה הקודמת. כלומר טבלת השווי v נותרת כפי שהיתה למרות שערכי V ו-W השתנו. לכן אין מניעה שהתוצאה תשתנה בכל פעם. לכן דווקא בחלוקת טלית יש טעם לבדוק לאן מתכנסת סדרת האיטרציות הללו. אם יש כאן אטרקטור (=מושך), אז בסופו של התהליך הערכים יגיעו לנקודת השבת.

סימון

ראשית, נרשום את המשוואות מהסוג של 18.1 או 19.1 (או כל מקרה אחר של שלושה אוחזים בטלית) בצורה מטריציאלית כללית כך:

---

[38] בהמשך אנחנו נוכיח את זה לגבי הדוגמה של העיזבון. ההוכחה שם נכונה גם לגבי משוואות 19.2 כאן (שכן המטריצה A היא אותה). כמדומה שהתוצאה הזאת מתחייבת לכל המקרים לפי משפט נקודת השבת של בָּנָךְ באנליזה מתמטית, אך זה עדיין טעון בדיקה.

$$x^{(i+1)} = Ax^{(i)} + b \qquad (19.3)$$

כאשר A היא מטריצה קבועה, ו-b הוא ווקטור קבוע (ערכי הקבועים הם פונקציה של הבעיה. ראו את שתי הדוגמאות למעלה, במשוואות 18.1 ו-19.1), $x^{(i)}$ הוא ווקטור שמקבל את הערכים ו-$x^{(i+1)}$ נותן את התוצאות. אנחנו חוזרים על התהליך כשמכניסים את התוצאה שקיבלנו ב-$x^{(i+1)}$ לתוך $x^{(i)}$, וממשיכים כך שוב ושוב. נקודת השבת היא כאשר מתקיים: $x^{(i+1)}=x^{(i)}$.

כדי לבדוק האם חזרה על התהליך אכן מביאה אותנו לנקודת השבת, הרצנו את שתי הדוגמאות הללו על מחשב, ואכן לא משנה אלו ערכים הצבנו בתחילת התהליך, בסופו של דבר התוצאות מגיעות מהר מאד לסביבת נקודת השבת, והן הולכות ומתקרבות אליה אסימפטוטית. כלומר בכל המודלים שהוצגו בחלק הראשון, אם ניקח בחשבון את השפעת הקואליציות עד הסוף נקבל את התוצאה של אומן-משלר. אצל אומן-משלר עצמם התוצאה הזאת מתקבלת גם בלי משפט שפלי, לפחות בשני המקרים הללו.

כדי למצוא את נקודת השבת ישירות עלינו לפתור את המשוואות הבאות:

$$x=Ax+b \rightarrow (I-A)x=b \qquad (19.4)$$

כאשר I מטריצת היחידה.

כעת ניתן לכתוב את הפתרון באופן כללי כך:

$$x = (I-A)^{-1} b \qquad (19.5)$$

כאשר $(I-A)^{-1}$, היא המטריצה ההופכית ל-(I-A).

כעת נבדוק מה מקבלים כשעושים את התהליך האיטרטיבי שתואר למעלה. במצב כזה אנחנו מתחילים לצורך הפשטות עם הווקטור $x^{(0)}=0$, מציבים אותו במשוואה 19.3, מחשבים את הווקטור $x^{(1)}$, שהוא בעצם בדיוק b. לאחר מכן חוזרים ומציבים אותו בצד ימין של המשוואה, ומחשבים מתוכו את $x^{(2)}$, שהוא בעצם בדיוק (A+I)b. לאחר מכן חוזרים שוב ומציבים את זה בצד ימין, ומקבלים את $x^{(3)}$, שהוא בדיוק A[(A+I)b]+b. מכיון שהתהליך הזה

חוזר על עצמו שוב ושוב, הדפוס שמתקבל הוא ברור. אחרי השלב ה-n התוצאה שמתקבלת היא הבאה:

$$x^{(n+1)}=(A^n+A^{n-1}+A^{n-2}\dots +I)b \qquad (19.6)$$

מה שיש בסוגריים הוא בעצם טור הנדסי של מטריצות שמנתו A. אחרי אינסוף צעדים זהו טור הנדסי אינסופי, ובהנחה שהטור מתכנס (זה קורה כאשר הערכים העצמיים של A קטנים מ-1), הרי שנוסחת סכום של טור אינסופי כזה נותנת לנו בדיוק את משוואה 19.5. להלן נראה שזה אכן המצב כאן, ואם כן אין פלא שבחישוב קיבלנו שהתהליך האיטרטיבי אכן מתכנס לנקודת השבת. זה יקרה בכל המקרים שבהם הערכים העצמיים של המטריצה A קטנים מ-1.

מבט נוסף על שיקולי קואליציה

נשוב כעת לשאלת הקואליציות. אם ניטול את הפתרון של מהרי״ל דיסקין, מה שמתקבל מהחישוב של נקודת השבת הוא ששיקולי קואליציה גורעים מכוחו של התובע הגדול (במקום 7/12 הוא מקבל 1/2), ומגבירים את כוחם של הקטנים (במקום 5/24 הם מקבלים 1/4). במקרה כזה התובע הגדול לא יסכים לעשות קואליציה כלשהי ויעדיף להיוותר לבדו.

אמנם שני התובעים הקטנים יכולים להסכים לעשות קואליציה ביניהם נגדו, ובמקרה כזה התובע הגדול יקבל 1/2 (כי זה מקרה של כולה-כולה) והם יקבלו כל אחד 1/4, שזה מעט יותר ממה שהיו מקבלים מחישוב ללא קואליציות.

עוד ראינו שגם אם התובע הגדול יעשה קואליציה עם אחד הקטנים הוא יקבל 1/2 (ראה דיון בתחילת פרק 18), וכל אחד מהקטנים יקבל 1/4. גם קואליציה כזאת לא כדאית לו. לכן ברור שהוא ירצה להישאר לבד, והם ירצו לעשות קואליציה ביניהם. אבל מצב כזה מחזיר אותנו לחלוקה $(\frac{1}{2};\frac{1}{4};\frac{1}{4})$, כלומר לאומן משלר ולנקודת השבת.

לפי אומן משלר בכל קואליציה שלא תהיה, התוצאה היא לעולם ($\frac{1}{4};\frac{1}{4};\frac{1}{2}$), ולכן זה שוב הפתרון לחלוקה ההוגנת.

כעת אולי ברור מדוע המתודה של אומן-משלר יכולה להיות נכונה, על אף שלא מתקיימת הדרישה המקדמית של מהרי"ל דיסקין (שהוספת שחקן לא יכולה לבוא על חשבון אחד השחקנים הקודמים בלבד). הדרישה הזאת עוסקת בשיקולים ללא קואליציה, אבל היא לא מתקיימת כשלוקחים בחשבון גם שיקולים כאלה כי הוספת שחקן פותחת אפשרויות קואליציה שלא היו בלעדיו, ולכן לא נכון להשוות את שני המצבים הללו. עוד תובע קטן שיתווסף, חלקו יבוא רק על חשבון התובע הגדול שכן התובע הקטן השני יעשה קואליציה עם התובע הקטן הראשון וביחד הם ישיגו בין כה וכה 1/2 מהטלית. אמנם המודל של אומן-משלר מטפל בבעיה ללא קואליציות, ושם הדרישה המקדמית כן צריכה להתקיים. השיקול כאן מראה שהפתרון של נקודת השבת הוא הגיוני (אף שאינו מקיים את הדרישה המקדמית של מהרי"ל). אבל כפי שראינו פתרון זה נכון לכל המודלים.

חלוקת עיזבון לפי שפלי: המקרה הראשון במשנה

נעבור כעת לבחון את משנת כתובות באמצעות החישוב של שפלי. ראשית, עלינו להגדיר שלושה משתנים עבור הנתחים שמקבלת כל תובעת: V_i ($i=1,2,3$).

נתחיל עם המקרה הראשון (עיזבון של 100). ראשית, עלינו לבנות פונקציית שווי עבורו. כפי שעשינו למעלה, כל קואליציה של שתי תובעות תיחשב כתובעת אחת:

S	V (S)
ריק	0
ר (רחל)	V_1
ל (לאה)	V_2
ב (בלהה)	V_3
ר,ל	50
ר,ב	50
ב,ל	50
ר,ב,ל	100

טבלה 19.3 : פונקציית השווי עבור כל הקואליציות למשחק שלוש תובעות עם עיזבון בשווי 100.

מתוך הסימטריה ברור מראש שהפתרון שנקבל יהיה זהה עבור כולן.

תרומה שולית של כל שחקן			סדר הכניסה לחדר השיפוט		
ב	ל	ר	שלישי	שני	ראשון
50	$50- V_1$	V_1	ב	ל	ר
$50- V_1$	50	V_1	ל	ב	ר
50	V_2	$50- V_2$	ב	ר	ל
$50- V_2$	V_2	50	ר	ב	ל
V_3	50	$50-V_3$	ל	ר	ב
V_3	$50- V_3$	50	ר	ל	ב
$200+2V_3-V_1-V_2$	$200+2V_2-V_1-V_3$	$200+2V_1-V_2-V_3$	<- סה״כ		
$\frac{200+2V_3-V_2-V_1}{6}$	$\frac{200+2V_2-V_1-V_3}{6}$	$\frac{200+2V_1-V_2-V_3}{6}$	<- ממוצע		

טבלה 19.4: חישוב ערך שפלי לכל תובעת במשחק שלוש תובעות עם עיזבון בשווי 100.

מהסימטריה ברור שנקודת השבת שמתקבלת היא: $(33\frac{1}{3} : 33\frac{1}{3} : 33\frac{1}{3})$, בדיוק כמו שכותבת המשנה למקרה זה, וכמו שקיבלנו גם במתודה 1.

חישוב עם ערכי התחלה שמבוססים על חישוב שניים אוחזים נותן גם כאן כמובן את אותה תוצאה, כלומר את נקודת השבת. הזהות המשולשת שמצאנו במקרה של הטלית נשמרת גם כאן.

אמנם במקרה זה ערכי היסוד כולם 50, והם לא שווים לנקודת השבת. נקודת השבת מתקבלת אם מציבים אותם פעם אחת במיפוי שפלי. במקרה זה מגיעים לאטרקטור רק אחרי צעד אחד, בעוד שבשני המקרים שבטלית ערכי היסוד נתנו לנו ישירות את נקודת השבת.

חלוקת עיזבון לפי שפלי: המקרה השני במשנה

נעבור כעת למקרה השני במשנת כתובות (עיזבון 200). פונקציית השווי
למקרה זה היא כמובן שונה:

S	V (S)
ריק	0
ר (רחל)	V_1
ל (לאה)	V_2
ב (בלהה)	V_3
ר,ל	100
ר,ב	100
ב,ל	150
ר,ב,ל	200

טבלה 19.5: פנקציית השווי למקרה של עיזבון 200.

החישוב של ערך שפלי למקרה זה נעשה בטבלה הבאה:

תרומה שולית של כל שחקן			סדר הכניסה לחדר השיפוט		
ב	ל	ר	ראשון	שני	שלישי
100	$100\text{-}V_1$	V_1	ר	ל	ב
$100\text{-}V_1$	100	V_1	ר	ב	ל
100	V_2	$100\text{-}V_2$	ל	ר	ב
$150\text{-}V_2$	V_2	50	ל	ב	ר
V_3	100	$100\text{-}V_3$	ב	ר	ל
V_3	$150\text{-}V_3$	50	ב	ל	ר
$450+2V_3\text{-}V_1\text{-}V_2$	$450+2V_2\text{-}V_1\text{-}V_3$	$300+2V_1\text{-}V_2\text{-}V_3$	<- סה"כ		
$\frac{450+2V_3-V_2-V_1}{6}$	$\frac{450+2V_2-V_1-V_3}{6}$	$\frac{300+2V_1-V_2-V_3}{6}$	<- ממוצע		

טבלה 19.6 : חישוב ערך שפלי לעיזבון 200.

שוב, מסימטריה ברור ששתי התובעות הגדולות יקבלו בשווה. נקודת השבת למקרה זה היא: $(33\frac{1}{3};83\frac{1}{3};83\frac{1}{3})$. כאן התוצאה לא זהה לזו שהתקבלה במשנה (כלומר לפתרון של אומן ומשלר שזהה לפתרון של המשנה).

האם חישוב על בסיס שניים אוחזים יהיה שווה לנקודת השבת או לפתרון של אומן ומשלר, או אולי ייתן לנו ערך שלישי? ערכי היסוד במקרה זה הם (100,100,50). הצבה במשוואות בתחתית טבלה 19.6 נותן לנו בדיוק את נקודת השבת. כלומר נשמרת הזהות בין חישוב על בסיס שניים אוחזים לבין

נקודת השבת (וגם כאן כמו במקרה הקודם, ולא כמו במקרים של הטלית, דרוש צעד אחד של חישוב. ערכי היסוד עצמם לא שווים לנקודת השבת). אבל הפעם אין זהות בין נקודת השבת לבין הערך במשנה (שהוא פתרון אומן-משלר). המשמעות היא שהזהויות שמצאנו הן כנראה מקריות, או נכונות רק למקרים מסוימים (ראה להלן).

חלוקת עיזבון לפי שפלי: המקרה השלישי במשנה

נעבור כעת למקרה השלישי. פוקציית השווי למקרה זה היא:

V (S)	S
0	ריק
V_1	ר (רחל)
V_2	ל (לאה)
V_3	ב (בלהה)
150	ר,ל
200	ר,ב
250	ב,ל
300	ר,ב,ל

טבלה 19.7: פונקציית השווי לעיזבון 300.

חישוב ערך שפלי נעשה בטבלה הבאה:

תרומה שולית של כל שחקן			סדר הכניסה לחדר השיפוט		
ב	ל	ר	שלישי	שני	ראשון
150	$150-V_1$	V_1	ב	ל	ר
$200-V_1$	100	V_1	ל	ב	ר
150	V_2	$150-V_2$	ב	ר	ל
$250-V_2$	V_2	50	ר	ב	ל
V_3	100	$200-V_3$	ל	ר	ב
V_3	$250- V_3$	50	ר	ל	ב
$750+2V_3-V_1-V_2$	$600+2V_2-V_1-V_3$	$450+2V_1-V_2-V_3$	<- סה״כ		
$\frac{750+2V_3-V_2-V_1}{6}$	$\frac{600+2V_2-V_1-V_3}{6}$	$\frac{450+2V_1-V_2-V_3}{6}$	<- ממוצע		

טבלה 19.8: חישוב ערך שפלי לעיזבון 300.

נקודת השבת שמתקבלת היא: (50, 100, 150). זוהי בדיוק התוצאה במשנה. ערכי היסוד שמחושבים על פי הנחת שניים אוחזים למקרה זה הם: (50,100,150). זו עצמה נקודת השבת (וגם הפתרון של אומן ומשלר), ולכן ברור שהצבה בשורה התחתונה בטבלה תיתן לנו שוב את נקודת השבת. כאן הגענו לאטרקטור בלי אף צעד של חישוב.

סיכום

הדינים שקיבלנו כאן מסוכמים בטבלה הבאה:

העיזבון	האישה (התביעה)	רחל (100)	לאה (200)	בלהה (300)
100		$33\frac{1}{3}$	$33\frac{1}{3}$	$33\frac{1}{3}$
200		$33\frac{1}{3}$	$83\frac{1}{3}$	$83\frac{1}{3}$
300		50	100	150

טבלה 19.9 : סיכום התוצאות ממשפט שפלי לחלוקת כתובות

זה דומה לטבלה 6.1, שבה מובאים הדינים של משנת כתובות, פרט לשורה השנייה (המקרה של עיזבון 200). אם כן, ערך שפלי יכול להסביר את דעת רבי נתן במשנת כתובות שהראשונים לא ירדו להבנתה, אבל לא לגמרי. מאליו מובן שגם ההתאמה של נקודת השבת של ערך שפלי לפתרון של אומן- משלר לא מושלמת כאן.

ייתכן שההבדל מהמקרה של טלית הוא ששם אין תביעה שעולה על גובה הטלית כולה, וכאן יש. בלהה תובעת 300 כשהעיזבון כולו הוא 200. במקרה של עיזבון 300 חזרנו למקרה של טלית ושם אכן יש התאמה לפתרון של אומן- משלר. במקרה של 100 כל התובעות מקבלות בשווה ולכן דה פקטו מתקבל שוויון, אבל זה נראה מקרה. כדי לבדוק את התזה הזאת, נבחן עוד שני מקרים, האחד מקביל לטלית (כלומר עיזבון של 400), והאחר שונה ממנו (עיזבון של 250).

חלוקת עיזבון לפי שפלי: עוד מקרה דמוי טלית (עיזבון 400)

במקרה זה, פונקציית השווי היא :

S	V (S)
ריק	0
ר (רחל)	V_1
ל (לאה)	V_2
ב (בלהה)	V_3
ר,ל	200
ר,ב	300
ב,ל	350
ר,ב,ל	400

טבלה 19.10 : פונקציית השווי לעיזבון 400.

חישוב ערך שפלי נעשה בטבלה הבאה :

תרומה שולית של כל שחקן			סדר הכניסה לחדר השיפוט		
ב	ל	ר	שלישי	שני	ראשון
200	$200-V_1$	V_1	ב	ל	ר
$300-V_1$	100	V_1	ל	ב	ר
200	V_2	$200-V_2$	ב	ר	ל
$350-V_2$	V_2	50	ר	ב	ל
V_3	100	$300-V_3$	ל	ר	ב
V_3	$350- V_3$	50	ר	ל	ב
$1050+2V_3-V_1-V_2$	$750+2V_2-V_1-V_3$	$600+2V_1-V_2-V_3$	<- סה״כ		
$\frac{1050+2V_3-V_2-V_1}{6}$	$\frac{750+2V_2-V_1-V_3}{6}$	$\frac{600+2V_1-V_2-V_3}{6}$	<- ממוצע		

טבלה 19.11: חישוב ערך שפלי לעיזבון 400.

נקודת השבת שמתקבלת היא: $(66\frac{2}{3};116\frac{2}{3};216\frac{2}{3})$. אמנם במשנה אין לנו תוצאה עבור מקרה זה, אבל זהו בעצם מקרה של שלושה אוחזים בטלית עם ווקטור תביעות: $(\frac{1}{4};\frac{1}{2};\frac{3}{4})$. מתוך חנוכיית התביעות של אומן-משלר למקרה זה, נקבל את התוצאה: $(50,125,225)$. זה לא זהה לפתרון שלנו, ופירוש הדבר הוא שהזהות שראינו בין נקודת השבת ערך שפלי לפתרון של אומן-

משלר עבור חלוקת טלית היתה מקרית. סביר להניח שגם במקרה של עיזבון של 250 (ששונה מטלית) לא תהיה זהות.

ערכי היסוד בהנחת שניים אוחזים למקרה זה הם: $(150,100,50)$. יש לשים לב שכאן הם כלל לא מסתכמים לערך העיזבון. אם נציב אותם בשורה התחתונה בטבלה נקבל עבור ערך שפלי: $\varphi_i = (200,125,75)$. כאן התוצאה כבר שונה לגמרי. היא לא זהה לנקודת שבת ולא לפתרון של אומן ומשלר, וגם לא לערכי היסוד. נראה שכאן צריך להמשיך את תהליך האטרקציה כדי להגיע בסוף לנקודת השבת.

חלוקת עיזבון לפי שפלי: מקרה שאינו דמוי טלית (עיזבון 250)

במקרה זה, פונקציית השווי היא:

S	V (S)
ריק	0
ר (רחל)	V_1
ל (לאה)	V_2
ב (בלהה)	V_3
ר,ל	125
ר,ב	150
ב,ל	200
ר,ב,ל	250

טבלה 19.12 : פונקציית השווי לעיזבון 250.

חישוב ערך שפלי נעשה בטבלה הבאה:

תרומה שולית של כל שחקן			סדר הכניסה לחדר השיפוט		
ב	ל	ר	שלישי	שני	ראשון
125	$125-V_1$	V_1	ב	ל	ר
$150-V_1$	100	V_1	ל	ב	ר
125	V_2	$125-V_2$	ב	ר	ל
$200-V_2$	V_2	50	ר	ב	ל
V_3	100	$150-V_3$	ל	ר	ב
V_3	$200- V_3$	50	ר	ל	ב
$600+2V_3-V_1-V_2$	$525+2V_2-V_1-V_3$	$375+2V_1-V_2-V_3$	<- סה"כ		
$\frac{600+2V_3-V_2-V_1}{6}$	$\frac{525+2V_2-V_1-V_3}{6}$	$\frac{375+2V_1-V_2-V_3}{6}$	<- ממוצע		

טבלה 19.13: חישוב ערך שפלי לעיזבון 250.

נקודת השבת שמתקבלת היא: $(41\frac{2}{3};91\frac{2}{3};116\frac{2}{3})$. שוב, במשנה אין לנו תוצאה עבור מקרה זה, אבל פתרון תש"א של אומן-משלר למקרה זה (מתוך חנוכיית התביעות): (50,100,100), והוא לא זהה לפתרון שלנו. אנחנו שוב רואים שהזהות שראינו בין נקודת השבת של ערך שפלי לפתרון של אומן-משלר היתה מקרית.

ערכי היסוד שמחושבים על פי שניים אוחזים למקרה זה הם: (125,100,50). גם כאן הם לא מסתכמים לערך העיזבון. אם נציב אותם כעת בשורה

התחתונה בטבלה, נקבל עבור ערך שפלי את נקודת השבת: (

$$\varphi_i = (41\frac{2}{3}; 91\frac{2}{3}; 116\frac{2}{3}).$$

האם גם כאן נקודת השבת היא מושך (אטרקטור)?

חישוב שביצענו על מחשב נתן לנו גם כאן את אותה תוצאה שראינו לגבי הטלית, שנקודת השבת היא אכן מושך של התהליך, כלומר שאם חוזרים עליו שוב ושוב התהליך לא לוקח אותנו כל פעם למקום שונה, אלא בסופו של דבר מגיעים לסביבת נקודת השבת ואחרי אינסוף צעדים מתכנסים בדיוק אליה. בפרק הבא נסביר ונוכיח את העניין בצורה מפורשת וכללית למקרה של שלושה תובעים.

פרק עשרים

הוכחה להתכנסות ולקיום נקודת שבת

מבוא

בפרקים הקודמים הגדרנו את נקודת השבת לבעיות אלו, והצבענו על משמעות החישוב שלה ובדיקת התוצאה מול אומן-משלר ומול המשנה. העלינו את השאלה האם נקודת השבת היא מושך של התהליך, כלומר שהוא תמ יד מגיע בסופו אליה, או לא. ראינו שחישובים במחשב למקרים שנבדקו נותנים שנקודת השבת היא מושך, ובפרק זה נוכיח את הדבר באופן כללי.

הצגה מטריציאלית

מהשוואת הטבלאות של פונקציית השווי וערך שפלי למקרים של עיזבון עולה שבכל המקרים הללו מדובר באותה מטריצה A. אלו הם ערכיה:

$$A=\begin{pmatrix} 2/6 & -1/6 & -1/6 \\ -1/6 & 2/6 & -1/6 \\ -1/6 & -1/6 & 2/6 \end{pmatrix}=\frac{1}{6}\begin{pmatrix} 2 & -1 & -1 \\ -1 & 2 & -1 \\ -1 & -1 & 2 \end{pmatrix} \quad (20.1)$$

אגב, בדיקה מעלה שזוהי בדיוק גם המטריצה A במשוואות 19.2 שעוסקות בחלוקת מציאה (טלית).

הווקטור b הוא שמשתנה לפי ווקטור התביעות של המקרה. מהסתכלות על המקרים השונים עולה שהרכיב שלו לתובעת i הוא הסכום הבא:

שווי הקואליציה שלה עם שותפה אחת

+

שווי הקואליציה שלה עם השותפה השניה

+

פעמיים (ערך העיזבון כולו (P)

הקואליציה של שתי האחרות).

מה שמתקבל הוא הווקטור הבא:

$$b = \frac{1}{6}\begin{pmatrix} v(1,2)+v(1,3)+2\times(P-v(2,3)) \\ v(1,2)+v(2,3)+2\times(P-v(1,3)) \\ v(1,3)+v(2,3)+2\times(P-v(1,2)) \end{pmatrix} \quad (20.2)$$

ושוב, בדיקה מעלה שזה אותו ווקטור בדיוק עבור חלוקת מציאה (כאשר שם תמיד P=1).

הערכים העצמיים γ של המטריצה A מתקבלים כך:

$$\mathrm{Det}(\gamma I - A)=0 \quad (20.3)$$

מה שמתקבל הוא שלושת הערכים העצמיים הבאים:

$$\gamma_1 = 0\,;\gamma_2 = 1/2\,;\gamma_3 = 1/2 \quad (20.4)$$

כל הערכים העצמיים קטנים מ-1, ולכן התהליך שרואים במשוואה 19.6 מתכנס. בגלל ש-A לא תלוי בווקטור התביעות, התהליך יתכנס לכל המקרים.

כבר הזכרנו שהמטריצה A הזאת היא בדיוק המטריצה במקרה של חלוקת מציאה, ולכן זוהי הוכחה להתכנסות, כלומר לאטרקציה של התהליך אל נקודת השבת, גם במקרה ההוא.

פתרון מפורש לבעיה של שלושה תובעים במציאה ובעיזבון

כעת אנחנו יכולים גם לרשום את התוצאה המפורשת לחלוקה במקרה של שלושה תובעים הן במציאה והן בעיזבון. ממשוואה 19.5 רואים שנחוץ לנו ההיפוך של המטריצה (I-A). במקרה שלנו (A מופיעה במשוואה 20.1) אנחנו מקבלים:

$$(I-A)^{-1}=\begin{pmatrix} 5/3 & -1/3 & -1/3 \\ -1/3 & 5/3 & -1/3 \\ -1/3 & -1/3 & 5/3 \end{pmatrix} \quad (20.5)$$

ממשוואות 19.5 ו-20.2 מתקבל כעת הפתרון הכללי לנקודת השבת של שפלי עבור חלוקת עיזבון בין שלושה תובעים:

$$\begin{pmatrix} V_1 \\ V_2 \\ V_3 \end{pmatrix} = \frac{1}{6}\begin{pmatrix} 5/3 & -1/3 & -1/3 \\ -1/3 & 5/3 & -1/3 \\ -1/3 & -1/3 & 5/3 \end{pmatrix}\begin{pmatrix} v(1,2)+v(1,3)+2\times(P-v(2,3)) \\ v(1,2)+v(2,3)+2\times(P-v(1,3)) \\ v(1,3)+v(2,3)+2\times(P-v(1,2)) \end{pmatrix} \quad (20.6)$$

כאשר בווקטור b משתמשים בפונקציית השווי של כל אחד מהמקרים בהתאם. מבדיקה עולה כי התוצאות שקיבלנו לכל המקרים הקודמים אכן מתקבלות גם מכאן. זהו הפתרון הכללי ביותר לבעיה.

השוואה לפתרון האיטרטיבי

כעת גם אפשר לראות כיצד מתקבל הפתרון האיטרטיבי, שמתכנס בגבול של אינסוף איטרציות בדיוק לפתרון הנכון.

אנחנו יודעים את כל ערכיה העצמיים של המטריצה A. לכן אם מלכסנים אותה מקבלים את המטריצה Δ עם הערכים העצמיים שחישבנו למעלה על האלכסון:

$$\Delta = \begin{pmatrix} 0 & 0 & 0 \\ 0 & 1/2 & 0 \\ 0 & 0 & 1/2 \end{pmatrix} \quad (20.7)$$

היחס בין המטריצות הללו הוא יחס הדמיון הבא:

$$\Delta = B^{-1}AB \ ; \ A=B\Delta B^{-1} \quad (20.8)$$

ממשוואה 19.6 קיבלנו שתוצאת האיטרציות היא:

$$V^{(n+1)}=(I+A+A^2+A^3+\dots A^n)b \quad (20.9)$$

כאשר הווקטור V הוא ווקטור מנות החלוקה שמתקבלות אחרי n+1 איטרציות. אם לוקחים את מספר האיטרציות לאינסוף, מקבלים את התוצאה הבאה:

$$V^{(\infty)}=(\sum_{i=0}^{\infty} A^i)b \quad (20.10)$$

כעת עלינו לחשב את הסכום המטריציאלי האינסופי שמוגדר בסוגריים. כזכור, הוא חייב להתכנס כי כל הערכים העצמיים של A קטנים מ-1 (ראה משוואה 20.4).

כדי לחשב את הסכום נציג את המטריצה A על ידי המטריצה האלכסונית הדומה לה (משוואה 20.8):

$$\sum_{i=0}^{\infty} A^i = \sum_{i=0}^{\infty} (\mathrm{B}\Delta B^{-1})^i = \mathrm{B}\left(\sum_{i=0}^{\infty} \Delta^i\right)\mathrm{B}^{-1} \quad (20.11)$$

המטריצה Δ היא אלכסונית, ולכן כל חזקה כזאת היא פשוט העלאה של איברי האלכסון בחזקה המתאימה. אם כך, התוצאה גם היא מטריצה אלכסונית, שנסמן אותה Δ_∞, שעל האלכסון שלה יושבות התוצאות של טור הנדסי אינסופי שמנתו היא הערכים העצמיים והאיבר הראשון שלו הוא 1:

$$\sum_{i=0}^{\infty} A^i = \mathrm{B}\Delta_\infty \mathrm{B}^{-1} \quad (20.12)$$

המטריצה Δ_∞ היא תוצאת הסכום האינסופי. נחשב אותו ונקבל:

$$\Delta_\infty = \begin{pmatrix} 1 & 0 & 0 \\ 0 & 2 & 0 \\ 0 & 0 & 2 \end{pmatrix} \quad (20.13)$$

כעת נראה שאין צורך לחשב במפורש את המטריצות B ו-B^{-1} שמופיעות במכפלה במשוואה 20.12, שכן מהסתכלות רואים שיש יחס פשוט בין המטריצות Δ_∞ ו-Δ:

$$\Delta_\infty = I + 2\Delta \quad (20.14)$$

ולכן ממשוואה 20.8 נקבל:

$$\sum_{i=0}^{\infty} A^i = \mathrm{B}\Delta_\infty \mathrm{B}^{-1} = \mathrm{B}(\mathrm{I}+2\Delta)\mathrm{B}^{-1} = \mathrm{I}+2\mathrm{A} \quad (20.15)$$

מהגדרת המטריצה A (ראה משוואה 20.1), נחשב את המטריצה I+2A, ונקבל:

$$\sum_{i=0}^{\infty} A^i = \begin{pmatrix} 5/3 & -1/3 & -1/3 \\ -1/3 & 5/3 & -1/3 \\ -1/3 & -1/3 & 5/3 \end{pmatrix} \quad (20.16)$$

ממשוואה 20.5 רואים שזוהי בדיוק המטריצה $(I-A)^{-1}$, שמופיעה בפתרון האמיתי (משוואה 20.6).

הצבה של התוצאה 20.16 במשוואה 20.10 (הווקטור b מוגדר במשוואה 20.2) נותנת לנו:

$$V^{(\infty)}=\frac{1}{6}\begin{pmatrix} 5/3 & -1/3 & -1/3 \\ -1/3 & 5/3 & -1/3 \\ -1/3 & -1/3 & 5/3 \end{pmatrix}\begin{pmatrix} v(1,2)+v(1,3)+2\times(P-v(2,3)) \\ v(1,2)+v(2,3)+2\times(P-v(1,3)) \\ v(1,3)+v(2,3)+2\times(P-v(1,2)) \end{pmatrix} \quad (20.17)$$

זוהי בדיוק נקודת השבת (ראה משוואה 20.6). הוכחנו, אם כן:

$$V^{(\infty)}) = \begin{pmatrix} V_1 \\ V_2 \\ V_3 \end{pmatrix} \quad (20.18)$$

משמעות הדבר היא שהתהליך האיטרטיבי מתכנס בגבול של אינסוף איטרציות בדיוק לנקודת השבת, כלומר שנקודת השבת היא המושך של התהליך.

לסיום, ניתן גם לומר שבגלל שהערכים העצמיים כולם חיוביים, אזי דרך ההתכנסות היא התקרבות מונוטונית מכיוון אחד לנקודת השבת (ולא התקרבות שמתנדנדת משני צידיה ומתכנסת אליה). משמעות הדבר היא שהפעלת המיפוי של שפלי משפרת או מחלישה את מצבו של כל שחקן באופן עקבי לכל אורך התהליך.

פרק עשרים ואחת
ערך שפלי בבעיות חלוקה תלמודיות – סיכום ודיון

השוואה בין שתי המתודות לחישוב ערך שפלי

בחלק זה הצגנו פיתרון סגור ומפורש לכל בעיות החלוקה (עיזבון ומציאה) עבור שלושה תובעים. הדרך להמשיך ליותר תובעים מובנת מאליה. כמו כן, הוכחנו שבכל הבעיות הללו חזרה על האיטרציות אינסוף פעמים מגיעה בגבול בדיוק לנקודת השבת של ערך שפלי. זהו הפתרון שלוקח בחשבון את שיקולי הקואליציה.

עוד ראינו שיש שתי דרכים לחשב את ערך שפלי לבעיות אלו. החישוב במתודה 1 נותן מיידית את הערך של נקודת השבת, ועושה זאת בצעד אחד. לעומת זאת, חישוב במתודה 2 שמתחיל מערכים התחלתיים שונים, ברוב המקרים לא מגיע לנקודת השבת אלא בגבול של תהליך אינסופי של הפעלה חוזרת שוב ושוב. כאמור, חישוב אחד של שפלי במתודה 1 מביא אותנו מיד לנקודת השבת של החישוב במתודה 2.

חשוב להבין שמשמעותו של משפט שפלי היא שהתוצאה שהוא נותן היא נקודת שבת, מעצם הגדרתה. כלומר חישוב אחד אמור להביא אותנו ישירות אל נקודת השבת, ולהיתקע שם. הסיבה לכך היא שכל ייעודו של הפתרון של שפלי הוא לתת לנו את התוצאה האופטימלית (ההוגנת). תוצאה זו חייבת להיות יציבה במובן הזה שהצבתה מחדש בחישוב של שפלי לא תשנה את התוצאה. ואכן בשתי הדוגמאות שהובאו בפרק 15 (הקרקעות והקואליציה) ברור שהצבה חוזרת לא תשנה את תוצאת התהליך.

אז מדוע חישוב שפלי במתודה 2 תלוי בנקודת המוצא (הערכים הבסיסיים שהצבנו, שיכולים להילקח מהמודלים השונים שבחלק הראשון)? ומדוע לא

תמיד הוא מגיע לנקודת השבת בצעד אחד? נראה שהעוקץ הוא בכך שהחישוב במתודה 2 אינו באמת חישוב שפלי טהור. צעד האיטרציה במתודה 2 מניח את חלוקת שניים אוחזים כאילוץ על החישוב, וזה כנראה מה שמסיט את התהליך מנקודת השבת. במתודה 1 זהו חישוב שפלי טהור בלי שום אילוצים נוספים. לכן שם באמת די בהפעלה אחת של המיפוי כדי להגיע לנקודת השבת.

אמנם, כפי שהוכחנו גם במתודה 2, ובלי קשר לנקודת ההתחלה (כלומר האם הערכים שמציבים בחישוב של שפלי הם לפי מהרי״ל דיסקין, או כל סט ערכים אחר), אם חוזרים על החישוב אינספור פעמים מקבלים תמיד את נקודת השבת, שזהה לחישוב במתודה 1.

משמעות הדבר היא שכל מתודות החישוב שהוצגו בחלק הראשון בעצם אינן ממש רלוונטיות. לאחר שימוש חוזר בחישוב של שפלי לעולם נגיע לאותה תוצאה, כלומר לנקודת השבת של מתודה 2. אז בעצם די לנו לעשות חישוב ישיר במתודה 1.

השוואה למתודה של אומן-משלר

אלא שאם זוהי התמונה, כי אז נראה מכאן שההכללה של אומן-משלר למתודה של שניים אוחזים (=תש״א) אינה הכרחית ולא מובנת מאליה. הם הציעו הכללה של חלוקת שניים אוחזים (תש״א) למקרה של תובעים רבים כרצוננו. בחלק הראשון הצגנו כמה נקודות ביקורת על הצעתם. כעת אנחנו יכולים לראות שיש הכללה אחרת לחלוקת שניים אוחזים שנותנת תוצאות שונות מאלו שלהם. חישוב שפלי ישיר (מתודה 1) נותן לנו את שניים אוחזים, אבל בשלושה תובעים הוא נותן תוצאה אחרת מזו של אומן-משלר, וזהה לזו של נקודת השבת בחישוב שפלי במתודה 2. אם כן, בהחלט אפשרי שדווקא זו ההכללה המתבקשת למקרה של שלושה תובעים ומעלה.

אמנם נכון שהצעתנו לא תואמת למקרה השני במשנת כתובות ואילו הפתרון של אומן-משלר מתאים לשלושת המקרים במשנה, אבל חשוב לזכור שכבר

הגמרא עצמה (בכתובות שם) שוללת את הפתרון שמופיע בלשון המשנה. אומן-משלר מציעים להותיר את הפתרון שכתוב במשנה על מכונו, וכפי שאומן מסביר במאמרי ההמשך זה יכול גם לא לסתור את הגמרא לפי שיטתם של כמה ראשונים. אבל בה במידה גם שיטתנו יכולה להתאים לזה.[39] היתרון היחיד שנותר להצעתם של אומן-משלר הוא המקרה השני במשנת כתובות, אם מפרשים אותו כפשוטו (לא כפי שעולה מפשט הגמרא).

סיכום התוצאות מהפרק האחרון

בפרק האחרון ראינו שבניגוד למה שניתן היה לחשוב משתי הדוגמאות שבחנו לגבי חלוקת טלית, הפתרונות של אומן-משלר לא תמיד זהים לנקודת השבת של ערך שפלי, למעט דמיון (מקריי?) בכמה דוגמאות דמויות טלית. הסיבה לזה היא כנראה שכאמור הפתרון שמתקבל ממשפט שפלי לוקח בחשבון גם את שיקולי הקואליציה, מה שאף אחד מהפתרונות שהוצעו בחלקים הקודמים לא עושה.

כדי להמשיך את הניתוח, נציג כעת בטבלה את התוצאות עבור כל המקרים שנותחו בפרק הזה, דרך ארבעה פרמטרים שכל אחד מהם מוצג בעמודה אחרת בטבלה: א. ערך נקודת השבת, שהוא גם הערך שמתקבל ממתודה 1 של חישוב ערך שפלי (עמודה 2). ב. ערך הפתרון של אומן-משלר (עמודה 3). ג. הערך שמתקבל במתודה 2 של חישוב שפלי מתוך הצבת ערכים ראשוניים שמבוססים על הנחת קואליציה, כלומר שוויו של כל שחקן נקבע מתוך חישוב שניים אוחזים כשמולו עומדת קואליציה של שני האחרים (עמודה 4). ד. מספר הצעדים שנדרש כדי להגיע מהערך שמוצג בעמודה 4 לנקודת השבת

---

[39] הראשונים שמובאים שם לא כותבים שהם מצדדים בפתרון של אומן-משלר, אלא רק שיש התאמה בין חלוקת עיזבון לחלוקת טלית. אבל זה נכון גם לפי הצעתנו.

(עמודה 5). יש לזכור שהמקרה של כולה-חציה-חציה, מקביל לחלוקת עיזבון של 300 כשהתביעות הן (300,150,150). המקרה של כולה-חציה-שלישה, מקביל לחלוקת עיזבון של 300 כשהתביעות הן (300,150,100). לחילופין, אם מנרמלים את כל התביעות לערך העיזבון המתחלק, ניתן לתרגם את בעיות חלוקת העיזבון לחלוקת טלית. כאמור, במשוואות 20.6 רואים ששתי הבעיות הן זהות ויש לשתיהן בדיוק אותו פתרון.

לאורך הפרק ערכנו חישוב לשבעה מקרים שונים (שניים של מציאה וחמישה של עיזבון), והתוצאות שקיבלנו מוצגות בטבלה 21.1:

מקרה	נקודת השבת	פתרון אומן-משלר	ערכים ראשוניים מחישוב קואליציוני	מספר איטרציות עד לנקודת השבת
כולה-חציה-חציה $1;\frac{1}{2};\frac{1}{2}$	$\frac{1}{2};\frac{1}{4};\frac{1}{4}$	$\frac{1}{2};\frac{1}{4};\frac{1}{4}$	$\frac{1}{2};\frac{1}{4};\frac{1}{4}$	0
כולה-חציה-שלישה $1;\frac{1}{2};\frac{1}{3}$	$\frac{7}{12};\frac{3}{12};\frac{2}{12}$	$\frac{7}{12};\frac{3}{12};\frac{2}{12}$	$\frac{7}{12};\frac{3}{12};\frac{2}{12}$	0
עיזבון 100 (3;2;1)	$33\frac{1}{3};33\frac{1}{3};33\frac{1}{3}$	$33\frac{1}{3};33\frac{1}{3};33\frac{1}{3}$	50,50,50	1
עיזבון 200 $1\frac{1}{2};1;\frac{1}{2}$	$83\frac{1}{3};83\frac{1}{3};33\frac{1}{3}$	75,75,50	100,100,50	1
עיזבון 300 $1;\frac{2}{3};\frac{1}{3}$	150,100,50	150,100,50	150,100,50	0
עיזבון 400 $\frac{3}{4};\frac{1}{2};\frac{1}{4}$	$216\frac{2}{3};116\frac{2}{3};66\frac{2}{3}$	225,125,50	150,100,50	∞
עיזבון 250 $1\frac{1}{5};\frac{4}{5};\frac{2}{5}$	$116\frac{2}{3};91\frac{2}{3};41\frac{2}{3}$	100,100,50	125,100,50	1

טבלה 21.1: סיכום התוצאות עבור שבעת המקרים שחושבו בפרק זה. בעמודה הימנית בתחתית כל מקרה מוצג ווקטור התביעות המנורמל (ראה למעלה את השיטה להגיע אליו).

וזאת כדי לתת הצגה אחידה של כל המקרים שנותחו. בעמודה השמאלית מוצג מספר האיטרציות להגיע מהערכים בעמודה שמימינה (עמודה 4) לערכי נקודת השבת (עמודה 2).

נציע כעת ניתוח היוריסטי של התוצאות בטבלה.

שיטת רבי נתן במשנת כתובות (כלומר הפתרון של אומן-משלר, שמופיע בעמודה 3) מתאימה לנקודת השבת של ערך שפלי (עמודה 2) בשני מקרים (הראשון והשלישי). המסקנה היא שההתאמה שמצאנו במקרים של מציאה היא מקרית, או תוצאה למקרה פרטי. שיטת רבי ודאי לא מתאימה לנקודת השבת, ונראה שלפחות להלכה אין התחשבות בשיקולי קואליציה (למעט שיטת הירושלמי שראינו בפרק הקודם). אם התובעים או המוצאים רוצים לעשות קואליציה עליהם לעשות זאת בפועל. בי״ד לא עושה עבורם את החישוב הזה ולא מתחשב בקואליציות היפותטיות. אם הם יחליטו לעשות קואליציות בפועל, ניתן להשתמש בשיטה שהוצגה כאן כדי לחשב כמה מגיע לכל אחד.

עוד רואים בטבלה שאם מציבים בבעיה את ערכי היסוד שמחושבים עבור כל שחקן בהנחה שהוא עומד במשחק שניים אוחזים מול שני האחרים (עמודה 4), מקבלים בכמה מקרים ישירות את נקודת השבת, או שזו מתקבלת אחרי צעד אחד. לפעמים הדבר כלל אינו דורש חישוב (ערכי היסוד הם הם נקודת השבת), ולפעמים זה דורש חישוב של צעד אחד (איטרציית הצבה אחת במיפוי). במקרה החריג (הלפני אחרון, עיזבון 400) צריך תהליך אטרקציה אינסופי.

חלק מההסבר לתוצאה הזאת הוא פשוט. המיפויים של שפלי הם ליניאריים, ולכן אין שום שלשת ערכים שהצבתה תיתן את נקודת השבת למעט ערכי נקודת השבת עצמם. לכן אם מתחילים מערכים אחרים כלשהם, הזרימה אל נקודת השבת היא בהכרח תהליך אינסופי. החריגות שראינו, שבהן הצבה אחת מביאה אותנו ישירות לנקודת השבת, יכולות להתקבל רק אם מתחילים משלשת ערכים שלא מסתכמת לערך המחולק (העיזבון או הטלית). זהו המצב בכל המקרים של עיזבון (למעט המקרה השלישי במשנה: עיזבון 300).

במקרים כאלו הצבה ראשונית יכולה לתת אחד משני מצבים: 1. את נקודת השבת עצמה, ואז התהליך נעצר. 2. ערכים אחרים שמסתכמים לאחד, ואז חזרנו למצב הקודם, כלומר מכאן והלאה תתבצע אטרקציה אינסופית אל נקודת השבת. השאלה מתי אנחנו במצב מסוג 1 ומתי במצב מסוג 2? הסתכלות על התוצאות נותנת לנו אינדיקציה פשוטה (שבדיקתה דורשת ניתוח מתמטי שהוא מעבר לענייננו כאן). אם סכום הערכים הראשוניים עולה על הסכום המחולק, מגיעים לנקודת השבת בצעד אחד (עיזבון 100, 200, 250). אם הסכום הוא בדיוק הערך המחולק אזי מקבלים ישירות את נקודת השבת (עיזבון 300). אם הסכום הוא פחות מהערך המחולק אז מקבלים תהליך של אטרקציה אינסופית (עיזבון 400).

מדוע יש הבדל כזה בין חלוקת מציאה לחלוקת עיזבון, הרי ראינו שהמכניזם המתמטי בשתי החלוקות הוא זהה לגמרי (ראה למעלה שהמשוואות והפתרון בשני המקרים הם זהים לגמרי)? נציין שבמובן הזה אנחנו מסכימים שהחלוקה בעיזבון היא תש״א, אבל לא במובן של אומן-משלר, אלא במשמעות של ערכי שפלי. חישוב ערך שפלי נותן בדיוק את אותה תוצאה עבור חלוקת עיזבון וחלוקת מציאה.

כדי להבין זאת, עלינו לשאול את עצמנו עוד שאלה: מדוע עיזבון 300 הוא חריג בין העזבונות? שם מקבלים ישירות את נקודת השבת (והפתרון של אומן-משלר גם הוא נותן אותה). בשאר העזבונות מגיעים לנקודת השבת אחרי צעד אחד או בתהליך אינסופי. נראה שהתשובה היא שרק המקרה של עיזבון 300 מקביל למצב שבו אחד משלושת התובעים דורש את כל המנה המתחלקת (כולה שלי). המסקנה היא שההבדל שראינו בין עיזבון לבין טלית באמת אינו מהותי. ההבדל המהותי הוא בין שלשת תובעים שאחד דורש את מלוא הנתח לבין מצבים שבהם כל אחד מהשלושה דורש מנה שונה (יותר או פחות מהנתח שעומד לחלוקה).

נספח

פתרון אלגברי והוכחה למודל אומן-משלר

מבוא

בנספח הזה נציע פתרון אלגברי מפורש לבעיית n אוחזים בטלית לפי אומן-משלר, ונוכיח קיום ויחידות שלו. זאת על אף שכבר הערנו בסוף הפרק הרביעי שמודל אומן-משלר לא סביר לסוגיית שניים אוחזים.

כמה הנחות יסוד

כדי לפתור את המודל, עלינו להציג מערכת משוואות שמבטאת את הדרישה שהפתרון יהיה תש״א במובן שלהם ולפתור אותה. יש לנו n נעלמים (הנתחים שמקבל כל תובע, q_i). ונתון לנו ווקטור תביעות p_i. מה שצריך להתקיים הוא מערכת המשוואות הבאה:

$$\sum_{i=1}^{n} q_i = 1 \quad ; \quad T(q_i,q_j)=0 \quad (i,j=1\dots n) \qquad \text{(A.1)}$$

בינתיים רק סימנו את המשוואות שכל שני נתחים צריכים לקיים בצורה כללית, שכן איננו יודעים עדיין האם מדובר ביחס של פרופורציה או ביחס אחר.

כדי להמשיך ולפתור באופן אלגברי את המודל של אומן-משלר, עלינו לחשב באופן מפורש את יחס שניים אוחזים T בין הנתחים q_i ו-q_j, והוא כמובן תלוי בגובה התביעות של השניים: p_i ו-p_j. זהו חישוב דומה לחישוב שאותו עשינו בפרק החמישי, אלא ששם חישבנו את יחסי שניים אוחזים ביחס לטלית שלימה (לכן הסך המתחלק בין השניים היה 1). לכן בפרק החמישי יחסי

שניים אוחזים היו בדיוק אותם מקדמים a שחושבו בפרק הראשון. לעומת זאת, כאן זה לא המצב שכן מה שמתחלק הוא סכום הנתחים שמקבלים שני התובעים (i ו-j), ולא טלית שלימה. כלומר יחס תש"א זה רק אילוץ על הפתרון ולא פתרון ממש.

לסיכום, יש לשים לב לשתי נקודות חשובות:

1. הכמות שמתחלקת בין השניים אינה טלית שלימה (1) אלא סכום הנתחים:

$$Q_{ij}=q_i+q_j. \qquad (A.2)$$

2. במקרה שלנו סכום התביעות לעולם גדול מהסה"כ המחולק:

$$Q_{ij} \geq p_i+ p_j \qquad (A.3)$$

כיצד רואים זאת? ראשית, עלינו לשים לב לכך שלא ייתכן שאדם יקבל יותר ממה שהוא תבע (לעולם אדם יוצא וחצי תאוותו בידו). לכן עבור כל i חייב להתקיים: $q_i \geq p_i$. ומכאן שגם סכום התביעות p_j+p_i לעולם חייב להיות גדול מהסכום הכולל המתחלק ביניהם ($q_i+q_j=Q_{ij}$). מכאן מתקבלת הנוסחה (A.3) שלמעלה.

משמעות הדבר היא שבחישוב יחס שניים אוחזים במודל הזה יכולה להופיע אך ורק האפשרות השנייה שנדונה בסוף הפרק השישי, כלומר שיש קונפליקט בין שני התובעים. האפשרות הראשונה (שסכום התביעות קטן מהסה"כ המחולק, וכל אחד מקבל את מה שתבע) לא עולה כאן. כלומר אצלנו זהו לעולם מצב של קונפליקט.

נראה כעת מהו היחס T.

חישוב יחס שניים אוחזים הרלוונטי: שלוש אפשרויות

לצורך חישוב יחסי שניים אוחזים, עלינו להבחין בין שלוש אפשרויות שונות:

א. כל אחת משתי התביעות קטנה מהנתח המתחלק הכולל: $Q_{ij} \leq p_i,\ p_j$.

273

ב. אחת מהתביעות גדולה מהנתח המתחלק הכולל והשנייה קטנה
ממנו: $p_j \geq Q_{ij} \geq p_i$.

ג. כל אחת משתי התביעות גדולה מהנתח המתחלק הכולל: $Q_{ij} \geq p_i, p_j$.
כדי להבין טוב יותר את משמעותן של האפשרויות הללו, נתבונן בהן במונחי
מודל הכלים השלובים של אומן-משלר. נציג את שני הנרות i ו-j בחנוכייה
כמו שראינו בפרק החמישי:

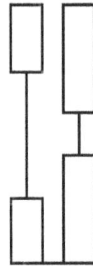

ציור A.1: סכימת שניים אוחזים.

יש לזכור שגובה החצי התחתון של הנר i בחנוכייה שווה ל-$p_i/2$. לכן המצב בו
סך הנוזל שבשניהם (Q_{ij}) שווה בדיוק לתביעה הקטנה מבין השתיים, מתואר
בחלק השמאלי של הציור הבא, והמצב בו סך הנוזל שווה לסכום שתי
התביעות מתואר בחלק הימני. המצב האמצעי מתאר מצב בו סך הנוזל שווה
לתביעה הגדולה:

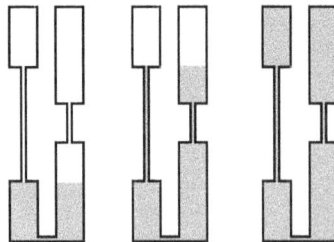

ציור A.2: שלוש דוגמאות לכמות המים של שני התובעים.

ניתן לראות בציור שאין אפשרות שסך הנוזל ששני התובעים מקבלים גדול יותר מסך תביעותיהם (כי אדם לא מקבל יותר ממה שתבע).

כעת קל מאד לראות ששלושת האפשרויות שתיארנו מקבילות לשלושת התמונות המופיעות כאן למטה :

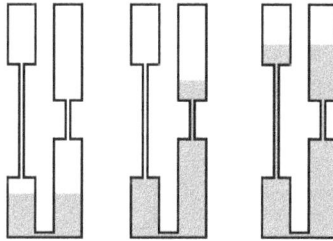

ציור A.3 : שלושת האפשרויות של כמות הנוזל שקובעות את היחס T.

המצב השמאלי מתאר את האפשרות שבה סך הנוזל בשני הנרות קטן מהתובע הקטן ביותר. זוהי אפשרות ג. המצב האמצעי מתאר את אפשרות ב, שכן סך הנוזל נמצא בין שתי התביעות. והמצב הימני מתאר את אפשרות א, שכן סך הנוזל עולה על כל אחת משתי התביעות.

כעת נעבור לחשב את יחס שניים אוחזים בכל אחת מהאפשרויות הללו.

חישוב לאפשרות א

במצב כזה התובע i מקבל את החלק שהתובע j מודה לו עליו : $Q_{ij} - p_j$, והתובע j מקבל את החלק שהתובע i מודה לו עליו : $Q_{ij} - p_i$. מה שנותר לחלוקה הוא :

(A.4) $$Q_{ij} - [2Q_{ij} - (p_i + p_j)] = p_i + p_j - Q_{ij}$$

זהו כמובן מספר חיובי לפי נוסחה (A.3).

כעת עלינו לבדוק האם על הנתח הזה שני התובעים טוענים כולה שלי. לשם כך יש להשוות את מה שנותר מהתביעה של כל אחד מהם לנתח שנותר לחלוקה.

לתובע i נותר לתבוע עוד: $p_i-(Q_{ij}-p_j)=p_i+p_j-Q_{ij}$. זה כל מה שנותר לחלוקה, ולכן הוא טוען עליו כולה שלי. מתביעתו של התובע j נותר בדיוק אותו דבר: $p_j-(Q_{ij}-p_i)=p_i+p_j-Q_{ij}$, ולכן גם הוא טוען כולה שלי.

לכן הנתח שנותר מתחלק בשווה בין שני התובעים, ולכל אחד נוסף עוד: $\frac{p_i+p_j-Q_{ij}}{2}$. התוצאה הסופית היא שהנתחים ששני התובעים מקבלים הם:

$$q_i=Q_{ij}-p_j+\frac{p_i+p_j-Q_{ij}}{2}=\frac{p_i-p_j+Q_{ij}}{2} \qquad \text{(A.5)}$$

$$q_j=Q_{ij}-p_i+\frac{p_i+p_j-Q_{ij}}{2}=\frac{p_j-p_i+Q_{ij}}{2} \qquad \text{(A.6)}$$

אם נציב כעת את ההגדרה $q_j+q_i=Q_{ij}$, נקבל שתי משוואות עם שני נעלמים עבור הנתחים q_i ו-q_j:

$$q_i=\frac{p_i-p_j+q_i+q_j}{2} \qquad \text{(A.7a)}$$

$$q_j=\frac{p_j-p_i+q_i+q_j}{2} \qquad \text{(A.7b)}$$

ולבסוף:

$$q_i=p_i-p_j+q_j \qquad \text{(A.8a)}$$

$$q_j=p_j-p_i+q_i \qquad \text{(A.8b)}$$

קיבלנו כמובן את אותה משוואה (כי עשינו ל-i בדיוק את מה שעשינו ל-j).

יחס שניים אוחזים למקרה זה הוא :

(A.9) $\qquad q_j = p_j - p_i + q_i$

אם כן, כאן לא קיבלנו יחס של פרופורציה בין שני הנתחים (כמו שראינו בפרק הקודם, a) אלא משוואה ליניארית לא הומוגנית (עם איבר חופשי).

הפונקציה T המתקבלת למקרה זה היא :

(A.10) $\qquad T(q_i, q_j) = q_i - q_j + (p_j - p_i)$

חישוב לאפשרות ב

כעת נחשב את יחס שניים אוחזים למצב שמתואר באפשרות ב. כזכור, כאן מתקיים : $p_j \geq Q_{ij} \geq p_i$. במצב כזה, התובע i מקבל את החלק ש-j מודה לו עליו : $Q_{ij} - p_j$. לתובע j אין חלק מקביל כי עמיתו לא מודה לו על כלום. לכן מה שנותר כעת לחלוקה הוא :

(A.11) $\qquad Q_{ij} - (Q_{ij} - p_j) = p_j$

התובע i כבר קיבל נתח שחברו הודה לו עליו. מה שנותר מתביעתו שלו הוא : $p_i - (Q_{ij} - p_j) = p_i + p_j - Q_{ij}$. עלינו לבדוק האם זה גדול מהנתח שנותר כדי לראות האם מה שנותר מתחלק בשווה בין שניהם. מהתנאי לאפשרות הזאת עולה שאכן זה קטן הנתח שנותר לחלוקה, ולכן התובע i טוען כולה שלי על הנותר. מה לגבי התובע j? הוא תובע p_j שזה בדיוק מה שנותר לחלוקה, ולכן גם הוא טוען כולה שלי.

ומכאן שכל אחד מהתובעים מקבל עוד חצי מהנתח הנותר. ומה שמתקבל הוא :

(A.12) $\qquad q_j = p_j/2$

(A.13) $\qquad q_i = Q_{ij} - p_j + p_j/2 = Q_{ij} - p_j/2$

277

המשוואה השנייה נותנת את אותו דבר כמו קודמתה (אם מציבים את הגדרת Q_{ij}). לכן קיבלנו שבמצב כזה ניתן להגדיר רק את חלקו של התובע הקטן:

(A.14) $\qquad\qquad q_j = p_j/2$

הפונקציה T למקרה היא:

(A.15) $\qquad\qquad T(q_i,q_j)= q_j - p_j/2$

חישוב לאפשרות ג

כעת נחשב את יחס שניים אוחזים למצב שמתואר באפשרות ג. כאן מתקיים: $Q_{ij} \geq p_i,\ p_j$. במצב כזה, ברור שכל אחד משני התובעים מקבל חצי מ-Q_{ij}. היחס ביניהם הוא:

(A.16) $\qquad\qquad q_j = q_i$

הפונקציה T למקרה זה הוא:

(A.17) $\qquad\qquad T(q_i,q_j)= q_i - q_j$

סיכום ביניים: היחס T

מה שחישבנו בינתיים הוא היחס T במצבים השונים. קיבלנו יחסים בין שני הנתחים של שני התובעים i ו-j. היחס הזה תלוי ביחס בין הנתח שמתחלק ביניהם לבין תביעותיהם, וכמובן תלוי בתביעות p_i ו-p_j. היחס הזה נתון במשוואות (A.9-10), (A.14-15) ו-(A.16-17). כעת נוכל לגשת לפתרון אלגברי של מודל אומן-משלר.

קיום ויחידות באלגוריתם אומן-משלר: הוכחה קונסטרוקטיבית

ראינו שיש לנו מערכת של משוואות עם n נעלמים:

$$\sum_{i=1}^{n} q_i = 1 \quad ; \quad T(q_i,q_j)=0 \quad (i,j=1....n) \qquad (A.18)$$

המשוואות על T ליניאריות למקוטעין (כי הפונקציה T תלויה באפשרויות השונות, כשבכל אחת מהן לחוד היא ליניארית, וכמובן יש גם רציפות. בכל המפגשים יש אותו ערך לשני הקטעים). נציין שיש במשוואות (A.18) הרבה יותר משוואות מאשר נעלמים.

מהחישוב שעשינו למעלה עולה שהיחסים T הם טרנזיטיביים, כלומר שמתקיים:

$$[\ T(q_i,q_j) = 0 \ \&\ T(q_j,q_k) = 0\ ] \Rightarrow T(q_i,q_k) = 0 \qquad (A.19)$$

לכן ברור שהמשוואות (A.18) תלויות זו בזו, ואפשר לבחור מתוכן n-1 משוואות שייתנו לנו בצורה הקלה ביותר את הפתרון. אם מצאנו פתרון כזה, אזי מהטרנזיטיביות עולה שהוא יפתור את כל המשוואות.

מה שנעשה כעת הוא להוכיח באופן קונסטרוקטיבי את קיומו של פתרון כזה. לאחר מכן נראה שהוא גם יחיד.

כדי להתקדם, נסדר את התובעים לפי גובה תביעתם, מהקטן לגדול. התובע האחרון (n) הוא בעל התביעה הגדולה ביותר. ברור שיכולים להיות מצבים שבהם יש כמה תובעים עם אותו גובה תביעה. לכן נגדיר כאן מספרי תובעים עבור כל גובה תביעה. נניח שיש לנו m_1 תובעים בתביעה בגובה הנמוך ביותר ששיעורה p_1, m_2 תובעים בגובה הבא, ו-m_i תובעים בתביעה בגובה ה-i. ברור שמספרם הכללי של התובעים הוא: $\sum_k m_k = n$.

הדרך לחשב את הפתרון היא להתחיל להתקדם מימין לשמאל. נניח שהתובע n מקבל נתח q_n. כעת נוכל לחשב את הנתח של זה שמשמאלו על ידי היחס T. לאחר מכן נמשיך ונחשב את היחס של זה שנמצא עוד צעד אחד שמאלה, ואת זה אפשר לעשות בשתי צורות שונות: או על סמך q_{n-1} שחושב קודם, או

ישירות מתוך q_n. יש לזכור שהיחס T לא מניח שמדובר בתובעים סמוכים זה לזה, אלא הוא מתקיים בין כל שני תובעים.

אם אכן היחסים הם טרנזיטיביים, כלומר המשוואות תלויות זו בזו כפי שהסברנו, אזי שתי התוצאות שמתקבלות בשתי הדרכים הללו תהיינה זהות. זה יוכיח את התלות בין המשוואות, אבל גם את העקביות שלהן (כלומר שיש פתרון שמקיים את כולן).

נזכיר שכל התובעים שנמצאים בקבוצה של q_n (עם אותה גובה תביעה) מקבלים גם הם q_n (זה יתקבל מהיחס T, אבל אין צורך לעשות חישוב מפורש כי התוצאה ברורה). לכן החישוב הראשון שעלינו לעשות הוא כאשר בהתקדמות שמאלה מגיעים לתובע הראשון שתביעתו נמוכה יותר מ-q_n. כאן יהיה עלינו להבחין בין שלושת המצבים האפשריים שראינו למעלה, ולבצע את החישוב עבור כל אחד מהם.

אחרי שנסיים את התהליך הזה, יהיה לנו ביטוי של כל q_i במונחי q_n. בשלב זה נשתמש במשוואה השמאלית ב-(A.18), שכעת היא משוואה ליניארית עם נעלם אחד (q_n), ונחשב מתוכה את ערכו של q_n. אחרי שיהיה בידינו ערכו של q_n נוכל לחשב מתוכו את כל השאר מתוך הביטויים שקיבלנו מהיחסים T. חשוב להבין שהתיאור הזה עצמו הוא הוכחת קיום ויחידות של הפתרון. למעשה בזאת סיימנו. מצאנו כך פתרון שמקיים את כל הדרישות. לגבי היחידות שלו, ראה להלן.

דוגמה: חישוב מפורש של הפתרון באלגוריתם אומן-משלר

נציג כאן חנוכיית תביעות לדוגמה ונפתור את הבעיה לגביה, בלי הגבלת הכלליות. חנוכייה הזאת מכילה קבוצות שונות של תובעים, שכל אלו שמשתייכים לאותה קבוצה הם בעלי אותו גובה תביעה. הם מסודרים לפי גובה התביעה משמאל לימין:

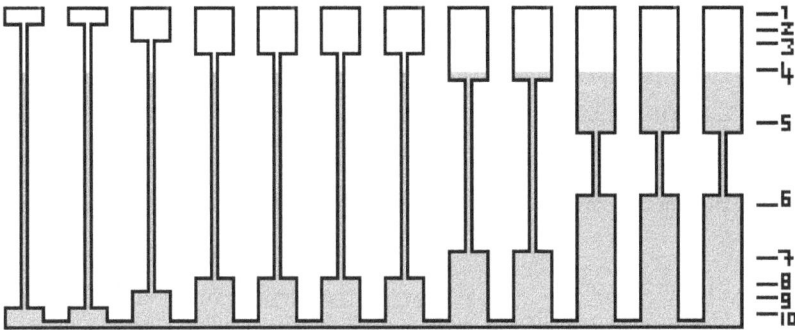

ציור A.4: חנוכיית אומן-משלר סכמטית. בצד ימין מסומנות האפשרויות השונות לגובה המים, ובציור מוצג כדוגמה פתרון שמתאים לאפשרות 4.

יש לנו כאן 12 תובעים ($n=12$). שני השמאליים הנמוכים ביותר הם בעלי גובה תביעה שווה ($p_1=p_2$). לאחר מכן יש תובע בודד שגובה תביעתו הוא p_3. ארבעת הבאים מקיימים: $p_4=p_5=p_6=p_7$. לאחר מכן יש לנו עוד שניים שמקיימים: $p_8=p_9$, ולבסוף עוד שלושה שמקיימים: $p_{10}=p_{11}=p_{12}$.

אנחנו מתחילים מימין, כלומר מהתביעה הגבוהה ביותר, שתסומן q_{12}. איננו יודעים את ערכו, ולכן זה יהיה פרמטר. אנחנו יודעים מהניתוח של אומן-משלר שגובה המים בכל הנרות שווה, אבל כאן לא נשתמש בזה שהרי אנחנו מציעים דרך אלטרנטיבית. היחס T ייתן לנו את ערכו של כל q_i במונחי זה שלימינו, או במונחי q_{12}.

כפי שראינו, היחס T בין כל שני תובעים משתנה לפי שלוש אפשרויות שונות. במונחי גובה המים בנר (ראה ציור A.3 למעלה), היחס ביניהם יהיה תלוי בשאלה האם המנה הכוללת של שניהם גדולה מכל אחת משתי התביעות (קו המים נמצא במיכל העליון של שני התובעים) ביניהן (קו המים עובר את המיכל התחתון של התובע הקטן אבל לא נמצא במיכל העליון שלו), או מתחת לכל אחת מהן (לא עובר את המיכל התחתון של התובע הקטן).

אבל את היחס הזה עלינו לבחון ביחס לכל צמד בחישוב. אם נעשה את
החישוב תמיד ביחס ל-q_{12}, אזי יש לבחון את כל האפשרויות של היחס בין
העמוד הימני לכל שאר העמודים. פירוש הדבר שעלינו לחלק את החישוב
לכמה מצבים שונים, ולעשות אותו עבור כל מצב לחוד. במקרה שלנו מדובר
בעשרה מצבים שונים, כפי שמתואר בצד ימין של ציור A.4. באופן כללי יותר,
אם יש m רמות תביעה שונות, כי אז עלינו לעבור על $2m-1$ אפשרויות שונות
(בציור רואים שהאפשרויות 5 ו-6 זהות).

בכל תחום כזה עושים את החישוב במונחי הפרמטר $q_n=q$ לפני ההנחות של
התחום הזה, ולבסוף מסכמים את כל הנתחים לפי המשוואה השמאלית ב-
(10). הסכום הזה ייתן לנו את הכמות הכללית שחולקה, W. עוברים על כל
ערכי q האפשריים, ומשרטטים גרף של הפונקציה $W(q)$, כלומר כמות המים
הכללית כפונקציה של הנתח שמקבל התובע הימני. מגרף הפונקציה הזאת
ניתן למצוא מהו ערכו של q שמתקבל עבור כמות המים הכללית הנתונה:
$W=1$. הערך הזה הוא הפתרון שלנו עבור q_n לבעיה שלנו. מתוכו ניתן כמובן
למצוא את כל שאר הנתחים, שהרי יש לנו יחס T בין כל אחד מהם לבינו
(המשוואות הימניות ב-(A.18)).

את הקיום והיחידות של הפתרון ניתן לראות משיקול שמבוסס על משפט ערך
הביניים. נתבונן על תכונותיה של הפונקציה הזאת. ראשית, ברור שמדובר
בפונקציה רציפה (כי כל הפונקציות T שבוונות אותה הן רציפות, והיא אינה
אלא סכום על כולן). בנוסף, עלינו לזכור שיש לנו סך תביעות שעולה על כמות
המים הכללית שמתחלקת בין התובעים (אחרת אין קונפליקט). כאשר $q=0$
התובע הגדול ביותר (הימני) לא מקבל מאומה. לכן כל התובעים האחרים גם

הם לא מקבלים כלום (כי הם מקבלים פחות מהתובע הגדול ביותר). לכן כמות המים הכללית שמתחלקת במצב כזה היא: $W(q=0)=0$.[40] מאידך, q_n לא יכול לעבור את התביעה של התובע n (p_n). לכן כאשר התובע n מקבל את מלוא תביעתו ($q=p_n$), ברור שגם שאר התובעים מקבלים את מלוא תביעותיהם. במצב כזה סך המים המחולקים לכולם שווה לסכום התביעות:

$W(q=p_n)=\sum_{i=1}^{n} p_i$, וזה לפי הנחתנו גדול מ-1.

מהתיאור הזה מקבלים שהפונקציה $W(q)$ נראית בערך כך:

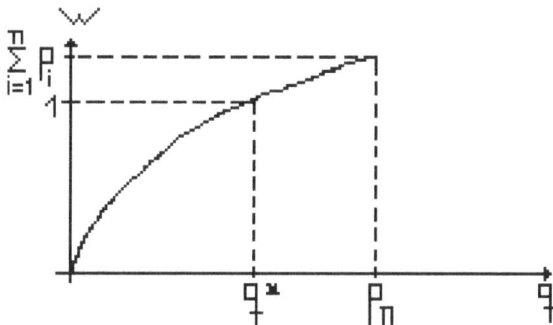

ציור A.5: הפונקציה $W(q)$

מכיון שהפונקציה הזאת רציפה, אזי לפי משפט ערך הביניים חייב להיות בין שני המצבים הקיצוניים הללו מצב ביניים שבו כמות המים הכללית היא: $W=1$. הערך שמתאים לנקודה הזאת על ציר ה-q הוא q^*, שמקיים: $W(q^*)=1$. זהו ערכו הנכון של q_n לבעיה שלנו.

---

[40] זה יוצא מחישוב במתודה שלנו, והשימוש במודל של המים נעשה כאן רק צורך נוחיות. טענותינו כאן לא באמת משתמשות במודל ההוא.

הפונקציה הזאת היא גם מונוטונית, שהרי ככל שכמות המים המתחלקת גדולה יותר כך חלקו של התובע n (q) גדל (או לפחות לא קטן). לכן הפתרון הזה הוא בהכרח יחיד. וכך הוכחנו את יחידותו של הפתרון עבור q. אבל בהינתן q זה קובע באופן חד ערכי את ערכם של כל שאר ה-q_i, ולכן ברור שגם הפתרון הכללי לבעיה הוא יחיד.

זה מה שניתן לעשות באופן כללי. חישוב מפורש של הפונקציה הזאת ושל הערך q_n מסתמך על ווקטור התביעות הנתון p_i, מה שקובע גם את הקבוצות של התביעות השוות ואת צורת הפונקציה W וערכיה. אי אפשר לעשות את החישוב באופן כללי, אבל בכל בעיה נתונה יש כאן אלגוריתם סגור שיוביל אותנו בבטחה אל הפתרון (שהוכחנו כאן את קיומו ויחידותו). כדי להדגים את העניין, נעשה כעת חישוב לדוגמה על חנוכיית תביעות של חמישה תובעים שמופיעה בציור A.6 :

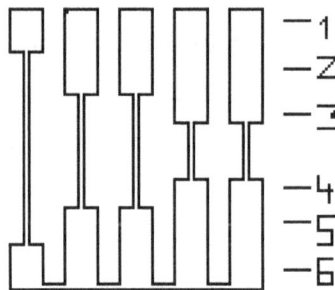

ציור A.6 : חנוכייה של חמישה תובעים.ראובן ושמעון תובעים 0.8, לוי ויהודה תובעים 0.5, וישכר תובע 0.25. בצד ימין מצוירות רמות החישוב של q.

חישוב לדוגמה

כאמור, אנחנו מתחילים בצד ימין, וקובעים את הנתח שמקבל ראובן כפרמטר שלנו q. אנחנו כמובן לא יודעים כרגע מה ערכו, שהרי זו מטרת החישוב שלנו. לכן עלינו לקחת בחשבון מצבים שונים, ולעשות את החישוב

עבור כל אחד מהם. יש שלוש רמות תביעה ($m=3$), ולכן כפי שראינו עלינו לחלק את החישוב לשש אפשרויות שמופיעות בצד ימין בציור A.6.

נניח $q_5=q$, וזה יהיה הפרמטר שלנו. משיקולי סימטריה ברור שמתקיים: $q_4=q$. כעת עלינו לחשב את q_3. ולשם כך עלינו להבחין בין שש האפשרויות השונות.

<u>אפשרות 1:</u>

מכיון שבין שני הנרות 5 ו-3 מתקיים התנאי של אפשרות א (ראה ציור A.3), עלינו להשתמש בנוסחות (A.9-10) כדי לחשב את q_3: $q_3=p_3-p_5+q$. זוהי כמובן גם התוצאה עבור q_2.

לגבי הנר 1, שוב המצב הוא כאפשרות א, ולכן עלינו להשתמש באותן נוסחאות: $q_1=p_1-p_5+q$

אם היינו עושים את החישוב מול p_3, המצב היה דומה (אפשרות א), ולכן היינו מקבלים בדיוק אותו דבר: $q_1=p_1-p_3+q_3= p_1-p_5+q$. רואים שאכן הנוסחאות תלויות זו בזו, ואנחנו יכולים להשתמש רק בקשרים בין כל התובעים לתובע n. שאר המשוואות יתקיימו ממילא.

סך כל המים שקיבלנו הוא:

$$W_1(q) = 5q+p_1+2p_3-3p_5=5q+0.25+1-2.4=5q-1.15$$

<u>אפשרות 2:</u>

מכיון שבין שני הנרות 5 ו-3 גם כעת מתקיים התנאי של אפשרות א (ראה ציור A.3), עלינו להשתמש בנוסחות (A.9-10) כדי לחשב את q_3: $q_3=p_3-p_5+q$. זוהי כמובן גם התוצאה עבור q_2.

לגבי הנר 1, המצב כעת השתנה. מול הנר הימני הוא נמצא במצב של אפשרות ב, ולכן עלינו להשתמש בנוסחאות (A.14-15). מה שמקבלים הוא את התוצאה עבור הנר הקטן: $q_1=p_1/2$.

אם היינו עושים את החישוב מול p_3, המצב היה דומה (אפשרות ב), ולכן היינו מקבלים בדיוק אותו דבר. שוב רואים שאכן הנוסחאות תלויות זו בזו, ואנחנו יכולים להשתמש רק בקשרים בין כל התובעים לתובע n. שאר המשוואות יתקיימו ממילא.

סך כל המים שקיבלנו הוא:

$$W_2(q) = 4q+p_1/2+2p_3-2p_5=4q+0.125+1-1.6=4q-0.475$$

<u>אפשרויות 3-4:</u>

אפשרויות 3-4 הן זהות, ולכן נעשה כאן רק חישוב אחד.

מכיון שבין שני הנרות 5 ו-3 מתקיים התנאי של אפשרות ב (ראה ציור A.3), עלינו להשתמש בנוסחות (A.14-15) כדי לחשב את q_3: $q_3=p_3/2$. זוהי כמובן גם התוצאה עבור q_2.

לגבי הנר 1, שוב המצב הוא כאפשרות ב, ולכן עלינו להשתמש באותה נוסחה, ולקבל: $q_1=p_1/2$. אם היינו עושים את החישוב מול p_3, המצב היה דומה (אפשרות ב), ולכן היינו מקבלים בדיוק אותו דבר

סך כל המים שקיבלנו הוא:

$$W_3(q) = 2q+p_1/2+p_3=2q+0.125+0.5=2q+0.625$$

<u>אפשרות 5:</u>

מכיון שבין שני הנרות 5 ו-3 גם כעת מתקיים התנאי של אפשרות ג (ראה ציור 3), עלינו להשתמש בנוסחות (A.16-17) כדי לחשב את q_3. מה שמקבלים הוא את חוק הכלים השלובים: $q_2=q_3=q_4=q$.

לגבי הנר 1, אנחנו עדיין באפשרות ב, ולכן מקבלים: $q_1=p_1/2$.

סך כל המים שקיבלנו הוא:

$$W_5(q) = 4q+p_1/2=4q+0.125$$

<u>אפשרות 6:</u>

כל בכל הנרות מתקיים התנאי של אפשרות ג, ולכן כולם שווים: $q_1=q_2=q_3=q_4=q$.
סך כל המים שקיבלנו הוא:

$$W_6(q) = 5q$$

השלב הבא הוא לשרטט את הגרף $W(q)$, ולמצוא עבור איזה q מתקיים $W(q^*)=1$. הגרף כמובן רציף וליניארי למקוטעין. אם נתחיל לצייר אותו מ-$q=0$, כלומר בתחום בו שוררת אפשרות 6, נראה שהוא עולה בשיפוע $W=5q$. כך הוא עולה עד שעוברים את הנקודה $q=1/8$, שם $W=0.625$, ומשם מתחילה אפשרות 5. משם הגרף עולה הלאה בשיפוע מתון יותר עד שמגיעים ל-$q=1/4$. שם מתקיים $W=1.125$. למעשה, המשך הגרף לא רלוונטי, שכן עברנו את הנקודה שבה מתקיים $W=1$. היא נמצאת בקטע של אפשרות 5, ולכן עלינו לחלץ את q^* מהמשוואה שם:

$$4q^*+0.125=1 \Rightarrow q^*=7/32$$

מכאן אפשר לחשב את כל שאר הנתחים על ידי הקשרים שקיבלנו למעלה. מכיון שמדובר באפשרות 5, עלינו להשתמש בקשרים שהתקבלו שם. התוצאה היא: $q_2=q_3=q_4=q_5=7/32$; $q_1=1/8$. ואכן סך כל הנתחים מסתכם ל-1.
רק לצורך השלמות נציג כאן את הגרף שהתקבל:

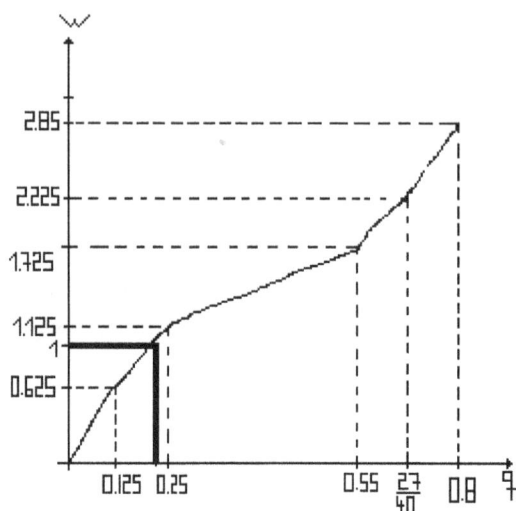

ציור A.7: הגרף $W(q)$ עבור הדוגמה שלנו עם חמישה תובעים. הקו העבה מציין את איתור ערכו של $q*$ (ה-q שנותן לנו $W=1$).

סיכום

בפרק זה הצגנו דרך מפורשת לחשב את הנתחים לכל תובע במודל של אומן-משלר, והוכחנו גם קיום ויחידות של הפתרון שלהם. נזכיר שוב שהפתרון הזה לא נראה סביר לסוגיית תובעים שמתדיינים על טלית, ולמעלה הצענו מודל אלטרנטיבי. בפרקים הבאים נראה שבכל זאת יש מקרים שבהם התלמוד כנראה מציע חלוקה כמו זו של אומן-משלר.

המאמרים

פרופ׳ ישראל אומן[1]

בענין מי שהיה נשוי שלוש נשים

מוקדש לזכרו של ר׳ שלמה אומן הי״ד
שנפל בקרב במבצע שלום הגליל
אור ליום י״ט בסיון תשמ״ב

חלק ראשון[2]

א. המשנה

במשנה כתובות צ״ג ע״א, ״מי שהיה נשוי שלוש נשים ומת, כתובתה של זו מנה ושל זו מאתיים ושל זו שלוש מאות ואין שם אלה מנה, חולקין בשוה. היו שם מאתיים, של מנה נוטלת חמישים, של מאתיים ושל שלוש מאות שלשה שלשה של זהב. היו שם שלוש מאות, של מנה נוטלת חמישים, ושל מאתיים מנה, ושל שלוש מאות ששה של זהב״. דינר של זהב שוה לעשרים וחמישה דינרי כסף, כך שאפשר לסכם את הוראות המשנה בטבלה הבאה:

	הכתובה 100	200	300
העזבון 100	33⅓	33⅓	33⅓
200	50	75	75
300	50	100	150

טבלה א׳ — שיטת המשנה בכתובות דף צ״ג

הכלל המנחה את משנתינו אינו ברור. ברישא חולקין בשוה; בסיפא לפי מעות (ז״א יחסית לכתובות); במציעתא לא כך ולא כך. דיון הרי״ף, המשתרע על כמעט שלושה עמודים, מתחיל בלשון ״הא מתניתין וגמרא דילה שקלי וטרו בה קמאי ז״ל ולא סלקא להון כל עיקר״. הדיון בגמרא הינו קצר — פחות ממאה וחמישים מילים — אך התוספות מספיקים להביע פליאה עליו בשלושה דיבורים שונים (״לא ידעתי...״, ״לא אתפריש שפיר...״, ״לא ידע רבי...״). בסופו של דבר הגמרא פשוט דוחה את דברי המשנה: ״תניא, זו משנת רבי נתן. רבי אומר, אין אני רואה דבריו של רבי נתן באלו, אלא חולקות בשוה״.

מטרתינו במאמר זה הוא לברר את דברי המשנה. נשלב את הדברים גם עם הגמרא, אך בעיקר אנו מעונינים להבין את המשנה, גם מצד עצמה וגם באספקלריא של סוגיות אחרות בש״ס.

בבירור מעין זה יש להבחין בין שתי שאלות: ״מה״, ו-״למה״. קודם כל אנו רוצים לדעת, מה היא שיטת החלוקה המודגמת במשנה. נניח שסכומי הכתובות

1 עיקר הפירוש של המשנה הנידונה, כולל ניסוח הכלל המתמטי בשער ג׳ והוכחתו המקורית, הינו פרי עבודה משותפת עם פרופ׳ מיכאל משלר, והוא פורסם בעתונות המקצועית. חיבור זה נכתב עבור הקהל הלמדני הרחב. הוא מדגיש את הצד ההלכתי, ואינו דורש ידע מתמטי כלשהו. בפרט, אין בו סימונים או נוסחאות מתמטיות.

תודתי נתונה לבני שלמה הי״ד, אשר הסב את תשומת לבי לסוגיא מופלאה זאת, ולבני יהונתן ילח״א, אשר בכמה נקודות חשובות עזר בתהליך הבנת הסוגיא וכתיבת החיבור.

2 החלק הראשון מכיל רק את יסודות הפירוש המוצע לסוגיא הנידונה. אסמכתאות נוספות יובאו בע״ה בחלק השני.

מוריה, שנה עשרים ושנים, גליון ג—ד (רנה—רנו), טבת תשנ״ט

היו שונים מאלו הנקובים במשנה, או שהעזבון היה שונה, איך היה פוסק רבי נתן? נניח שהיו שם ארבע או מאה או אלף נשים עם כתובות שונות, או אולי רק שתי נשים, איך היה פוסק? לפנינו שלוש דוגמאות. מה הכלל?

כמובן נתיחס גם לסברות — לנושא ה"למה". אך בבואנו לדון בסברות, יש לזכור שאין כאן אמת מוחלטת, שייתכנו כמה וכמה שיטות חלוקה שונות, שלכל אחת מהן הגיון פנימי משלה. מטרתינו בחיבור זה אינה לברר את שיטת החלוקה "ההגיונית" ביותר, אלא לברר לאיזה שיטת חלוקה התכוונה המשנה. למטרה זאת חשוב אמנם ההגיון הפנימי, אך חשובה יותר ההשוואה עם מקורות אחרים בש"ס.

ב. חלוקה שוה של הסכום השנוי במחלוקת

במשנה ב"מ ב' ע"א, "שנים אוחזין בטלית ... זה אומר כולה שלי וזה אומר חציה שלי, האומר כולה שלי ישבע שאין לו בה פחות משלושה חלקים, והאומר חציה שלי ישבע שאין לו בה פחות מרביע, זה נוטל שלושה חלקים, וזה נוטל רביע". את הוראת המשנה אפשר לסכם בטבלה מעין טבלה א' דלעיל:

	הטענה 100	הטענה 50
הטלית 100	75	25

טבלה ב' — המשנה בב"מ דף ב'

רש"י על אתר מסביר שהאומר חציה שלי "מודה ... שהחצי של חבירו, ואין דנין אלא על חציה. הלכך ... מה שהן דנין עליו ... נוטל כל אחד חציו." העקרון כאן הינו של **חלוקה שוה של הסכום השנוי במחלוקת**. חצי הטלית אינו שנוי במחלוקת; לפי דברי הכל הוא מגיע להאומר כ"ש. לפיכך קודם כל נותנים את החצי האחד להאומר כ"ש. החצי השני שנוי במחלוקת, ולכן מחלקים את אותו החצי לשני חלקים שוים, שכל אחד מהם הוא רבע הטלית.

חלוקה זאת אינה מובנת מאליה. בהחלט אפשר להעלות על הדעת שיטות חלוקה אחרות. לדוגמא, חלוקה יחסית לטענות, דהיינו ⅔-⅓. או חלוקה שוה ממש, ½-½; ההלכה הפסוקה בסוגיתינו הינה ברוח זה, ועוד נדון על כך בהמשך (ראה טבלה ט'). אך המשנה בב"מ במפורש דוחה את האפשרויות האלה, ומעמידה את החלוקה על עקרון החלוקה השוה של הסכום השנוי במחלוקת.

יש דוגמאות נוספות של עקרון זה במקורות. בתוספתא לב"מ, "זה אומר כולה שלי וזה אומר שליש שלי, האומר כולה שלי ישבע שאין לו בה פחות מה' חלקים, והאומר שליש שלי ישבע שאין לו בה פחות משתות". ראה טבלה ג'. הסכום השנוי במחלוקת הינו 33⅓; אותו חולקים בשוה, והטוען כולה שלי מקבל את כל השאר.

	הטענה 100	הטענה 33⅓
הטלית 100	83⅓	16⅔

טבלה ג' — התוספתא בב"מ

ביבמות ל"ח ע"א, "ספק ובני יבם שבאו לחלוק בנכסי סבא, ספק אמר ההוא גברא בר מיתנא הוא ופלגא דידי הוא, ובני יבם אמרי, אחונא את ומנתא אית לך בהדן. פלגא דקמודי

להו, שקלי; תילתא דקא מודו ליה, שקל; פש להו דנקא, הוי ממון המוטל בספק, וחולקין". ראה טבלה ד׳. בני היבם טוענים כיחידה

	הטענות	
	הספק	בני היבם
	50	66⅔
העזבון 100	41⅔	58⅓

טבלה ד׳ — הגמרא ביבמות דף ל״ח

טוענת לכל הסכום, הרי הסכום השנוי במחלוקת הוא 66⅔, ואת זה חולקות בשוה. היו שם 125, אז בעלת המנה מוותרת על 25, ואת זה מקבלת בעלת המאתיים; נשאר סכום של 100 השנוי במחלוקת, ואת זה חולקות שוה בשוה, כך שבעלת המאתיים מקבלת ס״ה 75, ובעלת המנה מקבלת 50. היו שם 150, אז בעלת המנה מוותרת על 50 לטובת בעלת המאתיים, ואת המאה הנותרים מחלקות שוה בשוה. ראה טבלה ה׳, שם מוצגות דוגמאות אלה, וכמה דוגמאות נוספות של הפעלת אותו העקרון.

	הכתובה	
	300	200
66⅔	33⅓	33⅓
150	75	75
250	150	100

	הכתובה	
	300	100
66⅔	33⅓	33⅓
125	75	50
200	150	50

	הכתובה	
	200	100
66⅔	33⅓	33⅓
העזבון 125	75	50
150	100	50

טבלה ה׳ — כמה דוגמאות של חלוקה שוה של הסכום השנוי במחלוקת

אחת. אם העזבון הוא 100 הרי טענתם היא 66⅔; כולם מסכימים שהשאר, 33⅓, שייך לספק, ולכן קודם כל נותנים לו את זה. הספק, מצידו, טוען רק ל-50; כולם מודים שהשאר, 50, שייך לבני היבם, ולכן נותנים להם (ביחד) את זה. הסכום השנוי במחלוקת, אם כן, הינו 16⅔, ואת זה חולקים בשוה; ז״א הספק מקבל 8⅓, ובני היבם יחד מקבלים 8⅓. ס״ה מקבל הספק 8⅓ + 33⅓ = 41⅔, ובני היבם יחד מקבלים 8⅓ + 50 = 58⅓.

אפשר להפעיל את העקרון גם כאשר חלק מהטענות, או אף כולן, עולות על כל הסכום העומד לחלוקה (הטלית או העזבון). נניח, למשל, שפלוני היה נשוי שתי נשים ומת, כתובתה של זו מנה ושל זו מאתיים, ואין שם אלא 66⅔. היות וכל אחת משתי הנשים

ג. פירוש המשנה

נחזור למשנתינו בכתובות. נקרא **לבעלת** המנה קטורה, לבעלת המאתיים הגר, ולבעלת השלוש מאות שרה. נניח קודם שהיו שם מאתיים. לפי טבלה א׳, קטורה נוטלת 50, הגר נוטלת 75, ולכן ביחד הן נוטלות 125. אם מקבלים את העקרון של חלוקה שוה של הסכום השנוי במחלוקת, אז את הסכום הזה של 125 שהגר וקטורה ביחד נוטלות, ראוי לחלק ביניהן לפי אותו עיקרון. ואמנם, אם נתבונן בטבלה ה׳ לעיל, ניווכח ששתי נשים הצריכות לחלק 125, וכתובותיהן מאתיים ומנה, חולקות 75-50. זאת אומרת, חלוקת המשנה היא כך שהגר וקטורה מחלקות את הסכום שהן מקבלות ביחד, לפי עקרון החלוקה השוה של הסכום השנוי במחלוקת.

אותו דין חל על שרה וקטורה. לפי טבלה א׳, הן מקבלות ביחד 125; לפי טבלה ה׳, יש לחלק את זה 50-75; אם נחזור לטבלה א׳, ניווכח שזאת אמנם החלוקה שקבעה המשנה. וגם על שרה והגר חל אותו דין. ביחד מקבלות 150; את זה יש לחלק 75-75; וזאת אמנם החלוקה שקבעה המשנה.

קיצורו של דבר, **חלוקת העזבון בין כל הנשים הוא כך שכל שתים מהנשים חולקות את הסכום שאותן שתים מקבלות ביחד, לפי העקרון של חלוקה שוה של הסכום השנוי במחלוקת** — העקרון של שנים אוחזין. חלוקה המקיימת את התנאי הזה, תיקרא להלן חלוקה **תואמת שנים אוחזין** (תש״א).

נוכחנו שחלוקת המשנה במציעתא, כאשר יש שם מאתיים, תואמת ש״א. אפשר להיווכח שהחלוקות ברישא, שיש שם מנה, ובסיפא, שיש שם שלש מאות, גם הן תואמות שנים אוחזין.

לכאורה, התנאי של תש״א אינו מתאר שיטת חלוקה מסוימת בצורה ברורה וחד-משמעית. הוא אינו תיאור של שיטה, אלא תנאי. בהינתן חלוקה מסוימת, אפשר לבדוק באופן חד-משמעי אם היא תש״א אם לאו; אך אין זה ברור מלכתחילה איך להגיע לחלוקה תש״א, ובאיזה נסיבות בכלל קיימת חלוקה כזאת. עבור כל אחד משלושת המקרים במשנתינו, נוכחנו שאמנם יש חלוקה תש״א, זאת המוצגת במשנה; אך אפילו שם, אין זה ברור מלכתחילה שאין יותר מחלוקה אחת כזאת.

אם נבדוק את החלוקות שהוצעו במקורות עבור המקרים הנדונים במשנתינו (חוץ מאלה הנקובות במשנה עצמה), נמצא שאף אחת מהן אינה תואמת ש״א. לדוגמא, ניקח שוב את המקרה שבו העזבון הוא 200. במקרה זה מכריעים רוב הפוסקים לטובת חלוקה שוה ממש, 66⅔-66⅔-66⅔ (ראה טבלה ט׳ להלן). זאת אומרת שכל שתי נשים מקבלות ביחד 133⅓. את הסכום הזה מחלקות שרה והגר לפי ש״א, אך לפי ש״א צריכות הגר וקטורה לחלק את זה 50-83⅓, ולא 66⅔-66⅔; לכן חלוקה זאת אינה תואמת ש״א. כמו כן, חלוקה יחסית לגודל הכתובות, 33⅓-66⅔-100 (ראה טבלה ח׳), אינה תש״א. במקורות ישנה חלוקה נפוצה אחרת, 33⅓-83⅓-83⅓ (ראה טבלה ז׳), שגם היא אינה תש״א; לדוגמא, הגר וקטורה מקבלות יחד 116⅔, ולפי ש״א היו צריכות לחלק את זה 50-66⅔, ולא 33⅓-83⅓.

ואמנם, האמת היא שעבור כל אחת משלושת המקרים במשנה, יש חלוקה אחת בלבד התואמת שנים אוחזין, והיא זאת הנקובה במשנה.

יתר על כן, אם סכומי הכתובות שונים מאלה הנקובים במשנה, ואם סכום העזבון שונה, עדיין קיימת חלוקה אחת ויחידה התואמת ש״א. וכן אם היו ארבע או מאה או אלף נשים. כללו של דבר, **מה שלא יהיה מספר הנשים, ומה שלא יהיה גודל הכתובה[3] של כל אחת ואחת, ומה שלא יהיה העזבון, קיימת תמיד בדיוק חלוקה אחת של העזבון התואמת שנים אוחזין.**

את הטענה הזאת נוכיח בע״ה בשני השערים הקרובים[4]. אנו משערים שהכלל שאליו התכוון ר׳ נתן הוא בדיוק הכלל של חלוקה תואמת ש״א.

3 אף אם היא קטנה ממאה. סוגיתינו מהווה את הבסיס להלכות פשיטת רגל (רמב״ם פ״כ מהלכות מלוה ולוה הל׳ ד׳, טוש״ע ח״מ סי׳ ק״ד ס״ק י׳). לצורך סוגיא זאת, אין דין כתובה שונה מדין חוב רגיל, ולכן צריך לקחת בחשבון גם ״כתובה״ שהיא קטנה ממאה.

4 בקריאה ראשונה אפשר לפסוח על השערים ד׳, ה׳, ו׳ ולהמשיך מיד עם הדיון בגמרא בשערים ז׳, ח׳.

ד. המחשת הכלל של שנים אוחזין על ידי כלים שלובים

בשער זה נחזור למקרה שיש רק שתי נשים, חנה ופנינה, כאשר כתובת חנה גדולה יותר. כדי להמחיש את הכלל של שנים אוחזין, נדמיין לעצמנו שהעזבון הוא בצורת נוזל יקר. לכל אישה יש כלי שתכולתו שוה לכתובת אותה אישה. הכלי הוא מעין שעון חול: גליל הנפסק בדיוק באמצע ע״י צואר דק (ראה איורים). הצואר נותן לנוזל לעבור, אך תכולתו אפסית. לשני הכלים אותו הקוטר ואותו הגובה, ולכן בהכרח הצואר בכלי של פנינה ארוך יותר מאשר בכלי של חנה. הכלים מחוברים בתחתיתם ע״י צינור שגם הוא דק מאד, אך נותן לנוזל לעבור.

כעת שופכים את העזבון (הנוזלי) לתוך אחד הכלים. בגלל החיבור בתחתית הכלים, יגיע הנוזל לאותו הגובה בשני הכלים; עובדה פיזיקלית פשוטה זו ידועה כ״חוק הכלים השלובים״. אנו טוענים כי אז **כמות הנוזל בתוך כל אחד משני הכלים תהיה בדיוק מה שמגיע לבעלת אותו כלי לפי הכלל של ש״ים** אוחזין. נקרא לזה ״כלל הכלים השלובים״.

כדי להוכיח כלל זה, נבחין בין שלושה מקרים.

א) החלק התחתון של הכלי של פנינה אינו מלא (איור א׳). במקרה זה העזבון כולו הינו פחות מכתובת פנינה. לכן כל העזבון שנוי במחלוקת, ולכן יש לחלק אותו שוה בשוה בין שתי הנשים — כפי שכלל הכלים השלובים אמנם מורה.

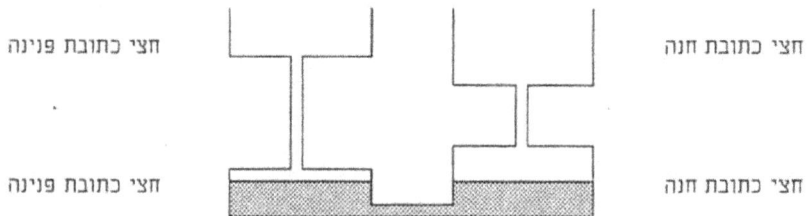

ב) החלק התחתון של הכלי של פנינה הנו מלא, אך הנוזל אינו מגיע לחלקו העליון (אין זה משנה עד היכן מגיע הנוזל בכלי של חנה — ראה איור ב׳). במקרה זה, העזבון עולה על כתובת פנינה, אך נופל מכתובת חנה. לכן הסכום השנוי במחלוקת הוא בדיוק כתובת פנינה. את זה יש לחלק שוה בשוה בין שתי הנשים — כפי שכלל הכלים השלובים אמנם מורה (איור ב׳).

ג) הנוזל מגיע לחלק העליון של שני הכלים (איור ג׳). במקרה זה, העזבון עולה גם על כתובת פנינה וגם על כתובת חנה. לכן חנה מודה שלפנינה מגיע סכום העזבון פחות כתובת חנה, ופנינה מודה שלחנה מגיע סכום העזבון פחות כתובת פנינה. ההפרש בין שתי הודאות אלה שוה להפרש בין הכתובות. לפי הכלל של שנים אוחזין, מגיע לכל אישה סכום נוסף על ההודאה של צרתה, השוה לחצי הסכום השנוי במחלוקת. אך זה לא ישנה את ההפרש בין מה שמקבלות הנשים; הפרש זה נשאר שוה להפרש בין שתי הכתובות. וזה, אמנם, מה שכלל הכלים השלובים מורה (איור ג׳).

בזה סיימנו את הוכחת ״כלל הכלים השלובים״.

לבסוף, נעיר הערה פשוטה אך חשובה. אם ננתק את החיבור בין הכלים, ונשפוך

חצי כתובת חנה
חצי כתובת פנינה
חצי כתובת חנה
חצי כתובת פנינה

איור א׳

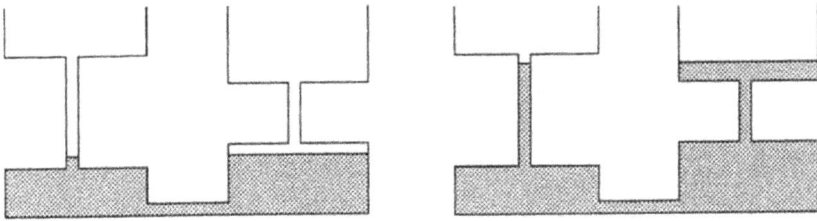

איור ב׳ — שתי אפשרויות

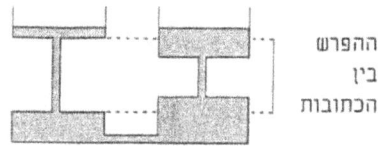

ההפרש
בין
הכתובות

איור ג׳

לתוך כל כלי לחוד את כמות העזבון המגיע לבעלת הכלי לפי ש״א, אז הנוזל יגיע לאותו הגובה בשני הכלים. זה יוצא מכלל הכלים השלובים דלעיל, ומכך שהעקרון של ש״א קובע חד-ערכית את חלוקת העזבון בין שתי הנשים.

ה. ההוכחה שיש בדיוק חלוקה אחת התואמת ש״א

נחזור שוב למקרה שיש מספר נשים בלתי מוגבל. ניתן לכל אישה כלי הדומה לכלים בשער הקודם. נחבר את כל הכלים ע״י צינור בתחתיתם (איורים ד׳, ה׳). נשפוך את העזבון לאחד הכלים. שוב, ע״פ חוק הכלים השלובים, יגיע הנוזל לאותו הגובה בכל הכלים. בפרט, הוא יגיע לאותו הגובה אצל כל שתים מהנשים. לפי כלל הכלים השלובים שהוכחנו בשער הקודם, זה אומר שאותן שתים מחלקות את מה שהן ביחד מקבלות לפי שנים אוחזין. לכן קיבלנו חלוקה התואמת ש״א.

חלוקה זאת היא גם **היחידה** התואמת ש״א. להוכיח את זה, נניח שנתונה לנו איזו שהיא חלוקה התואמת ש״א. ננתק את החיבור בין הכלים, ונשפוך לתוך כל כלי את מה שמגיע לבעלת אותו כלי על פי החלוקה הנתונה. נתבונן כעת על זוג מסויים של נשים, נניח בת-שבע וחגית. שתי נשים אלו מחלקות לפי ש״א את מה שהן מקבלות ביחד. לכן, מההערה בסוף השער הקודם נובע כי הנוזל מגיע לאותו הגובה אצל בת-שבע ואצל חגית. היות וזה נכון לגבי **כל** זוג של נשים, הרי יוצא כי הנוזל מגיע לאותו הגובה אצל **כל** הנשים. אבל אז, אם נחבר שוב את הצינור, לא ישתנה גובה הנוזל; זאת אומרת, החלוקה הנתונה זהה לחלוקה שמקבלים ע״י הפעלת חוק הכלים השלובים.

בזה סיימנו את הוכחת[5] הכלל שניסחנו בסוף שער ג׳.

ו. תיאור מפורש של החלוקה התואמת שנים אוחזין

ההוכחה בשערים ד׳, ה׳ מספקת גם תיאור מפורש של החלוקה התש״א. אפשר לבנות מערכת כלים מתאימה וממש לשפוך

5 ההוכחה באמצעות כלים שלובים נמצאה ע״י ד״ר מרק קמינסקי, והיא באה במקום הוכחות יותר מסובכות שנמצאו קודם.

קד   פרופ' ישראל אומן

נוזלים. אך אין צורך בכך, אפשר גם לחשב מראש את התוצאות.

החישוב מתחלק לשנים. אם העזבון אינו עולה על חצי סכום הכתובות, אז כל אישה תקבל אותו הסכום, ובלבד שלא תקבל יותר מחצי כתובתה. במשנתינו, למשל, עזבון של 200 נופל מחצי סכום הכתובות (300); כולן נוטלות אותו הסכום — 75 — חוץ מקטורה, שמוגבלת לחצי כתובתה (50). כלל זה מודגם באיור ד'.

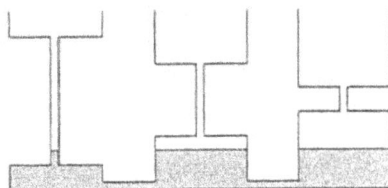

איור ד'

אם העזבון עולה על חצי סכום הכתובות, עושים את החשבון לפי ההפסד של כל אישה — ההפרש בין כתובתה למה שהיא מקבלת בפועל. הכלל אז הוא שכל הנשים **מפסידות** אותו הסכום, ובלבד שאף אישה לא תפסיד יותר מחצי כתובתה. במשנתינו, למשל, אם העזבון הוא 400, אז שרה והגר מפסידות 75 כל אחת, בעוד שההפסד של קטורה מוגבל ל-50; זאת אומרת, שרה מקבלת 225, הגר 125, וקטורה 50. ראה איור ה'; התקבולות הן השטח האפור, בעוד שההפסדים הם השטח הלבן בכל כלי מעל לשטח האפור.

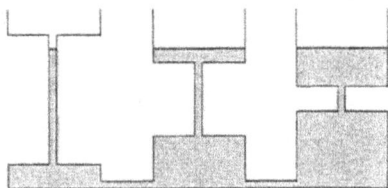

איור ה'

בטבלה ו' מובאות חלוקות תש"א עבור עזבונות שונים כאשר הכתובות הם אלה במשנתינו.

הכתובות

	100	200	300
0	0	0	0
50	16⅔	16⅔	16⅔
100	33⅓	33⅓	33⅓
150	50	50	50
200	50	75	75
250	50	100	100
300	50	100	150
350	50	100	200
400	50	125	225
450	50	150	250
500	66⅔	166⅔	266⅔
550	83⅓	183⅓	283⅓
600	100	200	300

טבלה ו' — חלוקות תואמות ש"א

ח.   הגמרא

בגמרא למשנתינו, "של מנה נוטלת חמישים? תלתין ותלתא ותילתא הוא דאית

לה! אמר שמואל בכותבת וגו׳. רב יעקב מנהר פקוד משמיה דרבינא אמר רישא בשתי תפיסות וסיפא בשתי תפיסות וגו׳. תניא, זו משנת רבי נתן; רבי אומר, אין אני רואה דבריו של רבי נתן באלו, אלא חולקות בשוה״. יעויין שם.

והנה פירש הרי״ף וז״ל, דר׳ נתן סבר, חד מנה מינייהו פלגי בשוה ... דליכא מינייהו מאן דאית לה בציר מחד מנה, והוי ליה שעבודא דכולהו בהאי מנה, וקאתי בהדי הדדי, הלכך פלגי להו כולהו בשוה. וכד שקלה האי דאית לה מנה מנתה דילה מהאי מנה, איסתלקא לה, ולית לה במנה תנינא ותליתאה ולא מידי, משום דלית לה בהון שעבודא; והאי מנה תנינא פלגי לה דאית לה מאתיים ודאית לה תלת מאה בשוה, דמשעבד לתרוייהו. וכד שקלה הך דאית לה מאתיים ממנה תנינא פלגא דידה, איסתלקא לה מהאי מנה תליתאה לגמרי, דלית לה בגויה שעבודא; ושקלה ליה דאית לה תלת מאה לחודה, דלדידה משתעבד. הדין הוא סברא דר׳ נתן, עכ״ל (ראה טבלה ז׳). בעקבות הרי״ף הלכו רש״י ורוב (אולי כל?) הראשונים. בהמשך נכנה את שיטת החלוקה המתוארת ע״י הרי״ף בשם ״שיטת השעבודים״.

העזבון	הכתובות 100	200	300
100	33⅓	33⅓	33⅓
200	33⅓	83⅓	83⅓
300	33⅓	83⅓	183⅓

טבלה ז׳ — שיטת השעבודים

לפירוש הרי״ף, מתיחסת הגמרא לשיטת השיעבודים כאשר היא שואלת, ״של מנה נוטלת חמישים? תלתין ותלתא ותילתא הוא דאית לה!״. לענות על קושיא זו, מעמיד שמואל את המשנה באוקימתא שלו, ורב יעקב מנהר פקוד משמיה דרבינא מעמידה באוקימתא שלו. לבסוף, מובאת הברייתא של רבי, החולק על ר׳ נתן, וסובר כי ״חולקות בשוה״.

בפירוש דברי רבי נחלקו המפרשים. רוב הגאונים, ורבינו חננאל, סוברים כי ״חולקות בשוה״ פירושו לפי מעות, דהיינו יחסית לגודל הכתובות (ראה טבלה ח׳). הרי״ף ובעקבותיו רש״י ורוב הראשונים והפוסקים (ביניהם הרמב״ם, הרא״ש, הטור, והש״ע), סוברים כי ״חולקות בשוה״ פירושו שוה ממש, בתנאי שאף אישה לא תקבל יותר מכתובתה (ראה טבלה ט׳). דעת רבי התקבלה להלכה, וכך נכנסו דעות אלה גם להלכה הפסוקה.

העזבון	הכתובות 100	200	300
100	16⅔	33⅓	50
200	33⅓	66⅔	100
300	50	100	150
400	66⅓	133⅓	200
500	83⅓	166⅔	250
600	100	200	300

טבלה ח׳ — חלוקה לפי מעות.

הראב״ד, בהשגותיו על הרי״ף, סובר כי ״חולקות בשוה״ פירושו שהן חולקות בשוה

״עד מקום ששעבודן שוה״, דהיינו, לפי טבלה ז׳. לשאלה, מה אם כן ההבדל בין רבי לר׳ נתן, עונה הראב״ד שרבי חולק על ר׳ נתן רק בכך שרבי אומר שיש לחלק לפי טבלא ז׳ אף אם קיימים התנאים של האוקימתות. לכן לפי הראב״ד, אין הבדל בעיקר הדין בין ר׳ נתן לרבי, ויש להניח שהראב״ד פוסק להלכה לפי טבלה ז׳.

		הכתובות	
	100	200	300
100	33⅓	33⅓	33⅓
200	66⅔	66⅔	66⅔
300	100	100	100
העזבון 400	100	150	150
500	100	200	200
550	100	200	250
600	100	200	300

טבלה ט׳ — חלוקה שוה מותנית
(ההלכה לפי רוב הפוסקים).

לכאורה, נשמעת שיטת הראב״ד מאולצת, אך אחרי עיון, היא מתגלה כטבעית ומתקבלת על הדעת. אם נקבל את דברי שמואל או ר׳ יעקב מנהר פקוד משמיה דרבינא, הרי עיקר החידוש במשנתינו — הדבר שהיא באה להשמיענו — אינו בעצם הדין (טבלה ז׳), אלא דווקא באוקימתות. אחרת, מדוע המשנה אינה משמיענו את עיקר הדין? ואם כן הדבר, הכוונה במילים ״משנת רבי נתן״ היא דווקא באוקימתות, ומשתמע שרק על זה חולק רבי, ולא על עיקר הדין.

לפי כל הפירושים שהובאו בשער זה, סברת ר׳ נתן לעיקר הדין היא כפי שמתואר בטבלה ז׳, והוא גורס את המספרים במשנתינו (טבלה א׳) רק כאשר קיימים התנאים של האוקימתות. דבר זה עומד בסתירה מפורשת לפירוש המשנה שהבאנו בשער ג׳ לעיל, שלפיו המספרים במשנה הם דעת ר׳ נתן לעיקר הדין.

את הסתירה הזאת אין ליישב. אם אמנם מפרשים את המשנה כפי שפירשנוה, חייבים ללכת באחד משתי דרכים: או לסטות מהגמרא בפירוש המשנה, או לסטות מהרי״ף בפירוש הגמרא. בדרך הראשונה כבר הלכו קדמונינו ז״ל. על משנתינו כתב[6] הרב סעדיה גאון וז״ל, אע״פ ששמואל מעמידה בכותבת וכו׳, אף על פי כן מקום הניחו לנו גם אנו ויכולנו להעמידה בתנאי ב״ד על הממון הנמצא למת, עכ״ל; זאת אומרת, לפרש שהמשנה מתיחסת לעיקר הדין, ולא על דרך הגמרא. ובפירושו למשניות נזיר פ״ה מ״ה כתב בעל התוי״ט וז״ל, אע״פ שבגמרא לא פירשו כן, הואיל לענין דינא לא נפקא מינה ולא מידי, הרשות נתונה לפרש, שאין אני רואה הפרש בין פירוש המשנה לפירוש המקרא, שהרשות נתונה לפרש במקראות, כאשר עינינו הרואות חיבורי הפירושים שמימות הגמרא. אלא שצריך שלא יכריע ויפרש שום דין שיהא סותר דעת בעלי הגמרא, עכ״ל. ושמענו וראינו דברים דומים בשם כמה וכמה מרבותינו הראשונים והאחרונים, והדברים

6 שו״ת שערי צדק ש״ד סי׳ נ״ב, ואוצה״ג כתובות עמ׳ 310.

ידועים[7], ואין טעם להאריך.

אך אפשרות יש גם ללכת בדרך השניה, דהיינו לפרש את הגמרא שלא כמו הרי"ף ורוב רבותינו הראשונים ז"ל. את האפשרות הזאת נבדוק בע"ה בשער ט׳. ופשוט וברור כי עפר ואפר אנוכי תחת כפות רגליהם של רבותינו, ואין אני בא ח"ו לחלוק עליהם. אך תורה היא, וללמוד אני צריך, ואת הנראה לע"ד אני מגיש כאפשרות נוספת להבנת הסוגיא. דברי תורה כפטיש יפוצץ סלע, נחלקים לשבעים לשונות. ואולם יש לציין שעיקר פירוש הרי"ף, דהיינו החלוקה לפי שיעבודים (טבלה ז׳), מהווה גם היסוד לפירוש הגמרא שאנו עומדים להציע, ויש צדדים חשובים נוספים בפירושנו שמקורם בפירוש הראב"ד.

ט. פירוש הגמרא

כל המעיין בגמרא מגיע מהר מאוד למסקנה שאמנם שאלת הפתיחה של הגמרא[8], ושתי האוקימתות, מושתתות על שיטת השיעבודים, ואף מקבלים אותה כדבר פשוט וברור ומובן מאליו. וקצת קשה, מניין לגמרא בטחון מלא זה שדווקא זאת היא השיטה המונחת ביסוד המשנה? אין היא נמצאת בלשון המשנה, כפי שהגמרא בעצמה מעירה. ומבחינת הסברא, יש אמנם הגיון פנימִי בשיטה זאת, אך היא רחוקה מלהיות השיטה היחידה שיש בה הגיון פנימי, כפי שכבר נוכחנו (ראה, למשל, את הטבלאות ח׳, ט׳). והרי"ף בעצמו פסק להלכה שלא לפי שיטת השיעבודים, כך שקשה לטעון שהיא היחידה המתקבלת על הדעת מבחינת הסברא.

והנה לע"ד יש לייחס את השיטה הזאת דווקא לרבי, ולא לר׳ נתן. לר׳ נתן יש שיטה אחרת לגמרי לעיקר הדין, והיא שיטת החלוקה התואמת ש"א, כפי שהוסבר בשער ג׳. אך דעת רבי התקבלה להלכה מיד, עוד בימי המשנה, ורבי סתם את המשנה לפי דעת ר׳ נתן רק משום כבודו. היות ושיטת רבי — דהיינו טבלה ח׳ — היתה ידועה ברבים ומקובלת להלכה, זועקת הגמרא בצדק, "של מנה נוטלת חמישים? תלתין ותלתא ותילתא הוא **דאית לה**!". וכדי לתרץ את הסתירה בין המשנה לשיטה הידועה והקיימת להלכה, בא שמואל ומעמיד את המשנה באוקימתא שלו (שכידוע יש בה קשיים רבים). ואחרי זה בא רב יעקב מנהר פקוד משמיה דרבינא ומתרץ את אותה הסתירה, ע"י כך שהוא מעמיד את המשנה באוקימתא שלו (שאין בה קשיים פנימיים כמו שיטת שמואל, אך בכל זאת נראית שרירותית ומאולצת). ואז מגיע התרצן האחרון ואומר, רבותי, אין צורך לתרץ סתירה בין המשנה לשיטה הידועה לכולנו והקיימת להלכה, **משנה זאת לא נפסקה להלכה!** "תניא, זו משנת ר׳ נתן. רבי אומר, אין אני רואה דבריו של ר׳ נתן באלו, אלא חולקות בשוה". (כאן "חולקות בשוה" פירושו בדיוק כמו שכתב הראב"ד, ז"א לפי טבלה ז׳). ההלכה נפסקה כמו רבי, וזאת השיטה הידועה לכולנו. המשנה היא משנת ר׳ נתן, והיא מציגה שיטה אחרת לגמרי לעיקר הדין. אין צורך ואין אפשרות לתרץ סתירות בין שתי שיטות אלה!

תירוץ אחרון זה הינו גם מסקנת הגמרא, והאוקימתות נשארות בגדר ה"א. ואם כי גם ה"א צריכה להיות מובנת ומתקבלת על הדעת, כידוע אין מקפידים בזה כ"כ כמו במסקנה.

---

7 למשל: עלון שבות, גליון 88, כ"ח באייר תשמ"א, ישיבת הר עציון; פאת השולחן, בהקדמתו, בשם הגר"א; והנספח לשו"ת קול מבשר. עיין גם בתפארת ישראל על המשנה של שנים אוחזין (ב"מ פ"א מ"א) חלק בועז אות א׳.

8 "של מנה נוטלת חמישים? תלתין ותלתא ותילתא הוא דאית לה!".

הרב שלום מרדכי הלוי סגל

בבירור אופן חלוקת בעלי חובות ובדין שלושה אוחזין בטלית

סוגית הגמרא בג' כתובות

א. תנן במתני' (כתובות צ"ג ע"א): מי שהיה נשוי שלוש נשים ומת, כתובתה של זו מנה ושל זו מאתיים ושל זו שלוש מאות, ואין שם אלא מנה, חולקין בשוה. היו שם מאתים, של מנה נוטלת חמישים של מאתיים ושל שלוש מאות שלשה שלשה של זהב. היו שם שלוש מאות, של מנה נוטלת חמישים ושל מאתיים מנה ושל שלוש מאות ששה של זהב.

ובגמ' פריך אחלוקה דמציעתא וסיפא, ומבואר שם דלתנא דמתני' דאיהו רבי נתן, דין הוא שחולקין מנה ראשון בין כולם, ומנה שני חולקין רק השניה והשלישית, ואם יש שם מנה שלישי נוטלתו רק השלישית. [והא דקתני במתני' חלוקה אחרת, אוקי לה הש"ס בשני אוקימתות].

בירור יסוד הסוגיא

ב ויסוד הדבר מבואר, דס"ל לר"נ דאין לבע"ח שעבוד על יותר משיעור חובו, ולכן אין לראשונה שעבוד רק על מנה, ואותו מנה משועבד גם לשניה ולשלישית, ולכן חולקין בין כולם, ואילו המנה השניה אינה משועבדת רק לשניה ולשלישית שיש להם זכות על מנה שניה, ולכן חולקין אותה בין שניהם, ומנה שלישית אינה משועבדת רק לשלישית.

ורבי פליג על ר"נ, כמבואר בסוף הסוגיא, דרבי ס"ל דכל ממונו משועבד לכל אחת ואחת, דאף לאותה שאין לה עליו רק מנה מ"מ כל הג' מנה משועבד למנה שלה, ונמצא דיש לכ"א שעבוד על כל הג' מנים, וחולקין כל המנים בין כולם. [ויש בזה ב' דעות בראשונים, דעת הגאונים ור"ח דחולקין לפי ערך החובות, וכגון בציורא דסיפא מחלקין הג' מנים לו' חלקים, והראשונה נוטלת חלק א', ושניה ב' חלקים, ושלישית ג', ודעת הרי"ף והרמב"ם ורוב הראשונים דחולקין בשוה ממש, וכן נפסק בשו"ע (סי' ק"ד ס"י)].

צורת החלוקה העולה מהסוגיא

ג. ועכ"פ מבואר בגמ' דדינא דמתני' [דקאי כר"נ] במציעתא וסיפא אינה מתפרשת כפשוטה, ומשום דבאמת באופן הרגיל דינא דמציעתא הוא, דראשונה נוטלת 33 זוז ושליש, [דהיינו שליש ממנה ראשונה], ושניה ושלישית נוטלת כ"א 83 ושליש, [דהיינו שליש ממנה ראשונה ומחצית ממנה שניה], ובסיפא שלישית נוטלת 183 ושליש, [דהיינו שליש ממנה ראשונה ומחצית מנה שניה וכל מנה שלישית].

וראיתי באיזה קובץ נדפס שם מאמר מאיזה פרופ' המתחכם להעלות רעיון לפרש המשנה כפשוטה, דלא כהבנת חכמי התלמוד והראשונים, אלא דגם באופן פשוט כשיש ג' בעלי כתובות א' מנה וא' מאתיים וא' ג' מאות ויש שם ב' מנים, דינם אליבא דר"נ, שיתחלקו באופן המבואר במתני', דהיינו, דהראשונה נוטלת נ' ושניה ושלישית כ"א ע"ה, וכשיש שם ג' מאות, הראשונה נוטלת נ' ושניה ק' ושלישית ק"נ, והוא ע"פ מה שמצא הגיון לצורת חלוקה זו, ע"פ "תיאוריה מתימטית מודרנית של תורת המשחקים".

הנחת הכותב

ד. ויסוד דברי הכותב הוא, ע"פ דינא דמתני' דריש ב"מ בשנים אוחזין בטלית, בזה אומר כולה שלי וז"א חציה שלי, דתנן במתני' דזה שאומר כ"ש נוטל ג' חלקים וזה שאומר ח"ש נוטל רביע, והיינו משום דהמחצית שהשני מודה שהוא שלו אינו

נכנס בכלל מחלקותם, ונוטלו זה שאומר כ״ש, ובמחצית השניה שמחולקין בו חולקין ביניהם.

וכלל זה שייך גם בבעלי חובות שבאים לגבות מנכסי החייב, וכגון שאחד תובע מאה וא׳ חמישים ואין שם אלא מאה, דהדין הוא דבעל המאה נוטל תחילה נ׳ שהשני אין לו עליו תביעה, והנ׳ שמחולקין עליו חולקין ביניהם, וכפי הכלל המפורש במתני׳ דשנים אוחזין בא׳ אומר כולה שלי וא׳ אומר חציה שלי, והיינו דאותו חלק שמחולקין בו חולקין ביניהם, והחלק שאין מחולקין בו נוטל הא׳.

והכותב הנ״ל בדק ומצא, דגם בדינא דמתני׳ בג׳ נשים שיש להם חוב כתובה על הבעל, אחת מנה ושניה ר׳ ושלישית ש׳, ואין שם רק ג׳ מאות, הרי החלוקה המבוארת במתני׳ תואמת את הכלל הנ״ל, והיינו, דאם נבדוק את החלקים שמקבלים כל שנים מתוך השלושה, נמצא דהחלוקה ביניהם הוא ע״פ הכלל של א׳ אומר כ״ש וא׳ אומר ח״ש, וכגון בסיפא דמתני׳ שיש שם ג׳ מאות, דהדין הוא דא׳ נוטלת נ׳ ושניה ק׳ ושלישית ק״נ, ואם נבדוק חלקי הא׳ והב׳ שקיבלו יחד ק״נ, הרי חלוקתם בק״נ תואמת את הכלל הנ״ל, דהא׳ נוטלת נ׳ מתוך הק׳ שחלוקה עליו, והב׳ נוטלת ק׳, דהיינו נ׳ שאין להא׳ חלק בה, [שהרי אין להא׳ תביעה רק על ק׳ מתוך הק״נ], ועוד נ׳ מתוך הק׳ שחלוקין עליו, וכן אם נבדוק את חלקי הב׳ והג׳ שנוטלין יחד ר״נ, הרי שחלוקתם היא באופן כזה שהב׳ נוטלת ק׳ מתוך הר׳ שחלוקה עליו, והג׳ נוטלת ק״נ, דהיינו נ׳ שאין להב׳ חלק בה, וק׳ מתוך הר׳ שחלוקין עליו, ועד״ז אם נבדוק חלקי הא׳ והג׳ שנוטלין יחד ר׳, וחלוקתם ביניהם באופן שהא׳ נוטלת נ׳ מתוך הק׳ שחלוקין עליו, וכן נוטל הג׳ נ׳ האחרים, ובנוסף לזה נוטל עוד ק׳ שאין הא׳ חלוקה בו.

ועפ״ז העלה הכותב דבאמת זהו כללא דמתני׳, וזהו סברת ר״נ, דיש לעשות חלוקה מאוזנת, באופן כזה שכל שנים מהג׳ יקבלו יחד חלק שיתחלק ביניהם בצורה זו התואמת לחלוקה שהיתה מתבצעת ביניהם אילו היה הנדון רק על חלק זה, ע״פ דינא דמתני׳ בא׳ אומר כ״ש וא׳ אומר ח״ש.

והעקרון לכל זה הוא, דלעולם אנו מחלקים את הממון בין כל התובעים באופן שוויוני, לכ״א מהם עד כדי מילוי תביעתו, אך לעולם לא יקבל א׳ מהם יותר ממחצית תביעתו כל עוד אין מספיק לכולם.

ה. והנה, באמת לזר ייחשב להתייחס לנסיון התחכמות לנטות מדרכי הגמרא בפירוש מתני׳ ולצעוד בדרכים שלא שערום רבותינו, וגם אילו תמיהת הגמרא על דינא דמתני׳ היתה מבוססת על כך שחכמי התלמוד לא מצאו הגיון לצורת החלוקה המפורשת בה, הרי שגם אז מוזר לנסות למצוא איזה הגיון לצורת חלוקה כזו, המבוססת על תיאוריה מתימטית מודרנית, שכאילו נודעה רק לחכמי המשנה ונעלמה מחכמי התלמוד, ועל סמך זה לסטות מהבנת התלמוד בפירושא דמתני׳.

מה גם דבאמת קושיית הגמ׳ מבוססת על כך שהיה ברור לחכמי התלמוד שהחלוקה המבוארת במתני׳ אינה נכונה, ומשום דנקטו דלעולם אין להא׳ ליטול יותר משליש המנה המשועבדת לה, כאילו אין שם אלא מנה א׳, [ומשום דכיון דשעבודה אינו מונע חלות שעבוד השניה והשלישית, דכל מנה יכול להשתעבד להרבה בע״ח, ממילא אין להב׳ שעבוד רק על מנה זו ומנה שניה, ולא על מנה שלישית, כיון דאין לה זכות לשעבד רק שני מנים, וממילא מן הדין שיתחלק המנה הא׳ בין הג׳, ואין הא׳ יכולה לדחות הב׳ אל המנה הג׳ (ויבואר עוד להלן בע״ה)], וכן השניה א״א לה ליטול יותר משליש מנה הא׳ ולא יותר ממחצית ממנה השניה כאילו אין שם רק ב׳ מנים, כך שיש מקום להניח דגם חכמי התלמוד היו מודעים לכך שיש איזה הגיון לצורת החלוקה דמתני׳ אילו היה מן הדין לדחות השעבוד ממנה א׳ למנה ב׳ וג׳, אלא דהגמ׳ ס״ל דבאמת אין זה מן הדין, ומה א״כ יועיל לנו מה שנגדיר את צורת

החלוקה הנ"ל, כאשר טענת הגמ' היא שהבסיס לחישוב אינו נכון.

כך שגם אם יש מקום לעצם צורת החלוקה שהסביר הכותב, הרי שלמעשה מפורש בגמ' שזו אינה שייכת בחלוקת חובות.

ואם יש מקום לדון הוא בג' אוחזין בטלית השוה ג' מאות, וראובן טוען כולה שלי ושמעון טוען שני שליש שלי ולוי טוען שליש שלי, דע"פ דברי הכותב הדין הוא, דראובן יקבל ק"נ ושמעון ק' ולוי יקבל נ', דנמצא דראובן ושמעון יחד קיבלו ר"נ, שמתחלק ביניהם כאילו הויכוח רק על ר"נ וראובן אומר ר"נ שלי ושמעון אומר ר' שלי, דראובן נוטל ק"נ, [נ' ששמעון מודה לו, ומחצית מהר' שחלוקין עליו], ושמעון נוטל ק', [מחצית מהר' שחלוק עם ראובן], וכן שמעון ולוי נוטלין יחד ק"נ, וחולקין אותו ביניהם כאילו הויכוח רק על ק"נ, ושמעון אומר ק"נ שלי ולוי אומר ק' שלי, דשמעון נוטל ק', [דהיינו נ' שלוי מודה לו, ועוד נ' מחצית הק' שחלוקין עליו], ולוי נוטל נ', [מחצית מהק' שחלוקין עליו], וכן ראובן עם לוי נוטלין יחד ר', וחולקין ביניהם כאילו הויכוח על ר' וראובן אומר ר' שלי ולוי אומר ק' שלי, דראובן נוטל ק"נ, [ק' שמודה לו לוי ועוד מחצית מהק' שחלוקין עליו], ולוי נוטל נ', [מחצית מהק' שחלוק עם ראובן].

והנה הכותב הנ"ל קבע מסקנתו זו ב"נוסחה מדעית", והאריך לבסס הדברים באופן מופשט, תוך שימוש בהדגמות וטבלאות, ואנן בדידן נבחון הדברים בעזהי"ת בצורה עיונית, על יסוד ההגיון התורני.

דין ג' אוחזין בטלית

ו. והנה בהך דינא דג' אוחזין בטלית, כבר מצאנו לאחרונים שחקרו בזה, מה הדין כשראובן אומר כולה שלי ושמעון ולוי אומרים כ"א חציה שלי, איך מחלקים הטלית ביניהם.

דהרי הא ברירא דהכא אין לומר שיטול ראובן תחילה חצי הטלית, והחצי השני יחלקו בין שלושתם, דזה אינו נכון, דדוקא כיש שם רק אחד הטוען ח"ש אמרי' דנוטל ראובן המחצה תחילה, דהרי שמעון מודה לו שהוא שלו, וכל מחלקותם הוא רק על המחצית השניה, משא"כ כשגם לוי טוען ח"ש, נמצא דלטענת שמעון ולוי יש לחלק הטלית בין שניהם לבד, ואין כאן הודאה כלל לראובן על מחצית, ולא שייכי דינא דמתני'.

והיה אפשר לומר דבאמת בכה"ג נוטל ראובן מחצה ושמעון ולוי נוטל כ"א רביע, דהרי אם לא היו אוחזין רק שמעון ולוי היו חולקין הטלית בין שניהם, כיון שיש בהטלית מספיק לשניהם שהרי אין כל א' טוען רק על מחצית, וכשבא ראובן וטוען כ"ש הרי הוא מחולק עם שניהם על כל הטלית, ומתחלק עמהם.

ועד"ז נמצא דה"ה כשראובן טוען כ"ש ושמעון טוען שני שליש שלי ולוי טוען שליש שלי, דאילו היה כאן רק שמעון ולוי היו מחלקין הטלית ביניהם והיה נוטל כ"א כל תביעתו, וכשבא ראובן וטוען כ"ש יטול מחצית, והשאר יחלקו שמעון ולוי, שמעון שני שליש המחצית השניה ולוי שליש ממנה.

ז. ומה שיש לדון הוא בטלית השוה ג' מאות, וראובן טוען ש' שלי, ושמעון טוען ר' שלי, ולוי טוען ק"נ שלי, דבאופן זה נמצא דגם שמעון ולוי מחולקין ביניהם על נ', דהרי הם תובעים יחד ש"נ ואין שם אלא ש', ונמצא דיש לשמעון ק"נ וללוי ק' והנ' הנותרים היה מתחלק בין שניהם כדין ב' אוחזין בטלית, ועכשיו שראובן טוען ש' שלי, יש לדון כמה נוטל ראובן.

ולכאו' היה נראה, דתחילה נוטל ראובן מחצית ממה שנטלו שמעון ולוי בתורת ודאי, דהיינו ע"ה משמעון ונ' מלוי, שהרי בחלקים אלו דינם כשנים אוחזין בטלית, ראובן עם שמעון בק"נ וראובן עם לוי בק', והנ' שמתחלק בין שמעון ללוי יש לחלק

כעת בין שלשתם, דהרי שלשתם מחולקין בו, ונמצא דראובן יטול 141.6, ושמעון יטול 91.6 ולוי יטול 66.6.

אמנם יש מקום לומר דאין דנין כאן דין ג׳ אוחזין, ומשום דכיון דאחר שיטלו שמעון ולוי רק מחצית תביעתם, [מחמת שראובן חולק עם כ״א בחלקו], שוב אין סתירה בין חלקו של שמעון לחלקו של לוי, אנו דנים בו רק דין שנים אוחזין, והיינו דדנין בין ראובן לשמעון על ר׳ שמחולקין, ונוטל כ״א ק׳, וכן דנין בין ראובן ללוי על ק״נ ונוטל כ״א ע״ה, ונמצא ראובן נוטל קכ״ה ושמעון ק׳ ולוי ע״ה, דכשראובן בא לחלוק עם שמעון, אינו יכול לגרע כחו של שמעון מכח מה שגם לוי חלוק עמהם, כיון דהרי לוי לא יטול יותר מע״ה, ואין לו כלום באותם ר׳ שראובן חולק בו עם שמעון, וכן כשבא ראובן לחלוק עם לוי בק״נ אינו יכול לגרע כחו מצד תביעת שמעון, כיון דשמעון לא יטול יותר מק׳ ואין לו בק״נ הנותרים כלום.

ולפי חישוב זה נמצא, דשמעון ולוי מקבלין כ״א מחצית תביעתם בשלימות, וראובן אינו מקבל כל מחצית תביעתו, ומשום דאין כחו של ראובן גדול יותר מחבריו רק באותם חלקים שאין להם תביעה עליהם, ובאופן הנ״ל לא נשאר רק 25 שאין חלוקים עליו, דאחר שלוי קיבל 75 ונשאר 225 יש כאן 25 שאין לשמעון חלק בו, וזה נוטל ראובן יתר על מה שנוטל מחצית מסכום של 200 שחלוק בו עם שמעון.

ולדרך זה הגענו ל״נוסחה המדעית״ שקבע הכותב הנ״ל, דלפי חשבון הנ״ל הרי לעולם אין לנו להתחשב בג׳ התביעות זה מול זה, אלא יש לנו לחשב בין כל שנים על מה שמחולקין בו בחלקים שנשארו אחר שהשלישי נטל מה שהיה לו ליטול, וכגון בציור הנ״ל אנו צריכים לחשב בין ראובן לשמעון שמחולקין בסכום של 225 שנשארו אחר שלוי נטל 75, ובהם טוען ראובן כולה שלי ושמעון טוען 200 שלי, דהדין הוא דראובן נוטל תחילה 25 והשאר חולקין ביניהם ונוטל כ״א 100, וכן אנו צריכין לחשב בין ראובן ללוי שמחולקין בסכום של 200 שנותר אחר שנטל שמעון חלקו, ובזה ראובן טוען כולה שלי ולוי טוען 150 שלי, דדינו דראובן נוטל תחילה 50 שלוי מודה לו, והשאר חולקין ביניהם ונוטל כ״א 75, ועד״ז אנו מחשבין את חלוקת שמעון ולוי בסכום של 175 שנשאר אחר שנטל ראובן חלקו, [דהיינו 125 שהם מחצית ממה שנטלו שמעון ולוי], ובזה שמעון טוען כ״ש ולוי טוען 150 שלי, דדינו דשמעון נוטל תחילה 25 שמודה לו לוי, והשאר חולקין ונוטל כ״א 75.

וכך הגענו לעקרונות שב״נוסחה המדעית״, דלעולם אין לא׳ ליטול יותר ממחצית תביעתו, כל עוד אין מספיק לכולם, [ומשום דכל שאין שם מספיק לכולם הרי יש כאן שנים אוחזין באותו חלק שהוא תובע ומתחלק ביניהם], והחלוקה נעשית באופן שוויוני, כאשר כ״א מקבל חלק כזה שלעומת חלק שקיבל חבירו יש בזה חלוקה מאוזנת, שאילו היינו מחשבין החלוקה באותו חלק לבד ע״פ טענותיהם היה מתחלק ביניהם בצורה כזאת.

סתירת המהלך

ח. אולם, הבסיס לכל מהלך זה בנוי על ההנחה שהנחנו לעיל, דבג׳ אוחזין בטלית וראובן טוען כ״ש ושמעון ולוי טוענין כ״א ח״ש דינו דנוטל ראובן מחצית והמחצית השניה חולקין בו שמעון ולוי, ומשום דכיון דשמעון ולוי אין חלוקין ביניהם כלל, אנו מחשבין כאילו הם חלוקין כ״א עם ראובן לבד, ורק ראובן מפסיד מזה שיש כאן ב׳ החלוקין עמו.

[וכן באופן ששמעון טוען שני שליש שלי, ולוי טוען שליש שלי, נוטל כ״א מהם מחצית תביעתו כאילו הוא חלוק רק עם ראובן, ונמצא רק ראובן נפסד ממה שיש כאן ג׳ האוחזין, דהרי אילו היו רק ראובן ושמעון אוחזין בהטלית, היה ראובן נוטל ר׳ ושמעון נוטל ק׳, וכעת שנוסף לוי הטוען שליש שלי, ראובן מפסיד מחלקו ונוטל רק ק״נ ולוי נוטל נ׳ אלו, ושמעון אינו מפסיד כלום ונוטל כל הק׳. וכן להיפך, אילו לא היו אוחזין רק

ראובן ולוי, היה הדין דראובן נוטל ר"נ ולוי נ', וכעת שיש כאן גם שמעון שטוען ב' שליש שלי, הוא נוטל ק' מחלקו של ראובן שנוטל רק ק"נ ולוי נשאר בכל חלקו ונוטל נ'].

אמנם יעוי' בתשו' מהרי"ל דיסקין (קונ' תורת האהל בתחילתו -דף ב' ע"ב- בחי' אביו הגאון רבי בנימין על ריש ב"מ) שדחה מהלך זה בזה"ל: "הא ודאי ליתא, דא"כ כל ההפסד משלישי הנוסף הוא לבעל כ"ש, והח"ש נוטל ג"כ רביע כאילו היה הוא והכ"ש לבד, וזה לא יתכן".

ומפורש דכל הנחה זו דחויה היא, ולא יתכן לומר כן, והיינו, משום דלפי הנחה זו הרי נמצא דנקבע כאילו המחציות מסוימות, מחצית אחת שטוען עליה שמעון וחלוק הוא בה עם ראובן לבד, ומחצית שניה שטוען עליה לוי וחלוק הוא בה עם ראובן לבד, ובאמת קביעה זו אינה נכונה כלל, דהרי לאמיתו של דבר אין המחציות מסוימות לומר ששמעון טוען על מחצית זו ולוי טוען על מחצית אחרת מסוימת, אלא שכל עוד רק שמעון ולוי טוענים כ"א ח"ש, אין שום סתירה ביניהם ונוטל כ"א מחצית אחרת, דאין לאף אחד מקום לגרע את חבירו כיון דיש לו ליטול המחצית האחרת, אבל כשגם ראובן אוחז וטוען כ"ש, שוב יש כאן סתירה גם בין תביעת שמעון לתביעת לוי, כיון דאין מספיק לכל התובעים, ואין שום טעם לומר שלא יגרע חלקו של שמעון במחצית א' מכח תביעת לוי מחמת שיש אפשרות ללוי ליטול מהמחצית ב', כיון דראובן טוען גם על המחצית הב' שהיא שלו, וכמו ששמעון רוצה לדחות את לוי ממחצית א', יכול גם ראובן לדחותו ממחצית ב' למחצית א', ועד"ז אין מקום לומר שלא יגרע חלקו של לוי מכח תביעת שמעון.

אמנם מצד שני ביאר הגאון הנ"ל, דאין גם לומר דהכ"ש נוטל קודם חצי הטלית לבד, והחצי השני נחלק בין שלשתם דכולם טוענים עליו ויטול כ"א שליש מהמחצית, דגם זה אינו צודק, דבשלמא כשא' טוען כ"ש וא' ח"ש שפיר נוטל האומר כ"ש מחצית לבד, דע"ז מודה לו הבע"ד דטוען רק ח"ש, ואח"כ חולקין המחצית השניה שעליה הם מחולקין, משא"כ כשיש שנים שטוענין ח"ש, הרי אין לו הודאה משום אחד על חצי הטלית, שהרי כ"א שטוען ח"ש אינו יודע אם החצי השני הוא של הטוען כ"ש או של חבירו הטוען ח"ש, ואינו מודה לאחד מהם אלא לשניהם יחד, דהיינו שטוען ח"ש והחצי האחר או של אחד משני חבריו, ונמצא דאין להטוען כ"ש הודאה משום א' מהם על חצי שלם, וממילא אין לו ליטול מחצית לבד.

מסקנת הג"ר בנימין דסקין

ט. ומסקנת הגאון הנ"ל היא, דבאופן כזה שראובן טוען כ"ש ושמעון ולוי טוענים כ"א ח"ש, מחלקין את החפץ לד' רביעיות, רביע א' נוטל ראובן לבד, רביע הב' חולק ראובן עם שמעון הטוען ח"ש, ונוטל כ"א שמינית, ועד"ז חולק רביע הג' עם לוי הטוען גם הוא ח"ש ונוטל כ"א שמינית, ורביע הד' חולקין כל הג' ביניהם ונוטל כ"א שליש מהרביע, ונמצא דראובן האומר כ"ש נוטל: רביע, ושמינית, ושליש הרביע, [דהיינו יחד י"ד חלקי כ"ד], ולוי ושמעון נוטלין כ"א: שמינית, ושליש הרביע, [דהיינו ה' חלקי כ"ד].

וע"ש מה שביאר טעם הדבר, וקוטב הדברים הוא, דאף דאין לראובן כח ליטול המחצית לבד, ומשום דאין כאן הודאה מאף א' שהמחצית השניה היא שלו, וממילא נמצא דגם מחצית השניה היא גם בכלל התביעה והחלוקה, מ"מ אכתי עדיף כחו של ראובן ברביע א' שלא יהיה מוטל לחלוקה עם השנים האחרים, וכששמעון או לוי בא להתחלק עמו במחצה, מצי ראובן לטעון שגם השני יתחלק עמם ברביע, ורק ברביע האחר יתחלק עמו לבד, ומשום דאף דאין כ"א מהם מודה שהמחצית השניה היא כולה של ראובן, מ"מ מודה כ"א שיש לו בה עכ"פ רביע, כיון דאין יודעין שטענת השני צודקת, וממילא יש לראובן זכות ברביע לכל הפחות שלא יכנס בחלוקתם, ונמצא דברביע אחד יתחלקו בין שלשתם.

מהלך נוסף בזה

י. ולענ"ד יש לבאר הדבר בסגנון אחר, דכיון דאין המחציות מסוימות, הרי אין לנו מקום לקבוע האם הג' תובע אותה מחצית שהב' תובע, או שתביעתו על המחצית האחרת, וכיון שאין הדבר מבורר הרי הדין נותן שנחלק את תביעת הג' בין אותה מחצית שתובע גם הב' לבין המחצית האחרת, דאז החלוקה מאוזנת בין שניהם, ולכן ברביע אחד הוא מתחלק יחד עם הב' וברביע שני הוא מתחלק לבד עם הא'.

ועד"ז יש לדון גם כשראובן אומר כולה שלי ושמעון אומר שני שליש שלי ולוי אומר שליש שלי, דלהאמור הדין נותן דהשליש של לוי מתחלק לג' חלקים, ב' מהם הוא חולק יחד עם שמעון וראובן, וחלק השלישי של השליש הוא חולק לבד עם ראובן, [דכיון דאין להכריע באיזה שליש תובע לוי, הרי זה מתחלק בצורה שוה בין כל הג' שלישיות], והיינו שמחלקין כל שליש לשלוש, ויש בידינו ט' חלקים, וראובן נוטל תחילה ב' חלקים, [דהיינו ב' שלישי השליש], ובשני חלקים נוספים חולקים כל הג' יחד, ובעוד ד' חלקים חולקים ראובן עם שמעון, ובחלק א' חולק לוי עם ראובן לבד, ונמצא דראובן נוטל 31/54, ושמעון 16/54, ולוי 7/54.

בדין חלוקת בעלי חובות

יא. ולפי"ז אם נדמה דין שעבוד לדין חלוקת שנים אוחזין בטלית, הרי בציורא דמתני' דאשה הא' כתובתה ק' והשניה ר' והשלישית ק' ואין שם אלא ש', היה הדין נותן שהא' נוטלת כ- 39 זוז, והב' נוטלת כ- 89 זוז, והג' נוטלת כ- 172 זוז.

ומעתה צריכין אנו לבאר הא דבגמ' מפורש דאין נוהג חלוקה זו, אלא הדין הוא דהא' נוטלת 33 ושליש, ושניה 83 ושליש, ושלישית נוטלת 183 ושליש, דעפ"ז עולה דבג' אוחזין בטלית, ראובן טוען כ"ש ושמעון טוען ב' שליש שלי ולוי טוען שליש שלי, הדין הוא דחולקין שליש א' בין כולם, ושליש שני בין ראובן ושמעון, ושליש א' נוטל ראובן לבד, ועד"ז באופן שראובן טוען כ"ש ושמעון ולוי טוענים כ"א ח"ש, יהיה הדין דחולקין מחצית א' בין שלושתם ומחצית הב' יטול ראובן לבד, וזה דלא כמתבאר בדברי הגאון ר' בנימין דאין חלוקה זו צודקת, כמבואר לעיל.

חילוק בין דין ג' אוחזין בטלית לדין שעבוד

יב. אכן כבר כתבנו דסברת הש"ס הוא דאין לדמות דין שעבוד לדין שנים אוחזין בטלית, והוא, דדוקא גבי שנים אוחזין בטלית שהויכוח ביניהם על בעלות החפץ, ולטענת שמעון הטוען שני שליש שלי הרי הוא טוען שאין ללוי חלק בשני שלישים אלו, ודוחהו ליטול שליש שלו מהשליש הנותר, וכן להיפך, ולכן לא שייך לעשות החלוקה בצורה הנ"ל לחלק שליש א' בין שלשתם, דהרי לטענת שמעון אין ללוי ליטול כלל משני שלישים שלו אלא משליש הנותר, וממילא הדין נותן לעשות החלוקה באופן שוויוני כפי שנתבאר לעיל.

משא"כ גבי שעבוד, לפי תנא דמתני' דס"ל כר"נ דאין לבע"ח שעבוד על יותר מחובו, ומה"ט אין להא' שעבוד רק על מנה, הרי גם אחר שנשתעבד לה המנה, אין זה מעכב שישתעבד מנה זה גם לחברותיה, כיון דכולם שוות בשעבודם, וממילא צריכה להתחלק במנה זו עם כולם, כיון דשעבוד כולם חל על המנה, ומה שיש שם עוד ב' מנים אין זו סיבה לדחותם לשם [כל שאינו מספיק לכל חובם], וגם אין להא' שום זכות במנים האחרים כיון דס"ל דאין בע"ח זוכה בשעבוד בשיעור היותר מחובו, וממילא הדין הוא דמנה א' חולקין בין כולם, ומנה שניה בין שנים, ומנה הג' נוטלת השלישית.

וזכינו בע"ה לטעום מנועם צוף דברי חכמים וחידותם, אשר צדקו יחדיו, וכמסמרות נטועים, ברוך שבחר בהם ובמשנתם.

★ ★ ★

וי"ל כוונתו, דיש ענין דחינוך דהוא כדי להרגיל אותם במצוות וזה דווקא במצוה כתקונה וכמשפטה בשלמות, [ולזה התכוון ר"א ממיץ שהביא הגרי"ו] ויש עוד ענין דחינוך דהוא ללמד ולהרגיל בניו ללכת בדרכי יושר, וכדי להכניסם תחת כנפי השכינה, וכלשונו של רבינו מנוח, והאי ענינא דללכת בדרכי יושר ס"ל לרבינו מנוח שייך רק בבנים דלהם עיקר התורה והמצוות, וזהו שהשוה, שהתחיל לדבר אביו מלמדו תורה צוה לנו, ר"ל אף דאינו מכון מה שלומד, ואע"כ מה לימוד התורה הוא זה, רק הכוונה להכניסם תחת כנפי השכינה, ועי"ז מספיק שמלמדו עצם הפסוק בלא הבנה על מה שלומד. [וההגדרה עדיין צריך תלמוד, אבל לכאורה אין ענינו להרגילם במצוות , דזהו חינוך השני].

ד. מה שדקדק הגרי"ז בר"מ דלא הביא התחיל לדבר, אביו מלמדו ק"ש ורק הביאו בהל' ת"ת י"ל דע' ר"מ וז"ל מאימתי אביו חייב ללמדו תורה משיתחיל לדבר מלמדו תורה צוה לנו משה ושמע ישראל ואח"כ מלמדו מעט מעט פסוקים וכו' עכ"ל. ממש"כ מאימתי חייב ללמדו תורה ועי"ז הביא תורה צוה, ושמע ישראל, משמע שלמד הר"מ דמה דאיתא בגמ' (סוכה מב.) יודע לדבר אביו מלמדו תורה וק"ש, אין הכוונה לענין מצות ק"ש, רק הכל לענין מצות ת"ת, דאביו מלמדו תורה צוה, וגם שמע ישראל, דשמע ישראל הוא חלק מתורה [והא דנקטו הני ב' פסוקי י"ל משום דעיקרם באמונה הם] וא"ש המשך דברי הר"מ ואח"כ מלמדו מעט מעט פסוקים, ר"ל דאח"כ מלמדו עוד תורה, ר"ל עוד פסוקים. וא"כ אין הכרחו של הר"מ משום קושיתו דכוונה מעכב בק"ש, רק הכרחו דכן למד הגמ' הנ"ל. ולעולם אפילו את"ל דלא כפסקו של הגרי"ז, וצריך כוונה לת"ת, שפיר עדיין יש חיוב חינוך עליו. וכן לענין ק"ש, י"ל דשפיר יש חיוב דחינוך ג"כ בלא כוונה.

בציפיה להרמת קרן של תורה
מנחם מנדל רוטנבערג
ירושלים

בענין כתובתה של זו מנה ושל זו מאתיים ושל זו שלש מאות

בקובץ קל"ו מחא ליה אמוחא הרה"ג רבי שלום מרדכי הלוי סג"ל שליט"א, לדברי הבא במשחק"ו לפרש הסוגיא דכתובתה של זו מנה וכו' [כתובות צ"ג ע"א] נגד דברי הגמרא והראשונים, ע"ש. והריני כמוסיף על דבריו עוד כמה נקודות.

א

ותודף דברי הרב הנ"ל, שדברי הכותב הנ"ל מוטעים בתרתי. חדא במה שדימה חלוקת בעלי חובין לסוגיא דשנים אוחזין, כי אין ביניהם שום דמיון. ותו, דאפילו בממון המוטל בספק בעלות כבשנים אוחזין בטלית, ג"כ אין הדין כדבריו.

ובאמת שבחילוק בין בעלות לבע"ח כיוון לדברי הרי"ף בסוגיין. וז"ל [בהעתקה מלשון הערבי, דף נ"א ע"ב] ורבינו האי גאון ז"ל פתח בה פתח וביאר בה שהיא הולכת ע"ד שנים אוחזין בטלית, ועיינתי בדבריו ומצאתי שאינה הולכת בשיטה זו וכו' אבל הכא כל אחת מהן יש בידה שטר מממון ידוע ואין שום אחת מהן טוענת בחברתה שתהיה טוענת בממון שאינו שלה, כי כולן טוענות ושואלות דין אמת וכו' ועוד לדעת רבי וכו' אי אפשר להתחשב שמשנתינו היא הולכת בשיטת שנים אוחזין בטלית לפי שאם כן לא היה רבי חולק עליה וכו' שא"א לומר שרבי חולק על משנת שנים אוחזין בטלית וגו', ע"ש.

כלומר דבמחלוקת על בעלות כבשנים אוחזין, הרי שבכל מה שטוען האחד שהוא שלו הריהו מכחיש בזאת לשכנגדיו שאינו שלהם, ובמה שאינו טוען הריהו מודה בו לשכנגדיו דאינו שלו. משא"כ בבעלי חובין שאין שום סתירה בין התביעות כלל, וכולן אמת. ורק משום שאין שם כדי פרעון כל תובותיו צריך לדון איך לחלק העזבון בין החובות שנשתעבדו ביום אחד. וכמו שאין בתביעת הנושה שום הכחשה לשכנגדיו, כמו כן אין בה שום הודאה על מה שאיננו תובע.

ולכן לגבי חלוקת בעלי חובין שפיר יש מקום בראש לומר שיחלוקו בשוה, או לפי מעות, ולומר דאף שעבוד קטן חל על כל העזבון כולו. ואיכא נמי למימר כדברי ר"נ במשנה וכדפירשוה הראשונים, שאין

השעבוד של הבע"ח הקטן חל אלא על מה שתובע ובזה הוא שחולק עם הבע"ח הגדולים ממנו, והנותר חולקים ביניהם רק הבע"ח הגדולים. אבל אין לדמות וללמוד דין חלוקת בע"ח מדין החלוקה של הטוענים לבעלות כבשנים אוחזין בטלית, וזה ברור.

וכן מש"כ הכותב הנ"ל [בעמוד צ"ב טור ב'] לאידך גיסא, שבשנים אוחזין בטלית ז"א כ"ש וז"א ח"ש יש סברא לומר שזה יטול שני שלישיה וזה שלישה כפי יחס טענותיהם, או שיחלוקו בשוה, אינו מובן כלל. הגע בעצמך, זה אומר שהמוכר נתרצה למכור לשניהם יחד ולכן חציה שלו, ושכנגדו טוען לא כי אלא שהמוכר נתרצה למכור רק לו ולכן כולה שלו, באופן שכל מחלוקתם היא רק על חצי הטלית בלבד, ואנן ניקום ונפסוק שיש לחלק ביניהם גם את המחצה שאין בה פלוגתא. והלא אין זאת אלא תימה, על אף שאין המחצית מסוימת.

אלא שהאלקים עשה את האדם בסברא ישרה, והמה בקשו חישבונו"ת רבים אשר לא יכילו המים, ואין מים אלא תורה שנאמר הוי כל צמא לכו למים, במאטעמאטיקא ומשחקים אשר הם חושבנא בעלמא בלא עיון וסברא, להשוות בין השונים אשר לא דמו זל"ז אלא כעוכלא לדנא.

ב

ובאמת, שאם כן היה אפשר לדמות עניננו לשנים אוחזין, הרי שדוקא דברי רבי נתן במשנה כדפירשוהו הראשונים הנה הינם מתאימים ממש לשנים אוחזין. דכמו שבשנים אוחזין אין הח"ש חולק עם הכ"ש אלא בכדי טענתו ואילו מה שמודה שאינו שלו נוטל הכ"ש לבדו בלא שום דו"ד, הכא נמי כן הוא, שאין בעלת המנה חולקת עם הבע"ח הגדולים ממנה אלא בכדי שיעבודה ולא יותר. הצד השוה שבהם, דבמאי דפליגי פלגי בינייהו ובמאי דלא פליגי א"ל תביעה וזכות.

ומה דהרי"ף לא ניחא ליה לדמות עניננו לשנים אוחזין, אפ"ל דהיינו מהאי טעמא גופא דאף אם אמנם תוצאת החלוקה שוה היא בשניהם, הרי אין הטעמים שוים כלל. וכנ"ל, דהכא אינם מכחישים או מודים זל"ז ולא מידי. ואם היה הדין כאן תלוי בסברות של שנים אוחזין לא היה רבי חולק אר"נ. ולכן הוצרך הרי"ף להסביר משנתינו באופן אחר, דהיינו שלר"נ אין השעבוד חל אלא על סכום השעבוד ולא על כל נכסי החייב. ודוק.

ולמאי דלקמן מהמהרי"ל דסקין נמצא שאף אין חשבון החלוקה שוה מהכא להתם, אלא יש נ"מ גדולה ביניהם לא רק לסברא אלא אף לדינא.

ג

דשבשתא כיון דעל עלה כולו קמשונים וחרולים. כי אף בשלשה אוחזים בטלית ז"א כולה שלי וז"א שני שלישיה שלי וז"א שלישה שלי מבאר הרב הנ"ל שאין הדין כדברי הכותב הנ"ל, שזה יטול חציה וזה שלישה וזה שישיתה. ע"פ מאי דאיתא בשם המהרי"ל דיסקין דבשלשה אוחזין ושנים אומרים ח"ש והשלישי כ"ש נוטל הכ"ש י"ד חלקי כ"ד וכ"א מהח"ש ה' חלקי כ"ד, ואין הדין שהכ"ש נוטל חציה וכ"א מהח"ש רביע.

ועיין טעמו ונימוקו עמו בקובץ תורה מציון [שי"ל בעה"ק ירושלים תובב"א] שנה א' תרמ"ז חוברת א' סי ל"ב, ומובא גם באוצר מפרשי התלמוד לב"מ עמ' ט' ובהערה ס"ב. [והדברים הובאו גם בתורת האהל שבסוף שו"ת מהרי"ל דיסקין, דף ג' ע"ב. וצ"ע מה שהביאו הדברים במדור של חידושי אביו הג"ר בנימין, כי הם מועתקים אות באות מהקובץ תורה מציון הנ"ל ושם מביאם הכותב רבי יעקב אורנשטיין בלשון מה ששמעתי מאדמו"ר הגאון הצדיק רשכבה"ג וכו' מוהר"ר יהושע ליב דיסקין שליט"א האב"ד דק"ק בריסק.]

ולפי יסוד הדברים שם נלע"ד דבעניננו הדין הוא שהכ"ש נוטל י"ג חלקי כ"ד, והאומר שש"ש ד' חלקי כ"ד, והאומר ש"ש ד' חלקי כ"ד. ולא כדברי הרב הנ"ל, שהדין בכה"ג הוא שהכ"ש נוטל ל"א חלקי נ"ד, והאומר שש"ש ט"ז חלקי נ"ד, והאומר ש"ש ז' חלקי נ"ד.

כי סברת הרב הנ"ל שהחלקים שיש להאומרים שש"ש וש"ש ליטול לפי דברי עצמם, צריכים להתחלק בהם לפי יחס הטענות שכנגדיהם אמנם נכונה היא, אך אין בה די. כי הדין תלוי בעיקרו בהודאה המשותפת שבטענותיהם להכ"ש, שבעניננו מצטמצמת מרביע לששית, ודוק. והדברים יומחשו היטב ע"פ ההסבר והטבלא דלהלן.

ב. ולהאומר ש"ש דינו של האומר שש"ש ג"כ ליטול שליש, אך באותו השליש חולק עמו הכ"ש, והרי שכ"א מהם נוטל חציה, דהיינו ששית. והרי כבר יש להכ"ש ששית ועוד ששית שהם שליש.

ג. ולהאומר שש"ש הרי דינו של האומר ש"ש ליטול ששית, אך באותו הששית חולק עמו הכ"ש והרי שכ"א מהם נוטל חציה, דהיינו חלק י"ב. הרי שיש כבר להכ"ש שליש ועוד חלק י"ב.

ה. אך מכיון שהאומר ש"ש כבר נטל חלק י"ב, נמצא שאיננו תובע מתוך אותו השליש חלק מן י"ב בהטלית כולה, דהיינו רבע מהשליש, וכל טענתו היא רק על רבע מהטלית כולה. ונוטל כ"א שליש מאותו רבע, דהיינו חלק י"ב. הרי שיש כבר להכ"ש מחצית הטלית.

ו. אותו החלק י"ב שאין האומר ש"ש תובע הריהו מתחלק בין הכ"ש והאומר שש"ש ונוטל כ"א מהם חציה, דהיינו חלק כ"ד.

ז. נמצא דהכ"ש נוטל י"ג חלקי כ"ד, והאומר שש"ש ז' חלקי כ"ד, והאומר ש"ש ד' חלקי כ"ד דהיינו ששית.

חלוקה / טענה	כולה	שני שלישה	שלישה
כולה	1	-	-
שני שלישה	1/6	2/3	1/6
שלישה	1/3	1/3	1/3
חלוקה	1/6, 1/6, 1/12, 1/12, 1/24	1/6, 1/12, 1/24	1/12, 1/12
סה"כ	13/24	13/24	4/24

[ובקוצר אפשר להסביר התוצאה כך. שהכ"ש מפסיד כאן מהחלק שנוטל ללא שום דו"ד חלק י"ב, לעומת האופן שבו השנים שכנגדו טוענים שניהם ח"ש. דהתם נוטל רביע ללא דו"ד וכאן רק ששית. אך מכיון שהאומר ש"ש איננו תובע לחלוק בין שלשתם אלא רביע ולא שליש, וההפרש דהיינו חלק י"ב מתחלק בין הכ"ש והאומר שש"ש וכ"א נוטל מחציתו, הרי שסך ההפסד של הכ"ש בעניננו לעומת כששניהם אומרים ח"ש איננו אלא חלק אחד מכ"ד. דהתם נוטל י"ד חלקי כ"ד והכא רק י"ג חלקי כ"ד.

ומלבד אותו חלק כ"ד שמרוויח האומר שש"ש לעומת כשהיה טוען ח"ש כנ"ל, הרי נוסף לו עוד חלק כ"ד על חשבון האומר ש"ש. שכששניהם אומרים ח"ש נוטל כ"א ה' חלקי כ"ד, ואילו עכשיו נוטל האומר ש"ש רק ד' חלקי כ"ד. וזאת משום דהשתא קא מודי ליה האומר ש"ש להאומר שש"ש על שלישית הטלית בעוד התם הודה לו רק על רביע, דהיינו חלק י"ב יותר. אך מכיון שהכ"ש אינו מודה לו בזה והריהו נוטל מחצית מהודאה זו, נמצא שהרווח הנוסף להאומר שש"ש איננו אלא חלק כ"ד. ודוק"ה בכל זה.]

ועכ"פ מבואר בדברי המהרי"ל דיסקין שאף בשלשה אוחזין בטלית וחולקים על בעלותה, אין הדין כדברי הכותב הנ"ל. וכל זה בא לו משום שדימה שכלל החלוקה של המשנה דשנים אוחזין הוא, שצריך לחשב על כל שנים מהם בנפרד, שהסכום שיקבלו שניהם יחדיו יוכל להתחלק בין שניהם כדין שנים אוחזין. אבל באמת אין שום רמז או סברא לומר כן כלל. אלא הפלוגתא היא בין שלשתם יחד וככה יש לדונה בלא קשר ליחס החלוקה שמתקבל בין כל שנים מהם, אלא לפי הכחשותיהם והודאותיהם וכדברי המהרי"ל דיסקין.

ד

ומדר"א לבה"מ בלא חידוש נראה לומר בעה"י שדברי מהרי"ל דיסקין אמורים דוקא באופן שכל אחד מהאומרים ח"ש טוען טענתו בסתם, או שאומר שבחצי השני נתרצה המוכר לשני בעלי דיניו יחד. דהנה האומר כולה שלי טענתו ברורה שאין לשנים האחרים כאן כלום, אך טענת האומרים חלקה שלי יכולה להיות בכמה אופנים.

ובאופן שהאומרים ח"ש או שש"ש וש"ש טוענים שניהם שרק הם הגביהו המציאה או שרק להם נתרצה המוכר, לכ"א מהם חציה או לזה שני שליש ולזה שליש, ולטוען כולה שלי אין כאן כלום, אזי נראה פשוט שהכ"ש נוטל חציה והם יחלוקו החצי השני כפי טענותיהם. שהרי בכה"ג אין השנים חולקים ביניהם ולא מידי, אלא עם השלישי.

ובאופן שהאומר שש"ש טוען שבשליש האחר נתרצה המוכר להאומר כולה שלי, וכן האומר ש"ש טוען שבשני שליש האחרים נתרצה המוכר להכ"ש, הרי שניהם מודים ששליש ודאי שייך להכ"ש ויש לו ליטלו מיד בלא דו"ד. ובשליש אחד הכ"ש מחולק עם האומר שש"ש וצריכים לחלוק ביניהם אותו השליש, דהיינו שכ"א יטול ששית. ובשליש השלישי הכ"ש מחולק עם שניהם וצריכים לחלקו בין שלשתם, דהיינו שכ"א יטול תשיעית. כלומר, שהכ"ש נוטל שליש ועוד ששית ועוד תשיעית שהם יחד י"א חלקי י"ח, והאומר שש"ש יטול ששית ועוד תשיעית שהם ה' חלקי י"ח, והאומר ש"ש יטול תשיעית דהיינו ב' חלקי י"ח.

אבל באופן ששניהם טוענים טענתם בסתם כ"א על חלקו בלבד ולא נגד האומר כולה שלי, או שטוענים שבחלק שאינם תובעים נתרצה המוכר לשנים האחרים יחדיו, בזה קמים וגם ניצבים דברי המהרי"ל דיסקין.

אח"כ מצאתי שכבר העיר בזה רבי אברהם אהרן הלוי איש ירושלמי בקובץ תורה מציון הנ"ל שנה א' חוברת ב' סי' י"ב, ע"ש.

אלא שלא הבנתי מש"כ שם עוד דבאופן שאחד מהח"ש טוען שהחצי האחר שייך להח"ש האחר, ואילו הח"ש השני טוען שהחצי האחר שייך להכ"ש, שהדין הוא דהכ"ש נוטל ז' חלקי י"ב והח"ש הראשון ג' חלקי י"ב דהיינו רביע כבאופן הראשון, והח"ש השני מפסיד חלק אחד מן י"ב להכ"ש ונוטל רק ב' חלקי י"ב דהיינו ששית. ומסביר, דאיהו דאפסיד אנפשיה במה שהודה בשקר להכ"ש. ולכאורה אינו מובן, דמנין לנו להניח שהאמת עם הח"ש הראשון ולא כדברי השני.

ולהמבואר לעיל נראה דהדין בכה"ג צ"ל שהכ"ש נוטל י"א חלקי כ"ד, והח"ש הראשון ה' חלקי כ"ד, והח"ש השני ח' חלקי כ"ד דהיינו שליש. דהכ"ש מפסיד לעומת האופן של המהרי"ל דיסקין כיון שיש אחד שמכחישו וטוען שאין לו מידי, והח"ש הראשון מפסיד לעומת הח"ש השני כיון שאין מי שמודה לו כלום ואילו הוא מודה להח"ש השני. וכדמבואר בטבלא דלהלן, ודוק"ה.

חלוקה / טענה	כולה	חציה	חציה
כולה	1	-	-
חציה	-	1/2	1/2
חציה	1/2	-	1/2
חלוקה	1/4, 1/8, 1/12	1/8, 1/12	1/4, 1/12
סה"כ	11/21	5/24	8/24

דהכ״ש יש לו הודאה של א׳ מהם על מחצה ונוטל מחציתה דהיינו רביע. וכן להח״ש השני יש הודאה מהח״ש הראשון על חציה ופליג בה בהדי הכ״ש ואית ליה רביע. ומהמחצית שנשאר אין הח״ש השני תובע אלא רביע, שהרי כבר נטל רביע אחד. והרביע הנותר שאין הח״ש השני תובעו מתחלק בין הכ״ש והח״ש הראשון, ונוטל כ״א שמינית. ואותו רביע האחרון מתחלק בין שלשתם בשוה, לכ״א חלק י״ב.

ה׳

וכן בקובץ הדנו [שי״ל ע״י תלמידי ישיבת רבינו יצחק אלחנן בנוא-יארק] בספר היובל תרצ״ו עמ׳ קנח, איזן וחיקר וסידר ה״ר אליעזר צבי רבל כ״ט אופנים שונים בשלשה אוחזין בטלית ובטענות משתנות של כ״ש ח״ש וש״ש, ע״ש. וכתב כנ״ל, שדברי המהרי״ל דיסקין אמורים רק באופן שאין בטענות כ״א מהח״ש השפעה על חלוקת הטלית בין שני בעלי דיניו, וכמו שנתבאר. וחישב תוצאות החלוקה לפי דעתו בכל שאר אופני הטענות האפשריים.

אלא שהוא השיא דברי המהרי״ל דיסקין לחשבון שאינו הולם את לשון דבריו כלל. שבתחילה מחשבין לגבי כ״א כאילו שכנגדיו היו מאוחדים נגדו, ולזה קרא חלק המינימום. ואח״כ מחלקים השאר, שקראו חלק ההפלגה, לפי הזכות שיש לכ״א לפי טענות שכנגדיו. עד״מ אם שני בע״ד טוענים שיש לו כאן זכות הריהו נוטל בחלק ההפלגה שתי ידות, ואם רק א׳ מהם טוען כך יטול רק יד אחת, ואם לפי שני בע״ד אין לו כאן כלום הרי שא״ל שום זכות בחלק ההפלגה, וכן ע״ז הדרך ע״ש.

והוא לא איירי התם כלל מטענת שני שלישיה שלי [כי לכאורה טענת שש״ש לא שייכא במציאה, אלא במכירה כאשר חולקים למי נתרצה המוכר, ודוק] אך לפ״ד תוצאת החלוקה בענינגו היתה שהכ״ש יטול מ״ו חלקי פ׳, והשש״ש כ״ג חלקי פ׳, והש״ש י״א חלקי פ׳.

והנה גם חלוקה זו היא חושבנא בעלמא, וסברתה איננה מובנת. דאין שום סיבה לדמות כאילו כל שני בע״ד מתאחדים כנגד השלישי, כמו שנתבאר לעיל. ואף סותר דברי עצמו בזה, כי באופן ששנים אומרים כ״ש ואחד ח״ש או ש״ש הריהו מודה שם בהערה שאין לחשוב כך חלק מינימום, שהרי טענות הכ״ש אינם מתאחדים כי אדרבא כ״א מהם תובע את כולה. ואם כן, מה לי אם שנים טוענים כ״ש או רק אחד, והלא ס״ס אין טענתו ראויה להתאחד עם טענת השני נגד השלישי. ודוק״ה בכ״ז.

ותו, דהזכות שלפ״ד נוטל כ״א בחלק ההפלגה לפי טענות שכנגדיו, אינה תלויה כלל למהות הטענה. ולא שניא ליה בין אם זכותו באה לו מהח״ש, ולפיה מגיע לו כאן חצי הטלית, או מהש״ש ולפיה מגיע לו כאן רק שליש. אלא דא ודא אחת היא, ושתיהן מקנות לו זכות שווה בחלק ההפלגה. וא״ז אלא תימה, והיפך ממש מדברי המהרי״ל דיסקין שתולה הנטילה במהות הטענות, וכדבעי ואריך למהוי.

ו׳

האמנם, החידוש בדברי המהרי״ל דיסקין הוא, שאף שאין בטענתם הודאה גמורה להאומר כ״ש, מ״מ שפיר נחשב שיש כאן הודאה של כל אחד מהם על החלק שלפי דבריו היה דינו של האומר כ״ש לחלוק עם השני. ודוק.

ונראה שאף לולא דברי המהרי״ל דיסקין, דהיינו אם היינו אומרים שא״ז הודאה, ודאי ליכא למימר שלשלשתם יחלוקו הטלית בשוה. דזו ודאי אינה סברא שיטול הכ״ש כמו האומרים ח״ש, דודאי כח טענתו של הכ״ש רבה משל האומרים ח״ש. אלא נראה שלולא דברי המהרי״ל דיסקין שיש כאן הודאה, היתה הסברא נותנת דיש לראות כמה מגיע לכ״א מהם לפי דברי כ״א מהם, ואח״כ לחבר טענות כולם ולתת לכ״א השליש מזה. דבזה יפה כחו של התובע יותר מחד גיסא, ומאידך מחלקים התוצאה לפי כמות הטענות. ודוק.

דהיינו, שלפ״ד האומר כולה שלי אין לתת לשני בעלי דיניו ולא מידי, ולפ״ד האומר שש״ש יש לתת לכ״א מבע״ד ששית, ולפ״ד האומר ש״ש יש לתת לכ״א מבע״ד שלישית. ולכשנחברם יחד יצא להאומר כ״ש אחד ומחצה, ולהאומר שני שלישיה אחד, ולהאומר שלישה מחצה. ולכן יש לתת להאומר כ״ש מחצה, ולהאומר ש״ש שליש, ולהאומר שליש ששית. ודוק היטב.

חלוקה / טענה	כולה	שני שלישה	שלישה
כולה	100%	-	-
שני שלישיה	16.66%	66.66%	16.66%
שלישה	33.33%	33.33%	33.33%
סה"כ	150%	100%	50%
חלוקה	50%	33.33%	16.66%

ולפ"ז נמצא שתוצאת החלוקה בזה היא כמו לפ"ד ר"ח בתד"ה רבי אומר, שחולקין לפי מעות, דהיינו לפי יחס השעבודים. ובכה"ג שסך כל טענותיהם הינם כפלים כערך הטלית, באמת יקבל כ"א חצי טענתו, וכן ע"ז הדרך. ודוק. אלא דהמהרי"ל דיסקין לא ניחא ליה בזה כי א"כ נמצא שכל ההפסד במאי דאיכא הכא שלשה אוחזים, נופל רק על הכ"ש, ואילו שני הטוענים ח"ש נוטלים ממש כמו שהיו נוטלים אם היה רק אחד הח"ש. וזה לא יתכן שלא תשפיע התביעה הנוספת אתרווייהו. ודוק"ה. ע"כ בדברי המהרי"ל דיסקין.

ז

והדרינן לחלוקת בעלי חובין, דלפום שיאטא עדיין יש מקום לכותב הנ"ל לחלוק ולטעון דשתי הטענות של הרב הנ"ל חדא מתרצא בחברתה. דכיון שאין לרמות חלוקת בעלות לחלוקת בעלי חובין, היא הנותנת דאף דבשלשה אוחזין בטלית כה"ג דינם כנ"ל במהרי"ל דיסקין, מ"מ בשלשה בעלי חובין עדיין יש איזה מקום בראש לומר שצורת החלוקה צ"ל כדברי הכותב הנ"ל. ולכאורה אף יש איזה יתרון בצורת חלוקה זו לעומת דרכי החלוקה האחרות.

כי בחלוקה שוה [שכ"נ להלכה בש"ע סי' ק"ד ס"י] הרי יש טענה שאינו בדין שכל ההפסד יפול על הבע"ח הגדולים, כדאיתא בתוד"ה רבי אומר מר"ח. ואף בחלוקה לפי מעות כדעת הגאונים ור"ח הרי אין תיקון גמור לזה. כי אף שכ"א מפסיד לפי יחס מעותיו עדיין הבע"ח הגדול מפסיד הרבה יותר מהבע"ח הקטן. והרי אינו דומה הפסד מחצית של מנה להפסד מחצית של שלש מאות.

ואילו בדרכו של הכותב הנ"ל יש איזה יחס לא רק בין כלל החובות לסך הפרעון בפועל, אלא אף בין גודל השעבוד של כל בע"ח, באופן שמשנשתלם הבע"ח הקטן מחצית חובו שוב לא ישתלם יותר עד שישוה הבע"ח הגדול את הפסדו להפסד הבע"ח הקטן, שאז שוב מתחלקים בשוה. וכפי שהסביר והדגים שם עם הכלים המחוברים.

אך באמת אין זו אלא סברא חיצונה, ואין בה שום תיקון שלם ואמיתי להפסד בע"ח הגדולים. שהרי אם הסכום שיש לפרעון איננו כדי מחצית חובותיו שוב יפול כל ההפסד על הבע"ח הגדולים, ויפסיד עוד יותר מאשר בחלוקה לפי מעות. ואין זו סברא לחלוק באופן שפעם הוא לטובת הבע"ח הגדולים ופעם לרעתן. [וחלוקה כדברי ר"נ במתניתין טובה יותר לבע"ח גדולים מחלוקה זו.]

ח

ושורש תלונת הרב הנ"ל, כי יראת ה' ראשית דעת, על שהעיז לפרש המשנה כנגד דברי הגמרא והראשונים והפוסקים, היפך דרכה של תורה האמיתית, שלא שערוה אבותינו ורבותינו הקדושים אשר דבריהם בצמא אנו שותים, ולא עלתה על לבם.

וגם תלה בוקי סריקי באשלי רברבי, הרמב"ם בפה"מ והתוי"ט בפ"ה מ"ה דנזיר. דהתם ליכא שום נפקא מינה לדינא כלל, אלא אך ורק לפירושא דלשון המשנה בלבד. משא"כ ליתן פירוש חדש לדברי ר"נ, אף שלמעשה אין בזה נ"מ כי לא נפסק כוותיה. ולדרכו השנית [באות ט'] אף יוצא שצריך לפסוק להלכה כפירושו בדברי רבי, ולא כפירוש המקובל בדבריו ח"ו. [גם האסמכתאות הנוספות שהובטחו בה"ש 2 שם, לא נודעו.]

גם מש"כ שהאוקימתות של הגמרא דחוקים ביותר אינו נכון כלל, ושערי תירוצים לא ננעלו ושפיר יש ליישבם בטטו"ד ואכמ"ל. ובלאו הכי הרי כך דרך המשנה, לסתום ולקצר ולהחסיר מחסרא וכו' מפני איסור כתיבת תורה שבע"פ כידוע, וליכא בסוגיין שום תמיה מיוחדת.

ואף כי היטב חרה לו על כל הנ"ל, מ"מ הרי אין הקב"ה מקפח אפילו שכר שיחה נאה. והכותב הנ"ל התנצל עצמו שם וז"ל, ופשוט וברור כי עפר ואפר אנכי תחת כפות רגליהם של רבותינו, ואין אני בא ח"ו לחלוק עליהם וכו'. הא חזית שאיש ירא אלקים הינו במהותו, וטעות לעולם חוזרת. ואת והב בסופה.

ראשית חכמה יראת ה' שכל טוב לכל עושיהם תהלתו עומדת לעד

נתן פערלמאן

הארות והערות לגליון קכ"ז

לכבוד הקובץ הנפלא והבהיר "בית אהרן וישראל", שלום וברכה מאלוקי המערכה, וכט"ס.

א. בגליון קכ"ז (עמוד צ"ד והלאה) כתב הרה"ג ר' פינחס הלוי סגל שליט"א, מאמר בגדר ישוב ארץ ישראל, ושם (בעמוד צ"ה) הקשה לשיטת הרמב"ן דמצות ישוב ארץ ישראל הוא מצוה בפני עצמה, א"כ מה פריך רבי שמלאי (בסוטה י"ד ע"א) מדוע משה רצה להכנס לארץ, וכי לאכול מפריה הוא צריך, ומסיק דמשה רבינו אמר דהרבה מצוות נצטוו ואין מתקיימין אלא בארץ ישראל, אני רוצה להכנס כדי לקיים את כולם, ומדוע לא תירץ הגמרא בפשטות דרצה להכנס כדי לקיים מצות ישוב ארץ ישראל. עכת"ש שם.

הנה מצאתי בעז"ה במשך חכמה (פרשת ראה), שעמד בקושיא זו, ותירץ, שכל זמן שלא נתחלקה הארץ קיימו המצוה נמי בחוץ לארץ בארץ סיחון, דאל"כ בני גד וראובן לא קיימו מצות ישוב ארץ ישראל, אלא בעל כרחך שהיה מקיימים גם בארץ עוג וסיחון מצוה זו. עכ"ד. ואתי שפיר.

ב. ובחמדת ישראל (קונטרס נח מצוה אות נ') תירץ, כיון דלשיטת הרמב"ן הא דמצות ישוב ארץ ישראל הוי מצוה בפני עצמה, ילפינן מהתנחלתם, א"כ חלק לוי שאין להם חלק בארץ אין להם מצות ישוב ארץ ישראל, א"כ לא קשה דלמשה רבינו לא היה מצוה. ע"כ.

ג. ובמעדני אשר, להגאון רבי אשר אנשיל שוורץ שליט"א, (גליון קמ"ב עמוד ב'), תירץ, דזהו באמת תירוץ של הגמרא שם בסוטה, דהרבה מצוות שתלוי בארץ ישראל רצה לקיים, ומצות ישוב ארץ ישראל נכלל בכללם. עכ"ד.

ד. ולענ"ד נראה לתרץ, בעז"ה, דודאי מצות ישוב ארץ ישראל מצוה בפני עצמה, אלא זה מצוה אחת, ומשום מצוה אחת לא היה צריך להכנס לארץ ישראל, דהרי עכשיו שלא נכנס נמי מקיים מצוות הקב"ה שלא להכנס, ומה עדיף מצוה זו ממצוה זו, אבל מתרצת הגמרא בסוטה דמשה רבינו רצה להכנס לארץ לקיים הרבה מצוות, ולא רק מצוה אחת. והבן.

ב) שם (בעמוד קכ"א) העיר הגאון רבי יוסף קדיש ברנדסדורפר שליט"א, שיש לעיין כשהטלית מכסה אפילו על מקצתו של השופר, שיש לחוש על שינוי קול השופר הפוסל, דלא גרע מנתן שופר לתוך שופר, ומכרך בגד על השופר שהעלה שם דאסור, וכמדומה שאין העולם נזהרין בזה, וצ"ב מדוע, יעו"ש באורך. לענ"ד נראה לחלק דאם הטלית ממש כרוך על השופר באמת אסור דאיכא שינוי קול השופר הפוסל, ומשא"כ אם הטלית סתם מעל השופר ולא כרוך על השופר ממש, [וכמו שמצוי], באופן כזה לא נשתנה כלל קול השופר, ולכן ליכא איסור כנלענ"ד, ודו"ק היטב בזה.

פרופ' ישראל אומן

תגובה בענין מי שהיה נשוי שלוש נשים

פתיחה (א-ה): הסוגיא ופירושיה
שער ראשון (ו-יא): דימוי סוגיין לשנים אוחזין
שער שני (יב): דין שלושה אוחזין
שער שלישי (יג-טו): הגמרא, הראשונים והפוסקים
סיכום

פתיחה: הסוגיא ופירושיה

א. מבוא

לפני י"א שנים פרסמתי בקובץ 'מוריה' מאמר בשם "בענין מי שהיה נשוי שלוש נשים"[1], ולפני שלוש שנים התפרסמו בקובץ 'בית אהרן וישראל' שני מאמרים בהם מתחו הרב שלום מרדכי הלוי סגל שליט"א והרב נתן פערלמאן שליט"א ביקורת על מאמר זה[2]. לבי מלא שמחה והודיה לקב"ה על שנתן בלב רבנים חשובים אלה להתייחס למאמר הנ"ל, ולהביא את תוכנו לידיעת ציבור נכבד ורחב של לומדי תורה. גם את דברי הביקורת והתוכחה שהשמיעו הנני מקבל באהבה ואף בשמחה, מפני שמתוך הביקורת מתבררים ומתבהרים הדברים, וממילא רווחא שמעתתא. מאמר זה מגיב לביקורת הנ"ל[3].

ב. הסוגיא

בכתובות דף צג, א במשנה: "מי שהיה נשוי שלוש נשים ומת, כתובתה של זו מנה ושל זו מאתיים ושל זו שלוש מאות, ואין שם אלא מנה, חולקין בשוה ($33^1/_3$-$33^1/_3$-$33^1/_3$). היו שם מאתיים, של מנה נוטלת חמישים, ושל מאתיים ושלוש

1 'מוריה, קובץ תורני לחידושי תורה והלכה, גנוזות ראשונים ואחרונים ופרקי עיון ומחקר', יו"ל ע"י מכון ירושלים, טבת תשנ"ט, גל' רנה-רנו (שנה כב גל' ג-ד), עמ' צח-קו.
2 'בית אהרן וישראל, מאסף מרכזי לתורה והלכה לחו"ר הישיבות והכוללים של מוסדות סטאלין-קארלין בארץ ובתפוצות', ירושלים תשס"ז, גל' קכז (שנה כב גל' א) עמ' מח ואילך וגל' קכט (שנה כב גל' ג) עמ' קכא ואילך.
3 לצערי מערכת 'בית אהרן וישראל' סירבה לפרסם את התגובה.

מאות שלושה שלושה של זהב (50-75-75). היו שם שלוש מאות, של מנה נוטלת חמישים, של מאתיים מנה, ושל שלוש מאות שישה של זהב" (50-100-150).

הגמרא פותחת את הדיון בהקשותה על המציעתא בזה"ל: "של מנה נוטלת חמישים? תלתין ותלתא ותילתא הוא דאית לה"! בהמשך היא מעמידה את המשנה באוקימתות שונות, גם במציעתא וגם בסיפא. בסוף מובאת ברייתא בזה"ל: "תניא, זו משנת רבי נתן; רבי אומר, אין אני רואה דבריו של רבי נתן באלו, אלא חולקות בשווה".

ג. פירושי הראשונים

רוב הראשונים, החל מהרי"ף, פירשו את הסוגיא כדלהלן:

1. פסיקת ההלכה. כפי שמעידה הברייתא, המשנה היא דעת ר' נתן, והיא לא התקבלה להלכה. ההלכה נקבעה לפי דעת רבי המובאת בברייתא, דהיינו "חולקות בשווה".

2. שיטת השיעבודים. לעיקר הדין (ללא האוקימתות) סובר ר' נתן שהמנה הראשון משועבד לכל הנשים, ולכן כולן חולקות אותו בשווה. המנה השני משועבד לבעלות המאתיים והשלוש מאות, ולכן שתי אלה חולקות אותו בשווה. והמנה השלישי משועבד רק לבעלת השלוש מאות, ולכן היא נוטלת את כולו. יוצא שאם היה שם מנה, חולקין $33\frac{1}{3}-33\frac{1}{3}-33\frac{1}{3}$; אם מאתיים, $33\frac{1}{3}-83\frac{1}{3}-83\frac{1}{3}$; ואם שלוש מאות, $33\frac{1}{3}-83\frac{1}{3}-183\frac{1}{3}$. לשיטת חלוקה זו קראנו במאמרנו המקורי "שיטת השיעבודים", וכך נמשיך לקרוא לה כאן.

3. האוקימתות. ההבדל בין יישום שיטת השיעבודים במקרים עליהם מדברת המשנה לבין המספרים המופיעים במשנה (אות ב לעיל) מוסבר ע"י האוקימתות.

4. הברייתא. בפירוש הביטוי "חולקות בשווה" המופיע בברייתא (דעת רבי) נחלקו הראשונים. הרי"ף ורש"י ובעקבותיהם רוב הראשונים והפוסקים פירשו שחולקות בשווה ממש, דהיינו $33\frac{1}{3}-33\frac{1}{3}-33\frac{1}{3}$, $66\frac{2}{3}-66\frac{2}{3}-66\frac{2}{3}$, 100-100-100; הגאונים ורבינו חננאל פירשו שחולקות לפי מעות, דהיינו $16\frac{2}{3}-33\frac{1}{3}-50$, $33\frac{1}{3}-66\frac{2}{3}-100$, 50-100-150; והראב"ד פירש שחולקות לפי שיטת השיעבודים, דהיינו $33\frac{1}{3}-33\frac{1}{3}-33\frac{1}{3}$, $33\frac{1}{3}-83\frac{1}{3}-83\frac{1}{3}$, $33\frac{1}{3}-83\frac{1}{3}-183\frac{1}{3}$. לשאלה, מה אם כן ההבדל בין ר' נתן לרבי, ענה הראב"ד שרבי סבור שצריך לחלק לפי שיטת השיעבודים אף אם מתקיימים התנאים של האוקימתות.

ד. הפירוש המוצע

1. עיקרון שנים אוחזין. יסוד הפירוש המוצע לסוגיין שהובא במאמרי הנ"ל ב'מוריה' הוא העיקרון של **חלוקה שווה של הסכום השנוי במחלוקת**. עיקרון זה מופיע בכמה סוגיות בש"ס העוסקות בחלוקה בין שני בעלי דין, שהמפורסמת ביניהן

היא סוגיית שניים אוחזין (ב"מ ב, א [להלן: ש"א]). וז"ל המשנה שם: 'ש"א בטלית... זה אומר כולה שלי וזה אומר חציה שלי... זה נוטל שלושה חלקים וזה נוטל רביע'. רש"י על אתר כותב בד"ה וזה אומר חציה שלי: 'מודה הוא שהחצי של חברו ואין דנין אלא על חציה, הלכך... מה שהן דנין עליו... נוטל כל אחד חציו'. לשם קיצור קראנו לעיקרון זה "עיקרון ש"א", וזאת על אף שהוא מופיע בש"ס בקשת רחבה של עניינים אחרים השונים לגמרי מש"א (ראה אות ח להלן).

2. המשנה. לפי הפירוש המוצע, פוסק ר' נתן את החלוקות הנקובות במשנה לעיקר הדין, ללא צורך באוקימתות. ואמנם חלוקות אלה, ורק הן, "מתיישבות" עם עיקרון ש"א במובן זה שכל שתי נשים מתוך השלוש מחלקות לפי עיקרון ש"א את סך כל הכסף שאותן שתיים מקבלות. ליתר דיוק, בכל אחד משלושת המקרים הנידונים במשנה, אם ניקח שתיים מתוך שלושת הנשים, נחבר ביחד את התשלומים הנקובים במשנה שמקבלות אותן שתיים, ואת הסכום המתקבל נחלק בין שתי אלה לפי עיקרון ש"א, נקבל בחזרה לכל אחת מהן בדיוק את אותם התשלומים שאיתם התחלנו - אלה הנקובים במשנה.

לדוגמא, במציעתא מקבלות בעלות המנה והשלוש מאות 50 ו־75 בהתאמה. לכן ביחד הן מקבלות 125. אם מחלקים 125 בין שתי נשים התובעות 100 ו־300, אז הרי 25 אינם שנויים במחלוקת - הם בודאי מגיעים לבעלת השלוש מאות, מפני שבעלת המנה תובעת רק 100. הסכום השנוי במחלוקת הינו 100, ואם אותו חולקים שווה בשווה, ומוסיפים לבעלת השלוש מאות את ה־25 שאינם שנויים במחלוקת, אז מתקבלים בחזרה הסכומים של 50 ו־75 הנקובים במשנה.

לחלוקה המקיימת את התנאי הזה לכל שתי נשים קראנו במאמר הקודם חלוקה **תואמת שנים אוחזין** (להלן: תש"א); ושם הראנו שמה שלא יהיה מספר הנשים, גודל כתובותיהן, וגודל העזבון, תמיד קיימת בדיוק חלוקה אחת תש"א. ככל הנראה, כוונת ר' נתן היתה שהעזבון תמיד יחולק לפי חלוקה תש"א.

3. הגמרא. לפי הפירוש המוצע, במסקנה הבינה הגמרא שכוונת המשנה היא כפשוטה, ללא אוקימתות. אולם למרות שרבי, עורך המשנה, סתם משנה זאת לפי ר' נתן, הוא עצמו פסק שאין הלכה כמותה אלא "חולקות בשווה", כפי שמעידה הברייתא. לפי פירושנו יש להבין את הביטוי "חולקות בשווה" לפי דעת הראב"ד, דהיינו שהן חולקות ע"פ שיטת השיעבודים - השיטה שרוב המפרשים מייחסים לעיקר הדין לפי דעת ר' נתן.

פסיקה זאת של רבי - "חולקות בשווה" - התקבלה מיד, כבר בימי המשנה, הופעלה הלכה למעשה, והיתה ידועה ברבים. ולכן כאשר הגמרא פותחת את הדיון על קביעת המשנה "של מנה נוטלת חמישים" במציעתא, אין היא מסתפקת בשאלה סתמית "אמאי חמישים". אלא, היא זועקת "תלתין ותלתא ותילתא הוא **דאית** לה!" - לשון שמעידה שהגמ' ידעה שקיימת שיטה אחרת, מקובלת להלכה, שעל פיה מגיע לאישה שלושים ושלוש ושליש בלבד; וזה מנוגד לקביעה במשנה שעליה לקבל חמישים.

את הסתירה הזאת מנסה הגמרא ליישב ע"י אוקימתות - אוקימתות המבוססות על ההנחה שאותה שיטה 'אחרת' היא שיטת השיעבודים, שבה ללא האוקימתות אכן על האשה לקבל במקרה של המציעתא שלושים ושלוש ושליש. ואז מובאת הברייתא האומרת שאין צורך ליישב, בעזרת אוקימתות, סתירות בין המשנה לשיטת השיעבודים המקובלת להלכה: המשנה היא דעת יחיד ולא נפסקה להלכה, ולפי דעת ר' נתן - התנא של המשנה - אכן על האשה לקבל חמישים.

יוצא שלפי מסקנת הגמרא יש לפרש את המשנה כפשוטה, כדעת ר' נתן לעיקר הדין (ללא אוקימתות), ולא כפי ההלכה - שנקבעה כדעת רבי - שהיא חלוקת העיזבון לפי שיטת השיעבודים.

ה. הביקורת

תורף הביקורת על מאמרי היה, בלשון הרב פערלמאן באות א של מאמרו (ובדבריו אלו כלולים גם עיקרי טענותיו של הרב סגל): 'חדא במה שדימה חלוקת בעלי חובין לסוגיא דש"א, כי אין ביניהם שום דמיון. ותו, דאפילו בממון המוטל בספק בעלות, כבש"א, ג"כ אין הדין כדבריו'. ובאות ח הוסיף טענה שלישית עקרונית נגדי בזה"ל: 'שהעיז לפרש המשנה כנגד דברי הגמרא והראשונים והפוסקים, היפך דרכה של תורה האמיתית, שלא שערוה אבותינו ורבותינו הקדושים אשר דבריהם בצמא אנו שותים, ולא עלתה על ליבם'. במאמר זה אתייחס לשלוש טענות אלה.

שער ראשון: דימוי סוגיין לשנים אוחזין

ו. דעת רבינו האי גאון

1. על דימוי סוגייתנו לסוגיית ש"א כתב הרב פערלמאן: 'שאין לדמות וללמוד דין חלוקת בע"ח מדין החלוקה של הטוענים לבעלות כבש"א בטלית, וזה ברור'. וכן כתב: 'כי אין ביניהם שום דמיון'. וכן כתב: 'שהאלוקים עשה את האדם בסברא ישרה, והמה ביקשו חישבונו"ת רבים... אשר הם חושבנא בעלמא בלא עיון וסברא, להשוות בין השונים אשר לא דמו זה לזה אלא כעוכלא לדנא'[4]. וכן כתב: 'דשבשתא כיון דעל עלה כולו קמשונים וחרולים'.

כפי שנאמר לעיל, כשלעצמי הנני מקבל דברי תוכחה חריפים אלה באהבה ואף בשמחה. אלא שהדברים תמוהים עד מאוד, כי הרי לא בדיתי את הדימוי לסוגיית ש"א מלבי! מקורו בדעת רבינו האי גאון, כפי שהיא מובאת ע"י הרי"ף (בדף נא, ב

4 ביטוי שמקורו בסנהדרין כח, ב, ופירש"י 'כמגופה (המכסה של הכד=החבית) שאינה דומה לחבית'.

בדפיו)[5] וז"ל: 'רבינו האי גאון ז"ל... עיין בה (בסוגיין) איהו נמי, ומסתברא ליה על דרך ש"א בטלית'. והרב פערלמאן בעצמו הביא את דברי הרי"ף (בהעתקה מלשון ערבי, שם): 'ורבינו האי גאון פתח בה פתח וביאר בה שהיא הולכת על דרך ש"א בטלית'.

והיות וכן פני הדברים, איך ייתכן לכתוב כי "ברור" שאין בין סוגיין לבין ש"א "שום דמיון", וכן שלא "דמו זה לזה אלא כעוכלא לדנא", וכן שאר ההתבטאויות החריפות של הרב פערלמאן? האם אמנם ראויה דעת רה"ג לכינויים אלה, רק מפני שהרי"ף חולק עליו? אתמהא!

2. השמועה על חזרת רה"ג מדעתו. וא"ת, הרי הרי"ף כתב (שם): 'והוה סבירא ליה הכי כמה שני, ושמיע לן דהדר ביה מיניה (רה"ג מהדעה הנ"ל) לסוף שניה כד איגלי ליה דלא סליקא שמעתא כהוגן', על כך י"ל שלוש תשובות. חדא, הרי"ף נזהר וכתב "**ושמיע לן** דהדר ביה" וכו', ביטוי שלא כתב על עצם הבאת הדעה המקורית של רה"ג; משמע שלא היה בטוח שאמנם השמועה על חזרת רה"ג מדעתו בסוף ימיו הינה אמיתית. ותו, גם אם השמועה אמיתית, הרי החזיק רה"ג בדעה זאת שנים רבות לפני שחזר בו, ולכן אין לומר כי "ברור" שאין שום דמיון בין סוגיין לבין ש"א; הרי גם להוה־אמינא של רה"ג יש להתייחס בכבוד. ולבסוף, הרי הרי"ף טורח להודיע את הסיבה לחזרה המשוערת של רה"ג: 'כד איגלי ליה דלא סליקא שמעתא כהוגן'. מלשון זה משתמע שרה"ג לא חזר בו כלל מהדעה שסוגיין דומה עקרונית לש"א, אלא שרה"ג לא ראה איך הדימוי לש"א - שהינו תקף כשלעצמו - עוזר להבנת סוגיין, ובפרט להבנת המספרים במשנה.

3. קושיית הרי"ף על רה"ג. הרב פערלמאן (אות א של מאמרו) הביא את קושיית הרי"ף על רה"ג בהעתקה מלשון ערבי (שם): 'אם הלכה זו היתה בנויה על עיקר ש"א לא היה רבי חולק בה... לפי שרבי אינו חולק בש"א בטלית'. לפירוש שהצענו, המבוסס על שיטת הראב"ד בהבנת הברייתא של רבי, ש"חולקות בשווה" פירושו לפי שיטת השיעבודים (אות ד-3 לעיל) - אין בכלל קושי. שהרי גם שיטת השיעבודים בנויה על עיקר ש"א (אות ח-4 להלן), ולכן המחלוקת בין רבי לר' נתן אינה על עיקר ש"א גופא, אלא על השאלה איך להרחיב עיקר זה למקרה שיש יותר משני בעלי דין.

אך קושיית הרי"ף אינה נהירה אף לשיטתו הוא, ש"חולקות בשווה" פירושו שווה ממש. שהרי היא הנותנת: בלי לחלוק על דין ש"א גופא, שפיר יכול רבי לחלוק על ר"נ בכך שר"נ סבור שההלכה בסוגיין בנויה על עיקר ש"א, ורבי סבור שאין היא בנויה על עיקר זה. הדבר צע"ג, ובוודאי שאין לבטל את דעת רה"ג בגלל קושיא זאת.

ז. מקורות אחרים לדימוי. בש"מ על אתר מובא שגם רש"י במהדורה קמא דימה סוגיין לש"א (וזהו גם פירוש הריב"ן), ותלמידי ר' יונה כתבו שיש סוברין דימוי זה; ושוב רואים שיש לדימוי רגליים.

5 אחרי שהוא פותח את דבריו בכותבו 'הא מתני' וגמרא דילה שקלי וטרו בה קמאי ז"ל ולא סלקא להון כל עיקר' וכו', עיי"ש באריכות המופלגת של דבריו.

ח. מקורות בש"ס לעיקרון ש"א. כפי שהדגשנו לעיל (אות ד-1), העיקרון של חלוקה שווה של הסכום השנוי במחלוקת - "עיקרון ש"א" - מופיע בלפחות חמש סוגיות בש"ס השונות מהותית זו מזו.

1. ש"א גופא (ב"מ ב, א). ובתוספתא לב"מ (פ"א ה"א) מובא שאם זה אומר כולה שלי וזה אומר שליש שלי, מחלקים 1/6-5/6.

2. הארכנו במאמר הקודם[6] בסוגיית **ספק ובני יבם שבאו לחלוק בנכסי סבא** (יבמות לח, א). גם שם פוסקים לפי עיקרון ש"א, למרות שמדובר בטענות שמא ושמא, ולא ברי וברי כבש"א.

3. בב"ק נג, א: **שור שדחף את חברו לבור**[7]... ר' נתן אומר בעל הבור משלם שלושה חלקים ובעל השור רביע... אמר רבא ר' נתן דיינא הוא ונחית לעומקא דדינא... קסבר האי כוליה היזיקא עבד והאי כוליה היזיקא עבד. ודקא קשיא לך לשלם האי פלגא והאי פלגא, משום שאמר ליה בעל השור לבעל הבור, שותפותאי מאי אהניא לי. עכ"ל. מדובר על שור תם, המשלם חצי נזק לכל היותר. לכן אין עוררין שבעל הבור משלם לפחות חצי הנזק, היות שהבור "כוליה היזיקא עבד". עבור החצי השני חלה החובה לשלם גם על בעל השור וגם על בעל הבור; לכן כל אחד משלם את החצי של אותו החצי, ויוצא שלושה חלקים ורביע.

כמו בסוגיין, לא מדובר כאן כלל על ספק בעלות או ספק אחריות, לא שמא ושמא ולא ברי וברי; העובדות הן ברורות. יתר על כן, מדובר על חלוקת תשלומים, ולא על חלוקת תקבולים כבסוגיות 1, 2, 4. ועדיין, ר' נתן - אותו "דיינא דנחית לעומקא דדינא" ששנה את משנתינו - פוסק שמחלקים לפי עיקרון ש"א!

4. ואף **בסוגיין גופא**, אם היו רק שתי נשים, כתובתה של זו מנה ושל זו מאתיים, ואין שם אלא מאתיים, אז לפי שיטת השיעבודים של הרי"ף חולקות לפי עיקרון ש"א. וז"ל הרי"ף שם, 'דר' נתן סבר חד מנה מינייהו פלגי בשווה... דליכא מינייהו מאן דאית ליה בציר מחד מנה, והוה ליה שעבודא דכולהו בהאי מנה... וכד שקלה האי דאית לה מנה מנתה דילה מהאי מנה, איסתלקא לה, ולית לה במנה תנינא... ולא מידי'. נימוק זה של הרי"ף זהה למעשה לעיקרון ש"א: מנה אחד - שמשועבדת לשתיהן בלשון הרי"ף, ושנוי במחלוקת בלשוננו - חולקות בשווה. והמנה השני, שבלשון הרי"ף משועבדת לבעלת המאתיים בלבד, ובלשוננו אינו שנוי במחלוקת - נוטלת בעלת המאתיים. ולדינא אין נ"מ בכלל. והרב פערלמאן בעצמו כבר העיר על כך באות ב של מאמרו, 'שדוקא דברי ר' נתן במשנה כדפירשוהו הראשונים (ז"א לפי שיטת השיעבודים) הנם מתאימים ממש לש"א... דבמאי דפליגי פלגי בינייהו, ובמאי דלא פליגי אין לה (לבעלת המנה) תביעה וזכות'.

5. בעניין **מכירת הקדש** (ערכין כז, א במשנה): "אמר אחד הרי היא שלי...

6 ב'מוריה' הנ"ל, אות ב עמ' צט-ק, עיי"ש.

7 תודתי נתונה לר' בנימין וייס שליט"א ולר' דב שחור שליט"א שהסבו את תשומת לבי לגמרא זאת.

בשלושים, ואחד אומר בארבעים, ואחד אומר בחמישים, חזר בו של חמישים ממשכנין מנכסיו עד עשר". ובגמרא (ע"ב) "אמר רב חסדא, לא שנו אלא שבן ארבעים עומד במקומו, אבל אין בן ארבעים עומד במקומו משלשין ביניהן". רש"י על אתר מסביר, "חזר בו בן ארבעים משלשין העשרים סלעים הפחותין מחמישים ועד שלושים ביניהם, דבן חמישים יתן ט"ו ובן ארבעים יתן חמישה. דהא באותן עשר שאמר בן חמישים יותר על בן ארבעים לא שייך בר ארבעים בהדיה בפסידא, והנך עשרה שהוסיף בן ארבעים על בר שלושים בר חמשין נמי אירצי, דיש בכלל חמישים ארבעים". במילים אחרות, אין עוררין שהאחריות עבור ההפרש בין ארבעים לבין חמישים חלה על בן החמישים בלבד; ועבור ההפרש בין שלושים לבין ארבעים אחראים שניהם, ולכן מחלקים את זה ביניהם - בדיוק לפי עיקרון ש"א.

גם כאן, כמו בסוגיין ובסוגיית שור שדחף את חברו, לא מדובר על ספק בעלות או ספק אחריות, כפי שמדובר בש"א ובסוגיית ספק ובני יבם. וגם כאן מדובר על חלוקת תשלומים, לא על חלוקת תקבולים.

לסיכום, למרות ההבדלים החשובים בין כל הסוגיות הנ"ל, הצד השווה שבהן הוא דבמאי דפליגי פלגי בינייהו; וזה בדיוק עיקרון ש"א.

ט. סברת רה"ג

1. ראוי לדייק בדעת רה"ג. אין הוא טוען שיש ללמוד את הדין בסוגיין מזה שבש"א, או אף ששתי סוגיות אלה דומות עקרונית. כתוב בשמו רק שסוגיין "מסתברא ליה **על דרך** ש"א". ככל הנראה, הכוונה היא לדמיון בין דרך החלוקה **המעשית** במשנתינו לבין דרך החלוקה **המעשית** בשאר הסוגיות דלעיל (אות ח). אין זה "חושבנא בעלמא בלא עיון וסברא", כדברי הרב פערלמאן (ראה אות ו-1 לעיל). רה"ג הבין היטב את השוני בין הסוגיות דלעיל, והבין שאפשר לחלק ביניהן - שאין **הכרח** להסיק מאחת לשניה, ובפרט מש"א לסוגיין. אך הוא הבין גם את הצד השווה שבהן: 'דבמאי דפליגי פלגי בינייהו'. אפשר לחלק בין הסוגיות, כפי שאמנם עשה רבי לשיטת הרי"ף ולשיטת הגאונים ור"ח (אות ג-4 לעיל); אך אפשר גם לדמות, לראות את המשותף ביניהן. החלוקה המעשית במשנתינו - כנראה בעיקר במציעתא - הדומה לחלוקה של ש"א, הביאה את רה"ג למסקנה שר' נתן ראה דווקא את המשותף שבין הסוגיות.

2. אך לא מדובר רק על דמיון חיצוני; נראה ששפיר אפשר להחיל את הסברא של רש"י בש"א (אות ד-1 לעיל) גם על סוגיין. דהיינו, אם לאשה אחת יש כתובה של מאתיים, ולשניה של מנה, ויש שם מאתיים, אז הרי ברור שלבעלת המנה לא מגיע יותר ממָנֶה, לכן אין עוררין שלבעלת המאתיים מגיע לפחות מנה. ולכן, קודם כל נותנים מנה לבעלת המאתיים; ומה שהן דנין עליו - דהיינו המנה השני - נוטלת כל אחת חציו.

3. וא"ת הרי רש"י על אתר כותב בד"ה אין אני רואה דבריו של ר' נתן באלו, 'הכא

טעמא משום שיעבודא הוא, וכל נכסיו אחראין לכתובתה. הלכך שלוש המנים משועבדים לבעלת מנה כשאר חברותיה עד שתגבה כל כתובתה, לפיכך חולקות בשווה'; שמזה יכול להשתמע שרש"י בעצמו אינו מחיל את סברתו בש"א על סוגיין! לזה י"ל שרש"י כאן בא להסביר את רבי לשיטתו (ז"א לפי שיטת רש"י, ש"חולקות בשווה" פירושו שווה ממש). אך אין זה נוגע לר' נתן, שעליו רבי חולק; ועל ר' נתן אומר רש"י (בד"ה תלתין וכו') בדיוק את ההפך - **שאין** לבעלת המנה חלק במנה השני. בקיצור, רש"י מביא סברות סותרות, האחת לרבי והאחרת לר' נתן; וזה מובן, שהרי הם חולקים זע"ז. ואנו את ר' נתן באנו לפרש, וסברת רש"י לר' נתן דווקא מתיישבת יפה מאוד עם ש"א.

אולם לפי פירושנו (אות ד-3 לעיל), המתאים לשיטת הראב"ד, ש"חולקות בשווה" פירושו לפי שיטת השיעבודים - יש להחיל את הסברא של רש"י בד"ה תלתין וכו' גם על רבי.

י. **הביקורת של הרבנים סגל ופערלמאן** על מאמרי מבוססת על חילוק חד שלדבריהם יש לחלק בין סוגיין לבין ש"א. הרב פערלמאן כותב (באות א של מאמרו), 'דבמחלוקת על בעלות כבש"א, הרי שבכל מה שטוען האחד שהוא שלו הריהו מכחיש בזאת לשכנגדיו שאיננו שלהם, ובמה שאיננו טוען הריהו מודה בו לכשנגדיו דאיננו שלו. משא"כ בבעלי חובין שאין שום סתירה בין התביעות כלל, וכולן אמת... וכמו שאין בתביעת הנושה שום הכחשה לשכנגדיו, כמו כן אין בה שום הודאה על מה שאיננו תובע'.

למרות שחילוק זה נשמע לכאורה סביר, מסתבר שחז"ל לא קבלו אותו, לפחות לדינא. כך בספק ובני יבם (אות ח-2 לעיל), שגם שם מדובר במחלוקת בעלות, אין הכחשה של בעלי הדין לטענות העומדות נגדם, שהרי מדובר בטענות שמא ושמא ולא בטענות ברי וברי, ולמרות זאת פוסקת הגמרא 'פלגא דקמודי להו שקלי, תילתא דקא מודו ליה שקל, פש להו דנקא, הוי ממון המוטל בספק וחולקין'. ואין לך ניסוח של עיקרון ש"א יותר קולע מזה. וגם כאשר אין שום ספק עובדתי בכלל, וכל הטענות הן בוודאי אמת, כבמכירת הקדש (אות ח-5 לעיל), גם אז חולקין לפי עיקרון ש"א. וגם בסוגיית שור שדחף את חברו לבור (ח-3) אין שום ספק עובדתי בכלל, וכל הטענות הן בוודאי אמת, ובכל זאת ר' נתן סובר שחולקין לפי עיקרון ש"א. ואף בסוגיין גופא חולקין לפי עיקרון ש"א לפירוש הרי"ף למשנת ר' נתן (ח-4). והרי אנו את ר' נתן בסוגיין באנו לפרש.

ומה שכתב הרב פערלמאן בסיפא של הקטע הנ"ל, 'כמו שאין בתביעת הנושה שום הכחשה לשכנגדיו, כמו כן אין בה שום הודאה על מה שאיננו תובע', אינו מובן כלל, שהרי אין בין שני חלקי המשפט קשר הגיוני נראה לעין. היפוכו של דבר: אם נושה אחד תובע מנה והשני מאתיים, ויש שם מאתיים בלבד, אז דווקא בגלל שהנושה הקטן אינו מכחיש את תביעת הגדול, וכל התביעות הינן בוודאי אמת, הרי לית מאן דפליג שמגיע לגדול לפחות מנה, ואין מנה זה שנוי במחלוקת. ואת המנה

השני, ששני הנושים תובעים, מחלקים שווה בשווה, בדיוק לפי סברת רש"י (אות ט-2 לעיל).

יא. המסקנה המתבקשת מכל הנ"ל היא, שגם מצד המקורות וגם מצד הסברא יש בהחלט מקום לדמות חלוקת בע"ח לדין ש"א.

שער שני: דין שלושה אוחזין

יב. כפי שציין לעיל (אות ה), הטענה השניה של הרבנים הנ"ל היא שגם בממון המוטל בספק כב**שלושה** אוחזין בטלית, הדין אינו על פי החלוקה התואמת ש"א (אות ד-2 לעיל), כפי שכביכול כתבתי; והסתמכו בזה על תשובה של המהרי"ל דיסקין זצוק"ל (יעויין שם). וזה פלא גדול, שהרי החלוקה התואמת ש"א מתייחסת למשנת ר"נ בסוגיין, וההלכה הרי נפסקה **נגד** ר"נ! לכן אין שום סיבה לפסוק להלכה בשלושה אוחזין שהחלוקה תהיה תש"א, ואין דברי הרבנים הנ"ל מחוורים.

וא"ת, הרי לפי הפירוש שהצעתי רבי בסוגיין פוסק לפי שיטת השיעבודים, שגם היא בנוייה על עיקרון ש"א; והרי שיטת המהרי"ל דיסקין בשלושה אוחזין שונה משיטת השיעבודים. לזה י"ל שמהריל"ד פוסק לפי ההלכה הפסוקה בסוגיין, המבוססת על שיטת הרי"ף בברייתא של רבי, שחולקות בשווה ממש. ואמנם לפי שיטה זאת, להלכה אין לדמות סוגיין לש"א (ראה ו-3 לעיל); שיטת השיעבודים מיוחסת לר"נ בלבד, ואין הלכה כמותו.

שער שלישי: הגמרא, הראשונים והפוסקים

יג. הבהרה. הרב פערלמאן כותב (אות ח במאמרו) שהעזנו לפרש את המשנה כנגד דברי הגמרא והראשונים והפוסקים. וזה אינו; כפי שמוסבר לעיל (אות ד-3) אין אנו מפרשים את המשנה כנגד דברי הגמרא, אלא מציעים פירוש נוסף לגמרא. פירוש זה דבק ברי"ף וביתר הראשונים בנוגע לאוקימתות, ומאמץ את פירוש הראב"ד לברייתא של רבי; החידוש בו הוא אך ורק בכך שלפיו, רבי הבין את המשנה - שעליה הוא חולק - כפשוטה, ולא לפי האוקימתות. ולמעשה גם זה אינו חדש; כפי שנראה להלן (אות יד) גם רבינו חננאל הבין כך את משמעות הברייתא של רבי.

ומזה מתברר שמה שכתב הרב סגל בהתחלת אות ה של מאמרו, 'מוזר לנסות למצוא איזה הגיון לצורת חלוקה זו (של המשנה) שכאילו נודעה רק לחכמי המשנה ונעלמה מחכמי התלמוד, ועל סמך זה לסטות מהבנת התלמוד בפירושא דמתניתין', מבוסס על אי־הבנה מוחלטת של פירוש הגמרא שהצענו. הרי לפי הפירוש שהצענו צורת החלוקה של המשנה היתה ידועה היטב לחכמי התלמוד שהביאו את הברייתא של רבי, ולכן אין בפירוש זה שום סטייה מהבנת התלמוד בפירושא דמתניתין.

יד. רבינו חננאל. יתר על כן, אני הקטן איני הראשון לפרש שלמסקנה (דהיינו

לאחר שהובאה הברייתא של רבי) הגמרא עצמה הבינה את המשנה כפשוטה, ולא לפי האוקימתות. שהרי ר"ח כותב[8] 'וזה שאמר רבי אין אני רואה דבריו (של ר' נתן) באלו, (שייך) בבבא דרישא ובבבא דמציעא; אבל בסיפא, דתנן היו שם שלוש מאות של מנה נוטלת חמישים ושל מאתיים מנה ושל שלוש מאות שישה של זהב, לא חלק רבי'. זאת אומרת שרבי מסכים עם המשנה - משנת ר' נתן - בסיפא, והוא חולק עליה רק ברישא ובמציעתא. לפי ר"ח, רבי סובר שמחלקים לפי מעות, וכך באמת אומרת משנתינו בסיפא, אבל לא ברישא ולא במציעתא. כמובן, רבי מתייחס לעיקר הדין (ולא לאוקימתות, שהובאו רק כדי להתאים את המשנה כפי שהיא למה שהובן שנפסק להלכה). ולכן אם ר"ח אומר שרבי מסכים עם המשנה בסיפא, אין מנוס מלהגיד שלדעתו, לפחות בסיפא גם המשנה מתייחסת לעיקר הדין, ולא לאוקימתות. והר"י מטראני אף מוסיף בהדיא, 'ואין צורך להעמידה בכותבת אליבא דרבי'. ואם בסיפא רבי דוחה את האוקימתות כפירוש למשנה, אין זה מתקבל על הדעת שהוא מקבל אותן במציעתא (ברישא אין אוקימתות).

בסיכום, ר"ח בא להסביר את דברי רבי. את המילים "חולקות בשוה" הוא מבין כחלוקה לפי מעות, בכל הבבות. את המילים "אין אני רואה דבריו של ר' נתן באלו" הוא מבין כמתייחסות רק לרישא ולמציעתא. זאת אומרת שלפי ר"ח גם רבי מסכים עם ר' נתן שלעיקר הדין בסיפא החלוקה צריכה להיות כמו שכתוב במשנה, והוא חולק על ר' נתן ועל דרך החלוקה שלו ברישא ובמציעתא. וכל זה הוא לעיקר הדין, מפני שהרי החלוקה לפי מעות שר"ח מייחס לרבי היא בוודאי לעיקר הדין (ולא על דרך האוקימתות).

ולכן לא מובנים דברי הרב סגל (באות ג של מאמרו), 'וראיתי... מאמר מאיזה פרופ' המתחכם... לפרש המשנה כפשוטה, דלא כהבנת חכמי התלמוד והראשונים'. והרי עינינו הרואות שגם לפי ר"ח, ולא רק איזה פרופ' מתחכם, הגמרא בעצמה פירשה את המשנה כפשוטה.

טו. ואני תמה שיצא קצפו של הרב פערלמאן עלי, שכביכול "העזתי" להציע פירוש נוסף לגמרא. הרי יש בראשונים פירושים רבים שונים לגמרא, ובפרט לברייתא של רבי, שסותרים זה את זה אף לדינא; ופירוש הגמרא שאני הצעתי מסכים עם אחד הפירושים האלה לדינא. וגם כתבתי (אות ח של מאמרי ב'מוריה' עמ' קז) שאין אני בא ח"ו לחלוק על דברי רבותינו, אלא שדברי תורה כפטיש יפוצץ סלע, נחלקים לשבעים לשונות, ואת הפירוש הנ"ל אני מגיש כאפשרות נוספת על כל האפשרויות הנ"ל להבנת הסוגיא. ועוד לא שמעתי שיש שמץ של איסור, או אף גריעותא כלשהיא, להוסיף לפירושים הרבים השונים של הראשונים פירוש נוסף. אדרבא, ה' חפץ למען צדקו יגדיל תורה ויאדיר.

8 מובא על אתר בתוד"ה רבי, וברא"ש, ובפירוש הר"י מטראני בש"מ.

סיכום

הרבנים סגל ופערלמאן שליט"א כתבו שלוש טענות עיקריות נגד מאמרי ב'מוריה': חדא, שאין לדמות חלוקת בעלי חובין לדין ש"א; ותו, שבשלושה אוחזין אין הדין כפי שכביכול כתוב במאמרי; וכן שכביכול מאמרי מפרש את המשנה כנגד דברי הגמרא והראשונים. אשר לטענה הראשונה, מובאים בשער הראשון לעיל כמה וכמה אסמכתאות מהגמרא ומדברי הגאונים והראשונים שאכן אפשר לדמות בין שני הדינים, וגם מוסברת הסברא לדימוי. אשר לטענה השניה, מוסבר בשער השני לעיל שהחלוקה התש"א המתוארת בחיבורי מפרשת את משנת ר"נ, וההלכה נפסקה נגד ר"נ; לכן להלכה אין לחלק לפי חלוקה תש"א, לא בסוגיין ולא בשלושה אוחזין. ואשר לטענה השלישית, מוסבר בשער השלישי לעיל שחיבורי אינו מפרש את המשנה כנגד דברי הגמרא, אלא מציע פירוש נוסף לגמרא; ופירוש זה מתיישב יפה עם דעת ר"ח על אתר, ולדינא מתיישב יפה עם דעת הראב"ד על אתר.

לבסוף, ברצוני להודות שוב לרבנים הנ"ל על שהתייחסו למאמרי ב'מוריה', והביאו אותו לתשומת לב ציבור גדול וחשוב. השתדלתי כאן להשיב על התמיהות שהעלו, וכולי תקוה שהדברים התבהרו. וכאמור, 'את והב בסופה'.

הרב אליהו סולוביצ'יק

שלוש נשים - מאמר תגובה

א. הבעיה, והפתרון של פרופ' אומן*

המשנה במסכת כתובות דף צג, א מתארת חלוקת עזבון ל"מי שהיה נשוי שלוש נשים ומת, כתובתה של זו מנה ושל זו מאתיים ושל זו שלוש מאות". הטבלה שמשמאל מסכמת את החלוקה שבמשנה:

העיזבון \ הכתובות	100	200	300
100	$33^{1/3}$	$33^{1/3}$	$33^{1/3}$
200	50	75	75
300	50	100	150

חלוקה זו תמוהה, שכן לכאורה אין בה שיטתיות: בעזבון של 100 - החלוקה שווה בין כולם; בעזבון של 300 - החלוקה היא יחסית לגודל התביעה; ואילו בעזבון של 200 אין בחלוקה, לכאורה, כל יחס בין הסכומים, ובוודאי שאין היא תואמת אף אחת מהחלוקות הנזכרות. הגמרא תמהה על דברי המשנה ושואלת על הבבא השניה והשלישית: "של מנה נוטלת חמשים - תלתין ותלתא ותילתא הוא דאית לה?!" ואז הגמ' מעמידה את דין המשנה באופנים ספציפיים מותאמים ("אוקימתות").

במאמרו חישב פרופ' ישראל אומן ומצא נוסחא מתמטית 'מתורת המשחקים'

* תקציר ביבליוגרפי: מאמרו פורץ־הדרך של פרופ' ישראל אומן התפרסם בכתב העת 'מוריה', טבת תשנ"ט, גל' רנה-רנו (שנה כב גל' ג-ד) עמ' צח-קו (צורה מקוצרת ומעובדת של המאמר נמצאת באתר דעת www.daat.ac.il/mishpat-ivri/skirot/234-2.htm). ההתעניינות של הציבור התורני במאמר קבלה תנופה בעקבות זכייתו של פרופ' אומן בפרס נובל לכלכלה בשנת תשס"ה על פיתוח 'תורת המשחקים', ענף במתמטיקה, אשר מאמרו הנ"ל מבוסס עליה. שני מאמרי ביקורת פורסמו בכתב העת 'בית אהרן וישראל' ירושלים תשס"ז, גל' קכז (שנה כב גל' א) עמ' מח ואילך וגל' קכט (שנה כב גל' ג) עמ' קכא ואילך. הביקורת במאמרים אלו מבוססת בעיקר על ויכוח ענייני בהתאמת חלוקת 'שנים אוחזים' למצב בו אין ויכוח וספיקות על החובות, ועל העזתו של פרופ' אומן לדעת המבקרים לפרש את המשנה שלא על פי חכמי הגמ' והראשונים. ביאור מקיף לסוגיה מלווה בביקורת על פירושו של פרופ' אומן פורסם על ידי הרב יעקב לויפר במוסף 'המודיע' ערב שבת קודש פרשת מקץ, כ"ז כסלו תשס"ח, ובשבוע שלאחריו פרשת ויגש, ה' טבת תשס"ח (מאמרו של הרב לויפר גרר אחריו חילופי מכתבים בין חכמים שונים, שיפורסמו בקרוב). בתגובה למאמרי הביקורת בכתב העת 'בית אהרן וישראל' פרסם פרופ' אומן מאמר תגובה בכתב העת 'המעין' טבת תש"ע [נ, ב], אחר שבמערכת 'בית אהרן וישראל' ובמערכת 'מוריה' סירבו לפרסמו. מאמרי זה פורסם לראשונה בכתב העת האלקטרוני "דאצ'ה" גליון 78 (י' בכסלו תש"ע; ניתן למוצאו באתר www.datche.co.il), והוא מתפרסם כאן בשינויים קלים.

המודרנית המאחדת את שלושת החלוקות. בשלב הבא מצא פרופ' אומן שלנוסחה מתמטית זו יסוד תוכני, הדומה ליסוד החלוקה של משנת 'שנים אוחזים' בתחילת בבא מציעא שעיקרה "חלוקה שווה של הסכום השנוי במחלוקת". במשנתנו, שיש בה שלוש תביעות, הנוסחה היא "כל שתים מהנשים מקבלות סכום כזה שאפשר יהיה לחלק אותו ביניהן לפי העקרון של שנים אוחזים", וכדלהלן:

1. בעזבון של 100 החלוקה במשנה היא $33^1/_3$-$33^1/_3$-$33^1/_3$. כאשר נחבר בין כל זוג בנפרד, נגיע לסך $66^2/_3$. הוויכוח בין הזוגות הוא על כל הסכום, ולכן חולקים אותו בשווה.
2. בעזבון של 200 החלוקה במשנה היא 75-75-50. כאשר נחבר את הסכום של כל זוג אלמנות בנפרד (בהתעלמות מהאשה השלישית) ניווכח שהחלוקה ביניהן היא לפי העקרון הנ"ל. הסכום הכולל שמקבלות בעלת 100 ובעלת 200, או בעלת 100 ובעלת 300, הוא 125, על 25 אין ויכוח שהם שייכים לבעלת ה־200 או לבעלת ה־300 והוא עובר אליהן; הוויכוח הוא על המאה, ואותם מחלקים בשווה: בעלת המאה מקבלת 50 מתוך המאה, ואילו בעלת המאתיים ובעלת השלוש מאות מקבלות את החמישים בצירוף ה־25 שכבר העברנו להם, וס"ה: 75. כמו כן הסכום הכולל של בעלת ה־200 ובעלת ה־300 הוא 150, הויכוח הוא על הכל, וכל אחת מקבלת חצי שהוא 75.
3. בעזבון של 300, החלוקה במשנה היא 150-100-50. הסכום הכולל של בעלת המאה ובעלת המאתיים הוא 150, על 50 אין וויכוח שהם שייכים לבעלת המאתיים, ואת ה־100 שבוויכוח חולקים בשווה. כמו כן הסכום הכולל של בעלת המאה ובעלת השלוש מאות הוא 200, על 100 אין וויכוח שהוא שייך לבעלת השלוש מאות, את ה־100 שבוויכוח חולקים בשווה. כמו כן הסכום הכולל של בעלת המאתיים ובעלת השלוש מאות הוא 250, על 50 אין ויכוח שהוא שייך לבעלת השלוש מאות, המאתים שבוויכוח מתחלקים בשווה.

אלא שעדיין יש כאן מספר נקודות הדורשות הבהרה:

א) אין די בכך שאחר החלוקה עולה שהיא תואמת למשנת 'שנים אוחזים', כי אולי ישנן דרכי חלוקה נוספות שיתאימו לחלוקה של 'שנים אוחזים'! על כך מוכיח פרופ' אומן בדרכים שונות כי זוהי הדרך היחידה בה מתקיים חלוקת 'שנים אוחזים', עיין בדבריו.

ב) פרופ' אומן הלך כאן בשיטה 'הבריסקאית' שמחפשת את ה'מה' ולא את ה'למה'. פרופ' אומן רואה את תפקידו בחשיפת העקרון העומד מאחורי החלוקה של המשנה, ומשעה שזה נחשף - דרישת הטעם לבחירת המשנה בעקרון זה דווקא היא משנית בלבד.

ג) כפי שפרופ' אומן מציין במאמר התגובה ב'המעין', הרי שגם החלוקה הנקראת 'שיטת השעבודים' מבוססת על חלוקת 'שנים אוחזים', כי בעזבון של מאה, שהוא סכום שמגיע לכל אחת מהן, מתחלקות בשווה; בעזבון של מאתיים ה־100 הראשונים מתחלקים בין כולם ובכך מסתלקת בעלת המנה, וה־100 הנותרים

מתחלקים בשווה בין בעלת ה־200 לבין בעלת ה־300, והחלוקה היא: $83\frac{1}{3}$-$83\frac{1}{3}$-$33\frac{1}{3}$; כאשר העזבון הוא 300 החלוקה היא $183\frac{1}{3}$-$83\frac{1}{3}$-$33\frac{1}{3}$. כי ה־100 הראשונים מתחלקים בין כולן ובכך מסתלקת בעלת המנה, ה־100 הבאים מתחלקים בין בעלת ה־200 לבין בעלת ה־300 ובכך מסתלקת בעלת ה־200, וה־100 הנותרים הולכים לבעלת ה־300. אם כן אין זה מדויק לומר שהשיטה של 'פשוטה של משנה' היא הדרך היחידה לחלוקה התואמת 'שנים אוחזין'.

ב. התפיסה ה'נַדֶלִית'

אמנם נדמה שכמעט כל תלמיד ותיק כאשר יִתָּקל בדבריו של פרופ' אומן ירגיש זרות בדבריו, ולבו יאמר לו שלא לכך כיוונה המשנה. הזרות שעליה אני מצביע אינה קשורה לעובדה שהוא מפרש (בדחילו ורחימו) משנה שלא על פי הגמ'[1], כי על אף שאין זה מצוי - אין הדבר זר בבית המדרש, ותלמידי חכמים עשויים תוך כדי לימודם להעלות פשט במשנה שאינו תואם את הגמרא, וכבר ציין פרופ' אומן במאמרו לקדמונים שאף הצהירו על כך במפורש. גם אין כוונתי לסגנונו הבהיר והמודרני, כי בנקל יכול כל בן תורה להשיל מפירושו את המעטה שאינו רגיל אליו ולקבל את התוכן כמות שהוא. כוונתי לזרות מעצם הגישה המגייסת חישובים מתמטיים סבוכים לשם פירוש משנה. התלמיד הוותיק רגיל למצבים הפוכים, בהם מתקשים חכמי התשבורת והמתמטיקה בהתאמת העולה מסוגיות תלמודיות למה שידוע להם בתחום השכלתם. שגור על לשונם של תלמידי חכמים להפטיר 'לא דק' אחר כל סוגיה שאין הנתונים המתמטיים שבה עולים יפה־יפה, ובצדק גמור - כי אכן לא בכך תפארתם של חז"ל, כשם שאין תפארתם בידיעת מדעי הטבע והפיסיקה, שאף הן בכלל ה'חכמה' המצויה בידי אומות העולם.

פרופ' אומן עצמו כותב (באתר 'דעת'): "שמנו לב שהחלוקות שבמשנה תואמות נוסחאות מורכבות של תורת המשחקים המודרנית. מאחר שברור היה לנו שלא יתכן

1 אימת הביקורת השפיעה כנראה על פרופ' אומן, ובמאמר התגובה שלו ב'המעין' הוא מתכחש לכך שהוא הציע לפרש משנה שלא כגמרא (שם שער שלישי): "הבהרה. הרב פערלמאן כותב שהעזנו לפרש את המשנה כנגד דברי הגמרא והראשונים והפוסקים. וזה אינו; כפי שמוסבר לעיל אין אנו מפרשים את המשנה כנגד דברי הגמרא, אלא מציעים פירוש נוסף לגמרא...". כל זה כאשר ב'מוריה' שם הוא כותב בצורה ברורה שהוא מציע שתי אפשרויות: או לפרש את המשנה אחרת מהגמרא, או לפרש את הגמרא בשונה מהמפרשים. אלו דבריו שם (עמוד קו): "את הסתירה הזאת [=בין פירושו שלו למשנה, לבין דברי הגמרא] אין ליישב. אם אמנם מפרשים את המשנה כפי שפירשנוה, חייבים ללכת באחד משתי דרכים: או לסטות מהגמרא בפירוש המשנה, או לסטות מהרי"ף בפירוש הגמרא. בדרך הראשונה כבר הלכו קדמונינו ז"ל. על משנתינו כתב הרב סעדיה גאון.... עכ"ל; זאת אומרת, לפרש שהמשנה מתיחסת לעיקר הדין ולא על דרך הגמרא... וראינו דברים דומים בשם כמה וכמה מרבותינו הראשונים והאחרונים, והדברים ידועים, ואין טעם להאריך".

שחכמי התלמוד היו מודעים לכלים מתמטיים מורכבים אלה. חיפשנו, ובסופו של דבר מצאנו, יסוד קונספטואלי [=תוכני] לכלים אלה: כלל החלוקה השווה של הסכום השנוי במחלוקת. כלל זה היה בלא ספק בהישג ידם של חכמי המשנה, ודי בו כשלעצמו כדי להסביר את החלוקות שבמשנה. זהו העיקרון שתיארנו לעיל תוך עקיפת שלב הביניים, תורת המשחקים". אבל כפי שהראנו לעיל, אין די בהגדרה זו, כי יש צורך בהוכחה שזוהי השיטה היחידה המביאה את התוצאה התואמת לשיטת 'שנים אוחזים', ולשם כך אכן נדרש פרופ' אומן לכלים מתמטיים שלא היו בימי הקדמונים.

זאת ועוד, נתאר לעצמנו את שלוש נשי המת שהבטיח להם הרים וגבעות בכתובתן, וכשמת לא השאיר אחריו יותר מחצי כתובותיהן, והנה עומדות הן לפני הדיינים לקבל חלק מהעזבון לצרכי מחייתן. יושב לו שם דיין ומצייר להן על הלוח משוואות מתמטיות, ומוכיח בדרכים מתוחכמות שיטות חלוקה מבריקות. הלזה "דיין אלמנות" יקרא? ואין כוונתי להקהות את המושג "משפט" ולהגמישו למצבים המשתנים של 'הצדק המוסרי' בהתאם לכל מקרה; באתי רק להצביע על הקיצוניות שפרופ' אומן לקח אליו את 'המשפט' כאשר הצמידו לחישובים מסובכים המרוחקים מתחושת הצדק האנושי. אל לנו לשכוח את דעת רבי טרפון בפרק קודם (כתובות פד, א) על מי שמת והניח אשה ובעל חוב ויורשין והיו לו פקדון ביד אחרים "ינתן לכושל שבהם". ואף שרבי עקיבא אמר לו "אין מרחמין בדין", עדיין על 'הדין' להיות מחובר לתחושות של יושר וטוב.

מי שחידד את שלילת התוכן המדעי מהדיון התורני היה הגאון רבי גדליה נדל זצ"ל מבני ברק. הוא היה מדבר על כך שהרובד הקובע בדיני התורה הוא היחס האנושי לתופעות, והחוויה האנושית ממעשים ומהימנעות ממעשים מסוימים. הרובד המדעי של פעולות, תופעות, ואירועים, אינו פונה למערכת הרגשית והחווייתית של האדם, ולכן הוא לא רלוונטי בדיני התורה. תלמידיו של רג"נ אוהבים לספר שפעם אחת הרצה בפניו רבי יחזקאל ברטלר קושיה סבוכה ומחושבנת בסתירת סוגיות, וכשסיים את הרצאתו פנה אליו ר"ג בשאלה: כמה אנשים כאן בביהמ"ד 'לדרמן', שהם לומדי תורה מובהקים, יבינו את דבריך אחר מאמץ? אולי שנים? שלושה? כמה היו עולים לבד על הבעיה? אף אחד! אם כן דיינו בכך... הרעיון המרכזי של גישה זו נמצא כבר אצל החזו"א, שבתשובה לשאלת חוסר הדיוק בחישוב האלכסון של המרובע הוא כותב: "ונתנה ההלכה לחשוב בקירוב, שלא נִתנו המצוות אלא לצרף הבריות"...

מתוך התפיסה ה'נַדֶלית' אני מציע לפרש את המשנה בדרך הפוכה מזו של פרופ' אומן, והיא שאכן אין שיטתיות במשנה, ושלושת הבבות - שלוש הלכות נפרדות הן, שבכל אחת מהן מתקיים משפט צדק נכון למקרה הספציפי הזה. כי כאשר העזבון הוא קטן, אם נחלקו לפי גודל התביעה של כל אחת - ישאר פחות מדי לבעלת המנה, לכן קבעו חכמי המשנה לחלק את העזבון בשווה; כאשר העזבון גדול, ודיו כדי להותיר סכום ממשי ביד כל אחת גם בחלוקה מחושבת - תבוצע החלוקה לפי חשבון; ואילו בסכום ביניים, לא מעט מדי ולא רב מדי, קבעו חז"ל לשמור על פער בין בעלת

הכתובה הנמוכה לבין בעלות הכתובות הגדולות יותר, ועם זאת לא להתעלם ממצוקת בעלת המנה העשויה לקבל נתח מועט מדי.

גישה זו נדחתה על ידי האמוראים חכמי הגמרא, שסברו שאינה הלכה. לדעת חכמי הגמרא יש צורך בכללים נוקשים יותר בקביעת המשפט, ובהיגיון משפטי עקבי, ולכן דחו אותה והעמידו את המשנה באוקימתות[2]. באופן כללי ניתן לומר שאי קבלת משנה כפשוטה על ידי האמוראים אינה חייבת להיות מבוססת על פרשנות בכוונת הכותב, אלא על מחלוקת ואי הסכמה עמו מחד, והצורך בשמירת נוסח המשנה בקביעת ההלכה מאידך. גישה זו דומה לכל "חסורי מחסרא" הנמצא בבבלי, שלדעת רבים (ראה מאירי בספר הקבלה מהד' מכון אופק עמ' 103) אין הכוונה לטעות מעתיקים, אלא לדחייה של דין המשנה וקביעת הלכה אחרת בה. לפי זה ודאי שיש מקום לפרש את דעת המשנה שנדחתה.

סימוכין לתפיסה זו בפירוש משנתנו נמצא בדברי הרס"ג שלהלן, המפרש את המשנה כפשוטה, לא כאוקימות שבגמ', ומנמק שהוא "תנאי בית דין" לחלק את העזבון בדרך זו. כלומר, הרס"ג טוען שחכמים ראו צורך לחלק את העזבון לא לפי הכללים המקובלים, אלא קבעו תקנה מיוחדת בחלוקת עזבונות שתיתן מענה לצרכיהן של האלמנות. אלא שמאז ומתמיד אין לבי שלם עמי בעיוני בדברי רס"ג, כי פעמים רבות המניע לפירושיו הוא סתימת פי הקראים יותר מאשר חיפוש אחר האמת (השוה לדברי הרמב"ם בפיה"מ לר"ה על דעת רס"ג בקידוש החודש על פי הראייה). גם כאן לא ברור לי האם דברי רס"ג מכוונים לאמיתו של פשט, או שנאמרו כנגד המקטרגים.

ג. רב סעדיה גאון

כפי שציין הרי"ף, "הא מתניתין וגמרא דילה שקלי וטרו בה קמאי ז"ל". בהמשך דברי הרי"ף מבואר עוד שקדמונים אלו היו בדורות שלפני רב האי גאון. כיום אין בידינו פירושים לסוגיה זו מקדמוני הגאונים - זולתי רב סעדיה גאון, ויש להניח שתשובה זו של רס"ג היתה לפני הרי"ף (ראה להלן).

דברי הרס"ג שלהלן נמצאים באוסף תשובת גאונים שערי צדק סי' נב (דף סו, א; להלן: שע"צ) ובכתב יד לונדון ספרית בית הדין מס' 477 (להלן: כי"ל). כי"ל מכיל את הלכות רב אלפס, ובסוף מסכת כתובות מופיעים תרגום של פירושי הרי"ף לשלוש סוגיות חמורות שנכתבו במקורם ערבית (זהו תרגום נוסף, קדום ומדוייק יותר על שני התרגומים הקיימים). בסוף הפירוש לסוגיה זו נמצא הקטע של הרס"ג עם הכותרת "רבנו סעדיה", והוא מופיע כפירוש, ולא כתשובת שאלה כפי שהוא בשע"צ. מיקומו

2 אני מודע לחדשנות שבהצעה זו, בכך שלפי דבריי משנה שעוסקת בדיני ממונות מוסרת הלכה שאין בה כלל ממוני - אלא הלכה ספציפית למקרים ספציפיים. תוקפה של ההצעה תלוי באפשרות למצוא מקרים דומים לה, ועוד חזון למועד.

של הקטע תוך הפירוש מעלה השערה שההעתקה הראשונית של הקטע היא של הרי"ף[3].

בהעתקה המובאת להלן עשיתי שימוש אקלקטי בכתה"י, דהיינו שהשתמשתי בשני כתבי היד לסירוגין כפי שהיה נראה לי נכון בהשקפה ראשונה, אם כי כבסיס השתמשתי בנוסח שע"צ שהוא בעיני אמין יותר. כן הוספתי פיסוק והדגשות (לשם הדיוק הבאתי בנספח שבסוף המאמר את שתי הנוסחאות זו לצד זו).

"וששאלתם מי שהיה נשוי שלש נשים כתובתה של זו מנה ושל זו מאתיים ושל זו שלש מאות כו'.

אף על פי שיודעין אנו שהלכה כרבי ולא כרבי נתן, ואף על פי ששמואל מעמידה בכותבת זו לזו לפצותה מדין ודברים, וכי רב יעקב משמיה דרבינא מעמידה בשתי תפישות[4], אף על פי כן מקום הניחו לנו גם אנו, ויכולנו להעמידה בתנאי בית דין על הממון הנמצא למת, כל אשה שהוא[5] פחות מכתובתה לא תעדיף על שלפניה, ושהוא יתר על כתובתה[6] תטול באשר הוא שם עד כדי כתובתה בשוה, והנשאר לפי חשבון.

לפיכך, בהיות שם מנה, שהוא פחות מכתובת השניה והשלישית, לא יעדפו על הראשונה, ולכן יחלוקו שלשתן בשוה. ובהיות שם מאתיים, הראשונה נוטלת חמשים, לפי שהוא יתר על כתובתה, [שניה] נוטלת שלושים ושלשה ושליש שהוא בשוה מן המנה האחד, ומן המנה השניה ששה עשר ושני שילשים שהוא שתותו לפי חשבון, ושלישית לא תעדיף על השניה אלא תטול כל אחת שבעים וחמשה. ובהיות שם שלש מאות, הרי אין פחות מהגדולה שבכתובות, ולפיכך יטלו לפי חשבון, ראשונה חמשים ושניה מאה ושלישית מאה וחמישים".

פירוש לפירושו, הרס"ג סבור שהחלוקה הראויה היא "לפי מעות" שהיא חלוקה יחסית לגודל התביעה (להלן: עיקר הדין). לכן **במקרה השלישי** שהעזבון הוא 300 החלוקה בפועל היא לפי עיקר הדין, כל אחת מקבלת חצי מהתביעה שלה: 50-100-150. **במקרה הראשון** שהעזבון הוא 100, החלוקה לפי עיקר הדין היא: $50\text{-}33^1/_3\text{-}16^2/_3$. אלא שזהו מעט מדי למי שכתובתה מועטה, וקבעו חז"ל שיתחלקו בשווה: $33^1/_3\text{-}33^1/_3\text{-}33^1/_3$. הכלל שנקבע הוא: "כל שהעזבון הוא פחות מסכום הכתובה, אין משמעות לגודל הכתובה".

3 כאן ההזדמנות עבורי להזכיר לשבח ולהודות להרב ד"ר עזרא שבט, סגן מנהל המכון לתצלומי כת"י עבריים באוניברסיטה העברית ועורך 'הלכות הרי"ף', על עזרתו המתמדת לי ולכל דורש ומבקש.

4 כלומר, אף על פי שנדחו דבריו הן על ידי כך שאינם להלכה, והן על ידי כך שהגבילו לדבריו לאוקימתות. נראים הדברים שהרס"ג סבור שהסיבה שרבי חולק על ר' נתן ושלכן הלכה כרבי יש לה זיקה לכך שדברי רבי נתן מוקשי הבנה.

5 = הממון.

6 בכי"ל: "כדי כתובתה", והכוונה שיש בממון כדי כתובתה ואף יותר.

במקרה השני, שהעזבון הוא 200, העניין מורכב יותר וכדלהלן: ביחס לבעלת המאה שהעזבון גדול מכתובתה, אילו חזרנו לעיקר הדין הייתה מקבלת $33^1/_3$ שהוא חלקה היחסי מ־200 (תביעתה היא שישית מסך התביעות $200/6=33^1/_3$). יתרת $166^2/_3$ לא היה מחולק כעיקר הדין $100-66^2/_3$, שכן לפי הכלל אין עדיפות לבעלת שלש מאות, כי העזבון הוא פחות מסכום כתובתה, ולכן היו אמורים להתחלק בשווה: $83^1/_3-83^1/_3$. אלא שכאן נכנס כלל נוסף של תנאי בי"ד לטובת בעלת המאה, שאת ה־100 הראשונים, שהוא סכום כתובתה, ישאירו לחלוקה שווה, ורק על ה־100 השניים היא תקבל לפי חלק יחסי מגודל כתובתה. חלק יחסי זה הוא $16^2/_3$, שהוא מקוזז מחלקם של בעלת מאתיים ובעלת שלש מאות בשווה: $8^1/_3$ מכל אחת, ולכן נשאר להם 75 לכל אחת. יש לציין כי למעשה יש כאן התנגשות בין שתי שיטות חלוקה: בעלת המנה מקבלת לפי חשבון, ובעלת המאתיים והשלוש מאות מקבלות לפי חלוקה שווה, ויש כאן עדיפות לבעלת המנה שמקבלת קודם את שלה, ובנשאר מתחלקים בעלת המאתיים ובעלת השלוש מאות.

ההבדל בין הצעת פירושינו לבין זו של רס"ג הוא בעיקר כאשר העזבון הוא 200, כי בעוד שבהצעתנו אין שֵם ולא כלל לחלוקה, אלא שההלכה נאמרה ישירות על סכום החלוקה כמה הוא צריך להיות, הרי שרס"ג נתן לה שם והגדיר אותה בכלל שאפשר לומר אחריו 'לפיכך', וזה על אף שהכלל נתפר במיוחד למקרה הספציפי לטובת בעלת הכתובה הנמוכה, שכן שני כללים הם עם הכרעה בין שני צורות חלוקה לטובת אחת מהן וכדלעיל.

נוסח שע"צ

אף על פי שיודעין אנו שהלכה כרבי ולא כר' נתן ואף על פי ששמואל מעמידה בכותבת זו לזו ולפצותה מדין ודברים וכי רב יעקב משמיה דרבינא מעמידה בשתי תפישות, אף על פי כן מקום הניחו לנו גם אנו ויכולנו להעמידה בתנאי בית דין על הממון הנמצא למת, כל אשה שהוא פחות מכתובתה לא תעדיף על שלפניה, ושהוא יתר על כתובתה תטול באשר הוא עד כדי כתובתה בשוה והנשאר לפי חשבון.

לפיכך בהיות שם מנה שהוא פחות מכתובת השניה והשלישית, לא יעדפו על כתובת הראשונה ולכן יחלוקו שלשתן בשוה. ובהיות שם מאתיים, הראשונה נוטלת חמשים לפי שהוא יתר על כתובתה, נוטלת שלושים ושלשה ושליש שהוא בשוה מן המנה האחד, ומן המנה השניה ששה עשר ושני שילשים שהוא שתותו לפי חשבון, ושלישית לא תעדיף על השניה אלא תטול כל אחת שבעים וחמשה. ובהיות שם שלש מאות הרי אין פחות מהגדולה שבכתובות ולפיכך יטלו לפי חשבון ראשונה חמשים ושניה מאה ושלישית מאה וחמישים.

נוסח כי"ל

אף על פי שהן יודעין שהלכה זו כרבי ולא כר' נתן ואף על פי ששמואל מעמידה בכותבת זו לזו לפצותה מדין ודברים וכי רב יעקב משמיה דרבינא מעמידה בשתי תפישות, אף על פי כן הניחו לנו יכולת גם אנו להעמידה כי תנאי בית דין הוא על הממון הנמצא למת, כל אשה שהוא פחות מכדי כתובתה לא תעדיף על שלפניה, ושהוא כדי כתובתה תטול באשר הוא שם עד כדי כתובתה בשוה והשאר לפי חשבון.

לפיכך בהיות שם מנה שהוא פחות מכתובת השנית והשלישית, לא יעדפו על הראשונה ולכן יחלוקו שלשתן בשוה. ובהיות שם מאתיים, הראשונה נוטלת חמשים לפי שהוא יתר על כתובתה, נוטלת מן הק' שלושם ושלשה שהוא בשוה, ומן המנה השניה ששה עשר שהוא שתותו לפי חשבון, ושלישית לא תעדיף על השניה אלא תטול כל אחת שבעים וחמשה. ובהיות שם שלש מאות הרי אין פחות מהגדולה שבכתובות ולפיכך יטלו לפי חשבון ראשונה חמשים ושניה מאה ושלישית מאה וחמישים.

הרב יעקב לויפר

חלוקת שלוש הכתובות - תגובה

שתי נשים ושלוש נשים

תמצית שיטתו של פרופ' אומן היא שלמשנה יש שיטת חלוקה עקבית שנותנת תמיד אותה התוצאה. הכלל הוא שכשתופסים שתים מתוך שלוש הנשים ומחשבים את הסכום שיקבלו, נמצא שתמיד הסכום הזה יתאים לחלוקה שנקראת בפיו 'תואמת שנים אוחזים'. כלומר: אם נבודד כל שתי נשים מתוך השלוש ונבדוק כמה הן קיבלו לבסוף, נמצא שהסכום שלהן מתאים לעיקרון המתואר במשנת שנים אוחזין כשזה אומר כולה שלי וזה אומר חציה שלי. לדוגמא: במציעתא מקבלת בעלת הכתובה הקטנה 50 והבינונית 75. ביחד זה 125 זוז, שאפשר להגדיר את חלוקתם כך: לקטנה אין תביעה על יותר ממאה, לפיכך 25 הזוז העודפים הולכים לבינונית בלא שום חלוקה; את המאה המצויים במחלוקת חולקים בשווה, וכל אחת נוטלת חמישים. באופן כזה אפשר להגדיר את היחס בין כל שתים מתוך שלוש הנשים בכל סכום עזבון שהוא, ואף אם יהיו ארבע או חמש נשים - תמיד העיקרון יהיה זהה.

כדי להגיע לתוצאה זו השתמשו אומן ושותפו משלר ז"ל בשיטת החלוקה דלהלן: לעולם כולן חולקות בשווה עד שכל אחת מהן תקבל חצי, ומכיון שהתמלאה חצי סאתה של אחת - הריהי מפסיקה לקבל עד שיקבלו כל חברותיה גם הן חצי מסכום כתובתן. במאמרם הנ"ל הם הוכיחו שרק צורת חלוקה זו תתן את התוצאה של 'תואם שנים אוחזין', יעויין במאמר ב'מוריה' הנזכר שם.

אפשר לבדוק ולראות שכל המִשנה מצייתת לעיקרון זה: כשהעזבון מכיל רק מנה חולקות כולן בשווה, שהרי אף אחת עדיין לא קיבלה אפילו חצי מסכום כתובתה. כשיש מאתיים - הקטנה כבר לא מקבלת בשווה, שהרי חמישים הוא חצי סכום כתובתה, לפיכך היא לא מקבלת יותר מחמישים עד שגם חברותיה תקבלנה חצי מסכום כתובתן. וכשיש שלוש מאות - כולן מקבלות חצי מסכום כתובתן[1].

על הרעיון הזה נכתבה ביקורת על ידי הרבנים סגל ופרלמן ב'בית אהרן וישראל', ובתגובתו שנדפסה בגליון 'המעין' הקודם הראה פרופסור אומן כי הסברא שהמשנה מתפרשת על פי 'עקרון שנים אוחזין' נתחדשה כבר על ידי רב האי גאון, ואחריו ע"י

1 המשנה נקבה בסכומים עגולים, אבל הגבולות נמצאים למעשה בין הסכומים האלו. החלוקה בשווה היא עד 150, זוהי נקודת הגבול בה מקבלת הקטנה שליש - חלק שווה מכל הסכום, וזהו כבר חצי מסכום כתובתה, מכאן ואילך היא לא תקבל יותר. אבל שתי הגדולות עדיין לא הגיעו לחצי מסכום כתובתן. הקו השני הוא 250, ושם תגיע הבינונית לחצי סכום כתובתה. הקו השלישי הוא 300, שם מגיעה הגדולה לחצי סכום כתובתה.

מפרשים נוספים (סעיף ו). מבקריו של אומן העלו טענה כי אין לדמות ענין דנן ל'שנים אוחזין', כי חלוקה זו אינה באה אלא במקום ספק[2]. כתשובה הביא אומן דוגמאות ממקומות בהם חלוקת שנים אוחזין מתרחשת אף במקומות שהחלוקה בהם אינה מדין ספק (סעיף ח), כך שאפשר עקרונית לקבל את הרעיון של חלוקת שנים אוחזין אף במקום שהדין־ודברים בין הצדדים אינו נובע מספק. על הדוגמאות שהביא יש להוסיף את המקרה של שנים אדוקין בשטר, אחד בטופס ואחד בתורף (ב"מ ז, ב), כפי שיבואר להלן.

אמנם ברי לי שגם מבקריו של אומן לא נתכוונו לומר שלא שייך שתהיה חלוקת תואמת שנים אוחזין מן הבחינה **הטכנית**[3], הטענה שלהם היתה שהסברא אינה מתאימה כאן. הבה ננתח את הענין:

הראיה הטובה ביותר לכך שמשנתנו יכולה להתפרש לפי העקרון של שנים אוחזין, היא מן הגמרא השואלת (על המציעתא, שם העזבון הוא בגודל של מאתיים זוז) "של מנה נוטלת חמשים?! תלתין ותלתא ותילתא הוא דאית לה"! קושיית הגמרא תמוהה מאוד לפי הסברות המקובלות. שכן בין אם נאמר שהחלוקה היא לפי יחס גודל הכתובה, ובין אם נאמר שהחלוקה היא בשווה, אין סיבה שהקטנה תקבל שליש מהמאה הראשונים ותו לא!

רש"י, הרי"ף ועוד ראשונים מפרשים את קושיית הגמרא לפי עקרון שפרופ' אומן כינה אותו 'שיטת השעבודים'. לאמור: לבעלת הכתובה הקטנה אין שעבוד אלא על מאה זוז בלבד, והיא נאלצת להתחלק בהם עם חברותיה שגם להן משועבד אותו סכום, ואילו בסכומים הגבוהים ממאה זוז אין לה שעבוד לפיכך אין היא חולקת בהם. אולם ודאי שלא נתכוונו רש"י והרי"ף לומר ששעבוד הקטנה אינו תופס אלא מאה זוז, שכן ברי הוא כי שִעבודה של הכתובה הקטנה מוטל על **כל** נכסי הבעל - גם אם שויים הוא אלפי זוז[4]. ודין ידוע הוא שאם נשתדפה שדה פלונית - הולך בעל החוב וגובה משדה אחרת (כתובות צה, ב), ואין הלווה יכול לומר לו שדה זו היתה כבר מעבר לתחום שעבודך, כי כל נכסי הלוה ערבים לתשלום החוב. ומסוגיין גופא מוכח: הרי ודאי שאם העזבון היה גבוה משלוש מאות זוז תתחלקנה בו בעלות הכתובות עד שתפרעה את כל כתובתן. מדוע היורשים אינם יכולים לומר שאין שעבודן תופס יותר משלוש מאות זוז? הרי גם הכתובה הגדולה אינה יותר משלוש

2 טענה זו הועלתה כבר על ידי תלמידי רבינו יונה (שיטה מקובצת כתובות צג, א ד"ה ויש שהיו סוברין). הם הביאו את הדעה שאפשר לפרש את משנת כתובות על פי חלוקת שנים אוחזין, וכותבים על כך: "וזה אינו מתקבל כלל, ולא דמיין אהדדי. דהתם בשנים אוחזין בטלית כל אחת ואחת מכחשת את חברתה, ולפיכך באותו הדרך, אבל הכא כל אחת ואחת מודה שיש לחברתה זכות".

3 היינו שיש מצב שבו סכום מסויים מוצא אל מחוץ לדיון, והחלוקה מתבצעת בסכום הנותר.

4 הדברים מפורשים בתוספות בכתובות שם (צג, א סוף ד"ה רבי אומר) "**שכל שלוש מאות משועבדין** לכתובת בעלת מנה ובעלת מאתים כמו לבעלת שלוש מאות, **שכל נכסיו אחראין לכתובתה** [של בעלת מנה] **עד שיהיה לה כל המנה שלה**".

מאות זוז! ברור שהתשובה היא שגם חוב של זוז אחד משעבד נכסים בשווי אלף זוז - עד שבעל החוב מצליח לפרוע את חובו מן הנכסים. מדוע אם כך מניחה הגמרא בפשטות כזאת שבעלת הכתובה הקטנה אינה יכולה לגבות אלא ממאת הזוז הראשונים, עד כי שהיא שואלת בתמיהה 'תלתין ותלתא ותילתא הוא דאית לה'?

התשובה היא בהכרח שהגמרא ראתה את הכלל הזה במשנה. העובדה שהקטנה אינה גובה אלא חמישים לאורך כל המשנה מראה שקיים כאן עקרון שנים אוחזין, והקטנה מתחלקת עם חברותיה במאת הזוז הראשונים ואילו באחרים אינה מתחלקת; אלא שכמובן השאלה זועקת: אם כן - הרי שמגיע לה רק שליש מתוך המאה, כי יש כאן שלושה בעלי דינים ולא שנים, וזהו בדיוק מה ששואלת הגמרא[5]. נמצא שהגמרא עצמה מסכימה לעקרון שבעלת הכתובה הקטנה גובה רק ממאה הראשונים, בעלת הכתובה הבינונית גובה רק מהמאתיים הראשונים[6], ובעלת הכתובה הגדולה גובה לבדה את מאת הזוז הנוספים.

מהו בכל אופן ההסבר לכך שהקטנה אינה גובה יותר ממאה למרות ששעבודה חל על כל הנכסים? צריך לומר שאנו דנים את תפיסת הנשים לפי מה שהיו יכולות לזכות מן הנכסים אילו רק תביעתן היתה קיימת. למשל: אם בעל זה לא היה נשוי אלא לבעלת הכתובה הקטנה, לא היה לה זכות לגבות מן הנכסים אלא מאה, והשאר היה הולך ליורשים. לפיכך אין אנו מחשיבים אותה כעת אלא כאילו הצליחה לתפוס מאה זוז מן הנכסים, ובאותם מאה זוז יש לה עוד שתים שתפסו יחד עמה. בעלת המאתיים הצליחה לתפוס מאתיים זוז מן הנכסים, ובעלת השלוש מאות הצליחה לתפוס שלוש מאות. כל אחת - גודל תפיסתה כגודל תביעתה.

מצב זה דומה ממש למתואר במסכת בבא מציעא (ז, ב) לגבי שנים אדוקים בשטר, ושניהם טוענים 'כולו שלי', אלא שאחד מהם מחזיק בתורף שכתוב בו הזמן. הגמרא מסבירה שהתורף שווה יותר, משום שאם נחתוך אותו מן השטר לא יוכל שטר זה לגבות מלקוחות, כי הוא לא יוכל להוכיח שהלוואתו קדמה לקנייתם. שטר שאינו יכול לגבות מן המשועבדים שווה כמובן פחות, לפיכך - אומרת הגמרא - שמים את ההפרש בין שטר שיש בו זמן ושטר שאין בו זמן וההפרש הזה שייך לזה שתפס בתורף, ואילו בשאר הם חולקים. דרך משל: אם השטר בשלמותו שווה מאה זוז, ובלי הזמן אינו שווה אלא שמונים, מוכרים אותו, ונותנים עשרים לבעל התורף, ובשאר הם חולקים בשווה. מצב זה דומה ממש למשנתנו: שנים תופסים בשטר, אלא שתפיסתו של אחד מהם איכותית יותר ושויה גדול יותר.

הדבר המעניין במיוחד בדוגמה זו הם דברי הרש"ש שם, האומר כי החלוקה שתיארנו מתאימה **לדעת ר' נתן** במשנת כתובות דנן! ואילו לפי רבי הסובר 'חולקות

5 פרופ' אומן כבר ציין במאמרו (סעיף ח 4) שעקרון חלוקת שנים אוחזין כבר עולה משיטת הרי"ף, כגון במקום שיש שתי נשים.

6 וזה מה שהיא שואלת בהמשך על הסיפא, כשיש שם 300 זוז: "של מאתים - מנה?! שבעים וחמשה הוא דאית לה"! כי במאה הראשונים היא ויתרה לקטנה וגובה רק עשרים וחמש לפי האוקימתא של שמואל, ובמאה השניים יש לה חמישים, ותו לא.

בשווה' [לדעת הר"ח היינו לפי יחס גודל הכתובה] יקבל בעל התורף חמש תשיעיות ובעל הטופס ארבע תשיעיות[7].

הריטב"א מפרש אף הוא כמו שכתבנו, ואינו מציין כי חלוקה זו היא דווקא לדעת רבי נתן. והסברא פשוטה: בשנים אדוקין בשטר באמת בעל הטופס אוחז בחלק מן השטר ששווה פחות, ועל כן אין ראוי לו לחלוק עם בעל התורף בשווה, מה שאין כן במשנת כתובות שאליבא דאמת זכותן של שלוש הנשים שווה בכל הנכסים; אבל הרש"ש נוטה לומר שהחלוקה כאן מתאימה דווקא לדעת ר' נתן!

לסיכום: אם משנת כתובות היתה מדברת בשתי נשים - אפשר היה בהחלט לפרשה לפי עקרון 'שנים אוחזין', והגמרא אכן מפרשת כך. הבעיה היא שב'שלושה אוחזין' משתנה התמונה: במקום שהמצב ימשיך לפי אותו עקרון, ובעלת המנה תחלוק רק במנה, בעלת המאתיים רק במאתיים, ובעלת השלוש מאות בהכל - אנו רואים שהקטנות יותר מקבלות נתחים גדולים יותר מהראוי להם. אמנם פרופ' אומן הראה כי אם נבודד כל שתים מן הנשים - עדיין נראה את חלוקת שנים אוחזין, וזה מבריק מאוד, אבל סוף סוף זה לא מתרץ את השאלה ההגיונית: מדוע לא להסתכל על התמונה הכוללת, ולתת לכל אחת כפי החלק שיש לה בו זכות?

אפשר אולי לנמק את הרעיון כך: יש כאן אמנם שלוש בעלות דין, אבל כל אחת מהן מנהלת דיון נפרד עם כל אחת משתי חברותיה. כך שיש לנו שלושה דיונים: בין הגדולה לבינונית, בין הגדולה לקטנה, ובין הבינונית לקטנה. ומכיון שאנו רוצים לתת להם לפי עקרון שנים אוחזין - יש לנו בעיה: אנו רוצים לפסוק מה היחס בין הגדולה לקטנה - אבל איננו יודעים עדיין מה הסכום ששתיהן יכולות לחלוק, כי לא הכרענו מה מקבלת הבינונית. וכך בכל דיון ודיון. אם היינו יכולים לקבוע מה הסכום שתיטול הבינונית לאחר החלוקה - היינו יכולים להפריש אותו מן הסכום הכללי, ולחלק לגדולה ולקטנה את השאר, וכן בכולן. וזה באמת מה שעושה הנוסחה של אומן ומשלר, היא מעניקה לנו פתרון קסמים שעוזר לנו לדעת מה החלק שראויה הבינונית ליטול, ואנו רואים כי כל פעם שנתפוס שתים מתוך השלוש נראה כי הן אכן חלקו את נתח העזבון של שתיהן באופן התואם את חלוקת שנים אוחזין[8].

7 כלומר, קובעים את היחס בין שני האוחזים בשטר, שהוא $^4/_5$ [לפי הדוגמא ששטר בלי זמן שווה שמונים, ועם הזמן שווה מאה]. סכום התביעות של שניהם ביחד מן השטר הזה הוא 180, והחלוקה היא לפי יחס, כמו בבבא השלישית של משנת כתובות.

8 במאמרו של הרב שלום מרדכי סגל שהתפרסם בקובץ 'בית אהרן וישראל' גליון קכז (שנה כב, גליון א) הובהרה דרך חישוב אחרת המביאה לאותה תוצאה, והכותב הראה ששיטת חלוקה זו מבוססת על הנחת יסוד האומרת כי במקרה של שלושה אוחזין בטלית, ושנים מהם אינם סותרים זה את זה [כגון שנים טוענים חציה שלי ואחד טוען כולה שלי, וכדומה] הרי שהשנים הקטנים אינם נחשבים כמחולקים זה עם זה, שהרי יש מקום בטלית לכל מלוא תביעותיהם, אלא שניהם ביחד נחשבים כגוף אחד הטוען 'כולה שלי'. לפיכך החישוב נעשה כך: קודם מחלקים את הטלית בין השנים הקטנים שאינם סותרים זה את זה, ולאחר מכן בא הטוען 'כולה שלי' ומתחלק עם כל אחד מהם בחצי ממה שקיבל. ויעויין שם עוד שהנחת יסוד זו נסתרת מדבריו של מהרי"ל דיסקין בשם אביו: מהרי"ל דיסקין הניח

אך גם ההסבר הזה אינו מצליח לכסות על הבעיה: חלוקת שנים אוחזין מתאימה לכאן בגלל הנחת יסוד מסויימת, והיא שתפיסתה של כל אחת אינה גדולה מתביעתה, לפיכך אנו יכולים להסתכל על המצב כאילו הקטנה תפסה רק מנה, וחברותיה תפסו חלקים אחרים שהיא לא תפסה ולכן לא תקבל בהם חלק. אך אם נוותר על הנחת יסוד זו, ונאמר שכוח כולן שווה בכל הנכסים - כפי שבאמת סובר רבי - נאבד את כל הטעם לחלוקת המשנה. ברור שלפי זה הגמרא צודקת, ואין שום סיבה שהקטנה תקבל יותר משליש במאה הזוז הראשונים בלבד, והבינונית לא תקבל אלא שליש במאה הראשונים וחצי במאה השניים, ותו לא.

שיטת הירושלמי

מכיון שאף אני הקטן עסקתי בנושא, רצוני ליידע את הלומדים על שיטת התלמוד הירושלמי שמפרש את המשנה הזאת על פי עיקרון אחד (ואינו נזקק לאוקימתות כהתלמוד הבבלי); לענ"ד שיטת הירושלמי היא הנהירה ביותר בפירוש משנה זו, ואינה נזקקת לדחקים או לחלוקה מתמטית מסובכת.

הירושלמי (כתובות פ"י ה"ד), כדרכו, קצר וסתום למדי. הוא אינו מקשה על המשנה כלום, ובלי הודעה מוקדמת מופיעה המימרא הזו: "שמואל אמר: במרשות זו את זו; כשהרשת השלישית את השנייה לדון עם הראשונה, אמרה לה: לא מנה אית לך? סב חמשין ואיזל לך". מתוך דבריו נראה כי בא לפרש את המציעתא או אולי גם את הסיפא שכתוב בהן שהראשונה מקבלת חמישים; אך הדברים סתומים למדי.

נראה כי מפרשי הירושלמי הבינו שהירושלמי נטרד באותה קושיא שהקשה הבבלי - מדוע הקטנה מקבלת יותר משלושים ושלושה ושליש, ובהתאם לכך ניסו לפרש את תירוצו. ניקח למשל את פירושו של בעל 'פני משה' שמפרש כך (עי' גם במראה הפנים שם): כידוע, הבבלי (כתובות צג, א) מעמיד את המציעתא באופן שבעלת המאתיים ויתרה לבעלת המנה ואמרה לה 'דין ודברים אין לי עמך במנה', כתוצאה מכך בעלת המנה מתדיינת על המנה הראשון רק עם הגדולה והיא נוטלת חמישים. אך בעלת המאתיים ויתרה רק לבעלת המנה, ולא לבעלת השלוש מאות, לפיכך היא חוזרת וחולקת עמה את השאר, ושתיהן נוטלות שבעים וחמישה.

כל מפרשי הגמרא כמעט מתקשים בקושיא חמורה: הרי לולא הוויתור היתה בעלת השלוש מאות נוטלת שליש במנה הראשון, הכיצד זה **התקטן** אף חלקה של בעלת

שהטוען 'חציה שלי' אינו מכריע למי שייך החצי השני, אלא מותיר את הדבר בספק, ואינו טוען כי אם שחצי שייך לו. לפי זה לא נכון להסתכל על שני הקטנים כגוף אחד, כי אינם טוענים כך. אמנם יש לתמוה, מנין לו למהריל"ד הוודאות הזו, אדרבה: כששנים טוענים 'חציה שלי' מסתבר מאוד להניח שהם טוענים 'תרווינן בהדי הדדי אגבהנן', ואין לשלישי כלום. אך בכל מקרה כל זה אינו משנה לענין חלוקת הכתובות, כי כאן לא מדובר בוויכוח של מי הקרקע, והסברא לכאורה היא כמו שמבינה הגמרא, שבעלת המנה תופסת רק כגודל תביעתה, ובזה היא חולקת עם האחרות.

שלוש מאות, והיא נוטלת רק רבע מנה? התירוצים שנאמרו בזה דחוקים מאוד, וכתבו המפרשים שמן הסתם לכך רמזו התוספות (שם ד"ה דאמרה) "לא איתפרש שפיר טעמא דהא מילתא".

התוספות שם (ד"ה תימא) תמהים מדוע לא פירש הבבלי ששתי הגדולות ויתרו לקטנה בעשרים וחמשה זוז שאינם דנים עמה, לפיכך נשארו 75 ששלושתן חולקות בשווה, והמשנה מיושבת היטב. טוען ה'פני משה' שזהו אכן בדיוק מה שהתכוון הירושלמי: השלישית הרשתה את השניה לדון עם הראשונה, כלומר: לוותר לה בשם שתיהן, והראשונה אמרה לשניה 'קחי חמישים', שזה במילים אחרות: על עשרים וחמש ויתרנו לך, קחי עוד שליש מהשבעים וחמש הנותרים והסתלקי[9].

אולם קשה מאוד מאוד לקבל את פירוש ה'פני משה': הירושלמי אינו מזכיר במילה אחת ענין של מחילה או סילוק, שזהו בעצם עיקר הטעם כאן! זולת זאת: לשם מה אומרת השניה לראשונה 'לאו מנה אית לך', מדוע צריך הקדמה זו להודעת הויתור על עשרים וחמישה? אטו אם היה לה יותר ממאה זוז היה הדין אחר? ודאי שלא, והראיה: את הסיפא מעמיד הבבלי באופן שהגדולה ויתרה לשתי הקטנות במנה הראשון, אותו סוג של ויתור בדיוק - למרות שלבינונית יש מאתיים, ובמנה השני כבר לא ויתרה הגדולה.

כמו כן: בעצם יש כאן ויתור של שתי הגדולות לקטנה, מדוע צריך בדיוק שהגדולה תרשה לבינונית לדון עם הקטנה בשביל הוויתור החגיגי הזה? מדוע הירושלמי אינו אומר '**בשאמרו** לה לאו מנה אית לך סב חמשין ואיזל לך', וכי השלישית אינה יכולה לוותר בעצמה לקטנה?

זאת ועוד: סיפא דמתניתין קשה גם היא, ואף יותר: זולת העובדה שהקטנה ממשיכה לקבל חמישים, יתר על חלקה, גם הבינונית מקבלת יותר, כי לכאורה לא היתה צריכה לקבל כי אם אותם שבעים וחמש שקיבלה במציעתא, שכן המאה השלישיים שייכים אך ורק לשלישית! יש כאן שתי חריגות מהחלוקה המתבקשת. הבבלי אכן שואל זאת, ומתרץ בשם שמואל שכאן מדובר באופן שהגדולה ויתרה לחלוטין על חלקה במנה הראשון, והקטנה והבינונית מתחלקות בו בשווה, לפיכך הקטנה מקבלת חמישים, הבינונית מקבלת מאה [יש לה חמישים גם במנה השני שהיא חולקת בו עם הגדולה] והגדולה לוקחת את השאר. אך הירושלמי לא מסביר שום דבר על הסיפא, מדוע?

אפשר לחילופין לפרש שהסברו של שמואל בירושלמי מוסב באמת על הסיפא, ואז הוא יתפרש הרבה יותר בקלות. נאמר שפירוש המילים 'בשהרשת שלישית את השניה לדון עם הראשונה' הוא שהשלישית סילקה את תביעתה מן המנה הראשון והתירה

9 באופן דומה מפרש רבי יהושע בנבנישתי בעל 'שדה יהושע': מכיון שהשלישית הרשתה לשניה לומר לראשונה 'דין ודברים אין לי עמך במנה הראשון', הרי זה נחשב אף כוויתור שלה - לענין זה שהיא לא תוכל אח"כ לתבוע את השליש המלא שלה במנה הראשון, כי אם תצטרך להסתפק ברבע [וקשה להבין מה ענין 'נתינת רשות' זו, וכי השניה צריכה רשות מן השלישית למחול לראשונה?].

לשתי הקטנות לחלוק בו. זהו בדיוק ההסבר של הבבלי על סיפא דמתניתין. אבל לפי זה לא הסביר הירושלמי את המציעתא, שהיא הבבא הקשה ביותר!

ועוד: מדוע הרשאתה של השלישית היא לשניה ולא לראשונה? הרי מה שהשלישית עשתה הוא להסתלק מן המנה הראשון ולהותירו לשתי הקטנות יותר; זו הרשאה לראשונה כמו לשניה! מדוע גם מושמים המילים בפיה של השניה, האומרת לראשונה 'לאו מנה אית לך? סב חמשין ואיזל לך', הרי אפשר היה לנסח בדיוק הפוך: "אמרה לה ראשונה לשניה: האי מנה דתרוינן הוא, סבי חמשין מיניה"!

ובר מן דין: לשון 'הרשאה' בכל מקום אינו ויתור כלל - אלא ייפוי כוח לאדם חיצוני כדי שיוכל לתבוע זכויות עבור בעליהן, דוגמת מלוה שמעניק הרשאה לשלוחו כדי שיוכל לתבוע חוב מלווה הגר במרחק. אם כוונת הירושלמי כהבבלי היה לו לנקוט לשון של סילוק או מחילה, כעין לשון הבבלי 'דין ודברים אין לי עמך במנה'!

והמסתבר לענ"ד שהירושלמי לא בא לתרץ כלל את קושיית הבבלי, שלא הוקשתה לו כלל. הירושלמי בא לתרץ קושיא הפוכה: מדוע הקטנה מקבלת רק חמישים ולא חולקת בשווה [כדעת רבי לפי הרי"ף ועוד ראשונים]? על זה עונה הירושלמי שהגדולות עושות הרשאה זו לזו, ומופיעות כבעל דין אחד התובע חמש מאות. מעתה יכולה התובעת החדשה לומר לקטנה: "לאו מנה אית לך? - סב חמשין ואיזל לך", דהיינו בדיוק חלוקת שנים אוחזין: הקטנה תובעת מנה, לפיכך השאר אינו בתפיסתה, והגדולה לוקחת אותו בשלמות. במנה שהקטנה תפסה ['לאו מנה אית לך'] יש חלוקה שווה.

כעת מיושב הלשון הרבה יותר: לפי פירוש הפני משה ודכוותיה הגדולות בעצם העניקו לקטנה מתנה שלא היתה שלה מן הדין. ואילו הלשון 'לאו מנה אית לך סב חמשין ואיזל לך' משמעו להיפך: הקטנה תובעת יותר, והמורשית אומרת לה - הרי כל תביעתך אינה אלא מנה, ואנו חולקות בשווה, לפיכך לא תוציאי ממני יותר מחמישים.

השאלה היא כמובן מדוע לולא ההרשאה היתה הקטנה יכולה לתבוע יותר מחמישים. ואם הירושלמי סבור כמו רבי שכולן חולקות בשווה, גם הרשאה לא תעזור!

לשם הביאור נחזור ונתבונן בסברא שביארנו בה קודם את שיטת הגמרא: מלכתחילה מחשיבים שכל אחת תפסה כגודל תביעתה - כאילו אין כאן אחרות. הקטנה לא יכולה לתפוס יותר ממאה, הבינונית - מאתיים, וכן הלאה. אך למעשה במנה של הקטנה יש תפיסה גם לשתי האחרות והן חולקות עמה בשווה, ובמנה השני תפוסות שתי הגדולות.

האמת היא שיש כאן הנחה שרירותית: הרי הקטנה לא תפסה לבד, אנו יודעים מראש שחברותיה תנגוסנה בחלקה, והרי זה מבחינתה כ'אשתדוף' כי היא לא תצליח לקבל מהמנה הזה אלא שליש. לפי הדין יש לה זכות לתפוס מכל הנכסים עד שתצליח להיפרע את חובה, ואין נכון לומר שתפיסתה של הקטנה לא חלה אלא על מנה. זו מן הסתם דעת רבי שאמר "אין אני רואה דבריו של רבי נתן באלו אלא חולקות

בשווה", וכפי שכותבים התוספות (לעיל הערה 4): "**שכל שלשה מאות משועבדין** לכתובת בעלת מנה ובעלת מאתים כמו לבעלת שלש מאות, **שכל נכסיו אחראין לכתובתה** [של בעלת מנה] **עד שיהיה לה כל המנה שלה**".

אנו רוצים לומר שרבי נתן סבר כי העקרון של הגמרא נכון רק כשיש שני בעלי דינים, אבל אם יש שלושה - צודק רבי שאומר 'כולן חולקות בשווה'. ולשם כך ננסה לנסח את הסברא באופן שונה במקצת.

דין קדימה

ישנו דין נוסף בבעלי חובות שווים שאין הנכסים מספיקים לכולם, והוא דין קדימה; מעין מה שמצאנו (כתובות פד, א) לענין מי שמת והניח מטלטלין, ונושים בו בעל חוב וכתובת אשה ויורשים. דעת רבי טרפון היא 'ינתנו לכושל שבהן'. מיהו הכושל? יש כמה דעות בגמרא, אבל לנו חשוב העקרון: למרות שכוח כל התובעים שווה [שכן במטלטלין אין שעבוד, ולא משנה חובו של מי קדם] יש דין קדימה לאחד מהם, והוא הכושל.

נראה אפוא להניח שגם כאן יש דין קדימה, אבל הוא לא נקבע לפי הכושל, אלא נקבע לפי חוזק טענות בעלי הדין. כיצד: נניח שיש כאן רק שתי נשים, בעלת המנה ובעלת המאתיים, והעזבון הוא מאתיים זוז. בכהאי גוונא גם אם תיטול בעלת המנה את כל כתובתה, עדיין המנה השני יהיה שייך לבעלת המאתיים. הוי אומר: לגבי המנה השני טענתה של זו חזקה יותר; אפשר לנסח אותה כך: "גם לדברי בעלת המנה - עדיין מגיע לבעלת המאתיים מנה אחד". חוזק טענה זו נותן לבעלת המאתיים דין קדימה במנה השני, והיא לוקחת אותו כולו. אבל במנה הראשון אין לה כמובן דין קדימה, ולפיכך הן חולקות בו.

הגדרה זו דומה מאוד למה שביארנו קודם לכן, רק בשינוי קל. לפני כן ביארנו שכביכול בעלת המנה לא הצליחה לתפוס אלא מנה מן הנכסים, כגודל תביעתה. וכעת אנו אומרים שהסיבה שהיא אינה מקבלת במנה הנוסף הוא מחמת הכרעה של בית הדין, מעין 'שודא דדייני'. והכרעת בית הדין היא לפי חוזק הטענה: כביכול מסתכלים מה היה קורה אם בעלת המנה היתה בעלת זכות לקחת ראשונה, ואת מה שלא היתה מצליחה לקחת נותנים לבעלת המאתיים.

אמנם כשיש שלושה בעלי דינים, המנהלים ביניהם שלושה דיונים נפרדים, מאבד כל אחד מהגדולים את 'דין הקדימה' שלו משום שחברו מכשיל אותו. הא כיצד? הרי כאמור כל כוחה של בעלת מאתיים היה בנוי על כך שגם לפי הצד של הקטנה מגיע לה מנה. אבל כשיש בעל דין שלישי הנוגס את חלקו מן הצד, אומרת בעלת מנה לבעלת מאתיים: "אין אני יכולה להסתפק במנה, כי מכל זוז שאתפוס אצטרך לוותר על חצי, שהרי אין כוחי יותר גדול מכוחו". ואותו הדבר בדיוק היא אומרת לבעלת השלוש מאות. במילים אחרות: בין כל שני בעלי דינים אפשר ליצור מצב של 'דין קדימה', כי אנו בודקים מה ישאר לגדול לאחר שהקטן יטול - תיאורטית - את כל

חלקו, ומובן שאם חלק מהנכס נפסד מסיבה צדדית, כגון שאנסוהו בית המלך או נשתדף אי אפשר להכליל את החלק המופסד בתפיסת הקטן ולומר לו 'שלך נפסד', אלא הקטן תופס את חלקו בחלק שנשאר. וזהו בדיוק מה שקורה כשיש בעל דין שלישי: השלישי נחשב מבחינת שני המתדיינים כ'אשתדוף'.

אם היה אפשר להכניס את השלישי לדיון ולהכריע בין השלושה בבת אחת, לא היתה בעיה. אבל האמת שאין שייכות בין השלושה: שתי הגדולות טוענות 'כולה שלי' ואין הם מסייעות אחת את השניה בטענותיהן, לפיכך שייך רק לבדוק אם בין כל שתים יש שויון בטענות או שיש לאחת עדיפות על השניה מכח דין קדימה. הדרך היחידה של הגדולות להשיג דין קדימה הוא אם תכתובנה הרשאה זו לזו ותעשינה יד אחת. אז תוכלנה שתיהן להגיע כבעל דין אחד התובע 500 זוז, ודין הקדימה שלהן יחזור על מכונו.

אלא שבמקרה כזה כמובן תרוויח הקטנה במנה הראשון, כי אם עומד כנגדה רק בעל דין אחד, ולא שתי תביעות נפרדות, היא נוטלת במנה הראשון חמישים, שהרי במנה הראשון הן חולקות בשווה. נמצא שעשיית 'יד אחת' היא חרב פיפיות, היא אמנם מנשלת את הקטנה מהמנה השני והשלישי, אבל נותנת לה חצי מהמנה הראשון. לפיכך תלוי כמה הוא גודל העזבון: כל זמן שאינו עובר את הסכום של 150 זוז לא כדאי לגדולות לעשות יד אחת, כי הקטנה תקבל חמישים וזה יותר משליש. אבל מ-150 והלאה עדיף להן לעשות זאת.

לפי זה מבוארת כמובן כל המשנה כמין חומר: במאה זוז כולן חולקות בשווה, וכך עד מאה וחמישים. משם ואילך משתנה התמונה, ונכנס עקרון 'יד אחת'. עם מי כדאי לעשות עסקה? כמובן שלשתי הגדולות ביחד. אם תעשנה אחת הגדולות והקטנה יד אחת הן תצטרכנה לתת לשניה חצי מתביעתה, שהרי היא תובעת 'כולה שלי'. היחידה שהוצאתה מחוץ למעגל תקטין את הסכום שתקבל היא הקטנה, לפיכך אין לגדולות ברירה אלא לעשות יד אחת.

מעתה מבוארים דברי הירושלמי היטב, לא רק הלשון 'במרשות זו את זו' - שהוא ממש מוכרח לפי דברינו, אלא גם העובדה שהירושלמי הסתפק בתירוץ אחד לשתי הבבות, דלא כהבבלי. שהרי באמת עיקרון אחד מסביר את שתי הבבות האחרונות: שתים מן הנשים צריכות לעשות הרשאה ביניהן כדי שהקטנה לא תחלוק עמן בשווה.

בבבא השלישית אפשר עקרונית לעשות עסקאות אחרות: הקטנה עם הבינונית יעשו יד אחת כנגד הגדולה, ואז יש כאן שני בעלי דינים שווים הטוענים 'כולה שלי' על שלוש מאות הזוז, והם חולקים בשווה. לאחר מכן חולקות הקטנה והבינונית יחד לפי העקרון של שנים אוחזין את מאה וחמישים הזוז שהן קבלו. אפשר גם שהגדולה והקטנה יעשו יד אחת ויתנו לבינונית את חצי תביעתה, מאה זוז, וייוותרו עם מאתיים זוז. שוב הן חולקות ביניהן את היתרה לפי עקרון שנים אוחזין. נמצא שאיך שלא נסובב את הסיפא תהיה התוצאה זהה.[10]

---

10   ובאמת יש כאן קושיא על שיטת הבבלי וכל הראשונים הסוברים שההלכה האמיתית לפי

לפי זה יובן מאוד מדוע עצרה המשנה בשלוש מאות זוז, ולא פירטה כיצד יהיה הדין במקרה ונשארו ארבע מאות זוז[11]. לפי שיטת החלוקה של אומן ומשלר מתהפך המצב משלוש מאות זוז ואילך, ומתחילים לחשב באופן הפוך: כולן מפסידות בשווה ובלבד שלא תפסדנה יותר מחצי, רק באופן כזה נגיע למצב 'תואם שנים אוחזין'. אבל קשה לקבל שהתנא סמך עלינו שנגיע לבד לנוסחה הכל כך מפתיעה הזו, והראיה: עד לפרופ' אומן ומשלר היא לא עלתה בדעתו של אף אחד.

אבל לפי הירושלמי באמת משלוש מאות ואילך אין נוסחה קבועה! זאת מכיון שאין כבר אף אחד שיכול לטעון 'כולה שלי' על כל העזבון. נבדוק למשל מקרה שבו נשארו 350 זוז: אם שתי הגדולות תעשינה יד אחת כנגד הקטנה, היא תקבל רק חמישים זוז, והן תחלוקנה ב־300 הנותרים כך: מאה זוז הולכים לגדולה, ובמאתיים הן חולקות בשווה, נמצא חלקה של הבינונית מאה זוז, בדיוק כפי שהיא קיבלה במקרה של שלוש מאות זוז. כמובן שעדיף לבינונית לעשות יד אחת עם הקטנה, להציג גוש אחד שתובע 300 זוז, ואז הן חולקות עם הגדולה בשווה ומקבלות 175 זוז. אלא שהקטנה מן הסתם יודעת מהעיקרון הזה, והיא תאמר לבינונית - ובצדק: מבחינתי עדיף בכלל שכולן יתבעו בנפרד, כי אז אחלוק עמכן בשווה. אם את רוצה לעשות עמי יד אחת, את צריכה לתת לי חלק מן הסכום שתרוויחי.

גם הגדולה כמובן לא תשקוט על שמריה, ותציע מן הסתם לקטנה שהיא תעשה עמה עסקה, והיא תתן לה זוז או שנים יותר. הקטנה מחוזרת על ידי שני הצדדים שכן היא 'לשון המאזניים' כאן, וכמובן שאי אפשר לקבוע בזה הלכה קבועה. וכך הלאה, ככל שהסכומים עולים משתנים סדרי העדיפויות [למשל: מן הסכום של 500 ואילך הקטנה נהיית בעלת ענין, ועדיף לה לכרות ברית עם אחת הגדולות כנגד השניה, ואילו לבינונית אין הדבר משנה עם מי תכרות ברית, בכל מקרה היא תקבל אותו הסכום, היא רק צריכה להזהר שהשתים האחרות לא יכרתו ברית נגדה, והכל תלוי כיצד תיטה דעתן].

אבל בסכומים הנקובים במשנה אין יותר מאפשרות אחת. כבר הראינו שבסיפא לעולם כל אחת מקבלת חצי מסכום תביעתה איך שלא נסובב את התמונה, ובמציעתא כל מי שתכרות ברית עם הקטנה תפסיד, שהרי הגדולה שתישאר בחוץ תקבל מיד חצי מהעזבון, דהיינו מאה, והשתים הנותרות תאלצנה להתחלק בנותר, כך שלא כדאי להוציא מן התמונה אלא את הקטנה בלבד.

דעת רבי נתן בסיפא היא שהקטנה נוטלת שליש ממאה, האמצעית מקבלת 86 ושליש, והגדולה את השאר. ולכאורה מה ימנע מהקטנה והבינונית לעשות הרשאה זו לזו ולתבוע ביחד שלוש מאות כאיש אחד? במקרה כזה יהיה הדין יחלוקו, והן תתחלקנה במאה וחמישים הנותרים לפי עקרון שנים אוחזין (שהרי שתיהן תרווחנה מכך) או לפי יחס אחר שיחליטו ביניהן? וצע"ג [קושיא זו שמעתי מידידי הרב ישעיה לוי שליט"א].

11 ובאמת נחלקו הראשונים להלכה: הרי"ף והר"ן סוברים שכולן חולקות בשווה כל זוז שיהיה יותר משלוש מאות ואילך, כי שם יד כולן שווה. ואילו הריטב"א סובר שמי שהפסדו גדול יותר מקבל יותר עד שישתוו כולן בהפסד, ומשם ואילך חולקות בשווה.

שיטת הבבלי

אותה הרשאה של התלמוד הירושלמי יכולה שתתבצע באופן נוסף. מספיק שאחת הגדולות תסכם עם חברתה שהיא אינה תובעת כעת את חלקה אלא מחכה ששתי חברותיה תחלוקנה קודם. במקרה כזה שוב יש לנו רק שני בעלי דינים, ודין הקדימה חוזר למקומו. הקטנה תסולק בחמישים זוז, ולאחר מכן תחזורנה שתי הגדולות ותחלוקנה את הסכום שנותר ביניהן לפי 'שנים אוחזין'. למעשה היה אפשר לפרש שזו כוונת הירושלמי, אלא שלשון הרשאה משמע שהוא יפוי כוח לדון ולתבוע בשם המרשה, כמו שהוא בכל הש"ס. כך או כך, אין כאן נפ"מ לדינא.

אבל סברא זו נותנת לנו פירוש חדש ומפתיע במימרת שמואל בבבלי, אם ננתק אותה מן המשא ומתן שם. שמואל שבבבלי אומר "בכותבת בעלת מאתים לבעלת מנה: דין ודברים אין לי עמך במנה", והרי זה מתפרש להפליא כמו שכתבנו: בעלת המאתיים מסלקת את עצמה מִמָּנֶה [אין צורך אפילו שתסלק עצמה מכל העזבון], נמצא שאין דנות עליו אלא שתים בלבד, ודין הקדימה חוזר למקומו.

לפי זה צמצמנו יותר את המחלוקת בין התלמודים, אין כאן אפילו שינוי עקרוני במימרא שנמסרה בשם שמואל, אלא שבבבלי סילקה עצמה הבינונית מלדון, ובירושלמי סילקה עצמה הגדולה מלדון (על ידי הרשאה, או על שאמרה 'דין ודברים אין לי במנה ראשון').

החילוק בין התלמודים נובע מן הקושיא שאותה באה מימרת שמואל לתרץ: הבבלי סבר שמעיקר הדין צריכה הקטנה לקבל רק שליש, והקושי הוא מדוע היא מקבלת יותר מדינה. לפיכך המילים 'דין ודברים אין לי עמך במנה ראשון' התפרשו בבבלי כמחילה גמורה על חלקה של הבינונית במנה ראשון, ושוב הוקשה מדוע הגדולה מקבלת רק רבע ממנו, והוצרכו לדחוק 'מדין ודברים הוא דסליקית נפשאי' וכו'. אבל לפי הירושלמי לא בא שמואל כלל לתרץ קושיא זו, אלא קושיא הפוכה: מדוע הקטנה מקבלת רק חמישים ולא שליש מן העזבון, והתירוץ בא להסביר כיצד מקטינות שתי הגדולות את חלקה של הקטנה על ידי כך שאחת מהן מסלקת את עצמה מלדון.

לפי מהלך זה אין צורך בעצם בתירוץ נפרד לשתי הבבות, כמו שהוא באמת בירושלמי. העקרון הוא אחד: במנה הראשון צריכות להיות רק שני בעלות דין, הקטנה ואחת מן הגדולות, כדי שדין הקדימה יחזור למקומו. יתכן - אולי - לפרש כך: שמואל לא אמר אלא דבר אחד, שצריך שאחת הגדולות תאמר 'דין ודברים אין לי במנה ראשון'. אבל הבבלי שפירש ששמואל בא לתרץ מדוע הקטנה נוטלת במציעתא יותר מן הראוי לה, וכמו כן מדוע הקטנה והבינונית נוטלות בסיפא יותר מן הראוי להן, הוצרך לפרש שיש כאן שני תירוצים: במציעתא ויתרה הבינונית לקטנה במנה הראשון, ובסיפא ויתרה הגדולה לשתי חברותיה במנה הראשון.

פרופ' ישראל אומן

בענין מי שהיה נשוי שלוש נשים: חלק שני ותשובה למשיבים

א. מבוא

במשנה כתובות צג, א: מי שהיה נשוי שלוש נשים ומת, כתובתה של זו מנה ושל זו מאתיים ושל זו שלוש מאות ואין שם אלא מנה, חולקין בשווה ($33^1/_3$-$33^1/_3$-$33^1/_3$). היו שם מאתיים, של מנה נוטלת חמישים, ושל מאתיים ושלוש מאות שלושה שלושה של זהב (50-75-75). היו שם שלוש מאות, של מנה נוטלת חמישים, של מאתיים מנה, ושל שלוש מאות שישה של זהב (50-100-150).

לכאורה, ההגיון בחלוקות אלה אינו ברור. לפני חצי יובל שנים פרסמתי, יחד עם פרופ' מיכאל משלר ז"ל, מאמר בשפה האנגלית בעיתונות הכלכלית המקצועית[1], שם הצענו פירוש למשנה, הבאנו אסמכתאות תלמודיות, וקישרנו את הפירוש למושג מסויים בתורת המשחקים המתמטית. לפני אחת־עשרה שנה פרסמתי מאמר בקובץ 'מוריה' בשם "בענין מי שהיה נשוי שלוש נשים"[2], שם חזרתי על הפירוש, וגם פירשתי את הגמרא בהתאם[3]. כותרת־המשנה של אותו מאמר ב'מוריה' היתה "חלק

1 Game-Theoretic Analysis of a Bankruptcy Problem from the Talmud. Journal of Economic Theory, כרך 36 (1985 למנינם), עמ' 195-213. (http://www.ma.huji.ac.il/raumann/pdf/45.pdf). מאמר זה מכוון בעיקר לקהל המקצועי־כלכלי, אך יש בו גם דיון נרחב במקורות התלמודיים ובצדדים הרעיוניים של פירושנו.

2 טבת תשנ"ט, גל' רנה-רנו (שנה כב גל' ג-ד) עמ' צח-קו. (http://www.ma.huji.ac.il/~raumann/pdf/Man%20withThree%20Wives.pdf). מאמר זה הוא בלה"ק ומכוון לקהל התורני; אם כי הוא מבוסס על המאמר המקורי הנ"ל, הוא מאיר צדדים אחרים של סוגיין.

3 לפי פירוש זה, מסקנת **הגמרא** היא שיש לתפוס את המשנה כפשוטה, ולא על פי האוקימתות הפותחות את הדיון בגמרא. ראה אות ט' של המאמר ב'מוריה', וגם אות ה-5 להלן.

ראשון". כתוב שם בזה"ל: "החלק הראשון מכיל רק את יסודות הפירוש המוצע לסוגיא הנידונה. אסמכתאות נוספות יובאו בע"ה בחלק השני". המטרה העיקרית של המאמר הנוכחי היא לקיים הבטחה זאת: זאת אומרת, להביא אסמכתאות ומקורות נוספים לפירושנו[4].

לשמחתי, עורר המאמר ב'מוריה' הדים והדי הדים בעולם התורה[5], שהאחרונים בהם הם מאמרי ר"י לויפר ור"א סולוביצ'יק המופיעים בגליון זה של "המעין". המטרה המשנית של מאמר זה היא להשיב למשיבים אלה[6].

כפי שכתבתי ב'מוריה', בבירור מעין זה יש להבחין בין שתי שאלות: "מה", ו"למה". קודם כל אנו רוצים לדעת **מה** היא שיטת החלוקה המודגמת במשנה. נניח שסכומי הכתובות היו שונים מאלו הנקובים במשנה, או שהעיזבון היה שונה, איך היה פוסק רבי נתן (התנא של המשנה הזאת)? נניח שהיו שם ארבע או מאה או אלף נשים עם כתובות שונות, או אולי רק שתיים, איך היה פוסק? לפנינו שלוש דוגמאות; מהו הכלל?

השאלה השניה היא, **למה** בחרה המשנה את השיטה שהיא בחרה? איזה הגיון, איזו סברא, הדריכו את ר' נתן? בהמשך נציג שתי תשובות שונות לשאלת ה"למה", ששתיהן מובילות לאותה תשובה לשאלת ה"מה". אחת מהן הוצגה כבר ב'מוריה', אך כאן נפרטה וננמקה יותר לעומק; השניה מוצגת כאן לראשונה בלה"ק[7].

לבסוף נעיר שמטרתנו אינה לברר מהי שיטת החלוקה "ההגיונית" ביותר, אלא לברר לאיזה שיטת חלוקה התכוונה המשנה. למטרה זו חשוב אמנם ההגיון הפנימי, אך חשובה יותר ההשוואה עם מקורות אחרים בש"ס.

ב. "מה": תיאור שיטת החלוקה המשוערת[8]

הדיון באות זה ובאותיות ג-ד להלן חל על מספר נשים כלשהוא, עיזבון כל שהוא, וכתובות כלשהן.

4 חלק ניכר מחומר זה הופיע כבר במאמר המקורי של פרופ' משלר וכותב שורות אלה בשפה האנגלית; אלא שעד עכשיו הוא לא פורסם בספרות התורנית בלה"ק.

5 שני מאמרי ביקורת פורסמו בכתב העת "בית אהרון וישראל", ירושלים תשס"ז, גל' קכז (שנה כב גל' א) עמ' מח-נג, וגל' קכט (שנה כב גל' ג) עמ' קכא-קכט, הראשון ע"י הרב שלום מרדכי הלוי סגל שליט"א, והשני ע"י הרב נתן פערלמאן שליט"א. תגובה לביקורת זאת פירסמתי בכתב העת "המעיין" טבת תש"ע [נ, ב] עמ' 3-13.
(http://www.ma.huji.ac.il/~raumann/documents/hamaayanresponse3women_001.pdf).
ביאור מקיף לסוגיא מלווה בביקורת פורסם ע"י הרב יעקב לויפר שליט"א במוסף העתון "המודיע", כ"ז כסלו תשס"ח עמ' כד-כה, וה' טבת תשס"ח עמ' טז-יז.

6 נוסח ראשון של תגובת ר"א סולוביצ'יק פורסם בכתב העת האלקטרוני 'דאצ'ה' גל' 78 (ו' כסלו תש"ע) עמ' 1-4, ותגובתי עליו התפרסמה ב'דאצ'ה' גל' 88 (י"א ניסן תש"ע) עמ' 4-8.

7 כאמור בהערה 5 לעיל.

8 על פי שער 3 של המאמר המקורי באנגלית, ואות ו ב'מוריה'.

תיאורה של שיטת החלוקה אשר להשערתנו מונחת ביסוד משנתנו - להלן "שיטת החלוקה המשוערת" - מתחלק לשניים:

אם העיזבון אינו עולה על חצי סכום הכתובות, אז כל הנשים מקבלות תשלום שווה, ובלבד שאף אשה לא תקבל יותר ממחצית כתובתה. למשל, במציעתא של משנתנו, חצי סכום הכתובות הוא 300, והעיזבון (200) הינו פחות. לכן כולן מקבלות תשלום שווה - 75 - חוץ מבעלת המנה, שמוגבלת לחצי כתובתה - 50.

אם העיזבון עולה על חצי סכום הכתובות, עושים את החשבון לפי **ההפסד** של כל אשה - ההפרש בין כתובתה למה שהיא מקבלת בפועל. הכלל אז הוא **שההפסדים** של כל הנשים שווים, ובלבד שאף אחת לא תפסיד יותר ממחצית כתובתה. למשל, אם יש 400 בעיזבון, אז ההפסד הכולל - ההפרש בין סכום הכתובות לעיזבון - הוא 200. חלקה של בעלת המנה בהפסד זה מוגבל לחצי כתובתה (50), ואילו האחרות חולקות את יתרת ההפסד (150) בשווה: כל אחת מפסידה 75 מכתובתה. ולכן החלוקה היא 50-125-225: בעלת השלוש מאות מקבלת 75 - 300 = 225; בעלת המאתיים מקבלת 75 - 200 = 125; ובעלת המנה מקבלת 50 - 100 = 50.

ג. ה"למה" הראשון: תואם שניים אוחזין

1. הגדרה. כמו במאמרינו הקודמים, נאמר שחלוקה של העיזבון **תואמת שניים אוחזין** (להלן תש"א) אם כל שתי נשים מחלקות בדרך של שניים אוחזין (ש"א) - דהיינו, חלוקה שווה של הסכום השנוי במחלוקת - את הסכום הכולל שאותן שתיים מקבלות על פי אותה חלוקה. לדוגמא, אם היו שם מאתיים, אז לפי המשנה בעלת המנה מקבלת 50 ובעלת המאתיים 75, לכן ביחד הן מקבלות 125. אם מחלקים 125 בין שתי אלו בדרך של חלוקה שווה של הסכום השנוי במחלוקת, אז הרי בעלת המנה תובעת רק מנה, ולכן מוותרת על 25 לטובת בעלת המאתיים; הסכום השנוי במחלוקת הוא 100, ואת זה חולקין 50-50, וכך מתקבלים חזרה הסכומים של 50 ו־75 שאיתם התחלנו. וכן לכל שתי נשים. ב'מוריה'[9] (אות ו) הוכחנו ששיטת החלוקה המשוערת (לעיל אות ב) מובילה תמיד לחלוקה תש"א, ושאין חלוקה אחרת תש"א.

2. הסברא של חלוקה תש"א מתחלקת לשני מרכיבים. המרכיב האחד מסביר את שיטת החלוקה כאשר יש שתי נשים בלבד; השני, את הרחבת השיטה ליותר משתי נשים. החלוקה בין שתי נשים מבוססת על העיקרון של ש"א, או לחילופין על שיטת השיעבודים עבור שתי נשים, כפי שיבואר להלן (ס"ק 7,4). ההרחבה ליותר נשים, לעומת זאת, מבוססת על סברא כללית: שחלוקה ראויה להיקרא צודקת או "הגונה" כאשר אין לאף אחד מבעלי הדין תרעומת על בעל דין אחר. צריך שראובן לא יוכל להגיד 'קופחתי לעומת שמעון; היה ראוי לקחת משמעון ולתת לי'. וכן, כמובן, לכל

9 וגם במאמר המקורי באנגלית (שער 3).

שני בעלי דין. טענה נגד ציבור כל בעלי הדין חייבת להתבטא, בסופו של דבר, בטענה נגד אחד מהם[10].

לפי סברא זאת, מהות מושג הצדק בחלוקה בין כמה בעלי דין תלוי במושג הצדק עבור כל שני בעלי דין; אם כל שני בעלי דין מחלקים ביניהם בצדק את הסכום שאותה חלוקה מקציבה לאותם שניים, אז החלוקה בכללותה היא צודקת. כמובן, מושג הצדק תלוי בנסיבות ההלכתיות והמעשיות, ועשוי להיות שונה בנסיבות שונות. אין אנו באים כאן לקבוע מה צודק ומה לא צודק בכל מקרה ומקרה, אלא רק להצביע על הקשר הרעיוני בין צדקת החלוקה בין כל בעלי הדין, לבין צדקת החלוקה בין כל שניים.

קשר זה מתקיים בחלוקות רבות המוכרות לנו מהמקורות[11]. חלוקה שווה בין כל בעלי הדין היא חלוקה שמקציבה לכל שנים את אותו הסכום; ואמנם, זה המובן הפשוט של המונח "חלוקה שווה בין כל בעלי הדין". ובסוגיין, חלוקה לפי מעות (יחסית לגודל הכתובה) בין כל הנשים היא חלוקה שבה כל שתי נשים מחלקות ביניהן לפי מעות; ושוב, זה המובן הפשוט של המונח "חלוקה לפי מעות בין כל הנשים". וההלכה בסוגיין, לפי רוב הפוסקים, היא חלוקה שווה ממש, בתנאי שאף אשה לא תקבל יותר מכתובתה; לדוגמא, אם העיזבון הוא 400, אז מחלקות 100-150-150. וגם כאן, כל שתי נשים מחלקות לפי אותו עיקרון את הסכום שאותה חלוקה מקציבה לאותן שתיים; בדוגמא שלנו, החלוקה מקציבה לבעלת המנה ובעלת המאתיים ביחד סך של 250, ואותן שתיים מחלקות את הסכום הזה בשווה, בכפוף לכך שבעלת המנה לא תקבל יותר ממנה. ובחלוקה בין יורשים, הבכור מקבל פי שניים מכל אח אחר, ושוב מתקיים אותו קשר, ואכמ"ל.

ראינו אם כן, ששיטות חלוקה רבות המצויות במקורותינו בנויות על שיטת חלוקה מסויימת בין שני בעלי דין, ונקבעות על ידה; ודבר זה תואם עקרונות יסודיים של צדק והגינות. וכעת ברור היסוד העיוני־סברתי של חלוקה תש"א: זו היא פשוט השיטה, בה"א הידיעה, הבנויה על עיקרון "שנים אוחזין" - חלוקה שווה של הסכום השנוי במחלוקת. **אם** בנסיבות הנתונות מקבלים את החלוקה של ש"א כהולמת עבור שני בעלי דין, אז לפי הסברא דלעיל, השיטה המתבקשת עבור כמה בעלי דין היא השיטה התש"א.

כדי להמחיש את הטיעון, שוב ניקח כדוגמא את המציעתא של משנתנו, ונקרא לנשים קטורה, הגר, ושרה, בסדר עולה של גודל הכתובה. אומר הדיין: 'גבירותיי, אני פוסק לכן 50-75-75'. צועקת שרה: 'זה לא הוגן! מגיע לי יותר'! אומר הדיין: 'גב' שרה, יש בס"ה 200 בעיזבון; אם אתן לך יותר, אצטרך לקחת מאשה אחרת. ממי אקח'?

10 כאשר יש טענה של בעל דין אחד כלפי כמה אחרים, אז בפרט יש לו טענה נגד כל אחד מהם.

11 אבל לא בכולם. דוגמא אחת היוצאת מהכלל הזה היא השיטה המונחת ביסוד האוקימתות בגמרא בסוגיין, שקראנו לה "שיטת השיעבודים" במאמרינו הקודמים בנושא.

אומרת שרה: 'קח מקטורה'. אומר הדיין: 'אם אקח מקטורה ואתן לך, הרי אשנה רק את החלוקה בין שתיכן של ה־125 שפסקתי לכן ביחד. חלוקה זאת, 75-50, הוגנת היא, לפי הכלל של חלוקה שווה של הסכום השנוי במחלוקת. מדוע לשנותה'? וכן לכל הנשים; אין לאף אחת תרעומת מוצדקת על אחרת. זה בדיוק תוכן הכלל של תש"א.

3. חלוקת שני בעלי חוב. שאלה אחרת היא האם אמנם בנסיבות של משנתנו - חלוקה בין בעלי חוב - יש לחלק ע"פ ש"א כאשר יש רק שני בע"ח. יש בזה דעות שונות, והענין נידון בהרחבה בשער הראשון של מאמרי הקודם ב'המעין'. על כל פנים, ראוי להדגיש שכדי לכלכל את הסברא דלעיל (ס"ק 2), מה שחשוב הוא החלוקה המעשית בין שני בע"ח, ולא הסיבה או הסברא לחלוקה זאת. וגם, שאנו את משנת רבי נתן באנו לפרש, והיא לא נפסקה להלכה. לכן, אף אם עקרונית יש להבדיל אלף אלפי הבדלות בין ש"א לבין שני בע"ח, הרי אם לדעת **רבי נתן** החלוקות **המעשיות** הן זהות, אז הסברא דלעיל תקפה.

4. דעת רה"ג. יש במקורות שתי גישות עיקריות לנושא חלוקת בע"ח. האחת מיוצגת ע"י רה"ג, וגם ע"י ריב"ן, וגם מובאת בש"מ בשם רש"י במהדורה קמא, וגם בשם יש שהיו סוברין[12], והיא גם משתמעת מהירושלמי (אות ה להלן). לפי גישה זאת **יש** מקום לדמות חלוקת בע"ח לש"א (או לפחות ליחס לרבי נתן דמיון זה), וזאת בגלל שהסברא הבסיסית של ש"א - חלוקה שווה של הסכום השנוי במחלוקת[13] - חלה גם על בעלי חוב[14]. אם כן **שני** בע"ח פשוט יחלקו לפי ש"א, וזה בוודאי מספיק לכלכל את הסברא של תש"א דלעיל (ס"ק 2).

5. שיעבוד בע"ח. אך קיימת גם גישה אחרת, שלפיה יש הבדל עקרוני בין חלוקת בע"ח לש"א, ולכן **אין** לדמותם זל"ז; וזאת מפני שלבע"ח יש שיעבוד על נכסי החייב, משא"כ בש"א. נראה בהמשך שלפי ר' נתן, גם אז החלוקה המעשית בין שתי נשים זהה לחלוקת ש"א. לשם כך, יש קודם לבאר את ההשלכות של גישה זאת למספר כלשהו של נשים.

ובכן, ביישום הגישה ישנן שלוש שיטות. הראשונה היא שחולקות בשווה ממש, בתנאי שאף אשה לא תקבל יותר מכתובתה; וזאת מפני שלפי שיטה זאת, השיעבוד של כל אשה חל על כל זוז וזוז מהעיזבון, ולכן חולקות בשווה עד שכל אשה קיבלה את מלא כתובתה[15]. השיטה השניה היא שחולקות לפי מעות. גם לשיטה זאת, כל

12 ראה אותיות ו-ז במאמר הקודם ב'המעין'.

13 "דבמאי דפליגי פלגי ביניהו", כפי שהתבטא ר"נ פערלמאן באות ב של מאמרו (ראה הערה 5 לעיל).

14 ראה אות ט במאמר הקודם ב'המעין'.

15 וכפי שהתבטא רש"י בסוף ד"ה אין אני רואה דבריו של ר' נתן באלו: "...הכא טעמא משום שיעבודא הוא, וכל נכסיו אחראין לכתובתה, הלכך שלוש המנים (בעיזבון) משועבדים

השיעבודים חלים על כל זוז וזוז מהעיזבון, רק שכל זוז הן חולקות לפי מעות, מפני ש"מידת הדין לוקה" בחלוקה שווה ממש[16]. הראשונים מייחסים את שתי השיטות האלה לרבי[17], שחולק על רבי נתן בברייתא בגמרא. כאמור לעיל, אנו את ר' נתן באנו לפרש, ולכן שיטות אלה אינן נוגעות אלינו ישירות.

השיטה השלישית היא זאת המיוחסת לר' נתן ע"י רוב הראשונים[18], שקראנו לה "שיטת השיעבודים" במאמרינו הקודמים בנושא (אות ח ב'מוריה' ואות ג-2 ב'המעין'). לפי שיטה זאת, השיעבוד של כל אשה **אינו** חל על כל העיזבון, אלא מגיע רק עד כדי סכום כתובתה; והיא מקבלת חלק שווה בכל זוז שעליו חל שיעבודה, ולא מעבר לזה[19]. ליתר דיוק, נסדר את הכתובות בסדר עולה של גודל, המזערית ראשונה והמירבית אחרונה. אם העיזבון אינו עולה על הכתובה המזערית, חולקות כל הנשים בשווה. אם הוא מעבר לכך, יוצאת בעלת המזערית מהחלוקה, וכל סכום נוסף בעיזבון מתחלק בשווה בין כל הנותרות; וזאת, עד שהעיזבון מגיע לגודל הכתובה השניה. מעבר לכך, יוצאת גם בעלת הכתובה השניה מהחלוקה, וכל סכום נוסף בעיזבון מתחלק בשווה בין הנותרות. וכן הלאה, עד שלבסוף כל סכום בעיזבון מעל הכתובה שלפני האחרונה, מקבלת בעלת הכתובה האחרונה (המירבית) בלבד; וזאת, עד שהעיזבון מגיע לכתובה המירבית[20]. מעבר לכך, נחלקו הראשונים בהגדרת השיטה, כפי שיבואר להלן.

6. שיטת השיעבודים מעבר לכתובה המירבית. כאמור לעיל, כאשר העיזבון עולה על הכתובה המירבית, ישנן בראשונים כמה גירסאות של שיטת השיעבודים - ביניהם של הרי"ף והראב"ד, של הרא"ה והריטב"א, ושל הר"ן, ששלושתן שונות זו מזו לדינא. בשלב הראשון - עד לכתובה המירבית - כו"ע לא פליגי דמחלקין לפי שיטת השיעבודים. מעבר לכך, חלוקות הדעות. בסוגיין, לדוגמא, הכתובה המירבית היא 300. אם העיזבון הוא 400, אז אחרי השלב הראשון, מקבלת בעלת המנה

לבעלת מנה כשאר חברותיה עד שתגבה כל כתובתה, לפיכך חולקות בשווה". והרי"ף כתב דברים דומים, וכן התוספות בסוף ד"ה רבי.

16 פירוש ר"ח המובא בתוספות בהתחלת ד"ה רבי.

17 הראשונה מיוחסת לרבי ע"י הרי"ף ורש"י ורוב הפוסקים, והשניה ע"י הגאונים ור"ח.

18 החל מהרי"ף, ובעקבותיו רש"י, הראב"ד, הריטב"א, הר"ן, המאירי, ואחרים.

19 וכפי שהתבטא רש"י בד"ה היו שם מאתיים: "אין לבעלת מנה שיעבוד אלא במנה ראשון, אבל במנה שני אין שיעבוד לשטרה של מנה". והרי"ף כתב: "האי דאית לה מנה... לית לה במנה תנינא ותליתאה ולא מידי". והר"י דטראני (תוספות רי"ד) כתב: "אין לבעלת מנה שיעבוד אלא במנה, אבל מנה שני אינו משועבד לשטרה, אלא הוא משועבד לבעלת מאתיים ולבעלת שלוש מאות".

20 ההבדל בין הסכומים במשנתנו לאלה היוצאים משיטת השיעבודים מוסבר בגמרא ע"י אוקימתות.

מהמנה הרביעי $22\frac{2}{9}$ לפי הרי"ף והראב"ד; ולפי הר"ן[21], $33\frac{1}{3}$; ולפי הרא"ה והריטב"א, היא לא מקבלת כלום ממנה זה.

יש בכל זאת צד שווה בין שלוש הדעות, גם אחרי השלב הראשון, והוא שהחלוקה אחרי השלב הראשון תלויה אך ורק בטענות הנשארות לנשים אחרי שקיבלו את המגיע בשלב הראשון. לדוגמא, בסוגיין השלב הראשון הוא עד 300; בשלב זה קיבלה בעלת המנה $33\frac{1}{3}$, ובעלת המאתיים $83\frac{1}{3}$, ובעלת השלוש מאות $183\frac{1}{3}$. לכן מהחובות המקוריים נשאר $66\frac{2}{3}$, $116\frac{2}{3}$, ו-$116\frac{2}{3}$. והיות ולבעלות המאתיים והשלוש מאות נשאר אותו החוב, כ"ע לא פליגי שמעבר לשלב הראשון שתי אלה תקבלנה את אותו התשלום. וזה יוצא מהתיאור המדוייק של כל אחת מהשיטות הנ"ל, יעויין שם, ואכמ"ל.

7. זהות שיטת השיעבודים לש"א עבור שתי נשים. אם יש רק שתי נשים, ואין העיזבון עולה על הכתובה הגדולה, אז קל לראות שהחלוקה לפי שיטת השיעבודים היא כמו בש"א. אם העיזבון עולה על הכתובה הגדולה, אז בשלב הראשון - עד לכתובה הגדולה - מקבלת בעלת הכתובה הקטנה חצי מכתובתה, ובעלת הגדולה מקבלת את ההפרש בין כתובתה לכתובת הקטנה, ועוד חצי הכתובה הקטנה. לכן ההפרש בין התשלומים לשתי הנשים שווה להפרש בין הכתובות. לכן החובות שנשארים לשתי הנשים אחרי השלב הראשון שווים זל"ז. לכן, לפי הנאמר לעיל (ס"ק 6), הנשים מקבלות תשלומים שווים אחרי השלב הראשון. המסקנה היא, שמה שלא יהיה גודל העיזבון, הרי ההפרש בין התשלומים לפי שיטת השיעבודים שווה להפרש בין הכתובות.

ואם חולקים לפי ש"א, אז כל אחת מהנשים מקבלת קודם כל את הסכום שהשניה מודה לה, שהוא העיזבון פחות כתובת השניה; ומה שנשאר, חולקין בשווה. לכן גם בש"א, ההפרש בין התשלומים שווה להפרש בין החובות.

לכן הפרש התשלומים בשיטת השיעבודים שווה להפרש התשלומים בש"א. וגם סכום התשלומים בשתי השיטות שווה, כי הוא שווה לעיזבון. יוצא שכל אלמנה מקבלת לפי שיטת השיעבודים אותו תשלום כמו בש"א. ז"א, אין נ"מ לדינא בין שתי השיטות, באיזה גודל עיזבון שיהיה.

8. מסקנה. ככל הנראה, **ר' נתן** סובר שהחלוקה **המעשית** בין שתי נשים היא לפי ש"א, אם בגלל סברת רה"ג, שסוגיין הולכת ע"ד ש"א (ס"ק 4 לעיל), ואם ע"פ שיקולי שיעבוד (ס"ק 5 לעיל). לכן אם מקבלים את הסברא דלעיל (ס"ק 2), יוצא שהחלוקה בין כל מספר נשים צריכה להיות תש"א[22].

21 בסוף פירושו על משנתנו.

22 יש לשים לב שמסקנה זאת מתישבת רק חלקית עם פירושי הראשונים שהוזכרו לעיל (ס"ק 5), שהרי לפי פירושים אלה ר' נתן מחזיק בשיטת השיעבודים לכל מספר נשים, ולפי הכתוב כאן רק לשתיים. ועיין עוד באות ה-6 להלן.

ד. ה"למה" השני: גם רווח וגם הפסד

1. הקדמה. עבור שיטת החלוקה המשוערת (אות ב) סיפקנו (באות ג) סברא המבוססת על הרעיון של תש"א. כעת נספק סברא שונה[23], המבוססת על כך שתיאור השיטה מתחלק לשני חלקים - כאשר העיזבון אינו עולה על חצי סכום הכתובות, וכאשר הוא אינו נופל ממנו.

2. חלוקת הפסד. יש בתלמוד כמה וכמה סוגיות בהן חולקים הפסד בשיטות דומות לאלה המשמשות לחלוקת רווח, ובפרט לשיטות המופיעות בסוגיין: ש"א, שיטת השיעבודים, חלוקה שווה מותנית, וחלוקה לפי מעות. למשל, בתוד"ה רבי מובאת הגמרא בב"ב (קכד, א) "ירשו שטר חוב, בכור נוטל פי שנים; יצא עליהם שטר חוב, בכור נותן פי שנים". ומובאת שם גם הסוגיא של "שור שווה מאתיים שנגח שור שווה מאתיים" (ב"ק לו, א), שבו חולקים הפסד לפי מעות. ואת סוף משנתנו - "וכן שלושה שהטילו לכיס, פחתו או הותירו, כך הן חולקין" - מפרש רש"י (צג ב ד"ה פחתו פחתו ממש כו') כמתייחס לחלוקה לפי מעות, כבבבא האחריתא בחלק הראשון של המשנה. ובסוגית "שור שדחף את חברו לבור" (ב"ק נג א) חולקין הפסד לפי ש"א, כמבואר במאמר ב'מוריה' (אות ח-3).

ובענין מכירת הקדש, המשנה בערכין (כז, א) דנה במקרה שבו "אמר אחד הרי היא שלי בעשר סלעים ואחד אומר בעשרים ואחד אומר בשלושים ואחד אומר בארבעים ואחד אומר בחמישים". בהמשך אומרת הגמרא שאם המציעים חוזרים בהם בבת אחת, אז את ההפסד להקדש "משלשין ביניהן". בפירוש ביטוי זה נחלקו המפרשים והפוסקים. הרמב"ם מפרש שחולקין שווה בשווה; לכן במקרה הנ"ל, אם בסוף נמכר ההקדש בחמש אז כל אחד משלם תשע. רש"י, ובעקבתו הראב"ד, מפרשים שהמציע 50 משלם את ההפרש בין 50 ל־40, ועוד את חצי ההפרש בין 40 ל־30, ועוד את שליש ההפרש בין 30 ל־20, ועוד את רבע ההפרש בין 20 ל־10, ועוד את חמישית ההפרש בין 10 ל־5; ס"ה, $1+2\frac{1}{2}+3\frac{1}{3}+5+10=21\frac{5}{6}$.

כמו כן, המציע 40 משלם $1+2\frac{1}{2}+3\frac{1}{3}+5=11\frac{5}{6}$, וכן הלאה. וזה בדיוק שיטת השיעבודים, רק שהיא משמשת לחלוקת הפסד במקום לחלוקת רווח.

יש לשים לב שבערכין גם הרמב"ם וגם הראב"ד פוסקים כמו בסוגיין, איש לשיטתו; רק שכאמור, השיטות משמשות לחלוקת הפסד במקום לחלוקת רווח. שהרי הרמב"ם פוסק בערכין שחולקים את ההפסד חלוקה שווה מותנית[24], וכך גם את הרווח בסוגיין. והראב"ד פוסק בערכין שחולקים את ההפסד לפי שיטת השיעבודים, וכך גם את הרווח בסוגיין[25].

23 על פי שער 4 של המאמר המקורי בלועזית.

24 בערכין הוא אינו מתנה במפורש שאף מציע לא ישלם יותר מהצעתו המקורית, אך נלענ"ד שתנאי זה מובן מאליו הוא.

25 בסוגיין הוא אינו אומר זאת במפורש בהשגותיו על הרמב"ם, אך בהשגותיו על הרי"ף הוא

3. רווח והפסד בסוגיין. עד הנה תפסנו את סוגיין כמתעסקת בחלוקת רווח; וזאת, מפני שלמעשה הכסף יוצא מהעיזבון ונכנס לרשות הנשים. אך יש גם תפיסה הפוכה, פחות ישירה אבל יותר מהותית: מדובר כאן בהפסד, שהרי בסופו של דבר הנשים מפסידות; מגיע להן כל כתובתן, והנה הן מקבלות פחות.

אם חולקין לפי מעות, אז אין הבדל בין שתי תפיסות אלה; חלוקה לפי מעות של ההפסד הכולל - סכום הכתובות פחות העיזבון - מביאה לאותה תוצאה מעשית כמו חלוקה לפי מעות של העיזבון גופא. ואם היו רק שתי נשים, אז גם חלוקה לפי ש"א של ההפסד הכולל מביאה לאותה תוצאה מעשית כמו חלוקה לפי ש"א של העיזבון גופא.

לעומת זאת, בשיטת השיעבודים יש הבדל ניכר בין שתי התפיסות. שהרי אם במשנתנו היו 300 בעיזבון, ותופסים את החלוקה כחלוקת העיזבון גופא (כפי שעשינו עד כה), אז חלוקת העיזבון היא $183\tfrac{1}{3}$-$83\tfrac{1}{3}$-$33\tfrac{1}{3}$. לעומת זאת, אם תופסים את החלוקה כחלוקת ההפסד הכולל - שגם הוא 300 - אז חלוקת **ההפסד** הוא $183\tfrac{1}{3}$-$83\tfrac{1}{3}$-$33\tfrac{1}{3}$. לכן בחלוקת **העיזבון**, בעלת השלוש מאות תקבל $300 - 183\tfrac{1}{3} = 116\tfrac{2}{3}$; בעלת המאתיים תקבל $200 - 83\tfrac{1}{3} = 116\tfrac{2}{3}$; ובעלת המנה תקבל $100 - 33\tfrac{1}{3} = 66\tfrac{2}{3}$. יוצא שחלוקת העיזבון היא $116\tfrac{2}{3}$-$116\tfrac{2}{3}$-$66\tfrac{2}{3}$, וזה שונה מאד מחלוקת העיזבון דלעיל.

וגם בחלוקה שווה מותנית (ש"מ) יש הבדל ניכר בין שתי התפיסות. במשנתנו, למשל, אם היו 450 בעיזבון, אז חלוקת העיזבון בחלוקה ש"מ היא 175-175-100. לעומת זאת, ההפסד הכולל הוא 600 - 450 = 150, ואם את זה חולקין בחלוקה ש"מ[26], אז כל אשה **תפסיד** 50. לכן בעלת השלוש מאות **תקבל** 300 - 50 = 250, בעלת המאתיים תקבל 200 - 50 = 150, ובעלת המנה תקבל 100 - 50 = 50. **יוצא** שחלוקת העיזבון היא 250-150-50, וזה שונה מאד מחלוקת העיזבון דלעיל.

אשר לשיטת החלוקה המשוערת, מתברר מהתיאור לעיל (אות ב) ששתי התפיסות - של רווח ושל הפסד - אכן מביאות לאותה תוצאה, כמו בחלוקה לפי מעות.

לסיכום: יש דיני חלוקה, כגון חלוקת עיזבון בין יורשים וחלוקת רווח בין שותפים, שטבעי לתפוס כחלוקת רווח. ויש דיני חלוקה, כגון חלוקה בין מזיקים של תשלומי נזיקין וחלוקת תשלומים בין החוזרים בהם מקניית הקדש, שטבעי לתפוס כחלוקת הפסד. את סוגיין אפשר לתפוס כך או כך. בחלוקה לפי מעות, ובשיטת החלוקה המשוערת, אין הבדל מעשי בין שתי התפיסות; לכן אפשר לראות בשיטות אלה חלוקה גם של הרווח וגם של ההפסד בו־זמנית. לעומת זאת, בשיטת השיעבודים, ובחלוקה ש"מ, קיים הבדל ניכר.

מפרש כך גם את דעת רבי וגם את דעת ר' נתן, ולכן נראה שזאת גם דעתו להלכה. ראה אות ה-3 להלן.

26 התנאי הוא שאף אשה לא **תפסיד** יותר מחצי כתובתה.

4. לפי הנאמר לעיל (אות ב), אפשר לתאר את שיטת החלוקה המשוערת כחלוקה **שווה, מותנית בחצי הכתובה** (שמב"ה); וזאת מפני שאם העיזבון אינו עולה על חצי סכום הכתובות, אז הנשים **מקבלות** סכומים שווים, ובלבד שאף אשה לא תקבל יותר מחצי כתובתה; ואם העיזבון אינו נופל מחצי סכום הכתובות, אז הנשים **מפסידות** סכומים שווים, ובלבד שאף אשה לא תפסיד יותר מחצי כתובתה. במקרה הראשון, הן חולקות חלוקה שמב"ה את **העיזבון**; במקרה השני, את **ההפסד**. בשני המקרים, ההגבלה של כל אשה היא של **חצי** כתובתה; בראשון, ההגבלה חלה על התקבול - בשני, על ההפסד.

5. הסברא של חלוקה שמב"ה טמונה בעיקרון של "רובו ככולו" (חולין יט, א; ע, א; נידה כט, א; הוריות ו, ב; נזיר מב, א), עיקרון שבצורה זו או אחרת מופיע עשרות פעמים בש"ס. עיזבון **העולה** על חצי סכום הכתובות מהווה רוב חובו של המת. לכן, לפי העיקרון הנ"ל, הוא נתפש הלכתית ומחשבתית ככולו; ומה שבכל זאת חסר, חולקות בשווה. כמו כן, עיזבון **הנופל** מחצי סכום הכתובות נתפש הלכתית ומחשבתית כזניח; ומה שבכל זאת ישנו, חולקות בשווה. יתר על כן, לפי שמעריכין ע"פ רוב או מיעוט, אין זה נחשב לצודק שאשה אחת תקבל את רוב כתובתה, ואשה אחרת לא; ומכך נובעת הגבלת ההפסד - או, לפי המקרה, התקבול - לחצי סכום הכתובות.

תימוכין לסברא זאת מצאנו בסוגיא של "המקדיש נכסיו והיתה עליו כתובת אשה ובעל חוב... פודה ע"מ ליתן לאשה בכתובתה ולבעל חוב את חובו... רשב"ג אומר, אם היה חובו כנגד הקדשו פודה, ואם לאו, אינו פודה. ורבנן עד כמה? אמר רב הונא בר יהודה אמר רב ששת עד פלגא" (ערכין כג, ב). מסביר רש"י בד"ה אלא הפודה פודה: "בעלים פודין אותן מן ההקדש... בדבר מועט על מנת לשלם, דודאי לא חייל עלייהו הקדש, שהרי אינו שלו. והאי דבר מועט משום גזירה הוא, כדמפרש בגמרא". ועל דעת רשב"ג אומר רש"י בד"ה אם חובו כנגד הקדשו פודה: "כי אוזפיה מעיקרא אדעתא למיגביה מהנך נכסי אוזפיה. ואי... חובו יותר מהקדשו, לאו אדעתא דהכא אוזפיה, אלא המוני מהמניה; הלכך לא גבי מהקדש". ובד"ה ורבנן עד כמה: "סבירא להו דאדעתא דהני נכסי אוזפיה". ובד"ה עד פלגא: "אבל בציר מפלגא לא". יוצא שלדעת רבנן, כאשר לרוב החוב יש כיסוי בנכסי הלוה, אז הלכתית ומחשבתית המלוה רואה בנכסים אלה כאילו הם מכסים את כל החוב, וסומך עליהם כאשר הוא נותן את ההלואה; ולכן אין הלוה חופשי להקדישם. אך כאשר נכסי הלוה הינם פחותים מחצי החוב, אין המלוה סומך עליהם לגביית חובו, ולכן הלוה חופשי להקדישם.

וכמו כן בסוגיין, כאשר העיזבון מכסה את רוב החוב, חשיבת הנשים מתמקדת בהפסד, ולכן ראוי לחלוק את ההפסד בשווה; וכאשר העיזבון אינו מכסה את רוב החוב, אז הן מתמקדות במה שהן מקבלות, ולכן חולקין את העיזבון עצמו בשווה.

ה. הגמרא וביאורה

1. הגמרא פותחת את הדיון במשנתנו בהקשותה על המציעתא בזה"ל: "של מנה נוטלת חמישים? תלתין ותלתא ותילתא הוא דאית לה"! ליישב סתירה זאת, היא מעמידה את המשנה באוקימתות שונות, גם במציעתא וגם בסיפא. בסוף מובאת ברייתא בזה"ל: "תניא, זו משנת ר' נתן; רבי אומר, אין אני רואה דבריו של ר' נתן באלו, אלא חולקות בשווה".

2. לפי **רוב הפירושים,** ר' נתן סובר את שיטת השיעבודים לעיקר הדין[27], והאוקימתות באות ליישב את הסתירה בין שיטה זאת לסכומים הנקובים במשנתנו. לכן, כאשר רבי אומר "אין אני רואה דבריו של ר' נתן באלו", הוא מתכוון שאינו מקבל את שיטת השיעבודים לעיקר הדין; אלא "חולקות בשווה," וכוונתו חלוקה ש"מ.

3. גם לפי **פירוש הראב"ד**[28] ר' נתן סובר את שיטת השיעבודים לעיקר הדין, והאוקימתות באות ליישב את הסתירה בין שיטה זאת לסכומים הנקובים במשנה. אלא, שכאשר רבי אומר "חולקות בשווה" גם הוא מתכוון לשיטת השיעבודים; וכאשר הוא אומר "אין אני רואה דבריו של ר' נתן באלו", הוא מתכוון שאף אם מתקיימים התנאים של האוקימתות גם אז חולקות לפי שיטת השיעבודים[29].

4. לפי **פירוש הר"ח והר"י דטראני,** חלוקות הדעות בגמרא בנוגע לדעת ר' נתן לעיקר הדין. שמואל, ור' יעקב מנהר פקוד משמיה דרבינא - בעלי האוקימתות - סוברים שר' נתן סובר את שיטת השיעבודים לעיקר הדין; ולכן הם מביאים את האוקימתות כדי ליישב את הסתירה בין עיקר הדין לסכומים הנקובים במשנה. לעומת זאת, רבי סובר שר' נתן סובר את הסכומים הנקובים במשנה לעיקר הדין[30]; כאשר הוא אומר "אין אני רואה דבריו של ר' נתן באלו" הוא מתכוון שהוא חולק על המספרים במשנה, וכאשר הוא אומר "חולקות בשווה" הוא מתכוון לחלוקה לפי מעות.

5. לפי **פירוש הגמרא במאמרינו** הקודמים[31] מתכוון רבי לשיטת השיעבודים כאשר הוא אומר "חולקות בשווה", כמו שמפרש הראב"ד (ס"ק 3 לעיל). פסיקה זאת של רבי התקבלה מיד, עוד בימי המשנה, הופעלה הלכה למעשה, והיתה ידועה ברבים. ולכן כאשר הגמרא פותחת את הדיון על קביעת המשנה "של מנה נוטלת

27 כאמור לעיל (אות ג-5).

28 בהשגותיו על הרי"ף.

29 לפי פירוש זה, המילה "אלו" בברייתא מתייחסת לאלו שמקיימות את התנאים של האוקימתות, ולא לאלו שבמשנה.

30 ראה אות יד במאמרי הקודם ב'המעין'.

31 אות ט' ב'מוריה' ואות ד-3 ב'המעין'.

חמישים" במציעתא, אין היא מסתפקת בשאלה סתמית "אמאי חמישים", אלא היא זועקת "תלתין ותלתא ותילתא הוא **דאית** לה"! - לשון שמעידה שהגמ' ידעה שקיימת שיטה אחרת, מקובלת להלכה, שעל פיה מגיע לאשה שלושים ושלוש ושליש בלבד; וזה מנוגד לקביעה במשנה שעליה לקבל חמישים. את הסתירה הזאת מנסה הגמרא ליישב ע"י אוקימתות - אוקימתות המבוססות על ההנחה שאותה שיטה 'אחרת' היא שיטת השיעבודים, שבה ללא האוקימתות אכן על האשה לקבל במקרה של המציעתא שלושים ושלוש ושליש. ואז מובאת הברייתא האומרת שאין צורך ליישב, בעזרת אוקימתות, סתירות בין המשנה לשיטת השיעבודים המקובלת להלכה: המשנה היא דעת יחיד ולא נפסקה להלכה, ולפי דעת ר' נתן אכן על האשה לקבל חמישים.

יוצא שלפי מסקנת הגמרא יש לפרש את המשנה כפשוטה, כדעת ר' נתן לעיקר הדין, ולא כפי ההלכה - שנקבעה כדעת רבי - שהיא חלוקת העיזבון לפי שיטת השיעבודים.

גם לפי פירוש זה, וגם לפי הפירוש הקודם (ס"ק 4) של דעת רבי, מהות שיטת ר' נתן לעיקר הדין[32] אינה לגמרי מבוררת. אנו משערים שזאת השיטה התש"א, אך אין לכך הוכחה חד־משמעית מהגמרא. כל מה שאנו טוענים הוא ששיטת תש"א היא סבירה, מתאימה למקורות, מסבירה את המשנה, ומתיישבת עם הגמרא.

6. יסוד המחלוקת בין רבי לר' נתן. לפי פירושנו (ס"ק 5), מסכימים ר' נתן ורבי זע"ז כאשר יש שתי נשים בלבד; וכל מחלוקתם מצטמצמת אך ורק להרחבת שיטת החלוקה ליותר משתי נשים. ר"נ סובר שעל השיטה להיות "צודקת" כמבואר לעיל (אות ג-2), ולכן היא חייבת להיות תש"א; ורבי סובר שהיא צריכה להתבסס ישירות על עיקרון השיעבודים, ולכן פוסק לפי שיטת השיעבודים.

בנוסף, יש להעיר שביותר משתי נשים ההשלכות של עיקרון השיעבודים אינן ברורות די צרכן. חדא, אחרי השלב הראשון (אות ג-6), כאשר העיזבון עולה על הטענה המירבית. ותו, גם בשלב הראשון גופא, אין זה ברור מלכתחילה שכל השיעבודים צריכים לחול בהדי הדדי, כפי שמניח הרי"ף בנמקו את שיטת השיעבודים. בסוגיין, למשל, אם יש שם שלוש מאות, והשיעבודים של בעלות המנה והמאתיים חלים על חלקים נפרדים של העיזבון, אז החלוקה תהיה כמו במשנה, ולא ע"פ שיטת השיעבודים. וייתכן שגם בגלל ספקות אלה בהשלכות עיקרון השיעבודים, העדיף ר"נ את החלוקה התש"א.

מאידך, לרבי קשה עם סברת ר"נ, מפני שלפעמים החלוקה התש"א אינה מתיישבת עם עיקרון השיעבודים בכלל, איך שלא יחולו השיעבודים (למשל בסוגיין, כאשר יש שם מאתיים); והוא דבק בעיקרון השיעבודים למעשה, גם עבור יותר משתי נשים.

---

32   זאת אומרת, הכלל שממנו נגזרות פסיקות המשנה.

ו. הירושלמי[33]

בירושלמי על משנתנו, שמואל אמר, במרשות זו את זו; בשהרשת השלישית את השנייה לדון עם הראשונה - אמרה לה, לא מנה אית לך? סב חמשין ואיזל לך!

ככל הנראה, הכוונה היא שבמציעתא ובסיפא, בעלות השלוש מאות והמאתיים עושות קואליציה, ודנות עם בעלת המנה כצד אחד. את העיזבון, אם כן, יש לחלק בין שני צדדים בלבד: הקואליציה, שתובעת 200 + 300 = 500, ובעלת המנה, שתובעת 100. אם חולקין לפי ש"א, יוצא שבעלת המנה מקבלת 50, גם במציעתא וגם בסיפא. ואם את יתרת העיזבון שוב חולקות חברות הקואליציה לפי ש"א, מתקבלים הסכומים הנקובים במשנתנו.

מלשון הירושלמי - **ב**מרשות, **ב**שהרשת - משתמע שמדובר באוקימתא (כמו בבבלי) ולא בעיקר הדין; וכן מפרשים גם הפני משה וגם קרבן העדה. אוקימתא זאת הנה פשוטה וטבעית בהרבה מהאוקימתות המורכבות והבעיתיות בבבלי, ומצביעה ישירות על הקשר האמיץ בין סוגיין לבין ש"א[34]. לפי פירוש זה, הרי בירושלמי - כמו בבבלי - יוצא שמואל מההנחה שההלכה היא שיטת השיעבודים, והאוקימתא מיישבת את הסתירה לכאורה בין המשנה להלכה. זה גם מתיישב יפה עם פרושנו בבבלי (אות ה-6), שלפיו ההלכה הפסוקה היתה שיטת השיעבודים כבר בימי המשנה.

ז. מאמר ר"י לויפר

1. הרב לויפר מפרש את משנתנו ואת הבבלי והירושלמי באופן שונה מהנאמר לעיל[35]. פירושיו הינם מעניינים ואף יפים; בפרט, אני מודה על הדוגמא הנוספת לשיטת ש"א שהביא מסוגית שנים אדוקין בשטר (ב"מ ז, ב). מענין במיוחד פירוש הרש"ש, שמשווה את הסוגיא שם לסוגיין, ואף מביא גם את דברי ר' נתן וגם את דברי רבי! מזה משתמע בעליל שההבדל ה"עקרוני" כביכול בין חלוקת בע"ח לבין ש"א (אות ג-5 לעיל) אינו כה משמעותי כפי שרבים חושבים.

אך בסופו של דבר, נלענ"ד שהפירושים שהבאתי לעיל הינם פשוטים וטבעיים ומתקבלים על הדעת יותר מפירושי הרב לויפר המפולפלים והמורכבים. כך או כך,

33 תודתי נתונה לבני יהונתן שליט"א, אשר הסב את תשומת לבי לירושלמי מופלא זה.

34 באותו הדרך - יצירת קואליציות והפעלה חוזרת של חלוקת ש"א - אפשר גם לתפוס את המימרא הנ"ל של שמואל כמסביר את משנתנו לעיקר הדין. תפיסה זאת מובילה גם היא לשיטת תש"א, כפי שמוסבר במאמר המקורי בלועזית (שער 5), והיא משמשת שם "למה" שלישי לשיטה זאת (בנוסף לאלה באותיות ג, ד לעיל). אך הפירוש כאן - שיש לראות במימרא של שמואל בירושלמי אוקימתא בלבד - נ"ל כיום עיקר, מכמה סיבות, ואכמ"ל.

35 את הירושלמי הוא מפרש לעיקר הדין, מה שאינו כל כך מתאים ללשון הגמרא, כאמור לעיל (אות ו).

ד"ת כפטיש יפוצץ סלע, נחלקים לשבעים לשונות: אפשר לאמץ גם את פירושי הרב לויפר, וגם את אלו שהבאתי לעיל.

2. שיעבודים. בנושא אחד יורשה לי לחלוק על הרב לויפר, והוא נושא השיעבודים. הרב לויפר כותב (לעיל עמ' 39-40) ששיטת השיעבודים של הרי"ף, רש"י ורוב הראשונים מובססת על כך ש"לבעלת הכתובה הקטנה אין שיעבוד אלא על מאה זוז בלבד, והיא נאלצת להתחלק בהם עם חברותיה... ואילו בסכומים הגבוהים ממאה זוז אין לה שיעבוד, לפיכך אין היא חולקת בהם. אולם ודאי שלא נתכוונו רש"י והרי"ף לומר ששיעבוד הקטנה אינו תופס אלא מאה זוז. שכן ברי הוא כי שיעבודה של הכתובה הקטנה מוטל על **כל** נכסי הבעל - גם אם שוויים הוא אלפי זוז". ובהערת שוליים 4 הוא מביא את תוד"ה רבי, שכותבים "**שכל שלוש מאות משועבדין** לכתובת בעלת מנה ובעלת מאתיים כמו לבעלת שלוש מאות, **שכל נכסיו אחראין לכתובתה עד שיהיה לה כל המנה שלה**" (ההדגשות הן של הרב לויפר). סימוכין לטענתו הביא מהגמרא בכתובות (צה, ב), שאם נשתדפה שדה פלונית, הולך בעל החוב וגובה משדה אחרת. ובהמשך הוא מסביר את הרי"ף ורש"י וכל יתר הראשונים שהזכרנו ע"י סברא מסובכת של תפיסות, יעויין במאמרו.

ואני תמה שאפשר לכתוב שהרי"ף ורש"י וכל יתר הראשונים שהזכרנו לא נתכוונו למה **שבמפורש** כתבו, בצורה שלא משתמעת לשתי פנים. הרב לויפר כותב ש"ברי" לו כי שיעבודה של הקטנה מוטל על כל נכסי הבעל. מהיכן ידוע לו את זה, כאשר כל ארזי הלבנון הנ"ל כותבים בדיוק את ההיפך? מתוד"ה רבי בודאי אין שום הוכחה, שהרי דיבור זה בא להסביר את שיטת רבי, שחולק על ר' נתן; וחוץ מהראב"ד, כל הראשונים הנ"ל מייחסים את שיטת השיעבודים לר' נתן, לא לרבי. וגם רש"י בעצמו כותב דברים דומים מאד לאלה של התוספות הנ"ל כאשר הוא מסביר את שיטת רבי (הערה 15 לעיל), ובדיוק את ההיפך כאשר הוא מסביר את שיטת ר' נתן (הערה 19 לעיל). וכן הרי"ף וכן כל הראשונים הנ"ל. ואת כל זה כתבתי כבר במאמרי הקודם ב'המעין' (אות ט-3), ולזה לא מתיחס הרב לויפר.

ואשר לסוגיא של נשתדפה שדה פלונית, הרי זה אומר רק **שכל** נכסי החייב משועבדים **לכל** חובותיו, אבל אין זה אומר דבר או חצי דבר על הדרך שבו יחלקו בעלי החוב את הנכסים ביניהם. בדרך כלל אין זאת בעיה, מפני שבע"ח קודם הינו קודם גם בגביה. אך כאן כל הכתובות נכתבו ביום אחד, ולכן כל השיעבודים חלים ביחד; סוגיין היא בדיוק המקור, בה"א הידיעה, לכגון דא. וכאן מופיעות כל השיטות שכבר הזכרנו - חלוקה שווה מותנית, וחלוקה לפי מעות, ושיטת השיעבודים - שלכל אחת מהן יש הגיון תורני משלה, ואחד מהראשונים לפחות שסובר שהיא להלכה (ואולי אפשר גם להוסיף חלוקה תש"א, שבודאי **אינה** להלכה - אבל היא היחידה שבאופן שיטתי מסבירה את הסכומים במשנתנו כמות שהם, בלי אוקימתות).

נכון שההלכה הפסוקה לפי רוב הפוסקים היא חלוקה ש״מ; ולפי זה באמת השיעבודים של כל הנשים חלים על כל העיזבון בשווה, כפי ש״ברי״ לרב לויפר. ובאמת, לפי רש״י, רבי פסק חלוקה ש״מ בדיוק בגלל סברא זאת. אך אין זה מצדיק את הטענה המוזרה שארזי הלבנון הנ״ל לא התכוונו למה שכתבו כדי להסביר את דעת ר׳ נתן, שהוא דעת יחיד. לחינם טרח הרב לויפר להמציא עבור שיטת השיעבודים סברות סבוכות של תפיסות; מספיק לומר דברים כהוויתם: ההלכה פשוט לא נפסקה לפי שיטת השיעבודים.

ח. מאמר ר״א סולוביצ׳יק – הקדמה

1. הרב סולוביצ׳יק מעלה שתי טענות עיקריות: (א) הפירוש שהוצע ע״י פרופ׳ מיכאל משלר ז״ל וכותב שורות אלה ״מגייס חישובים מתמטיים סבוכים לשם פירוש פשוטה של משנה״, ואין להניח שהמשנה התכוונה לכך, שהרי ״לא בכך תפארתם של חז״ל״. (ב) יש לפרש את המשנה ״פירוש טבעי״, לפיו ״שלוש הבבות שלוש הלכות נפרדות הן, ובכל אחת מתקיים הישר והטוב כראוי למקרה הספציפי הזה״, וזאת בהתאם לתשובה של רס״ג.

אך אני טוען שבניגוד לטענה (א) אין הפירוש שלנו מצריך חישובים מתמטיים סבוכים, ובפרט לא על ידי הדיינים ולא על ידי בעלי הדין; להיפך, הוא פשוט וברור וטבעי מאוד, והוא תואם עקרונות יסודיים של צדק. ואשר לטענה (ב), הפירוש - המקורי מאוד - של הרב סולוביצ׳יק מתיישב יפה עם ביאור **הגמרא** שהצעתי ב׳מוריה׳ (כמובן לא עם ביאור המשנה). אך הוא פורח באויר, ואין לו על מה שיסמוך; ובמהותו הוא מוזר ותמוה.

2. השיטה הבריסקאית. קביעת הרב סולוביצ׳יק (אות א, ב) שהלכתי בשיטה הבריסקאית - שלדבריו מחפשת את ה״מה״ ולא את ה״למה״ - היא עבורי מחמאה גדולה, בפרט כשהיא מגיעה מנצר של שושלת בריסק המפוארת. זה אמנם מחמיא, אך לא לגמרי מדוייק. כאמור לעיל (אות א), וכפי שהרב סולוביצ׳יק מציין בעצמו, אנו מחפשים **גם** את ה״מה״ **וגם** את ה״למה״, אך קודם את ה״מה״.

ט. מתמטיקה?!

1. הרב סולוביצ׳יק כותב: ״כמעט כל תלמיד ותיק... יחוש זרות... מעצם הגישה המגייסת חישובים מתמטיים סבוכים לשם פירוש פשוטה של משנה... נתאר לעצמנו את שלוש נשי המת... עומדות לפני הדיינים... יושב לו שם דיין ומצייר להן על הלוח משוואות מתמטיות ומוכיח בדרכים מתוחכמות שיטות חלוקה מבריקות. הלזה דיין אלמנות יקרא?!״

קודם כל נעיר שהתואר "דיין אלמנות" שייך לקב"ה, ולא לדיינים **בשר ודם**[36]; להיפך, על אלה חל הציווי "ודל לא תהדר בריבו" (שמות כג, ג).

לגופו של ענין, הסיפור קורע הלב שמספר הרב סולוביצ'יק אינו משכנע. לפי פירושנו, אין שום סיבה שהדיין יצייר על הלוח משוואות מתמטיות כלשהן. כפי שמודגם לעיל (אות ג-2, בפיסקה הלפני אחרונה), כל אשה יכולה בקלות לעשות את החשבון הדרוש. אין כאן שום לוחות, שום משוואות, שום "מתמטיקה".

2. טענות דומות לאלה של הרב סולוביצ'יק - על "מתמטיקה מסובכת" כביכול - העלו גם תלמידי חכמים אחרים[37]. ונשאלת השאלה, מדוע כתבו כך? הרי עינינו הרואות שאין כאן מתמטיקה בכלל, רק חשבון פשוט שכל תינוק של בית רבן יכול לעשותו; והרב סולוביצ'יק בעצמו פירט את כל החשבון כולו עבור כל הבבות במשנה, בכמה שורות בתחילת מאמרו. מה, אם כן, היתה כוונת הכותבים הנ"ל?

כנראה, חל בלבול בין כמה עניינים, שאמנם קשורים זב"ז, אך ראוי להבחין ביניהם. כפי שראינו, האלמנות עצמן אינן זקוקות למתמטיקה כלשהי; ברגע שהדיין מכריז על החלוקה, ההגיון והצדק בה[38] ברורים לכל. אך אפשר לשאול, איך הדיין עצמו יודע מה לפסוק; איך **הוא** מגיע לחלוקה תש"א[39]? האם אין **בזה** "מתמטיקה מסובכת"?

אלא שגם לשאלה זו התשובה שלילית. החשבון המוביל לחלוקה תש"א - זה שעל

36 "אבי יתומים ודיין אלמנות, א-לוהים במעון קדשו" (תהילים סח, ו). גם כאשר הנביא זועק "יתום לא ישפוטו, וריב אלמנה לא יבא עליהם" (ישעיהו א, כג), שאמנם כן מתיחס לדיינים ב"ו, הכוונה אינה שלא מתחשבים במצב המיוחד של אלמנות, אלא שלא מתעסקים כלל בתביעותיהם. וייתכן שאף התואר "דיין אלמנות" שהמשורר מעניק לקב"ה, מובנו שבניגוד להרבה שופטים ב"ו, לקב"ה כן מגיעות התלונות של אלמנות **המוצדקות לפי שורת הדין**. "כל אלמנה ויתום לא תענון. אם ענה תענה אותו, כי אם צעוק יצעק אלי, שמוע אשמע צעקתו" (שמות כב, כא-כב). כתיב כאן "לא תענון", שמשמעותו הפשוטה היא שלא תנהג בהם ברשעות, ואין משמעותו שתתחשב במצבן המיוחד.

37 הרב פערלמאן כתב "המה ביקשו חישבונו"ת רבים... במאטעמאטיקה ומשחקים אשר הם חושבנא בעלמא בלא עיון וסברא" (עמ' קכב). והרב סגל כתב כי "מוזר לנסות למצוא איזה הגיון לצורת חלוקה כזו, המבוססת על תיאוריה מתמטית מודרנית" (עמ' מט). והרב יעקב לויפר כתב שפירושנו "פשוט לא הגיוני, יש כאן אולי מודל מתמטי עקבי – אבל שכל ישר אין כאן... התנא של המשנה חשב לפי השכל הישר ולא לפי תורה מתימטית" (עמ' כה של מאמרו ב'המודיע').

38 ראה לעיל (אות ג-2).

39 דרך אגב: הרב סולוביצ'יק מעיר (אות א-ג) שאנו משתמשים במונח "תואם שנים אוחזין" במובן מסויים ומוגדר, שהינו מצומצם יותר ממה שיכול להשתמע מהמובן הפשוט של המילים בלבד. בזה הוא צודק. נוהג זה שכיח מאוד במקורותינו; למשל, בגמרא "אין עונשין מן הדין", כוונת המילה "דין" אינו כפי משמעותו הכללית, אלא דוקא במובן מצומצם של קל וחומר.

הדיין לחשב - הוא אמנם קצת יותר מורכב מהחשבון הקודם, זה שעל האלמנות לחשב; אבל גם הוא פשוט למדי (ראה אות ב לעיל).

איפה, אם כן, המתמטיקה "המסובכת" כביכול? ובכן, אולי הם התכוונו **להוכחה**, שבכל מקרה ומקרה, עבור כל מספר נשים וגודל העיזבון והכתובות, החישוב דלעיל - זה שעל הדיין לעשותו - אמנם מוביל לחלוקה תש"א, ושאין חלוקה אחרת תש"א. אמנם הוכחה זאת אינה נחוצה לדיין, מפני שברגע שהוא מחשב, בדרך האמורה, את החלוקה לאלמנות המסויימות העומדות לפניו, הרי הוא, כמו האלמנות עצמן, יכול בקלות לבדוק שהיא אכן תש"א. אולם אפשר לטעון שראוי שזה שקבע את הכלל ההלכתי - התנא של משנתינו, רבי נתן - יידע שאפשר תמיד לקיים אותו, ואיך, ושאין דרך אחרת לעשות כן.

הוכחה זאת כבר כן מצריכה חשיבה הגיונית מדוייקת - קרי, חשיבה מתמטית. גירסה אחת של ההוכחה מובאת במלואה במאמרי ב'מוריה' (שער ה, עמ' קג); גירסה אחרת במאמרנו המקורי בלועזית (שער 3). ההוכחה היא מתוחכמת - אך לא עמוקה, ולענ"ד בהחלט היתה בהישג ידם של חז"ל; בפרט, של ר' נתן, המכונה דיינא דנחית לעומקא דדינא (ב"ק נג, א; ב"מ קיז, ב). נדמה שהרב סולוביצ'יק מזלזל ביכולת האנליטית של חז"ל, שלא בצדק, כאשר הוא כותב "כי אכן לא בכך תפארתם".

רק במאמרנו המקורי בשפה האנגלית אכן הזכרנו את המתמטיקה המודרנית, ובפרט הענף הקרוי תורת המשחקים. וזאת בגלל שאותו מאמר היה מכוון לקהל המדעי־כלכלי, שעיקר עניינו הוא בצד של תורת המשחקים. וגם שם הדגשנו (במבוא) שאין להניח שחז"ל הכירו את תורת המשחקים המתמטית המודרנית, ושראוי לספק לפירושנו בסיס עיוני־תורני המתאים לחשיבה של חז"ל. ואכן כך עשינו, בהרחבה, גם במאמר המקורי, וגם ב'מוריה', וגם ב'המעין'. ובשני האחרונים כלל לא הוזכרה תורת המשחקים, ולו ברמז; ובצדק, מפני שלתורת המשחקים אין למעשה תפקיד בהבנת הסוגיא. תפקידה היחיד בכל השתלשלות העניינים הוא בכך שהיא כיוונה את פרופ' משלר ואת כותב שורות אלה לפירושם, ולבסיסו העיוני־תורני.

הרב סולוביצ'יק ער לכתוב לעיל (ראה אות ב במאמרו); אך הוא הטעים שכדי להוכיח שיש רק חלוקה אחת תש"א "אכן נדרש פרופ' אומן לכלים מתמטיים שלא היו בידי הקדמונים". אך זה פשוט לא נכון. הוכחת היחידות מובאת במלואה במאמרנו המקורי, וגם ב'מוריה'; וכאמור לעיל, הוכחות אלה בהחלט היו בהישג ידם של חז"ל. והנה גירסת ההוכחה במאמרנו המקורי:

> נקדים הערה: אם שתי נשים מחלקות עיזבון לפי ש"א, והעיזבון גדל, אז אף אחת משתיהן לא תפסיד מכך; וזה ברור[40].
>
> כעת, אם יש שתי חלוקות שונות תש"א, א' וב', אז צריכה להיות אשה אחת

40 לא מדובר כאן על שתי תפיסות, כבאוקימתא של ר' יעקב מנהר פקוד משמיה דרבינא בסוגיין; אלא שעושים את כל החשבון מחדש אחרי הגדלת העיזבון.

- נניח שרה - המקבלת יותר בחלוקה א' מבחלוקה ב', ואחרת - נניח קטורה - המקבלת פחות. לא יתכן שסכום התקבולים של שרה וקטורה בחלוקה א' שווה לזה בחלוקה ב', מפני שאת הסכום הזה חולקות שרה וקטורה לפי ש"א, ויש רק דרך אחת לחלק סכום מסויים לפי ש"א. אך גם לא יתכן שסכום זה גדול בחלוקה א' מבחלוקה ב', מפני שאז לפי ההערה המקדימה, קטורה לא היתה מקבלת פחות בחלוקה א' מבחלוקה ב'. מסיבה דומה, לא יתכן שהסכום בחלוקה א' קטן מבחלוקה ב'. לכן לא יתכן שיש שתי חלוקות שונות תש"א.

כפי שכתבנו לעיל, הוכחה זאת היא מתוחכמת - אך לא עמוקה. הקורא ישפוט בעצמו האם היא היתה בהישג ידם של חז"ל, ובפרט של ר' נתן. גם אם בקריאה ראשונה הקורא אינו מבין את ההוכחה, זה עוד לא אומר שר' נתן לא היה יכול להבין אותה, ואף להמציא אותה; הרי הקורא יסכים שר' נתן היה יותר חכם ממנו[41]. נראה שלעיתים עם כל ההערצה שאנו רוחשים לחז"ל, יש לרבים מאתנו לפעמים נטיה תת־מודעת לגמד אותם לקומה שלנו. וזה לא מוצדק; הם היו ענקים[42].

3. לסיכום: להבנה מלאה של סוגיין לפי פירושנו אין שום צורך במתמטיקה מודרנית או מסובכת או מורכבת או עמוקה; כל התיאורים האלה אינם במקום. מה שכן צריך זאת חשיבה קצת לא שגרתית - חשיבה שבהחלט היתה בהישג ידם של חז"ל. וגם זו דרושה רק להוכיח שבכל מקרה ומקרה קיימת חלוקה תש"א אחת ויחידה; להבנה מלאה של ההגיון - הסברא - של חלוקה תש"א, אין צורך במתמטיקה כלשהי.

41 וגם מפרופ' משלר וכותב שורות אלה. ההוכחה המקורית שלנו היתה הרבה יותר מורכבת, ובאמת השתמשה בכלים שלא היו בידי חז"ל (ההוכחה הנ"ל סופקה ע"י ה"ה י' קנאי וד' קלייטמן שליט"א).

42 ועל דרך החידוד ניתן להפנות לתוספתא (סוטה ו, ג) שהגרצ"ה שכטר מניו יורק הסב לתשומת ליבי: ר"ע מפרש את הצחוק של ישמעאל (בראשית כא, ט) על ע"ז, גילוי עריות, ושפיכות דמים; ורשב"י משיב לו: "חס ושלום שיהיה בביתו של אותו צדיק כך; אפשר למי שנאמר עליו (שם יח, יט) כי ידעתיו למען אשר יצוה את בניו ואת ביתו אחריו ושמרו דרך ה' לעשות צדקה ומשפט, יהא בביתו עבודה זרה וגילוי עריות ושפיכות דמים? אלא, אין צחוק האמור כאן אלא לענין ירושה. שכשנולד אבינו יצחק לאברהם אבינו היו הכל שמחין, ואומרין נולד בן לאברהם, נולד בן לאברהם, נוחל את העולם ונוטל שני חלקים; והיה ישמעאל מצחק בדעתו ואומר, אל תהיו שוטים, אל תהיו שוטים, אני בכור, ואני נוטל שני חלקים. שמתשובת הדבר אתה למד, שנאמר (שם כא, י) כי לא יירש בן האמה הזאת עם בני עם יצחק. ורואה אני את דבריי מדברי ר"ע"! 'צחק' ו'שחק' מתחלפים בלשון חז"ל; אולי אפשר לראות כאן רמז לכך שאכן יש מקום לתורת המשחקים בעיסוק בחלוקת עזבונות...

י. פירוש ר"א סולוביצ'יק

1. הרב סולוביצ'יק מפרש "שאכן אין שיטתיות במשנה ושלוש הבבות - שלוש הלכות נפרדות הן, ובכל אחת מתקיים משפט צדק נכון למקרה הספציפי הזה".

לכאורה, נשמע פירוש זה מוזר למדי: האם ראוי להקדיש משנה שלמה לדיון בשלושה מקרים בודדים, שאין להסיק מהם על הכלל ולא כלום? ומה אם הסכומים היו שונים מאלה שבמשנה? ואם אכן רוצים ללכת בדרך הזאת, האין באמת לדון ב"מקרה הספציפי הזה" - זאת אומרת, להתחשב במצב האלמנות המסויימות העומדות לפנינו, מבחינה כלכלית, בריאותית, וכדומה, ולא רק בגודל כתובותיהן? וגם הפירוש גופא נשמע שרירותי; ע"פ שיקולים דומים אפשר ל"הצדיק" הרבה מאד חלוקות שונות. וגם הפירוש פורח באויר, ואין לו על מה שיסמוך: הרי הרב סולוביצ'יק לא הביא אסמכתא כלשהיא לכגון דא משום מקום במשנה או בגמרא.

2. באות ב מעיר הרב סולוביצ'יק כלאחר־יד שכביכול פירשנו את המשנה שלא על פי הגמרא. וזה אינו. שער ט' של המאמר ב'מוריה' מוקדש לביאור **הגמרא** לפי שיטתנו, שעל עיקרו חזרתי ב'המעין' (אות ד-3) ולעיל (אות ה-5). לפי ביאור זה, היתה לאמוראים מסורת בענין ההלכה בסוגיין, השונה מהכתוב במשנה, ולכן העמידו את המשנה באוקימתות. לבסוף באה הברייתא של רבי וקובעת במפורש שההלכה אינה לפי המשנה, ולכן אין צורך באוקימתות[43].

עקרונית, ביאור זה דומה מאוד לביאור הגמרא לפי הרב סולוביצ'יק (אות ב). וז"ל (בדילוגים): "גישה זו (שיש לפרש המשנה כשלוש הלכות נפרדות) נדחתה על ידי האמוראים ולכן העמידו את המשנה באוקימתות... ניתן לומר שאי קבלת משנה כפשוטה על ידי האמוראים [יכולה] להיות מבוססת על דחייה של דין המשנה וקביעת הלכה אחרת בה. לפי זה ודאי שיש מקום לפרש את דעת המשנה שנדחתה". עכ"ל.

יוצא ששנינו מבינים שיש מקום לפרש את המשנה כפשוטה, ושזה מתאים לגמרא. ואולי יסכים איתי הרב סולוביצ'יק שאף לשיטתו, הברייתא של רבי

43 בהערת שוליים, מצביע הרב סולוביצ'יק על כך ש'במוריה' הצעתי שתי אפשרויות: האחת היתה לפרש את המשנה בניגוד לגמרא - והבאתי לכגון דא כמה וכמה מקורות; והשניה היתה לפרש את **הגמרא** כדלעיל. לעומת זאת, במאמר הקודם ב'המעין', שהגיב למאמר הרב פערלמאן, חזרתי רק על ביאור הגמרא, ולא על האפשרות לפרש את המשנה בניגוד לגמרא. עשיתי כך מפני שמדברי הרב פערלמאן השתמע שפירושנו אינו מתיישב עם הגמרא; ובאמת הוא כן מתיישב, כפי שטענתי. ואת זאת רציתי להדגיש ב'המעין', ולא להסיט את תשומת הלב מכך ע"י ויכוחים מיותרים בשאלה האם מותר לפרש משנה בניגוד לגמרא. ובאמת תמיד העדפתי לפרש את הגמרא כדלעיל, ופירוש זה נלענ"ד טבעי ונכון; וב'מוריה', רציתי רק להזכיר, לשם שלמות, שיש גם אפשרות אחרת שגם היא מקובלת וסבירה.

מבטאת את ההבנה הזאת במפורש; דהיינו, כאשר רבי אומר "אין אני רואה דבריו של רבי נתן באלו", הוא מתכוון למשנה כפשוטה.

3. תשובת רס"ג. דיון הרב סולוביצ'יק בדברי רס"ג (אות ג וסוף אות ב של מאמרו) הוא מענין, אך נ"ל שאין משם סיוע לשיטתו. כפי שהוא בעצמו מציין, רס"ג ניסח כלל - שיטה - שאמנם אינו מנוסח בצורה ברורה לקורא של ימינו, אך ברור הוא שזהו כלל אחד, ולא שלוש הלכות נפרדות. שהרי ראשית, הכלל מנוסח במשפט אחד, בלי להפריד בין שלוש הבבות. ושנית, כאשר רס"ג בא להפעיל את כללו על שלוש הבבות הוא משתמש במונח "לפיכך", המורה על כך שיש כאן כלל אחד המשמש שלושה מקרים שונים.

4. לכושל שבהן. הרב סולוביצ'יק מביא את המשנה בכתובות (פד, א): "מי שמת והניח אשה ובעל חוב ויורשין והיה לו פקדון או מלוה ביד אחרים, ר' טרפון אומר ינתנו לכושל שבהן", והוא רואה בה סיוע לשיטתו שעל הדין להיות מחובר ל"יושר וטוב" בכל מקרה ספציפי. אך לפי פירוש הגמרא למונח "לכושל שבהן" אין סיוע לשיטתו משם, יעויין שם. ואם גם שם הוא ירצה לומר שהאמוראים דחו את דין המשנה, גם אז אין סיוע לשיטתו אפילו מהמשנה כלשונה; שהרי אז יש להבין את המונח "לכושל שבהן" לפי המצב הכלכלי, הבריאותי, וכדומה של בעלי הדין, כפי האמור לעיל (ס"ק 1); ואין זה מתאים לשיטת הרב סולוביצ'יק, המתחשב רק עם סכומי הכתובות של הנשים במשנתנו.

יא. סוף דבר

לבסוף, ברצוני להודות לכל תלמידי החכמים אשר בזמן האחרון התעסקו בסוגיא מופלאה זאת, ותרמו בכך להגדיל תורה ולהאדירה.

עמוס אלטשולר ונתנאל אלטשולר

טור גיאומטרי אינסופי חבוי במשנת הראב״ד

מוקדש לחתן פרס נובל פרופ׳ ישראל אומן
אשר הסב את תשומת הלב למשנה זו
וביארה לאור תורת המשחקים

בשני מאמרים[1] שזכו לפרסום רב, דן פרופ׳ אומן במשנה בבבלי כתובות צג ע״א. משנה זו דנה באדם שמת ואין בעזבונו די כדי לשלם את כתובות שלוש נשותיו. כיצד יחולק ביניהן העיזבון? במשנה מתוארים שלושה מקרים פרטיים של גובה העיזבון (הכתובות קבועות) ונשאר לנו למצוא את כלל החלוקה. מאחר שכלל חלוקה המתאים למקרים המתוארים אינו נראה לעין, מציעים מספר פרשנים שיטות חלוקה משלהם, אף כי אינן הולמות את המקרים המתוארים במשנה.

אומן (בצד מתן שיטתו שלו, לאור תורת המשחקים, אשר הולמת את המשנה) מתאר שלוש שיטות כאלה: שיטת רש״י (ואחרים, אשר גם נקבעה להלכה), שיטת הגאונים (על פי הרי״ף) ושיטת הראב״ד. בעוד שתי השיטות הראשונות קלות לחישוב, ובמקרה שהעיזבון גדול דיו כדי לכסות את כל הדרישות, הן אכן נותנות לכל אישה את מלוא מבוקשה, שיטת הראב״ד מסובכת יותר. זאת ועוד, כאשר הראב״ד טוען שכאשר העיזבון גדול דיו לכיסוי כל הדרישות אזי כל אישה מקבלת את מלוא דרישתה, אין זה ברור כלל שזה אכן נובע משיטת החלוקה של ראב״ד ולא מהשכל הישר גרידא.

במקרה שהעיזבון נופל מעט מסכום הדרישות מחייב האלגוריתם שבשיטת הראב״ד מספר גדול של צעדי חישוב, ומספר זה שואף לאינסוף ככל שההפרש בין העיזבון לסכום הדרישות קטן. עולה כאן אפוא שאלת התכנסות של טור אינסופי, והתכנסות למספר מסוים דווקא. השאלה, האם במקרה הגבולי אכן מתקבלת בשיטת הראב״ד התוצאה אשר מתחייבת מן השכל הישר באופן בלתי תלוי בשיטתו, הינה אפוא משמעותית ביותר לביסוס עקיבות שיטת הראב״ד.

במאמר אנו מכלילים את שיטת הראב״ד למספר כלשהו של נשים (כתובות) ומוכיחים שבכל מקרה, כאשר סכום העיזבון גדול דיו כדי לשלם בו את כל הכתובות, אכן מקנה שיטת הראב״ד לכל אישה את מלוא כתובתה.

1 R.J. Aumann and M. Maschler, "Game Theoretic Analysis of a Bankruptcy Problem from the Talmud", *J. Economic Th.* Vol. 36 No. 2 (1985), pp. 195-213; י׳ אומן, ״בענין מי שהיה נשוי שלוש נשים״, מוריה שנה כב (ג-ד), עמ׳ צח-קז.

א. מי שהיה נשוי שלוש נשים...

המשנה במסכת כתובות צג ע"א דנה בעניין "מי שהיה נשוי שלש נשים ומת, כתובתה של זו מנה (= 100) ושל זו מאתיים ושל זו שלש מאות" ואין בעיזבון די כסף כדי לשלם לכולן — כיצד חולקין. כדרכה, אין המשנה קובעת כלל לחלוקה, אלא מתארת שלושה מקרים פרטיים — כאשר העיזבון הוא 100, 200 או 300 — ומשאירה לנו למצוא את הכלל. החלוקה המתוארת במשנה מוצגת בטבלה 1.

העיזבון	תובעת ה-100	תובעת ה-200	תובעת ה-300
100	$33\frac{1}{3}$	$33\frac{1}{3}$	$33\frac{1}{3}$
200	50	75	75
300	50	100	150

טבלה 1: החלוקה לפי המשנה

הגמרא מתקשה למצוא כלל אחד ההולם את שלושת המקרים המתוארים במשנה. בסופו של דבר זונחת הגמרא את הצעות החלוקה שבמשנה, ומביאה את דברי רבי (רבי יהודה הנשיא, עורך המשנה) המציע חלוקה שונה, לפי כלל שהוא מכנה "חולקות בשווה". גם נסיונות מאוחרים יותר (רב האי גאון — לפי תיאור הרי"ף, ורב סעדיה גאון) למצוא כלל חלוקה אשר יהלום את המשנה לא צלחו, עד אשר לאחרונה, בשנת 1985, הציעו פרופ' אומן ופרופ' משלר כלל פשוט ההולם יפה הן את המשנה, הן את נסיונו של רב האי גאון והן את דרכן של המשנה והגמרא במקומות אחרים (שניים אוחזין בטלית). פרופ' אומן תיאר הצעה זו במאמרו ב"מוריה", טבת תשנ"ט.

בפירוש הכלל של רבי "חולקות בשווה" רבו החולקים, ובאותו מאמר מתאר פרופ' אומן שלוש שיטות של הראשונים בהבנת דברי רבי: שיטת הרי"ף (על אתר), שיטת רוב הפוסקים (ביניהם רש"י ורמב"ם) ושיטת הראב"ד בהשגתו על הרי"ף. לצורך הדגמת שיטות אלה, וכן שיטתו שלו, מוסיף פרופ' אומן שלושה מקרים על אלה הנדונים במשנה, וכך הדוגמאות הניתנות הן במקרים בהם העיזבון הוא 100, 200, 300, 400, 500 ו-600. כך בשלוש מתוך ארבע השיטות. היוצאת מן הכלל היא שיטת הראב"ד, שם מדגים פרופ' אומן את שלושת המקרים הראשונים בלבד. הראב"ד עצמו מדגים את שיטתו בארבעת המקרים הראשונים. שני המקרים האחרונים, עיזבון של 500 ועיזבון של 600, נותרו אפוא ללא הדגמה. לכאורה גם אין צורך בהדגמה נוספת זו, שהרי הראב"ד מתאר בפרוטרוט את כלל החלוקה שלו.

אף על פי כן נראה לנו שחשוב להדגים את הכלל של הראב"ד במקרה שהעיזבון הוא 600. לכאורה יש מקום לתמוה — הרי מקרה זה, בו העיזבון הוא 600, הוא פשוט ביותר: כאן סכום העיזבון מספיק (בדיוק) כדי לתת לכל אחת משלוש הנשים את מלוא תביעתה! אכן, אין אנו זקוקים לכללו של הראב"ד במקרה זה כדי להגיע לחלוקה הטבעית, כי אם להפך: אנו זקוקים

למקרה זה כדי לבדוק באמצעותו את כלל החלוקה של הראב"ד! לו יצוייר שהפעלת כלל החלוקה של הראב"ד על המקרה של עיזבון 600 תיתן תוצאה אחרת מאשר שכל אשה תקבל את מלוא דרישתה, הרי זה שומט את הבסיס ההגיוני מכללו של הראב"ד. דבר זה נכון כמובן גם לגבי שלוש השיטות האחרות המתוארות במאמרו של פרופ' אומן, אלא שבאלה הבדיקה פשוטה ביותר ונעשית כלאחר יד. לעומת זאת הפעלת שיטת הראב"ד על המקרה הנדון אינה פשוטה, ואף צופנת בקרבה הפתעה, שהיא עיקר עניינן של שורות אלה.

בסעיף ב נתאר את שיטת החלוקה של הראב"ד. בסעיף ג נפעיל את שיטת החלוקה של הראב"ד לגבי המקרים של עיזבון 400 ועיזבון 500, ובסעיף ד נטפל במקרה שבו העיזבון הוא 600. הכלל של הראב"ד אמור לפעול גם במצב הכללי, כאשר מספר הנשים הוא לאו דווקא שלוש, דרישותיהן — סכומים כלשהם והסכום העומד לחלוקה גם הוא כלשהו. בסעיף האחרון, סעיף ה, נתאר ונפתור את הבעיה הכללית.

ב. שיטת הראב"ד

נביא את כללו של הראב"ד בלשונו, כאשר הוא מסביר את כלל החלוקה שלו אגב הדגמת המקרה שבו העיזבון הוא 400:

> ועתה לדעת רבי כדברי הגאונים ז"ל כשיש שם [עיזבון של] מנה או מאתים או ג' מאות כבר פירשנו כי עד מקום ששוה שעבודן תשוה חלוקתן, אבל כשהיו שם ד' מאות או יותר לא נתפרש איך תהיה חלוקתן. עתה אפרש כי בודאי עד [עיזבון של] ג' מאות כח השלישית יפה מכולן כי היא אומרת [?] כל אלה שעבודיהם ובעלת המנה חולקת עמהם במנה הא' מפני ששעבודה גם הוא עליו וכן בעלת המאתים עד מאתים ומשם ולהלן אין להם שעבוד ואין להם חלק במנה השלישי. אבל עכשיו שיש שם עוד מנה רביעי כולן חוזרות עמה לחלוקה באותו מנה, לפי שאין שעבודה מג' מאות ומעלה יותר מחברותיה. עתה נחשוב כמה נטלו בשלושת המנים ומה שחסרו מתפיסתן חוזרות ונוטלות באותו המנה הד' עד מקום שהגיע שעבודם. והנה בעלת המנה מגיע שעבודה באותו מנה עד שיתין ושיתא ותרי תילתי [= $66^2/_3$] לפי שנוטלת במנה הראשון תלתין ותלתא ותילתא [= $33^1/_3$] ועד כאן חולקות בשוה עמהם. ומשם ועד השלמת המנה חולקות בעלת מאתים ובעלת ג' מאות בשוה. וכן אם היו שם [עיזבון של] ה' מאות על זה הדרך הן חולקות, כי מג' מאות ולמעלה כלן חוזרות לחלוק עמה זו עד מקום הגעת שעבודה להשלמת חסרון גבייתה מן הגבוי [=גביה] הראשון וזו עד מקום הגעת שעבודה להשלמת חסרון גבייתה מן הגבוי הראשון וזו עד מקום שעבודה להשלמת הגבוי הראשון. והדרך הזו מבואר ואין בו ספק. וכשיהיו שם ו' מאות כבר מצאו כולן כל שעבודיהן, זו נוטלת מנה וזו נוטלת מאתים וזו ג' מאות.

ובלשוננו: יש לחלק באופן שווה כל שקל החל מהשקל הראשון בין כל הנשים אשר תביעתן כוללת שקל זה. לאחר מכן, אם נותר כסף לחלוקה הוא יתחלק באותו אופן בין כל הנשים אשר טרם קיבלו את מלוא תביעתן ושוב נחזור על התהליך עד שייגמר הכסף או עד שתקבלנה כל הנשים את דרישותיהן.

ובאופן מפורט יותר:
נסמן את הדרישות, לפי גודלן, בסדר עולה: a, b, c (בשלב הראשון, a=100, b=200, c=300). התובעות אותן, לפי הסדר, הן הראשונה, השנייה והשלישית. את העיזבון נחלק לארבעה חלקים: a, b-a, c-b ומה שנשאר — כלומר העיזבון פחות c (שהוא סך הכספים שחולקו עד כה) יסומן ב-d. ייתכן כמובן שהחלק הרביעי, d, יהיה ריק, וזאת כאשר העיזבון כולו אינו עולה על c, ואולי גם החלק השלישי יכיל פחות מאשר c-b (זאת כאשר העיזבון הוא פחות מ-c), וכן הלאה.

כלל החלוקה: את החלק הראשון, a, תובעות שלושתן, לכן הוא מתחלק ביניהן באופן שווה. הראשונה יוצאת (זמנית) מהתמונה. את החלק השני, b-a, תובעות השנייה והשלישית בלבד, לכן הוא מתחלק ביניהן באופן שווה. השנייה יוצאת (זמנית) מהתמונה. את החלק השלישי (אם בכלל נשאר משהו מהעיזבון) תובעת השלישית בלבד, ולכן היא מקבלת אותו.

עד כה אף אחת לא קיבלה את מלוא תביעתה. הראשונה קיבלה רק שליש מתביעתה, השנייה קיבלה פחות ממחצית תביעתה וגם השלישית לא קיבלה את מלוא תביעתה. (כל זה אמור כאשר העיזבון הוא לא פחות מ-c.) לכולן יש אפוא תביעות. התביעות ה"חדשות" הן מסכום העיזבון ה"חדש" העומד לחלוקה, הוא d, והתהליך חוזר חלילה (כל זמן שנשאר משהו ב-d).

מאחר שבמהותו של תהליך זה הוא שאף אחת מהתובעות אינה מקבלת את מלוא תביעתה, יוצא שגם כאשר סכום העיזבון מספיק כדי למלא את כל הדרישות (כגון כאשר התביעות הן בסך 100, 200 ו-300 והעיזבון הוא 600), שום מספר סופי של צעדים בתהליך זה לא יביאנו אל החלוקה הטבעית, שבה כל אחת מקבלת את מלוא תביעתה.

אכן, אולי אפשר להבין מלשונו של הראב"ד, שבמקרה זה הוא זונח את שיטתו, אין בה עוד צורך, שכן "כבר מצאו כולן כל שעבודיהן".

היום אנו יודעים מה שבזמנו של הראב"ד אולי לא היה ידוע, שגם תהליך אשר מורכב ממספר אינסופי של צעדים יכול להסתיים בזמן סופי ולתת תוצאה סופית. ובלשון המתמטיקה — גם טור אינסופי יכול להתכנס.

נשאלת אפוא השאלה: במקרה שגודל העיזבון שווה לסכום התביעות, האם החזרה האינסופית על התהליך הנ"ל תסתיים (= תתכנס) בתוצאה שבה כל התובעות מקבלות את מלוא תביעתן? אם לא כך הדבר, אזי יש פגם מהותי בעצם השיטה של הראב"ד.

אפשר וראוי לפצל את שאלתנו לשתי שאלות. האחת: האם החזרה האינסופית הזו בכלל תסתיים (תתכנס) והשנייה: במידה והתשובה לשאלה הראשונה היא חיובית, האם ההתכנסות תהיה כמצופה.

מבחינה מתמטית התשובה לשאלה הראשונה היא כמובן חיובית, שהרי מדובר בטור חיובי חסום (על ידי סכום התביעות). התשובה לשאלה השנייה מורכבת יותר ואינה כה ברורה שכן ייתכן שהתהליך על אינסוף שלביו יתן לתובעות סכומים המסתכמים בפחות מהעיזבון. שאלה זו בעינה עומדת גם כאשר העיזבון קטן מ- 600 (למשל 599).

ג. עזבונות 400 ו-500

נבדוק את התוצאות המתקבלות מהפעלת שיטת הראב"ד כאשר העיזבון הוא 400 או 500. כל צעד בהפעלת כלל החלוקה של הראב"ד ייקרא "שלב".

השלב הראשון: מאחר שהאישה הראשונה תובעת 100 ואת ה-100 האלה תובעות גם שתי האחרות, מקבלת כל אחת $33\frac{1}{3}$. לגבי הראשונה הסתיים בכך שלב א. את המאה הבאה מחלקות ביניהן שתי האחרות, ואת המאה השלישית מקבלת השלישית בלבד.

בשלב א קיבלו אפוא: הראשונה — $33\frac{1}{3}$, השנייה — $83\frac{1}{3}$ והשלישית — $183\frac{1}{3}$.

הן דורשות עוד: הראשונה — $66\frac{2}{3}$, השנייה — $116\frac{2}{3}$ והשלישית — $116\frac{2}{3}$.

אנו מגיעים **לשלב השני**. עתה $a=66\frac{2}{3}$, $b=116\frac{2}{3}$, $c=116\frac{2}{3}$.

את ה-$66\frac{2}{3}$ שהראשונה דורשת, דורשות גם האחרות. לכן סכום זה מתחלק ביניהן בשווה — כל אחת מקבלת שליש מזה, דהיינו $22\frac{2}{9}$.

עתה, אם **העיזבון הוא 400**, אזי הסכום הנותר לחלוקה הוא $33\frac{1}{3}$, והוא מתחלק בין השנייה והשלישית, שהרי שתיהן דורשות אותו. (b-a, שהוא הדרישה הנוכחית של האישה השנייה ושל השלישית, הוא 50.) יוצא אפוא שכאשר העיזבון הוא 400, מקבלת הראשונה $55\frac{5}{9}=22\frac{2}{9}+33\frac{1}{3}$, השנייה מקבלת $122\frac{2}{9}=16\frac{2}{3}+22\frac{2}{9}+83\frac{1}{3}$ והשלישית מקבלת $222\frac{2}{9}$.

לעומת זאת, כאשר **העיזבון הוא 500**, אזי הסכום הנותר לחלוקה הוא $133\frac{1}{3}$. האישה השנייה, אשר עד כה קיבלה רק $105\frac{5}{9}=22\frac{2}{9}+83\frac{1}{3}$, דורשת b-a, כלומר 50, וכך גם השלישית. 50 אלה מתחלקים אפוא ביניהן, וכל אחת מקבלת 25. נותר מהעיזבון $83\frac{1}{3}$. עתה c-b הוא 0, ולכן מסתיים בכך השלב השני.

נתוני הפתיחה של **השלב השלישי** הם אפוא:

הראשונה כבר קיבלה עד כה $55\frac{5}{9}$ ולכן מותר תביעתה הוא $a=44\frac{4}{9}$.

השנייה כבר קיבלה עד כה $130\frac{5}{9}$ ולכן מותר תביעתה הוא $b=69\frac{4}{9}$.

השלישית כבר קיבלה עד כה $230\frac{5}{9}$ ולכן מותר תביעתה גם הוא $c=69\frac{4}{9}$.

מה שנותר לחלוקה מן העיזבון הוא $83\frac{1}{3}=133\frac{1}{3}-50$.

$a=44\frac{4}{9}$ מתחלק בין שלושתן וכל אחת מקבלת ממנו $14\frac{22}{27}$. ב- b-a, שהוא 25, מתחלקות שתי האחרות, כל אחת מקבלת $12\frac{1}{2}$. c-b הוא 0 ולכן מסתיים בכך השלב השלישי.

נתוני הפתיחה של **השלב הרביעי** הם אפוא:

הראשונה כבר קיבלה עד כה $55\frac{5}{9}+14\frac{22}{27}$ כלומר $70\frac{10}{27}$ ולכן מותר תביעתה הוא $a=29\frac{17}{27}$.

השנייה כבר קיבלה עד כה $130\frac{5}{9}+14\frac{22}{27}+12\frac{1}{2}$ כלומר $157\frac{47}{54}$ ולכן מותר תביעתה הוא $b=42\frac{7}{54}$.

השלישית כבר קיבלה עד כה $230\frac{5}{9}+14\frac{22}{27}+12\frac{1}{2}$ כלומר $257\frac{47}{54}$, ולכן מותר תביעתה גם הוא $c=42\frac{7}{54}$.

מה שנותר לחלוקה מן העיזבון הוא $83\frac{1}{3}-44\frac{4}{9}-25$, כלומר $13\frac{8}{9}$.

את הסכום הזה דורשות שלושתן, לכן הוא מתחלק ביניהן בשווה, דהיינו כל אחת מקבלת $4\frac{17}{27}$, ובכך מסתיים התהליך.

יוצא אפוא שכאשר **סכום העיזבון הוא 500**, האישה הראשונה מקבלת $70\frac{10}{27}+4\frac{17}{27}$ כלומר 75, השנייה מקבלת $157\frac{47}{54}+4\frac{17}{27}$ כלומר $162\frac{1}{2}$ והשלישית מקבלת $257\frac{47}{54}+4\frac{17}{27}$ כלומר $262\frac{1}{2}$.

סיכום כל הדברים הללו מופיע בטבלה 2, פרט לשורה האחרונה שם. שורה אחרונה זו, המקרה בו העיזבון הוא 600, היא פשוטה וטבעית, הראב"ד אומר אותה במפורש, אך עדיין לא ברור אם היא אכן מתיישבת עם כלל החלוקה של הראב"ד.

העיזבון	תובעת ה-100	תובעת ה-200	תובעת ה-300
100	$33\frac{1}{3}$	$33\frac{1}{3}$	$33\frac{1}{3}$
200	$33\frac{1}{3}$	$83\frac{1}{3}$	$83\frac{1}{3}$
300	$33\frac{1}{3}$	$83\frac{1}{3}$	$183\frac{1}{3}$
400	$55\frac{5}{9}$	$122\frac{2}{9}$	$222\frac{2}{9}$
500	75	$162\frac{1}{2}$	$262\frac{1}{2}$
600	100	200	300

טבלה 2: החלוקה לפי הראב"ד

ד. עיזבון 600

מהטיפול הקודם במקרה של עיזבון 500, בו נזקקנו לארבעה שלבים, ברור שככל שהעיזבון גדול יותר (אך קטן מ-600), כך גדל — ובקצב גובר והולך — מספר שלבי החישוב.

כאמור לעיל, כאשר העיזבון הוא 600, מספר השלבים בחישוב הוא אינסופי. השאלה הנשאלת היא: האם, לגבי כל אחת מהנשים, הטור האינסופי של הסכומים שהיא מקבלת בשלבי החישוב מתכנס אל סכום הכסף שהיא דורשת? עצם ההתכנסות של הטור ברורה, שכן זהו טור חיובי חסום, השאלה היא רק לגבי סכומו.

שאלה נוספת היא: נתבונן במקרה בו העיזבון איננו שווה לסכום כל הדרישות, אלא מעט קטן ממנו. מה מבטיח שמספר השלבים בחישוב הוא סופי?

שתי השאלות הללו קשורות זו בזו. אם התשובה לשאלה הראשונה חיובית, כלומר לגבי כל אחת מהנשים, במקרה בו העיזבון שווה לסכום הדרישות, טור הסכומים שהיא מקבלת בשלבי

טור גיאומטרי אינסופי חבוי במשנת הראב"ד

החישוב מתכנס אל דרישתה, אזי מכיוון שתהליך החלוקה תלוי בסכום התביעות ולא תלוי בעיזבון, ברור שבמקרה בו העיזבון קטן מסכום הדרישות, הטור הנ"ל הוא סופי. ולהפך: אם בכל מקרה שהעיזבון קטן מסכום הדרישות, מספר שלבי החישוב הוא סופי, אזי משיקולי רציפות (כאשר המשתנה הוא העיזבון) מתקבלת תשובה חיובית לשאלה הראשונה. נתרכז אפוא בעיון בשאלה הראשונה. (העיון דלהלן הוא בעיקרו אמפירי. השיקולים המבוססים יובאו בסעיף הבא.)

נתבונן בסדרת הסכומים שמקבלת האישה הראשונה בשלבים השונים של החישוב, כאשר העיזבון קרוב ל-600. בעיזבון 500 היא קיבלה בשלושת השלבים הראשונים: $33\frac{1}{3}$, $22\frac{2}{9}$ ו-$14\frac{22}{27}$. נשים לב לכך שגודלו של כל איבר בסדרה זו הוא שני שלישים מקודמו. עוד נשים לב לכך שהשלב הרביעי במקרה של עיזבון 500 נכון רק לעיזבון מיוחד זה, כיוון שמה שנותר בו לחלוקה היה פחות מדרישת האישה הראשונה. כאשר העיזבון קרוב ל-600 תקבל האישה הראשונה בשלב הרביעי שני שלישים ממה שקיבלה בשלב השלישי, בשלב החמישי היא תקבל שני שלישים ממה שקיבלה בשלב הרביעי, וכן הלאה. יוצא שבעיזבון של 600 היא תקבל את הסכום של טור גיאומטרי אינסופי שאיברו הראשון $33\frac{1}{3}$ וכל איבר בו (החל מן השני) הוא שני שלישים מקודמו. סכומו של טור כזה ידוע, והוא $33\frac{1}{3}\cdot\frac{1}{1-\frac{2}{3}}$ כלומר בדיוק 100.

דרך אחרת להתבונן בדבר היא כך: בתום השלב הראשון חסר לראשונה $66\frac{2}{3}$, שהם $100\cdot\frac{2}{3}$ כלומר שני שלישים מתביעתה. בשלב השני היא קיבלה שליש מזה, ולכן בתום השלב השני חסרים לה שני שליש מהחסר הקודם, כלומר $100\cdot\left(\frac{2}{3}\right)^2$. בשלב הבא חסרים לה שני שליש מזה, כלומר $100\cdot\left(\frac{2}{3}\right)^3$, וכן הלאה. בשלב ה-n יחסר לה $100\cdot\left(\frac{2}{3}\right)^n$, וככל ש-n גדל, מספר זה קטן ושואף ל-0.

יוצא שהאישה הראשונה מקבלת, במקרה של עיזבון 600, את מלוא תביעתה — גם לפי שיטת הראב"ד.

מה המצב לגבי שתי הנשים האחרות?

האישה השנייה קיבלה בשלב הראשון 50 יותר מהראשונה. בשלב השני היא קיבלה **עוד** 25 יותר מהראשונה. בשלב השלישי היא קיבלה **עוד** $12\frac{1}{2}$ יותר מהראשונה, וכן הלאה. בכל שלב התוספת שהיא מקבלת יותר מאשר הראשונה היא מחצית מהתוספת שקיבלה בשלב הקודם. תוספות אלה מסתכמות בטור האינסופי: $50 + 50\cdot\frac{1}{2} + 50\cdot\left(\frac{1}{2}\right)^2 + 50\cdot\left(\frac{1}{2}\right)^3 + \cdots$ וזהו טור גיאומטרי אינסופי שסכומו הוא $50\cdot\frac{1}{1-\frac{1}{2}}$, כלומר 100. האישה השנייה מקבלת אפוא 100 יותר מהראשונה. הראשונה קיבלה 100, לכן השנייה קיבלה 200. השלישית דומה בכל לשנייה, פרט לכך שבשלב א היא קיבלה 100 יותר מהשנייה, יוצא אפוא שהיא מקבלת 300.

שיטת הראב"ד נותנת אפוא את התוצאה המקווה גם במקרה שהעיזבון הוא 600.

אין ספק שהמשנה, וכן הראב"ד, לא התכוונו רק למקרה המתואר במשנה, אלא ראו בו דוגמה לשיטה כללית. נשאלת אפוא השאלה, האם כלל הראב"ד יעמוד בפני ביקורת דומה גם במצב הכללי? אולי רק מקרה הוא שבדוגמה המתוארת במשנה הראב"ד "יוצא בשלום" מן הביקורת? בכך נדון בסעיף הבא.

ה. הבעיה הכללית ופתרונה

את הבעיה המתוארת במשנתנו ואת הפתרון של הראב"ד אפשר להכליל כדלקמן: n נושים שיסומנו A_i $(1 \le i \le n)$, תובעים את כספם מאדם החייב לכל אחד מהם כסף. דרישת הנושה A_i תסומן a_i $(1 \le i \le n)$ והסכום שעומד כעת לרשות החייב ושממנו דורשים הנושים לקבל את חלקם יסומן R.

נניח שהנושים מסודרים בהתאם לגודל תביעתם דהיינו $a_1 \le a_2 \le a_3 \le ... \le a_n$ ונסמן $S = \sum_{i=1}^{n} a_i$. המקרה המעניין הוא כמובן כאשר $S > R$ אך כאמור אנו נתעניין גם במקרה בו $S = R$ ונבחן כיצד יתחלק הסכום R בין הנושים (על פי הראב"ד).

כלל החלוקה של הראב"ד הוא: נגדיר $a_0 = 0$. לכל $1 \le i \le n$, הסכום $\min\{a_i - a_{i-1}, R\}$ יחולק בשווה בין הנושים $A_i, A_{i+1}, ..., A_n$. בכך קיבלו הנושים A_i סכומים שיסומנו b_i $(1 \le i \le n)$ בהתאמה. אם $b_i = a_i$ לכל $1 \le i \le n$, או $R = \sum_{i=1}^{n} b_i$, סיימנו. אם לא כך — נגדיר את a_i להיות $a_i - b_i$ לכל $1 \le i \le n$ ואת R להיות $R - \sum_{i=1}^{n} b_i$ והתהליך חוזר.

השאלה הנשאלת היא: עבור $S = R$ התהליך הוא אינסופי. האם במקרה אחרון זה, לכל $1 \le i \le n$ סדרת ה-a_i שואפת ל-0? לשון אחר: לכל $1 \le i \le n$, טור הערכים של b_i הוא טור חיובי חסום (על ידי a_i) ולכן הוא מתכנס. האם הוא מתכנס ל-a_i?

התשובה לשאלה זו היא חיובית, ולהלן נציג שלוש דרכים להגיע אליה. הדרך הראשונה, הקצרה ביותר, הוצעה על ידי קורא המאמר מטעם המערכת — והמחברים מודים לו על כך. היא אינה אלגוריתמית ואופיה הוא זה של הוכחת קיום. הדרך השנייה היא בעלת אופי אינדוקטיבי ועוקבת אחרי האלגוריתם של שיטת הראב"ד. הדרך השלישית אלגוריתמית אף היא, אך היא "מטפלת" בעת ובעונה אחת בכל הנושים, ולכן אולי נוחה יותר לקריאה. מאידך אופיה פחות אלמנטרי ובשלבה האחרון יש שימוש בכלים מתמטיים מתקדמים.

בכל שלוש הדרכים אנו מניחים כי $S = R$, כלומר n הנושים תובעים בדיוק את הסכום שבידי הנתבע.

דרך א

נוכיח שכאשר מספר השלבים (בשיטת הראב"ד) שואף לאינסוף, הסכום הכללי שהם מקבלים אמנם שואף ל-R. נניח שלאחר m שלבים נותר סכום X שלא חולק. סך כל תביעות הנושים מעודכנות לקראת השלב הבא הוא כמובן X. הסכום שיחולק בפועל בשלב הבא שווה בדיוק לתביעה הגדולה ביותר, שהיא לפחות $\frac{1}{n}X$. לכן אחרי השלב הבא יישאר לכל היותר סכום של $X\left(1-\frac{1}{n}\right)$. מכיוון ש-$1-\frac{1}{n}$ מקיים: $0<1-\frac{1}{n}<1$ ואינו תלוי במספר השלב m, ברור שהסכום הנותר חסום מלעיל על ידי סדרה הנדסית ושואף לאפס כאשר m שואף לאינסוף.

כלל החלוקה של הראב"ד תקף אפוא גם כאשר סכום התביעות שווה לגודל העיזבון.

טור גיאומטרי אינסופי חבוי במשנת הראב"ד

דרך ב

נוכיח, בשלושה צעדים, כי אכן שיטת הראב"ד נותנת לכל נושה את מלוא תביעתו. תחילה יש לשים לב לכך שהסדר $a_1 \le a_2 \le a_3 \le ... \le a_n$ נשמר בכל שלב של התהליך.

הצעד הראשון:

נסמן ב- $a_i(m)$ וב-$b_i(m)$ את הערכים של a_i ו-b_i בהתאמה בשלב ה-m של התהליך ובנוסף נגדיר $a_i(1) = a_i$.

נוכיח כי הנושה הראשון מקבל בסוף התהליך את כל תביעתו, כלומר $\sum_{m=1}^{\infty} b_1(m) = a_1$.

לכל m מתקיים: $a_1(m+1) = a_1(m) - b_1(m)$ וכן $b_1(m) = \frac{1}{n} a_1(m)$.

מכאן:

$$a_1(m+1) = a_1(m) - \frac{1}{n} a_1(m) = (1 - \frac{1}{n})a_1(m) = (1 - \frac{1}{n})^2 a_1(m-1) = ... =$$
$$= (1 - \frac{1}{n})^m a_1(1) = (1 - \frac{1}{n})^m a_1 \xrightarrow[m=\infty]{} 0$$

לכן $a_1(m) \to 0$ כאשר $m \to \infty$, ובמילים אחרות: $\sum_{m=1}^{\infty} b_1(m) = a_1$. הנושה הראשון מקבל אפוא את כל תביעתו.

הצעד השני:

נדון בבעיה דומה לבעיה המקורית, המתקבלת מהמקורית בהשמטת הנושה הראשון ובהקטנת סכומי התביעות ורכוש החייב. הנושה הראשון A_1 יצא מהתמונה, כל אחד מהנושים האחרים דורש a_1 פחות מאשר דרישתו המקורית, ורכוש החייב מספיק כדי לשלם בדיוק את כל התביעות. נפעיל על בעיה זו את כלל הראב"ד. כאן הנושה הראשון הוא A_2, כל נושה A_{i+1} ($1 \le i \le n-1$), תובע סכום $a_i = a_{i+1} - a_1$, ורכוש החייב הוא $R'=R-na_1$. כל הסימונים יהיו כמקודם, אך בתוספת תגים.

נשים לב לכך שלכל m ולכל $1 \le i \le n-1$ מתקיים $a_i'(m) = a_{i+1}(m) - a_1(m)$, ולכן

$$b_i'(m) = a_i'(m) - a_i'(m+1) = a_{i+1}(m) - a_1(m) - [a_{i+1}(m+1) - a_1(m+1)] = b_{i+1}(m) - b_1(m)$$

ומכאן, לכל $1 \le i \le n-1$: $\quad (*) \quad \sum_{m=1}^{\infty} b_i'(m) = \sum_{m=1}^{\infty} b_{i+1}(m) - \sum_{m=1}^{\infty} b_1(m) = \sum_{m=1}^{\infty} b_{i+1}(m) - a_1$

ובפרט עבור $i=1$: $\quad \sum_{m=1}^{\infty} b_1'(m) = \sum_{m=1}^{\infty} b_2(m) - a_1$.

לפי הצעד הראשון, הנושה הראשון, שכאן הוא A_2, מקבל את מלוא תביעתו הנוכחית, כלומר $\sum_{m=1}^{\infty} b_1'(m) = a_2 - a_1$.

עתה, משני השוויונות האחרונים מתקבל $\sum_{m=1}^{\infty} b_2(m) = a_2$.

הנושה A_2, שהוא במקור הנושה השני, מקבל אפוא את מלוא תביעתו המקורית.

הצעד השלישי:

עבור $i = 2$ מתקבל מ- $(*)$: $\quad \sum_{m=1}^{\infty} b_2'(m) = \sum_{m=1}^{\infty} b_3(m) - a_1$.

תביעתו של A_3 בצעד השני היא $a_3 - a_1$. בצעד השני A_3 הוא הנושה השני. כבר הוכח שהנושה השני מקבל את מלוא תביעתו. הוא מקבל $\sum_{m=1}^{\infty} b_2'(m)$, לכן $\sum_{m=1}^{\infty} b_2'(m) = a_3 - a_1$. משני השוויונות האחרונים מתקבל $\sum_{m=1}^{\infty} b_3(m) = a_3$, כלומר גם הנושה השלישי מקבל את מלוא תביעתו.

שימוש חוזר בצעד השלישי, תוך הגדלת i ב-1 בכל פעם, נותן כי כל אחד מהנושים מקבל את מלוא תביעתו.

דרך ג

ננסח מחדש את כלל החלוקה של הראב"ד:

יש לחלק באופן שווה כל שקל החל מהשקל הראשון בין כל הנושים אשר תביעתם כוללת שקל זה. לאחר מכן, אם נותר כסף לחלוקה הוא יתחלק באותו אופן בין כל הנושים אשר טרם קיבלו את מלוא תביעתם; ושוב נחזור על התהליך עד שייגמר הכסף או עד שיקבלו כל התובעים את דרישותיהם.

וביתר פירוט:

השלב הראשון

- a_1 השקלים הראשונים מתוך R השקלים המיועדים לחלוקה נדרשים ע"י כל n הנושים ולכן יקבל כל אחד $\frac{a_1}{n}$ שקלים.
- $a_2 - a_1$ השקלים הבאים נדרשים ע"י n–1 הנושים $A_2, A_3, \ldots, A_n$ ולכן יקבל כל אחד מהם עוד $\frac{a_2 - a_1}{n-1}$ שקלים.
- $a_3 - a_1$ השקלים הבאים נדרשים ע"י n–2 הנושים $A_3, A_4, \ldots, A_n$ ולכן יקבל כל אחד מהם עוד $\frac{a_3 - a_2}{n-2}$ שקלים.
- וכך הלאה עד שנקבל ש- $a_n - a_{n-1}$ השקלים האחרונים (בשלב זה) אשר נדרשים רק ע"י הנושה האחרון, A_n, ילכו אליו, כלומר A_n יקבל עוד $\frac{a_n - a_{n-1}}{n-(n-1)} = a_n - a_{n-1}$ שקלים.

באופן זה חולקו עד כה a_n שקלים (שהרי $(a_1 + (a_2 - a_1) + (a_3 - a_2) + \cdots + (a_n - a_{n-1}) = a_n$.

כמובן כל זה בתנאי שיש די כסף, דהיינו $R \geq a_n$.

נסמן את הסכום שקיבל הנושה ה-k בשלב הראשון — $b_k^{(1)}$.

מתקיים:

$$b_1^{(1)} = \frac{a_1}{n}, \quad b_2^{(1)} = \frac{a_1}{n} + \frac{a_2 - a_1}{n-1}, \quad b_3^{(1)} = \frac{a_1}{n} + \frac{a_2 - a_1}{n-1} + \frac{a_3 - a_2}{n-2}, \cdots,$$

$$b_n^{(1)} = \frac{a_1}{n} + \frac{a_2 - a_1}{n-1} + \frac{a_3 - a_2}{n-2} + \cdots + \frac{a_{n-1} - a_{n-2}}{2} + a_n - a_{n-1}$$

אם נתאר זאת בצורה מטריציונית נקבל:

$$\begin{pmatrix} b_1^{(1)} \\ b_2^{(1)} \\ b_3^{(1)} \\ \\ b_n^{(1)} \end{pmatrix} = \begin{pmatrix} \frac{1}{n} & 0 & 0 & 0 & 0 \\ \frac{1}{n}-\frac{1}{n-1} & \frac{1}{n-1} & 0 & 0 & 0 \\ \frac{1}{n}-\frac{1}{n-1} & \frac{1}{n-1}-\frac{1}{n-2} & \frac{1}{n-2} & 0 & 0 \\ \\ \frac{1}{n}-\frac{1}{n-1} & \frac{1}{n-1}-\frac{1}{n-2} & \frac{1}{n-2}-\frac{1}{n-3} & \frac{1}{2}-1 & 1 \end{pmatrix} \begin{pmatrix} a_1 \\ a_2 \\ a_3 \\ \\ a_n \end{pmatrix}$$

ובצורה קצרה: $b^{(1)} = Ma$ (1)

כאשר M המטריצה מסדר n הנתונה, a הוא וקטור הדרישות של n הנושים ו- $b^{(1)}$ הוא וקטור הסכומים שקיבלו n הנושים במסגרת השלב הראשון.

השלב השני

בשלב זה נצטרך לחזור על אופן החלוקה שנעשה בשלב הראשון כאשר התביעות שדורשים הנושים הן הדרישות המקוריות פחות מה שכבר קיבלו, דהיינו הדרישה של הנושה A_k היא: $a_k - b_k^{(1)}$ והכסף שנותר לחייב ואשר עומד לחלוקה הוא $R - a_n$.

אם נסמן את אשר מקבל הנושה ה-k בשלב השני — $b_k^{(2)}$ ואת וקטור הסכומים שמקבלים n הנושים במסגרת השלב השני $b^{(2)}$ נסיק ש: $b^{(2)} = M(a - b^{(1)})$ והצבה מ-(1) תיתן

$b^{(2)} = M(a - Ma) = M(I - M)a$ (2).

גם תיאור זה הוא כמובן בתנאי שיש די כסף...

השלב השלישי

בשלב זה נצטרך לחזור על אופן החלוקה שנעשה בשלבים הראשון והשני כאשר התביעות שדורשים הנושים הן הדרישות המקוריות פחות מה שכבר קיבלו, דהיינו הדרישה של הנושה A_k היא: $a_k - b_k^{(1)} - b_k^{(2)}$ והכסף שנותר לחייב ואשר עומד לחלוקה הוא $R - a_n - (a_n - b_n^{(1)})$.

אם נסמן את אשר מקבל הנושה ה-k בשלב השלישי — $b_k^{(3)}$ ואת וקטור הסכומים שמקבלים n הנושים במסגרת השלב השלישי -$b^{(3)}$ נסיק ש: $b^{(3)} = M(a - b^{(1)} - b^{(2)})$

והצבה מ-(1) ו-(2) תיתן $b^{(3)} = M(a - Ma - M(I - M)a) = M(I - M)^2 a$.

השלב ה-m

נסמן את אשר מקבל הנושה ה-k בשלב ה-m: $b_k^{(m)}$ ואת וקטור הסכומים שמקבלים n הנושים במסגרת שלב זה: $b^{(m)}$, ובאינדוקציה נסיק שבמסגרת השלב ה-m: $b^{(m)} = M(I - M)^{m-1}a$.

ב-r השלבים הראשונים (בסה"כ)

אם נבדוק כמה קיבל כל אחד מהנושים בסה"כ ב-r השלבים הראשונים נקבל:

$$\sum_{m=1}^{r} b^{(m)} = M\sum_{m=1}^{r}(I-M)^{m-1}a = MI[I-(I-M)]^{-1}[I-(I-M)^r]a = [I-(I-M)^r]a \qquad (3)$$

כסכום סדרה הנדסית.

מכיוון שענייננו הוא המקרה בו $S = R$ ובכל שלב עדיין יש לנושים תביעות, הרי עלינו לבדוק את הקורה כאשר $r \to \infty$, וביתר דיוק, נרצה לוודא שאכן כאשר $r \to \infty$ הסכום המחולק לנושים הוא כל הסכום העומד לחלוקה — R, כאשר כל אחד מקבל את מלוא תביעתו.

לשם כך נחשב את $\lim_{r\to\infty}\sum_{m-1}^{r} b^{(m)}$. מ-(3) נקבל שדי בחישוב $\lim_{r\to\infty}[(I-M)^r]$.

הערכים העצמיים של $I - M$ הם ממשיים ושונים זה מזה ולכן $I - M$ ניתנת לליכסון מעל הממשיים, כלומר קיימת מטריצה הפיכה P כך ש- $I - M = P^{-1}DP$ כאשר D אלכסונית עם הערכים העצמיים של $1 - M$ באלכסונה:

$$D = \begin{pmatrix} \frac{n-1}{n} & 0 & 0 & .. & 0 \\ 0 & \frac{n-2}{n-1} & 0 & .. & 0 \\ 0 & 0 & \frac{n-3}{n-2} & .. & 0 \\ .. & .. & .. & & .. \\ 0 & 0 & 0 & .. & 0 \end{pmatrix}.$$

כל הערכים העצמיים קטנים מ-1, לכן $\lim_{r\to\infty} D^r = 0$ ולכן גם $\lim_{r\to\infty}[(I-M)^r] = 0$ ולפיכך נקבל מ-(3) ש- $\lim_{r\to\infty}\sum_{m=1}^{r} b^{(m)} = a$, כלומר כל אחד מהנושים מקבל בסה"כ בדיוק את הסכום אותו דרש.